1. Auflage August 2015

Titelfoto: Claudia Kempf
Autorenfotos: Tim Korbmacher
Printed in Gernany ISBN (978-3-9815313-7-4)
www.nicolerose.de

Zuvor erschienen im Juni 2014: „Die Liebesverheirat“
Im Juni 2012: „Das Liebesversprechen“
Im Januar 2013: „Die Liebesverführung“
Im September 2013: „Die Liebesverblendung“

Was es ist

Es ist Unsinn sagt die Vernunft
Es ist was es ist sagt die Liebe

Es ist Unglück sagt die Berechnung
Es ist nichts als Schmerz sagt die Angst
Es ist aussichtslos sagt die Einsicht
Es ist was es ist sagt die Liebe

Es ist lächerlich sagt der Stolz
Es ist leichtsinnig sagt die Vorsicht
Es ist unmöglich sagt die Erfahrung
Es ist was es ist sagt die Liebe

Erich Fried (1921 - 1988),
österreichischer Lyriker, Übersetzer und Essayist

Buch 5

Das Liebesverhängnis

*„Das Lied,
das wir für unser Leben komponieren,
stimmt selten mit der Melodie des Schicksals überein!
Deshalb schreibt das Leben
die abenteuerlichsten Geschichten!"*

Von allen guten Geistern verlassen

Es gibt keine Zufälle! Zufälle sind Begegnungen und Begebnisse, die ihren Sinn erst dann offenbaren, wenn er offensichtlich geworden ist. Wenn die Kette der Ereignisse und Erfahrungen ihre wahre Bedeutung zeigt...

Woolf zog die Rose in enger Umarmung den Strand entlang. Jetzt waren sie alleine. Auf sich gestellt. Im schillernden Tropenparadies Miami. „Kräbbchen. Jetzt steht uns nichts und niemand mehr im Weg! Jetzt rocken wir das Paradies!“ Determiniert sein Leben als einziges Fest zu zelebrieren, zog er die Rose gen News Café. Ihre hohen Hacken versackten im Sand. Sie fühlte Widerstände im Verborgenen. Mitgegangen, mitgefangen, mitgehangen. Dieser Strandspaziergang war der Gang in eine ungewisse Zukunft. Der gute Geist der Mutter hatte sie verlassen. Sie fühlte sich verloren und verletzlich. Ihre Schutzengel hatten samt und sonders das Weite gesucht... Die Seele der Ängstlichen sehnte sich zurück in den Mutterschlund. Nach Schutz und Sicherheit. Doch wie stets pochten zwei Seelen in ihrem Herzen. Die Seele der Abenteuerlustigen fühlte sich frei und froh. Hatte sie nicht den Sexiest Man Alive an ihrer Seite? Was konnte da schon schief gehen? Endlich hatten sie das News Café erreicht. Wenige Minuten vor der Happy Hour. Woolf wollte nicht auf das Sonderangebot zum Besäufnis warten. „Waiter. Champagne! Rosé!“, orderte er euphorisiert. Endlich war die Spießerin von Rosenmutter abgereist und er hatte sein Kräbbchen für sich. Und nur für sich! Auf immer und ewig! Die genussfreudige Seele der Rose jubilierte. „Bevor ich mich schlagen lasse“, errötend stimmte Nikki zu. Das Leben war schließlich zu kurz, es nicht zu feiern... Das freche Mädchen mit Zöpfen in ihr frohlockte abenteuerlustig. Sie schüttelte den Sand aus den Sandaletten und grinste von einem Ohr bis zum anderen. Woolf strahlte: „So liebe ich mein Kräbbchen! Mit diesem Lächeln erweckst du Tote zum Leben!“

Seine Worte echoten bedeutungsvoll in den türkisblauen Himmel Miamis.

Sie zelebrierten ihr Glück. Das Leben konnte so leicht wie Luft sein! Sie turtelten händchenhaltend an der Bar und beobachteten Prickelwasser süffelnd das bunte Treiben in Miamis Kultcafé. Anders als in den Gaststuben der Deutschen herrschte hier Frohsinn statt Frust. Genüsslich mampften leger bekleidete Touristen ihre Burger und French Fries. Das Corona floss in Strömen. Ein flirthaftes Flittern erfüllte die Bar. Die füllte sich mit einem Mal schlagartig. Der Blick auf die MegaO verriet: Happy Hour. Alle Drinks zum halben Preis. Was für eine grandiose Erfindung! Zufällig war gerade der Champagner ausgetrunken. Woolf studierte mit einem Eifer, den kein Wunderwerk dieser Welt in ihm zu erwecken vermochte die Getränkekarte. „Kräbbchen. Die haben hier Apfelmartinis!" Seine Begeisterung rührte die Rose. In ihrem wilden Gemahl schlummerte der kleine Junge, der voller Lust und Neugier aufs Leben war. Sie fühlte sich so high und verliebt wie ein Teenager. „Hach wie herrlich!" In ihrem Herzen jubilierten die Schmetterlinge. In diesem rauschhaften Moment war sie im völligen Gleichklang mit Woolf. Er war ebenso ekstatisch im Einklang mit der Welt, sich und ihr. „Kräbbchen. Wir sind FREI! Das ist das allerhöchste GUT!" Klirrend stießen sie mit Apfelmartinis aufeinander an. „X'cuse me!", lallte da eine reichlich alkoholisierte Stimme mit irischem Akzent in ihre Richtung. „You are a great couple! What is your secret to happiness?" Die zu der Stimme gehörende kräftige Gestalt wankte wild bei diesen Worten. Sie klammerte sich haltsuchend an die Bar. Orderte Nachschub an Seelentrost. „Waiter. Another Whiskey!" Kaum hatte er den Drink vor der Nase hatte er ihn auch schon in die Kehle gekippt. „Waiter! Another one!" Nun blitzten seine giftgrünen Augen spitzbübisch. „Hey there. I am Alan. Who are you? Where are you from and who is this fucking beautiful lady beside you?" Er nahm seine Hände von der Bar und streckte sie, um Halt bemüht, gen Woolf und seiner Rose. „Cheers! To a wonderful friendship!“ Das war das wunderbare im Land der unbegrenzten Möglichkeiten. Von einer Sekunde auf die andere war man berühmt, erfolgreich und mit Menschen befreundet denen man zuvor nie begegnet war! „Rich & famous overnight“ hing als Versprechen/vielversprechend in der Luft! „Hi! I am Alan. Irish. Love Whiskey. I am the fucking best bar bookkeeper in town!“ Prahlerisch offerierte der kernige, kräftige, etwas zu kurz geratene Rampenmann mit verwegener schwarzer Haarmähne und wildbehaarter Brust, auf der ein güldenes Kreuz prangte, seine Tipps und Tricks als Buchhalter vom Monty's. Dem coolen Bar-Restaurant in – es gibt ja bekanntlich keine Zufälle – Kokosnuss Groove. „Hey man! Wir sind Nachbarn!“ Woolf klopfte dem neu gewonnen Freund begeistert auf die breite Schulter. „Wenn das mal kein Zufall ist...! Wir sind new in town und business! Wir brauchen den besten Buchhalter für unsere fucking erfolgreiche Firmengründung!“ Alan grinste gierig. „Worin besteht denn euer Business?“ „Marketing & Rock'n'Roll!“, lächelte Nikki Rose schelmisch. Dann ratterte sie die Luxuslabels ihrer erfolgreichen Karriere herunter. Erfolgsgaranten für eine ebensolche Zukunft. „MegaO, Mystar, Armada! Und jetzt: rocken wir Miami! Dafür brauchen wir einen Kassenwart der Extraklasse!“ „WOW“! Alan war verführbar und schnell verlockt. Der Whiskey, die elegante und erfolgreiche Rose sowie Woolfs über jegliche Selbstzweifel erhabene Großartigkeit erwirkten seine rasante Zustimmung. „Let's rock!“ Er und Woolf fielen sich in die Arme und klopften sich siegesgewiss auf die Schultern. Nikki lächelte ladylike und nippte restskeptisch am Weißwein. Noch war sie nicht gänzlich überzeugt, ob der wie ein Loch saufende Ire der passende bookkeeper für sie war. Ihr Verstand war selten vollends ausgeknockt. Bevor das geschah, döste sie bekanntlich ein. Sie trank bewusst langsamer als die Gesellen und ließ sich den köstlich sauren Apfelmartini auf der Zunge zergehen! Woolfs Verbrüderung mit dem irischen Schluckspecht erfolgte alarmierend rasant. Im Übrigen: Was war mit Stefan Schwenk? Der machte einen deutlich professionelleren Eindruck. Und sie hatte ihm bereits 9.000 Dollar für seine Dienste bezahlt. Woolf erkannte die Zweifel im Antlitz seiner Rose und reagierte wie stets mit geballter Aggression. „Kräbbchen. Guck nicht so! ***Zweifel töten Träume!*** Wir brauchen eine neue Runde Apfelmartinis! Ach was, scheiß auf das Weibergesöff! Wir nehmen Whiskey. Pur. Ohne Eis. Das ist für Weicheier!“ Während die beiden Haudegen sich die Whiskey-Kante gaben döste die Rose an der Bar. Sie erwachte vom grellen Rausschmeißer-Licht und Woolfs Griff nach ihrem Portemonnaie. „Baby. Let's talk business. Der Alan verhilft uns zu unserem Finanzplan und Venture Capital!“ Nikki zog die Augenbrauen bis in den nun nachtschwarzen Himmel und ließ sich widerstrebend vom Barhocker ziehen.

Eine betrunkene Höllenfahrt in Alans hübschen hellblauen Vintage Mustang später schwankten sie einträchtig auf ihr Anwesen in der Bayview Road 3619. „Hey! Was ein Anwesen!“ Alan war begeistert. „Ich meine, ich lebe ja auch nicht in einer Hundehütte. Aber das hier hat Grandezza!“ Woolf bemühte sich zwischenzeitlich, mit torkelnden Fingern die Tür zum Atrium aufzuschließen. Doch es gelang ihm nicht, den Schlüssel ins Schloss zu führen. „Let me take over!“ Alan war der geübtere Alkoholiker und nach den Dutzend Whiskeys noch immer erschreckend nüchtern. „Simsalabim.“ Er öffnete die Pforte und sie standen in dem antik anmutenden Atrium. Der Geruch nach Schimmel unterstrich die Aura des Mystischen. Woolf übernahm die Führung durch sein Paradies. „Mein Studio. Mein Pool, größer als manch eine Wohnung, mein Steinweg-Flügel. Leider nur die B-Version!“ Nikki eilte, genervt von Woolfs Angeberei, in die Küche. Ihre Augenbrauen wuchsen mit der Haartolle in den Himmel. Der Typ hatte keinen müden Penny zu all dem beigetragen und brüstete sich als sei er Graf Koks. Da half nur eines zur Nervenbetäubung! Eine Flasche Champagner Rosé. In diesem Fall von Moet Changdong. Bereits Napoleon wusste: „Nach einer gewonnen Schlacht verdient man Champagner. Nach verlorener Schlacht braucht man ihn." Heute schien es ihr, wie verstörend oft, als habe sie das Herz von Woolf an eine andere Seele verloren! Das verlangte Verdrängung...

Sie öffnete die Flasche und bereitete eine kleine kulinarische Köstlichkeit als Begleithappen zu. Mozzarella di Buffalo mit aromatischen Rispentomaten auf schicken Spießen, das Basilikum in hauchdünne Streifen geschnitten. Rucola mit Pinienkernen, ein Dressing aus Himbeeren und 30 Jahre altem Balsamico Essig. Getoppt von getrockneten Tomaten, Austernpilzen und Kräuterseitlingen mit Chilis kurz und knackig angebraten. Und für die ausgehungerten Männer: ein Kilo Weißbrot. Sie bereitete den Tisch im Garten für das nächtliche Picknick. Woolf zündete die Fackeln an. Am Eingang zum Anwesen fiel sein Blick auf den Briefkasten. Ein zu großes Paket war halbherzig hineingesteckt. Er las den Absender: „Matschi Rose." Was wollte denn das Weichei? Ignorierend, dass das Paket an Nikki Rose, „persönlich/vertraulich", gerichtet war, riss er die Pappe entzwei und den Inhalt heraus. Endlich! Die lang ersehnte und nachdrücklich geforderte Digitalkamera. Und: sein Führungszeugnis mit kilometerlangen Einträgen seiner kriminellen Vergangenheit. Er deponierte es wie eine Bombe im Office der Rose. Dann trat er mit der Kamera ins Freie. „Hey, Kräbbchen. Guck mal in die Kamera!" Die nächsten zwei Stunden rannte er wie ein Berserker durch sein Anwesen und fotografierte wie wild. Er brauchte Bilder, die bezeugten, wie grandios er es in seinem Leben getroffen hatte! Das würde seine falschen Freunde in Schwabing in den Abgrund von Neid und Missgunst treiben...

Die Euphorie berauschte seine Gefühle und Gedanken. Wie ein HB-Männchen sauste er durch sein Anwesen und dokumentierte sein gigantisches Glück!

Den soeben noch als besten Freund und Business-Partner deklarierten irischen Gast vergaß er vollends. Alan nutzte die Gunst der Stunde und buhlte um die Gunst der Rose. Deren heute himbeerfarbenen Lippen kräuselten sich geschmeichelt. Endlich einmal wieder bemühte sich ein Mann um ihre Aufmerksamkeit statt sie wie seinen Besitz und personifiziertes Bankkonto zu behandeln. Des Iren raubeinige, aber herzliche Art, die Whiskeystimme und seine mit jedem Glas Champagner flüssiger vorgetragene Lebensgeschichte rührten ihr Mitgefühl. Er erzählte von seiner langjährigen Liebe zu einer an Multiplus Sklerose erkrankten im Rollstuhl dahin darbenden Frau. Unglaublich. Ein Mann der sich in eine Frau verliebte obschon sie im Rollstuhl saß und dem Tode geweiht war! Woolf hatte sie bereits wegen ihrer längst verheilten Knie-Operationen als Krüppel beschimpft. Er wäre weg wie der Blitz, sollte sie das Schicksal in den Rollstuhl verfrachten... Im milden Licht der Fackeln verwandelte sich Alans Gesicht ins Heldenhafte. Ein goldener Schimmer umschmeichelte seine keltischen Gesichtszüge und ließ die grünen Augen blitzen und blinken! Dann legte er zärtlich seine starke Hand um ihren Arm. „Ist Dir nicht kalt?“ Ungefragt legte er sein Jackett um ihre Schultern. Endlich fühlte sie sich wieder beschützt. Keine Frage! Alan war ein Macho mit einem goldenen Herzen. Sie schmolz dahin im Schein der Fackeln. Alan schmunzelte innerlich. Er wusste, welche Masche bei romantisiertem Weibsvolk zog. Einem Raubein mit goldenem Herz konnte keine Frau widerstehen. Das war es, was die Weiber weich machte. Die Mädchen in ihnen suchten doch immer ihren Helden... Der Casanova in ihm war im Rausch der Eroberung. Gleichzeitig war er bezaubert von dieser außergewöhnlichen Erscheinung, die im Licht der Flammen förmlich funkelte wie ein Diamant dem die Zeit und die Erfahrungen des Lebens den Feinschliff gegeben hat. Sein angeborener Siegersinn war darüber hinaus Ansporn, dem angeberischen Woolf die Liebste auszuspannen. Bedeutsam legte er seine schwarz behaarte Hand auf ihre. „You are so beautiful! How come you are married to such an ASSHOLE? He is not good enough for you! It is me you have been waiting for!“ Er beugte sich zu ihrem Gesicht und umfasste es mit unendlicher Zärtlichkeit mit seinen beiden kräftigen Händen. Dann spitzte er die Lippen und nahm Angriff auf ihren Himbeermund. Die Rose beugte sich zu ihm, bereit, sich der Verführung eines Kusses hinzugeben... Ein lautes „Harharharharhar! Ich hab euch erwischt!“ vereitelte die Kussattacke. Nikki zuckte schuldbewusst zusammen. Alan ballte die Fäuste. Doch Woolf hatte nur geblufft und nichts gesehen. Er hatte den Akku der Kamera leer fotografiert und von dem zarten Flirt in Wahrheit nichts mitbekommen. Dafür hatte er Erscheinungen der gänzlich anderen Art gehabt...

In irrsinniger Erregung schwankte Woolf mit der Kamera an den Tisch. Die beiden in zärtlichem Flirt befindlichen Seelen stoben auseinander. Woolf rief, als hätte ihn der Wahnsinn erfasst, die Augen in den Himmel schmeißend: „Es gibt Geister hier! Wir haben einen Schutzengel!“ Er hielt der Rose die Kamera vors Gesicht. Konzentriert blickte sie auf den klitzekleinen Bildschirm. Ihre Eitelkeit verbot das Tragen einer Brille. Zuerst waren ihre Augen viel zu verschwommen, um irgendetwas zu erkennen. Dann sah sie wie durch ein Kaleidoskop verwirrende Zauberbildwelten. Der dunkle Nachthimmel wurde erleuchtet von bunten Blitzen. Die tanzten wie wild geworden durch den tropischen Garten. Nikki zweifelte an der eigenen Wahrnehmung. Sie schien verrückt zu spielen! Fasziniert und mit Gänsehaut im Gehirn starrte sie weiter in die Kamera. Schließlich erkannte sie den Hintereingang zum Hexenhaus. Direkt gegenüber vom Pool, an dem sie gerade saßen. Sie starrte konzentriert in die Kamera und erschauderte. Sie sah Unheimliches. Eine weißgewandete Gestalt. Gleich eines Gespensts im Nachthemd. Einen leuchtenden Heiligenschein um den Kopf. Das Gesicht unter dem Popperschnitt erschien erschreckend bekannt. Uwe. Sein schmaler Mund lächelte blutleer. Die blauen Murmelaugen blickten starr. Er hielt eine tiefschwarze Rose in der Hand. Jeder Blumenhändler wusste: Die gab es nicht! Woolf jedoch war begeistert. „Kräbbchen. WIR haben einen SCHUTZENGEL!“ Nikki fuhr erschrocken zusammen. Das durfte doch alles nicht wahr sein! Tote gehörten in den Himmel. Doch soeben hatte sie den bedrohlichen Beweis, dass Uwes Geist als Oberaufseher ihrem Lebensweg folgte. Woolf, Meister der schwarzen Magie, kannte das Gefühl der Unheimlichkeit nicht. Er war mit einer hellsehenden Großmutter aufgewachsen und hatte einen Draht zu drüben. Das Gesehene gab ihm ein Gefühl von Macht. ER war es, der die Puppen tanzen ließ und die Geister ins Leben rief... Das Gefühl der Allmacht ließ ihn vibrieren wie einen Verrückten.

Woolf breitete die Arme aus und wähnte sich als Gewinner im Kampf gegen das Schicksal. Er umarmte das Universum. Er sah Jesus dabei ähnlicher als OBon von UZwo dies jemals gelungen war. Dann sank er besoffen neben seinen neuen besten Freund. Die Großartigkeit der Gefühle erschöpfte zutiefst. Katerstimmung verbreitete sich in seinem ermüdenden Gehirn. „Hey Buddy. Who are you?“ Er wusste nicht mal mehr, wer der keltische kleine Typ war, der da mit seiner Rose in verdächtiger Eintracht am Gartentisch saß. Die Erinnerung ließ ihn im Stich. Die Eifersucht loderte in seinem Herzen. „WeristderTypwaswill-derhierundwashatdermitmeinerRose?“ Man sah seine Gedanken und Gefühle förmlich explodieren. Völlige Desorientierung berauschte sein Sein. Er brauchte Hilfe! Sein Blick saugte sich in die Augen der Rose. Sie musste ihn retten. „Wo bin ich? Wer seid ihr? Und wer zum Teufel ist ER?“ Er starrte ihr hilfesuchend in die hellgrünen Augen. Doch sein

Kräbbchen blickte verlegen und verlogen zur Seite. Die Röte in ihrem Antlitz verriet: Sie hatte selbst ein wenig die Orientierung verloren. Die Liebesverführung durch den heldenhaften Iren forderte Hingabe. Doch ihr irrer Gemahl vereitelte die Vereinigung, die ultimative Sinnlichkeit versprach. Ihr Treuegelübte musste gehalten werden. Doch was war überhaupt richtig und was war falsch in dieser magischen Geisternacht??? Ihr Pflichtbewusstsein siegte. Sie richtete sich auf und entfernte sich körperlich und geistig vom Geist der Verführung. Woolf trainierte sein betrunkenes Hirn mit gedanklichem Yoga. Die feurigen Fragen strömten wie Lava aus seinem schmalen Mund. „Wer ist der Kerl? Was macht der hier? Was will der von Dir? Du bist MEINE Frau!!!“ Nikki erkannte seine alkoholbedingte Aggressivität und erbarmte sich. „Woolf. Das ist Alan. Der beste bookkeeper in Town. Er arbeitet im Monty's und wir haben ihn im News Café kennengelernt!“, tuschelte sie in sein linkes vom Hörsturz verschontes Ohr. Woolf erstrahlte. Das Netzwerk seines Großhirns funktionierte wieder. Er zählte eins und eins zusammen. „Ire. Bookkeeper. Monty's!“ Schnell schlussfolgerte sein besoffenes Hirn. Das war SEINE CHANCE! Er erkannte Potential. Eine Seele, die ausgebeutet werden musste! Letztlich verlangten das alle Seelen. ***„Sweet dreams are made of this. Some of them want to use you. Some of them want to get used by you!“*** Die Euromics ertönten bestätigend auf dem I-Pool. ER war der ultimative Seelenaussauger! Hatte er erst einmal ihre Schwäche und ihren Antrieb erkannt dann besiegte er sie. Gnadenlos. Er brauchte nur ganz schnell ein großes Publikum. Dann war er der Mächtigste der Welt. Der King of Rock! Sein teuflisch genialer Geist ging auf Angriff. „Alan. Alter. Das Monty's ist doch ein gut besuchter Schuppen! Da kann ich doch mal auftreten und die Bude rocken! Du als Buchhalter kannst mir da doch sicher einen Gig verschaffen!“ Alan grinste nüchtern trotz fortgeschrittenen Alkoholkonsums. „Kannste haben Alter. Musste aber latzen! Ein Auftritt im Monty's kostet dich einen Tausender. Wir erwarten deinen

Auftritt mit professionellem Equipment, Band und Groupies!" Woolf wurde wütend. „Was ist das denn für eine Scheiße? Ich bin der King of Rock. Ich verlange 100.000 Dollar für einen Auftritt!" Die Seele des Iren musste gekocht werden. Doch das stellte sich als schwierig heraus...

Alan blieb cool! Er hockte gechillt im Gartenstuhl. Sein keltisches Gesicht sah so kalt aus wie ein Stein. Das brachte Woolf erst recht in Rage. Er hüpfte wie Rumpelstilzchen auf den Iren zu und schnappte sich dessen Stuhl, den er heftig schüttelte. Wenn er eine Seele nicht für sich gewinnen konnte, wurde sie sein Feind. Diese Sollbruchstelle war nun erreicht. Purer Hass war die Folge. „Scher Dich zum Teufel, du irischer Arsch!" „Fick dich doch selbst!", erwiderte Alan mit sarkastischem Grinsen. Er kannte die Wichser dieser Welt und würde sie nicht siegen lassen! „Ich höre wohl nicht richtig? Fick dich doch selbst? Na warte! Jetzt ficke ich dich in deinen irischen Arsch!" Woolfs alkoholisiert aggressives Herz war auf der Palme, die in der Bayview Road 3619 in den Himmel wuchs. Er langte Alan an den kräftigen Hals. Dann wollte er seine Lieblingskraftkampfübung einsetzen. Er holte mit der hohen Stirn aus. Das knockte noch jeden aus. Doch der Ire war cleverer als erwartet und deutlich nüchterner als Woolf. Er wich der Attacke aus und boxte dem Wüstling stattdessen mitten ins Gemächt. „AUA!" Der sank zusammen und heulte wie ein Weib, die Hände um seinen größten Schatz von Schwanz geklammert. Da bekam auch die Rose zu viel. „Stopp. Den brauche ich noch!" Ihr determinierter Tonfall brachte Alan zum Anhalten. Er erkannte, was offensichtlich war: Die Rose war ein „Victim of Love" und noch lange nicht bereit, ihren Woolf im Schafspelz zu verlassen. Ihre Botschaft bestätigte dies. „You better go now!" Alan erhob sich mit einer sarkastischen Verbeugung. Er küsste die Rose auf beide Backen und verabschiedete sich charmant. „You are a wonderful lady!" Woolf, der noch immer auf dem Boden kauerte und sein Gemächt umklammerte, verpasste er einen frechen aber fast zärtlich leichten Kopftritt mit seinen Krokodilleder-Boots von den Keys. „Good night buddy. We will rock the universe together!“ Dann verschwand er in der Nacht und sprang so souverän wie ein Leichtathlet über die steinerne Mauer.

Nikki blickte bedröppelt in den Sternenhimmel. Erneut waren sie von allen (guten?) Geistern verlassen. Was die Ereignisse und Erscheinungen des Tages wohl zu bedeuten hatten? Sie sinnierte in die Nacht hinein. Woolf lenkte sie erneut vom Finden der Lösung ab. Er wimmerte wie ein besoffenes Wrack am Boden. „Kräbbchen hilf mir!“ Doch die Rose empfand in diesem Augenblick nur Abscheu und Misstrauen für ihrem angeberischen und plötzlich so kleinlauten Gemahlen. Langsam kam sie ihm auf die Schliche... Ihre Fragen sezierten die Liebesleiche auf dem Boden ihres Lebenstraums. „Wer bist Du wirklich? Was willst Du von mir? Warum liebst Du mich?“ Seine Antwort war ein Wimmern. Dann vernahm sie seine ernüchternde Antwort. „Es macht Spaß, mit dir zu leben. Du bist so putzig wie ein Paradiesvogel!“ Aha. Das war es also. Das Geheimnis seiner großen Liebe? Tiefsinn unerwünscht... Sie ließ ihn am Boden zusammengekauert liegen. Das war nicht der Held, den sie sich erwünscht hatte! Ganz im Gegenteil! Fürst der Finsternis war die bessere Beschreibung! Der leere Liebhaber die noch bessere! Sie zuckte vor Enttäuschung zusammen. Dann erblickte sie die Kamera, die sich ihr förmlich aufdrängte. Sie schnappte das Relikt der Vergangenheit und verzog sich gen Schlafgemach. Auf Abschminken und Ausziehen verzichtete sie zugunsten der Beschäftigung mit dem Bildarchiv. Wehmütig erblickte sie Aufnahmen ihres letzten Urlaubs mit Uwe und Hollywood-Haitta. Letzte Augenblicke des Glücks, bevor der Tod es ihr stahl. Tränen stahlen sich aus ihren Augen. Ihr Herz erbebte vor Schmerz. Das Schicksal konnte fies und finster sein! Sie vergrub sich ins Bett und fiel in der kompletten Montur mit Spitzenkleid und noch roten Lippen in einen komatösen Schlaf. Währenddessen hatte sich der wütende, niedergeschlagene Woolf von seiner Schmach befreit und vom Boden aufgeklaubt. Er ballte die Faust gen Himmel. „Das werdet Ihr mir alle büßen!“, schmetterte er in den Himmel der im Blitzlicht gewitterte. Während die Rose wie ein Baby schlief, verbrachte er die Nacht Flüche fluchend und ein neues Teufelswerk komponierend an seinem Steinweg-Flügel. Bekanntlich leider ein B.

Die Ankunft der Satansbraten

Die strahlende Sonne Miamis wischte selbst die schrecklichsten Albträume mit einem großen Radiergummi hinfort. Sogar Woolfs Handy blinkte wie ein personifiziertes Aphrodisiakum. Eine neue Nachricht von Adrean. „Wir sind auf dem Weg!“ Sein Vater erblühte vor Stolz! HEY! DIE GUTEN GEISTER KAMEN ZURÜCK! Die Wake Up News euphorisierte den Woolf so sehr, dass er über die Tatsache hinwegsah, dass er auf dem Klavierschemel eingeschlafen war und keine Kippen mehr in der Mannboro-Schachtel lagen. Euphorisiert erwacht, fragte er sich: Warum bloß hatte er am Steinweg genächtigt, anstatt sein hübsches Kräbbchen zu vernaschen? Das ging ja gar nicht und musste sofort geändert werden! Er spurtete splitterfasernackt ins Schlafzimmer, wo die Rose in voller Montur selig schlummerte. Ihre verruchte Verletzlichkeit die gerade angesichts ihrer angegriffenen Montur offensichtlich wurde, turnte ihn ultimativ an... Er warf sich auf sie und drang ohne Rücksicht ein in ihre unwahrscheinlich süße Sinnlichkeit... Er nahm sie im Schlaf und küsste sie aufweckend auf den Hals, als sie durch seine dringliche Sexualität geweckt wurde. „Hmmmm.“ Sie räkelte sich lüstern, lasziv und unheimlich verführerisch. Ihr zarter Körper drängte sich ihm entgegen als sei er ihr Zuhause. Er eroberte sie wild. Sie empfing ihn genüsslich. Dann kuschelte sie sich in seinen Arm und verschmolz mit ihm. Sie wurde Teil seines Körpers, der auf sie zu warten schien. Seit Anbeginn ihres und seines Seins. „I was made for loving you. You were made for loving me. And I can't get enough of you baby. Can you get enough of me?“, ertönte aus den bösen Boxen. Ja? Das gab es wohl dieses Schicksalsspiel???

Dann holte sie der Schlaf zurück ins Reich der Träume. Doch nicht für lange. „Kräbbchen! Aufwachen! Wir müssen zum Flughafen. Den Adrean und seinen Kumpel abholen!“ Die Reibeisenstimme des Woolfs holte die Rose zurück in die Realität. Die Sonne strahlte. Ihr Kopf pulsierte. Den letzten Champagner hätte sie besser nicht getrunken... Blitzartig erschienen die Bilder des Vorabends auf der Landkarte ihres Gehirns. Die Verabschiedung der Mutter. Das Besäufnis mit dem irischen Barkeeper. Die gespenstischen Bilder auf der Digitalkamera. Vergangenheit und Gegenwart in einer verstörenden Collage. Über allem schwebte Uwe in seinem Nachthemd und dem Heiligenschein um den Popperschnitt. Sie schüttelte die Gedanken ab. Hier half nur: Renovierungsprogramm im Badezimmer. Und das in Rekordzeit. Es war 9 Uhr. Um 10 Uhr kamen die beiden Satansbraten an. Sie hetzte los und verwandelte sich in einer halben Stunde vom schwarzen in einen schönen Schwan. „Kräbbchen! Klasse!“ Woolf hielt den Finger hoch. 1 a. „Auf zu Enterpreis!“ Nikki seufzte. Dieser Laden war eine Abzockerbude. Und Woolfs „Fahrkünste“ waren eine Herausforderung für ihren Magen. Leider hatte mit den guten Geistern auch James das Weite gesucht. Die Entlohnung für seine Butlerdienste war schlicht nicht mehr bezahlbar. Sie mieteten einen blutroten Mustang. Standesgemäß für einen Rocker, seine Braut und Brut. Woolf raste, jegliche Geschwindigkeitsbeschränkung verachtend, gen Airport. „Life in the fast lane. Surely make you loose your mind...“ Nikki hielt das Köpfchen aus dem Fenster, trotz Sorge um ihre Haarkunst: Die Angst, sich zu übergeben, war groß und sie vertraute auf Beton Hair.

Punkt 10 Uhr trafen sie am Airport ein. Gleichzeitig mit der Maschine aus München/Atlanta. Doch wo blieben die Jungs? Sie standen und warteten und warteten und standen. Gefühlte Stunden. Woolf grabschte sich permanent das zarte Handgelenk der Rose und starrte auf die MegaO. Mittlerweile war es 11 Uhr. Und noch immer kein Zeichen von seinem Sohn und dessen Schulfreund. Da ertönte ein Wimmern hinter der Rose. Ein bleicher Adrean versteckte sich hinter einem Pfosten. Sein Freund, ein farbiger Vierzehnjähriger grinste gemein. „Nanananananana... Der Adrean hat sich in die Hose gemacht!“, schwärzte er seinen Kumpel an.

Kinder konnten grausam sein! Die Ankunft der Satansbraten passte zu Nikkis unguter Vorahnung. Woolf wurde wütend. „Alter, dafür habe ich dir nicht die Windeln gewechselt, dass du mich so blamierst. Geh und wasch Dich ab! Die Unterhose schmeiß in den Müll. Zieh das T-Shirt über die Hose. Dann sieht keiner was!" Wie ein Militäroffizier ratterte er seinem Sohn Anweisungen entgegen. Nikki staunte nicht schlecht. Hatte Woolf etwa selbst Erfahrung mit solchen Erniedrigungen des Körperlichen? Sie verbot ihren Augen sich zum Himmel zu rollen und bemühte sich um Nonchalance. „Was machen wir denn jetzt Schönes?" Schließlich mussten die drei Jungs unterhalten werden. „Wir fahren zum Bayview Beach Park!", entschied Woolf. In dem Entertainment Center gab es alles, was das Männerherz begehrte: Topless Bars mit geilen Chicks, Live-Musik, ein Hard Rock Café, Coronas bis zum Abwinken und... ein erneuter Blick auf die MegaO verriet, in wenigen Stunden war ja endlich wieder Happy Hour! Er jubilierte euphorisch. Die Skepsis im Rosengesicht ignorierend. Er hob sie hoch und drehte sie, bis ihr schwindlig wurde. Sie sank auf den Boden und rappelte sich stilecht und schnell wieder auf. „Erfolg manifestiert sich darin, wie schnell man nach einem Fall wieder hochkommt!" Ein gekünsteltes Lächeln auf den Lippen erreichte die Augen nicht. Sie war ungewollt in der undankbaren Rolle der Ersatzmutter gelandet. Das fühlte sich falsch und fremd an! Die hämischen Blicke der Satansbrut verhießen Gefahr... Adrean schaute sie aus sarkastischen Röntgenaugen an. Sein farbiger Freund gönnte ihr keinen Blick. Hatten diese Findlinge des Barzockers überhaupt den Schimmer einer Ahnung wer hier die Zeche zahlte???

Die Zeit kann so gnädig wie ungnädig sein. Heute war sie Feind statt Freund. Nikki schlenderte im Schlepptau des Woolfs und seiner Satansbrut durch den Bayview Park. An jedem Stand blickten die Jungs begehrlich auf: T-Shirts, Sonnenbrillen, Flip-Flops, Kappen und allerlei

Anderes. Woolf hielt die Hand auf und forderte die Rose auf. Die zückte ihr Portemonnaie. Die Scheine verschwanden wie Spielgeld. Die Barzokka-Familie war eine Geldverschwendungsmaschine. „Ich brauche jetzt dringend einen Weißwein!", stöhnte sie entschieden. Eine weitere Stunde Konsumterror konnte sie nicht ertragen. Ihre Geldbörse war erschreckend dünn geworden. Woolf war wie zu erwarten ebenfalls durstig. „Babe. Ich komm mit! Jungs, wie wärs? Da drüben kann man eine Bootsfahrt machen!" Er lockte den bleichen Adrean und seinen farbigen Freund gen Hafen und verpflanzte sie in ein Ausflugsboot. „So. Zwei Stunden Ruhe für uns mein Kräbbchen." Strahlend zog er sie an die Bar. Hier bleiben wir bis zur Happy Hour! „Und heute Abend?" Nikki blickte nachdenklich in ihren Weißwein. Er war sauer und ölig. Mit einer angewiderten Geste schob sie ihn von sich. „Waiter. This is VINEGAR! Undrinkable! One Corona please!" Besser ein gutes Bier als schlechter Wein! Dafür war das Leben zu kurz. Woolf stieß begeistert mit ihr an. So mochte er seine Rose. Er war aufgedreht und voll Adrenalin. Hatte er doch Adrean zu Besuch und konnte vor seinem Sohn kräftig angeben mit seinem neuen Leben. Doch der farbige Freund? Ihm schwante: Der war ein echtes Arschloch! Ein Underdog, der sich in die gute Gesellschaft einschlich. Dabei repräsentierte er das Gegenteil. Woolf wusste es nur allzu genau. Schlechte Gesellschaft konnte einem das ganze Leben versauen! Das war die Krux seines Lebens. Kurz gesagt: Arschloch kennt Arschloch! Er äußerte seine besorgten Vorahnungen an die Rose. „Adrean ist große Klasse. Er wird mein Erbe antreten! Aber dieser Farbklops??? Ich will dem Typen mal auf den Zahn fühlen! Der gefällt mir nicht! Er ist ein schlechter Einfluss für Adrean und angeblich kifft und säuft er schon!", sagte er und stürzte das zweite Corona im Sturzflug hinunter während er sich die hundertste Mannboro anzündete. Ein leuchtendes Vorbild für verführungsbereite Pubertierende... „Man darf alles machen, nur sich nicht erwischen lassen!", grinsend äußerte

Woolf sein Credo und umarmte seine Rose so heftig, dass sie fast vom Barhocker kippte. Nikki rappelte sich hüstelnd zurück in die rettende Höhe des schicken Stuhls. Dann kramte sie ihren Verstand zutage.

„Ich meine, was MACHEN WIR? ZUM DINNER? Die Jungs haben den ganzen Tag noch nix gegessen!" Auch ihr Magen meldete sich knurrend zum Dienst. Woolf zuckte die schmächtigen Schultern. Er war der personifizierte Rabenvater! „Was ich nicht esse, kann ich doch trinken! Kräbbchen. Mach Du mal. Dir fällt schon was ein!" Er bestellte eine weitere Runde Coronas. Die Rose erstrahlte erfreut angesichts der erteilten Aufgabe. Sie liebte es, ihre Kreativität beim Kochen auszuleben. Augenblicklich begab sie sich in die Planung des perfekten Dinners. Ihr Geist raste und sie stellte eine Liste potentieller Gaumenfreuden zusammen, mit denen sie den Abend zum Genuss gestalten würde. Sie zitierte das Menü das sie in Gedanken bereits vor sich sah und schmeckte. „Als Vorspeise gebratene Jakobsmuscheln auf Tomaten und Mozzarella di Buffalo. Dann chilenischer Seebarsch in Zitronensoße an gratiniertem Babyspinat und Kräuterseitlingen. Zum Abschluss: exotischer Fruchtsalat mit Himbeersorbet!" Woolf gähnte. „Meinst Du nicht, das ist den Jungs zu exotisch? Pizza und Pasta passt immer!" Sie schüttelte entschieden das hochtoupierte Köpfchen. „Das gibt es nicht in der Casa Rose. Das mampfen die in München täglich!" Woolf winkte ab. „Mach du mal. Ich spiele den Jungs inzwischen meine neuesten Songs vor! Wird Zeit, dass die Racker raffen, mit wem sie es zu tun haben..."

In dem Moment erschienen die Beiden. Adrean grün im Gesicht. Er war seekrank. Sein schokoladenfarbiger Freund blickte hämisch. „Adrean hat sich die ganze Zeit übergeben!" „Harharhar. Du Weichei!" Woolf stimmte in die Häme ein. „Das hast Du von Deiner Hure von

Mutter! Mir wäre das NIE passiert! Nicht mal auf der Titanic!" Nikkis empathisches Herz rebellierte. Sie umarmte den kläglich dreinblickenden Adrean und versuchte ihn zu trösten. Er schüttelte sie ab. Sein grünes Gesicht spiegelte nun nicht nur Übelkeit sondern Entsetzen. Gesten der Gefühle waren ihm hochnotpeinlich. Die Rose überspielte ihre Irritation. „Jungs. Ihr habt einen langen Flug hinter euch und die Zeitverschiebung! Ich schlage vor, wir fahren nach Hause und ihr ruht euch aus! Dann kochen wir etwas Schönes!" Woolfs Augen verdunkelten sich. „Musst Du denn immerzu ans Essen denken? ICH HABE DURST!" Er starrte auf die MegaO. Noch zehn Minuten, dann war ENDLICH Happy Hour! „Kräbbchen. Kommt gar nicht in Frage! Die beiden Weichlinge sollen sich nicht so anstellen! Gleich ist Happy Hour! Waiter, a round of Coronas for everybody!" Der Kellner schaute erschrocken. Die Jungs waren definitiv NICHT volljährig. In Amerika war es strengstens verboten, Kindern Alkohol auszuschenken. Er würde sofort seine Lizenz verlieren. Rabiat schüttelte er den Kopf. „X'cuse me Sir. No alcohol for teenagers!" Woolf ignorierte den Schlappschwanz. „OK. Four Coronas for me and my lovely lady!" Hier konnte der Kellner nicht intervenieren. Wenig begeistert stellte er dem Paar die vier Coronas auf die Bar. Dann vertiefte er sich in das Footballspiel, das im Fernseher lief. Woolf, ganz der coole Rockervater, stellte zwei Coronas in Greifnähe der Jungs. „Na ihr Weicheier, seid ihr mutig wie euer Vater oder kommt ihr nach euren Huren von Müttern?" Welcher Junge hätte da nicht nach der Flasche gegriffen? Endlich war die Happy Hour vorbei und Woolfs Durst fürs erste gestillt. „Jetzt überfallen wir den Fresh Market!", verkündete er euphorisch. Die Jungs, leicht angeschlagen, schlurften auf ihren Flip-Flops hinterher. Schlurpschlurpschlurp. Nikki lächelte abfällig während sie auf ihren gefährlich hohen High Heels vorsichtig über das Pflaster schwebte. Was für Schlappenschlurfer! Zeit für Genuss!

Schon wandelten sie im Schlemmerparadies. Woolf und die Jungs rockten die Gänge. Im Leichtsinn des Corona-Rauschs spielten sie Verstecken und Verbrechen. Der Anweisung ihres Vaters folgend. „Jungs. Schnappt euch was ihr könnt! Aber lasst euch nicht erwischen!" Die Bengel grinsten diebisch. Ladendiebstahl war eine ihnen bereits bekannte Mutprobe. Nikki ignorierte das Treiben der Halbstarken. Sie sammelte liebevoll die Zutaten für das Gourmetdinner zusammen. Der Fresh Market war ein Schlaraffenland. Hier war sie ganz glückliche Genießerin. Mit zierlichen Fingern pickte sie die besten Zutaten für das Sternemenü aus den vollgestellten Gängen. Saftige Jakobsmuscheln und wilder grüner Spargel sowie aromatische Rispentomaten für die Vorspeise. Dazu ein saftiger Büffelmozzarella. Frisches Basilikum. Ein Kilo schneeweißer chilenischer Seebarsch, fangfrisch und zart wie eine Wolke. Safran, Zitrone, Babyspinat und Kräuterseitlinge für die Hauptspeise. Ananas, Paradiesfrucht, Mango, Papaya für den exotischen Obstsalat und das Himbeersorbet. Dazu: Monsieur Sauvignon Blanc. Hier war er tatsächlich schon angekommen. Ihr absoluter Lieblingswein. Direkt aus New Zealand. Marke Cloudy Bay. Er war köstlich frisch und elegant mit einem unvergleichlichen Duft nach Stachelbeeren. Sie erstand fünf Flaschen. Dann schob sie den Einkaufswagen zur Kasse. 1.000 Dollar. Sie erbleichte. Die Kreditkarte knarzte in dem Gerät. Die Zeit stand still. Die dicke farbige Kassiererin blickte sie ungnädig an. Endlich, „krrrrr", ging die Karte durch und Nikki setzte eine erleichterte Unterschrift unter die Rechnung. Freigabe zum Genuss erteilt!

Noch nicht gänzlich... Ein grimmig aussehender Gesetzeshüter geleitete Woolf und seine Brut mit einem bedrohlich großen Revolver zur Kasse. „Excuse me, do they belong to you?" Die verdächtigen Drei sahen aus wie Schwerverbrecher. Sie blickten zu Boden. Ein jeder von ihnen hielt eine andere hochprozentige Bouteille in den Händen! Gin,

Whiskey und Wodka. Woolf war wahnsinnig! Die Verführung, zu sagen: „Nein, ich habe diese Bande böser Bengels noch nie gesehen", und ihres Weges zu gehen, war immens. Aber was dann? So einfach wie man sie rief, wurde man seine Geister nicht los! Es entstand eine kleine, peinliche Pause. Da bohrten sich Woolfs Augen drohend in die der Rose. Dieses Stück würde ihn doch nicht etwa verraten und verlassen? Na warte! Er würde sie grün und blau prügeln allein schon für den Gedanken, den er ihrem errötenden Gesicht deutlich ansah. Die herzensgute Nikki war dem Wüstling Woolf und seiner bitteren Bösartigkeit hilflos unterlegen. Natürlich gab sie nach. Nicht der Verführung sondern der Verpflichtung. „Äh, yes. I pay for the booze. It's for our housewarming!" Sie errötete noch tiefer und zückte erneut die Kreditkarte. Die Satansbraten streckten dem Bullen die Zungen entgegen. Woolf spuckte ihn an. „Jungs. Ihr kommt jetzt. SOFORT!" Nikki wandte sich entschuldigend zu dem aufbrausenden Gesetzeshüter: „Entschuldigung. Mein Mann hat das Tourette-Syndrom! Nichts für Ungut und danke, dass Sie ihn nicht anzeigen!" Ihre bösen Bengel taumelten laut lachend aus dem Fresh Market zum Taxi. Aufgeregt prahlten die Halbstarken über ihr Abenteuer. „Habt ihr den Gesichtsausdruck gesehen, als Nikki das Tourette-Syndrom erwähnte? Dem fiel der Kiefer aus dem Gesicht!" Zumindest hatte der Spruch der Rose einen Coolness-Faktor verliehen! Sie grinste wider ihren Willen. Breit und wild. Auf einmal waren sie Komplizen! Nicht aufgetakelte Stiefmutter mit aufsässigen Patchwork-Buben. Aufgeputscht vom Adrenalin des Abenteuers sah Adrean aus wie ein irrer blonder Engel. Auch Woolf blickte stolz auf seinen Sohnemann. „Harharhar! Gut gemacht! Denen haben wir es gezeigt. Ihr seid doch keine Weicheier, ihr Schlappenschlurfer! Man lege sich nicht mit der Barzokka Bande an! Wir schnupfen sie alle. Ohne Salz. Zum Frühstück!" Verblendet von seinem eigenen Licht spornte er den Taxi Fahrer an: „Gib Gas! Ich will Spaß!" Sie surften auf der deutschen Welle und rasten laut lachend den Main Highway entlang. Lediglich der braune Begleiter sah ein wenig verkrampft aus. Er hatte seiner Mum versprochen, keinen Blödsinn zu machen. Doch wie konnte er ahnen, dass er in der Falle der Verführungen gelandet war? Miami war ein Sündenpool der Extraklasse! Apropos: Er konnte es kaum erwarten, ins kühle Nass zu springen. Er verdrängte seine Ängste und schloss sich der Ausgelassenheit der Anderen an.

In der Bayview Road verstauten sie Gepäck und Einkäufe. Woolf spendierte eine weitere Runde Coronas. Die Jungs richteten sich im Gästehaus ein. Dann sprangen sie in ihre Badeshorts und in den Pool. Ihr jungenhaftes Jubeln erfüllte den Tropengarten. Nikki bekam langsam Spaß an ihrer Rolle als Ersatzmutter. Sie begann mit der Vorbereitung des perfekten Dinners. Woolf setzte sich zu seinen Jungs an den Pool und zupfte auf der Gitarre. „Chill, Chill, Chillin' out in Kokosnuss Groove", summte er nach der bekannten Melodie von „Knockin' on Heaven's Door"! Was war er doch für ein Genie! Das war ein Tag nach seinem Geschmack! Er sprang auf und stürmte zu seiner Rose in die Küche: „Kräbbchen. Was für eine geile Zeit! Ich danke Dir für alles!" Seine Gewaltphantasien hatte er für heute gegen Glücksgefühle getauscht. Nikki strahlte. Wie schön wenn Woolf glücklich und ausnahmsweise zufrieden war. Das Zusammensein mit seinem Sohn verwandelte ihn in einen besseren Menschen! In dieser Hochstimmung gab es keinen besseren Gefährten an ihrer Seite! Sie kuschelte sich in seine Arme. Er hob sie unversehens hoch und trug sie ins Schlafgemach. Dort bettete er sie ehrfürchtig aufs Bett und betrachtete sie wie eine Heilige. Unheilig allerdings zog er ihr Höschen und Netzstrümpfe vom Körper. Ihr Kleid schob er hoch. Es eilte ihn zu ihrem Zentrum der Lust zu gelangen. Er zog sich in eiliger Erregung die Hose vom Leib. Dann stand er mit lustvoll abstehendem Schwanz vor ihr und ihrem roten, sinnlichen Mund. Er drängte ihn hinein in die feuchte Süße. Sie begrüßte ihn. Ihre Strass verzierten High Heels legten sich verführerisch um seine Hüften. Während er immer tiefer in sie eindrang, küsste und liebkoste sie seinen unbehaarten Oberkörper. Zärtlich knabberte sie an seinen Brustwarzen. Er erschauerte. Woolf schloss die Augen und war im Land der Leidenschaft angelangt. Ihre Zunge wurde langsamer. Sie öffnete sich noch tiefer. Die Muskeln ihrer Vagina massierten sein pulsierendes Glied. Er stöhnte laut. Sie fühlte ihn kommen und gelangte im genau gleichen Augenblick zum Höhepunkt ihrer Lust. „Schau mich an!", flüsterte Woolf. Dann schwappte die Welle der Sinnlichkeit über ihnen zusammen. Er ergoss sich in ihr. Sie kam mit ihm. Eine gewaltige Explosion erfüllte ihre Herzen und zauberte Gänsehaut auf ihre nackte Haut. In diesem Augenblick der Vereinigung waren sie sich so ultimativ nahe, wie man es einem anderen Menschen überhaupt nur sein kann. Sie verschmolzen ineinander. Der magische Moment wurde abrupt zerstört von glockenhellem Gelächter. „Kicherkicherkicher!" Was war denn das?

Die Rose hob den Blick und gewahrte zwei blaue und zwei schwarze Augen! Dann stoben die spannenden Jungs davon. Nikkis Seele erschauerte. Der Zauber des Augenblicks war dahin! Pein löste die Lust ab. Was für ein Einbruch in ihr Intimleben! Woolf nahm es locker. „Hey! Das ist doch nur natürlich! Zwei schöne Körper. Beim geilen Sex! Die müssen doch wissen, wie das läuft! Von ihren Müttern lernen die das nimmermehr! Außerdem wissen sie jetzt wenigstens, was für ein toller Hengst ich bin!" Woolf war Woodstock-Freak und Freund der freien Liebe. Doch die Rose war elf Jahre jünger. Ihre prüde Erziehung hinterließ Spuren. Ihre Intimsphäre war privat und sollte es auch bleiben. Zugegeben: Exhibitionismus konnte erotisch sein. Aber nicht von der Satansbrut der Stiefsöhne beim intensiven Sex mit ihrem Vater erwischt zu werden. Wie erst wirkte sich das auf die beiden Bengel aus? Was war mit ihrer Autorität als Ersatzmutter? Sie zog ihr kleines Kleidchen hinunter und rettete sich ohne weiteren Kommentar ins Badezimmer. Dort richtete sie sich hämmernden Herzens wieder her. Zur Wichsvorlage der zwei Teenager zu werden, war nicht exakt ihre Zielvorstellung von deren Aufenthalt. Zu spät. Das Leben hatte bekanntlich keinen Reset-Knopf. Sie blickte nach vorn. Auf die MegaO: 20 Uhr. Time for Dinner... Der Gedanke an Genuss zauberte erneut ein Lächeln auf ihre blass geküssten Lippen. Sie zog sie mit Madame Lankomm und dem kirschroten Lippenstift nach. Sprühte, „zisch zisch“, ein bisschen Shalimar auf die Handgelenke. Jetzt war sie: Ready to Rock! Erst einmal ein Glas Sauvignon Blanc zur Stärkung der Nerven...

Sie enterte die Küche und bemühte sich um einen seriösen Gesichtsausdruck. Die Jungs standen grinsend vorm Herd und taten so als wäre nichts gewesen. Doch der Anblick der sich hingebenden Rose würde sie durch nasse Nächte begleiten. Gänzlich in ihrer Lust aufgehend war die Rose einfach nur unbegreiflich und wunderschön. Doch nun verwandelte sie sich zum Kapitän und Küchenchefin. Sie verteilte Aufgaben an ihre Küchenkomparsen. „Zwiebel schneiden. Ingwer reiben!“ Das waren die beiden mühsamsten Aufgaben, die sie am liebsten delegierte. Sie wusch den Seabass und marinierte ihn mit Zitrone, Olivenöl, Sojasoße und einem Hauch Wasabi. Jetzt befreite sie die Jakobsmuscheln aus ihrer schönen Schale. Bei diesem Anblick überkam sie ein sinnlicher Sex-Flashback. Ein süßes Nachbeben erfüllte sie. „Hmpm!“, räusperte sich Adrean, der den abwesend erotischen Gesichtsausdruck der Rose sehr wohl bemerkt hatte. „Die Zwiebeln sind geschält. Was mache ich jetzt?“ Die 14-jährige, leicht kratzige Stimme des pubertierenden Adrean holte Nikki zurück in die Gegenwart. Sie reichte ihm drei Stangen Zitronengras. „Erst schälen, bis du an die zarte Innenseite gelangst. Dann in filigrane Streifen schneiden!“ Selbst ihr entging nicht die Erotik dieser Botschaft. Sie wurde erneut puterrot. Adrean ebenso. Schnell wandte sie sich dem Gemüse zu, das sie im kochenden Kochtopf blanchierte. „Schlurpschlurpschlurp." Nun erschien Woolf und setzte sich zu den beiden Knaben an den Küchentisch. Streng beobachtete er ihre Arbeit und kontrollierte die Feinheit der Zitronengrasscheiben. „Well done! Jetzt verdienen wir uns alle einen Schluck Monsieur Sauvignon Blanc!" Er holte die Flasche aus dem Kühlschrank und kredenzte eine Runde des köstlich krispen Weißweins.

„Schatz. Männermission!" Nikki reichte ihm das Sushi-Messer. „Magst du den Fisch in acht gleich große Teile schneiden? Die Tomaten in hauchdünne Scheiben?" Woolf schnaubte verächtlich. „Ich bin doch nicht dein Küchenknecht. Das soll der Adrean machen!" Er lümmelte sich mit Weinglas an den Marmortisch und realisierte sein Vorhaben der Vernehmung des verdächtigen schokofarbigen Freundes seines Sohnemanns. „Alter. Was willste denn mal machen mit deinem Leben?" Der antwortete ehrenwert und ernsthaft. „Abi und Medizin studieren. Ich will Arzt werden. Das wünscht sich meine Mutter!" Woolf, ganz der Bad Cop, legte nach. „Und was ist mit eurer Gang? Dem Diebstahl? Den Joints?" Das Schokoladengesicht wurde fast schwarz. „Äh, das sind alles die Anderen. Wir machen nur mit, weil wir sonst ausgestoßen werden als uncool!" Woolf wurde hellhörig und kroch tief in die Seele des Bengels.

„Und Adrean, macht der auch mit?" „Der ist einer der Anführer! Der will auch kein Abi machen. Er will Schauspieler werden!" Woolf hatte genug gehört. Ein stolzes Grinsen erstrahlte auf seinem Gesicht. Sein Sohn kam nach ihm. Eine Künstlerseele! Ein Anführer! Vielleicht hatte er auch seine magische Aura geerbt? „Adrean. Komm mal her!!!", zitierte er seinen Sohn, der am Waschbecken den Fisch zerteilte und die Konversation zu ignorieren versuchte, zurück an den Küchentisch. „Der

Brownie und ich. Wir haben uns mal ausgetauscht! Der ist ja gar kein Arschloch. ER will das Abi machen und Arzt werden. Doch was höre ich von dir? Du bist Anführer der Gang, die des Ladendiebstahls und der Drogen frönt? Willst SCHAUSPIELER werden. Kein Abi machen. Kiffst und trinkst?!?" Adrean schlug die Augen zu Boden. Er war ertappt. Sein Vater, fern des Vorwurfs, packte ihn an der Kehle. „Alter. Du machst das schon. Darfst dich bloß nicht erwischen lassen!" Nikki blickte sinnierend auf die Szene. Der Apfel fiel offensichtlich nicht weit vom Stamm. Der farbige Freund war also der Streber. Ein Außenseiter, der diszipliniert an seiner Zukunft arbeitete. Und Adrean, ganz dem Vorbild seines Vaters folgend, suchte seinen Weg fern von der Anpassung an biedere Berufsbilder. Sie lächelte verständnisvoll. „Que será, será!" Adrean war ein feiner Bursche. Er würde seinen Weg schon gehen. Ob diesseits oder jenseits allgemein akzeptierter Wege. Wichtig war: er hatte ein gutes Herz und eine schöne Seele. Das war der beste Führerschein durch das Labyrinth des Lebens! Sie widmete sich ihrem Küchenkunstwerk. Die Vorspeise war auf dem Weg zur Perfektion...

„Dinner Time!" Sie klatschte in die Hände und trieb ihre drei Bengel nach draußen, wo sie bereits liebevoll den Tisch gedeckt hatte. Endlich alleine und konzentriert auf ihr Wunderwerk dekorierte sie die kurz gebratenen Jakobsmuscheln auf dem aromatischen Tomaten-Büffelmozzarella-Carpaccio, gab einen delikaten Schuss des 30 Jahre alten Aceto Balsamico dazu. Dann den blanchierten, leicht gratinierten wilden grünen Spargel. Adrean brachte die Vorspeisen an den festlich gedeckten Tisch und schenkte die zweite Flasche Sauvignon Blanc ein. Sie setzten sich an den runden Tisch. Der Sternenvorhang des Himmels und die laue Luft zauberten eine Atmosphäre der unwirklichen Schönheit in den Tropengarten. Das Leben konnte ein Wunder sein! „Dingdingding!" Woolf hob seine Gabel und schwenkte sie zart gegen das Rosenglanzglas. „Jungs. Danke fürs Dasein. Meine Rose. Du bist eine begnadete Köchin und ich bin stolz, dich zur Frau zu haben! Du machst mich zum glücklichsten Mann dieser Welt!" Nikki errötete geschmeichelt. Manchmal fand Woolf einfach die richtigen Worte. Sie hob ihr Glas. „Bon Appetit!" Sie gaben sich dem Genuss hin. Woolf, Nikki und Adrean genossen die Vorspeise, die einen aromatischen Orgasmus auf die Zunge zauberte.

Der farbige Freund jedoch blieb der Fremdling. Er stocherte lustlos auf seinem Teller herum. Der beinhaltete allerlei Unbekanntes. Er hatte noch niemals Fisch gegessen. Fleisch war sein Gemüse. Nikki versuchte, sich das Stirnrunzeln zu verkneifen. Das verursachte bloß fiese Falten. Doch die böseste Beleidigung der Gastgeberin konnte sie nicht ignorieren: seinen unangetasteter Teller. Woolf rettete die Situation. „Alter. Du weißt nicht, was gut ist!" Er schob seinen leeren Teller zu ihm und nahm sich dessen vollen vor. Es entstand eine Atmosphäre des Friedens und der Freude. Nachdem die Hauptspeise, ein traumhaft zarter Chilean Seabass in fruchtig aromatischer Zitronen-Ingwer-Soße mit pikant gratiniertem Babyspinat und Kräuterseitlingen genossen war, kredenzte Adrean den kunstvoll geschnittenen und gestalteten tropischen Obstsalat mit dem Himbeersorbet. Er und Woolf teilten sich die Portionen vom farbigen Freund, dessen Dinner das ungesunde Weißbrot darstellte, das er krümelnd in sich hineinstopfte.

Kaum war das Dinner genüsslich verspeist, holte Woolf seine Gitarre und spielte erneut seine Version von „Knockin' on Heaven's Door". „Chill, Chill, Chillin' in Kokosnuss Groove!" Andere Noten kannte er kaum auswendig. Die kleine familiäre Fangemeinde applaudierte. Woolf verbeugte sich. Das Leben verlief endlich nach seinem Geschmack. Zeit für die Poolparty! Der Blick auf die MegaO verriet: Mitternacht. „Jungs!

Attacke! Auf in den Pool!" Er machte sich splitternackig. Die beiden Pubertierenden folgten ihm begeistert. Auch sie entkleideten sich und warfen ihre Klamotten in den Tropengarten. Dann stürzten sie sich in den Pool. „Platsch! Platsch! Platsch!" Drei Arschbomben. Die von Woolf war so heftig, dass der Rose das Wasser auf die Tolle platschte. Sie schüttelte ihr erhobenes Haupt und beobachtete das Treiben der drei Bengel mit Distanz. Der Mond war voll und rund wie die Gemüter. Er beleuchtete die planschenden Gestalten, die im warmen Wasser tobten. Nikki saß am Gartentisch und blickte in nachdenklicher Sehnsucht auf die wilden Jungs. Wie so oft fühlte sie sich im Gerüst ihrer Gedanken gefangen. Wie konnte sie wie ein Teenager planschen, spürte sie doch, dass Rom am brennen war... So aufregend die erste Zeit in Miami war, so erbarmungslos tickte ihre Mega0. Die Zeit raste und das Konto brannte. Wenn nicht endlich Glück in Form von Geld durch Armada oder einen Auftrag einging, war der Spaß allzu schnell vorbei. Woolf interessierte das nicht. Die Verantwortung für seine Verschwendungssucht hatte er noch stets Anderen übertragen. Er war der Rockstar. Nikki blickte sinnierend in den Sternenhimmel und trank von Monsieur Sauvignon Blanc. Der machte sie immer so herrlich hellsichtig. Momentan soufflierte er ihr, was an dieser Situation nicht richtig war. Woolf sonnte sich und seine Söhne in Miami, während sie dafür die Zeche zahlte. Sein Beitrag: Minus Null! „Wie konnte er es sich so einfach machen und alle anderen für seinen noch immer nicht erfolgten Ruhm und Reichtum ackern lassen?" Sie sah die dunkelgrauen Wolken am nicht mehr rosenroten Liebeshimmel. ***Doch ihr Wunsch nach Glück war so groß wie das zuvor erlebte Unglück unerträglich.*** Sie hatte keine Wahl als den steinigen Weg weiterzugehen. Sie schlich ins Bad und Bett und ließ die Halbstarken toben. Morgen würde sie ernst machen mit den Vorbereitungen für ihre Visa. Wenn dieses Nadelöhr durchstanden war, waren sie sicher!

Bootstrip zur Hölle

Unsere Träume verraten Wünsche, Träume und Ängste. Sie verarbeiten Geschehenes und sehen, so wir genau hinfühlen, sogar kommende Geschehnisse voraus... Die Rose träumte vom Wasser. Sie segelte im stürmischen Tropenwind. Noch nie in diesem Leben hatte sie sich so furchtlos und frei gefühlt! In ihrem Traum war sie wild und zügellos. Ungeschminkt. Mit nassen Haaren. Eine explosive Mischung aus Mädchen und Frau. Das Glück und die Abenteuerlust sprangen ihr aus dem Gesicht. Woolf stand schwankend am Deck und spielte E-Gitarre. „Smoke on the water!" Tatsächlich brannte das Wasser. Eine flammende Welle näherte sich ihrem Segelboot. Das Holz des Rumpfes war willkommenes Fressen. Gierig gruben sich die Flammen ins Holz. In Sekundenschnelle entstand ein bemerkenswertes Loch. Die angefressene Jacht begann zu sinken. Doch Nikki war seltsam sorglos. Sie sah sich und Woolf. Das perfekte Paar. Und fühlte sich unbesiegbar. Er lachte laut in den Himmel. Ein Regengott mit einer Gitarre von Zippo. Doch man sollte sich niemals zu sicher fühlen angesichts der Gewalt von Natur und Schicksal. Es kam eine gigantische Böe über Bord die Woolf sekündlich die Gitarre aus den Händen riss. Sie schleuderte über die Reling und versank in den flammenden Fluten. Das erntete Woolfs Wut! Die brauchte einen Schuldigen. Wie stets fand er den Sündenbock in der Geliebten. Es war ja niemand anderes verfügbar. Sie war nicht schnell genug, sich auf die Stange zu retten, die das Segel hielt. Herrje, ihr fiel ja nicht einmal der korrekte Name dafür ein. Kaum tastete sie sich vorsichtig vorwärts, da hatte er sie auch schon gepackt. Er griff sie um die zierliche Taille. „Wieso hast du das nicht verhindert, du dummes Stück? Siehst du nicht, dass wir eine Armada von bösen Geistern gegen uns haben!!! Das war bestimmt die Seele von Deinem Verrecker von Ex-Gemahl! DER KING OF ROCK ist ruiniert ohne seine Gitarre. Das wirst du mir büßen!" Sprach er, hob sie hoch und trug sie schwankend im Sturm zur Reling. Mit einem Grinsen der Grausamkeit spuckte er ihr ins Gesicht. Dann stürzte er sie in die tosenden Fluten. ***„Harharharharhar.“*** Sein hämisches Lachen war... das Letzte was sie hörte! ***„Hilfe! Ich bin mit einem Arschloch verheiratet!“*** Die Erkenntnis ereilte die Rose glasklar. Und eindeutig zu spät! Es wurde dunkel.

Sie erwachte. Schweißgebadet. Durch das Klingeln ihres Blackberrys. Nachricht von Ben. Dem netten Nachbarn, der aussah wie Ken, der perfekte Barbiemann. „Wanna come on a boat trip?“ Wie bizarr! Eine Einladung zum Bootstrip nach diesem Albtraum vom Bootstrip zur Hölle?!? Sie traute ihren Augen nicht. Sinnierend blickte sie auf die Nachricht. Die Buchstaben hielten ihrem skeptischen Blick stand. An der Nachricht schien nichts falsch noch faul! Ihr unzerstörbarer Optimismus gewann über die ungute Vorahnung. Sie konnte einfach nicht anders als das Gute sehen! Der Tag war gerettet. Statt Berge von Unterlagen für ihre Visa zu wälzen und die Satansbrut zu unterhalten, lud das Meer. Das war ein Geschenk! Sie würden den Atlantik rocken! „Woolf, wach auf!“ Zärtlich küsste sie den schlafenden Rocker auf die Schläfe. „Ben lädt uns auf einen Bootstrip ein! Soll ich zusagen?“ Binnen Sekunden war Woolf wach. Begeistert griff er nach den Zigaretten. „Kräbbchen! Wie geil ist das denn? Los, sag zu!“ „Yes we love to join you on a boat trip! When and where?“ Tippte sie mit flinken Fingern wie von selbst in ihr smartes Telefon.

Wenige Häuser weiter lächelte ein freundliches Gesicht unter blondem Haarschopf. Ben hatte den Einzug der beiden blonden Bengel besorgt beobachtet. Er war ein sensibler Mann und sah die Gefahr angesichts des ungleichen Paares, das wild entschlossen war, ausgerechnet in Kokosnuss Groove erfolgreich zu sein. Der Ort war ein Paradies! Für Rentner, Touristen und Lebenskünstler. Und: für Menschen, die hier ihre Position gesichert hatten. Aber: ganz bestimmt nicht, um Karriere mit

Rockmusik oder Luxusmarketing zu machen. Er redete mit Jil. Die war noch sauer auf den rüpeligen Rocker. Hatte er doch klar zu verstehen gegeben, dass ihre Reize ihn komplett kalt ließen! Doch hatte sie einen Narren an der hübschen, stets wie zu ihrer Hochzeit herausgeputzten Rose gefressen. Sie entschieden sich zur Hilfe! Was gab es Besseres, als die Meute auf sein Motorboot einzuladen? „In zwei Stunden. Am Jachthafen von Kokosnuss Groove!" Nikki empfing die Nachricht, vertraute wie stets in ihr Schicksal und grinste glücklich, während sie sich Woolf näherte. Mit einem Kuss, der so zärtlich war, dass er ihn kaum spürte. Die Rose war berühmt berüchtigt für ihre unkonkreten Berührungen, die lockten und dezent verführten! Doch Woolf war in Gedanken bereits der König der Meere. Keine Zeit für Zärtlichkeit... Die Verlockung musste warten! „Kräbbchen! Komm! Wir rocken den Ozean!" Er lächelte wild. Sein Leben war das Abenteuer. „Born to be wild!", krächzte er und fingerte sich seine zweite morgendliche Zigarette aus dem naheliegenden Päckchen Mannboro. Dann hüpfte er wie elektrisiert aus dem Bett. „Ich besorge die Coronas! Du die Fressalien!" Fort war er, schnell schlurfend in seinen Raylight-Schlappen. Nikki raste splitternackt auf Zehenspitzen wie auf unsichtbaren High Heels ins Bad. Hier machte sie sich schnell zu Recht und schlüpfte in ein kleines schwarzes Kleidchen von Krawalli. Im Wohnzimmer lungerten Adrean und sein Freund auf den Linia-Rose-Couchen. Sie zupften an Woolfs Gitarre. Chillten. Und nöhlten gelangweilt. „Wo ist Woolf? Was machen wir heute? Was gibt es zu essen?" Oha. Die gewöhnlichen Menschen frühstückten ja. Eine Mahlzeit, die bei der Rose rigide gestrichen war. Sie hatte sie durch einen großen Kübel Mineralwasser, Eiswürfeln und Zitronensaft ersetzt. Gut zum Entschlacken. Nicht gut für den Hunger der Buben, die sie böse ansahen. „Wir brunchen (das klang deutlich cooler) heute auf See!", versprach sie verschwörerisch und versuchte die Gedanken an die Pflicht zu verdrängen.... Doch Sorgen sind gute Schwimmer und lassen sich schwer ertränken!

Nikki dachte seufzend an die Berge von Unterlagen, die sie für ihr Visum zu bearbeiten hatte. Das war essentiell für die Sicherung ihrer Existenz. Doch die Aufgabe, in Windeseile ein Picknickparadies zu zaubern, rief sie zum Kühlschrank. Was tat sie nicht ALLES für die Liebe? „Guys! This is going to be a fabulous boat trip!“, verkündete sie. Die Jungs jubelten. Von der gestrengen Stiefmutter hatte Nikki sich geschwind zur coolen Kapitänin verwandelt! „Nikki! Du bist KLASSE!“ Sie sprangen auf und umarmten die errötende Rose. Zwar war sie so seltsam wie ein Wesen vom anderen Stern mit ihren hohen Haaren und Hacken. Doch irgendwie war sie echt OK! Aus den Bösen Boxen ertönte „Come Sail Away“ von Styx. Ja genau. „A Gathering of Angels“ war genau ihr Vorhaben! Nikki machte sich an die Kreation des Luxus-Lunchs. Die beiden Buben lümmelten genüsslich weiter auf den Linia-Rose-Couchen. Nach der außergewöhnlichen Gefühlsbezeugung mussten sie Mister und Mister extracool mimen. Nikki jedoch klatschte diszipliniert und schaute gestreng. „Jungs. Ihr macht euch jetzt fertig! Zeit fürs Zähneputzen und den perfekten Segler-Look! Sonst legt die Jacht ohne euch ab...“ Das Argument überzeugte. Die beiden Teenager sprangen auf und liefen ins Gästecottage. Ihre Outfits klarmachen. Narzissmus beginnt in jungen Jahren... Nikki begab sich erneut ins Bad und starrte in den Spiegel. Das Leben überraschte immer aufs Neue! Sie sah wild und abenteuerlich aus. Die grünen Augen strahlten lebenslustig! Der Tag auf dem Meer konnte kommen! Sie schwebte zum Kühlschrank und machte eine Liste der zu erstehenden Köstlichkeiten.

Die Zeit kann rasen oder rasten. Heute galoppierte sie. Blitzschnelle zwei Stunden später trafen sie Ben und Jil am Jachthafen von Kokosnuss

Groove. Woolf und die Jungs schleppten drei Kisten Corona. Jil Berge von Snacks. Nikki hatte in der Eile eine große Dose feinsten Kaviars, Zitrone, Crème fraîche und Grissinis ummantelt mit feinstem Parmaschinken (für die Brot und Fleischesser) besorgt. Dazu Spieße vom Büffelmozzarella mit Rispentomaten und Basilikum. Häppchen aus Thunfisch-Avocado-Tartar auf Caesar-Salatblättern. Genuss konnte so leicht sein! Adrean und sein Freund liefen mit großen Augen an den großen Jachten vorbei. So was wollten sie auch haben. Sie waren im Paradies gelandet. Sie deuteten auf eine zwanzig Meter lange Luxusjacht. Die größte im Hafen. „Die wollen wir haben!“ Nur das Beste war ihnen genug. Der Apfel fällt bekanntlich nicht weit vom Stamm. Sie hielten es, wie die Rose, mit Oscar Wilde. „Ich habe einen einfachen Geschmack. Nur das Beste ist gut genug!“

Woolf wollte alles NOCH BESSER. GRÖSSER. GEWALTIGER. Er baute Luftschlösser. „Jungs. Das ist doch alles GAR NICHTS! Ich baue uns ein Schloss im Meer. Größer und schöner, als ihr es euch vorstellen könnt!“ Seine Angeberaura nahm in Miami neue Dimensionen an. Das Land der unbegrenzten Möglichkeiten färbte auf ihn ab. Nikki lächelte skeptisch süß. „Que será, será.“ Seine Vorstellung von Ruhm und Reichtum überstieg ihren Sinn für Realität! Außerdem: Hatten sie nicht bereits das Paradies auf Erden? Welche schamlose Gier trieb ihren Geliebten an? Würde ihm jemals etwas GENUG sein? Konnte sie ihm überhaupt Satisfaktion schenken? „I can’t get no satisfaction“ von den Rollenden Steinen ertönte. Sie sah suchend in seine kalten grauen Augen. Die Frage, die sie quälte, seit sie dem Woolf verfallen war, poppte wie so oft in ihren Gedanken auf. „Kann das wirklich gut gehen?“ „Ja! Die Liebe ist die größte Kraft!“, sagte ihr Herz. „Niemals. Das ist Wahnsinn!“, soufflierte ihr Gehirn. „Eine Liebe, die nicht Wahnsinn ist, ist keine Liebe!“, konterte ihre Erfahrung. Sie zog sich in ihre Gedankenwelt zurück und beobachtete die Brut am Bootssteg sinnierend. „Was sein soll, wird werden. Was nicht, wird verhindert." Es konnte so tröstlich sein, sich dem Schicksal anzuvertrauen! Sie blinzelte in die gleißende Sonne. Das Umfeld verschwamm vor ihren Augen. Sie genoss, bei sich anzukommen. Seufzte mit einem leisen Lächeln. Verschmitzt und entschieden. Zumindest das, was wir heute erleben, kann uns niemand nehmen! Sie beschloss, den Moment zu genießen und war bereit, ihrem Highway des Herzens weiter zu folgen. „OK! Let's go!", forderte sie die Brut auf. Das Lächeln im Gesicht breit und begierig auf das Abenteuer. Woolf umarmte sie leidenschaftlich. „Kräbbchen, so liebe ich dich! Mit diesem Lächeln erweckst du Tote zum Leben!" Sie schmiegte sich in seine kraftvollen Arme. Die Wolken waren weggewischt. Die Sonne strahlte golden am türkisfarbenen Himmel. Das Meer glitzerte voll funkelnder Lichter, als bestünde es aus flüssigen Strassovski-Steinen. Da schipperte Ben mit einer schicken Motorjacht an den Steg und winkte einladend.

Vorsichtig, auch bei der Bootstour auf High Heels, schritt sie über den Steg ins Motorboot. Woolf, allzu lässig, bereits ein Corona in der Hand, verfehlte den Eingang zum Boot. Er fiel ins Wasser. Mitsamt Vernasch-mich-Sonnenbrille. Die schwamm davon. Er folgte ihr halbherzig, doch sie verschwand in den Tiefen des Ozeans. Woolf kraulte kapitulierend zurück zum Boot und klammerte sich an die Reling. „Ein bisschen Schwund gibt es halt immer!", lächelte die Rose und tätschelte ihn tröstend, nachdem er seinen asketischen, aber ausgemergelten Körper äußerst mühsam an Bord hievte. Woolf war wütend. „Das war eine echte Vernaschmisch! Kräbbchen! Du musst mir unbedingt Ersatz besorgen!" Er funkelte sie hasserfüllt an, als wäre sie diejenige gewesen, die seine Goggles in die Tiefen des Ozeans verfrachtet hätte. Nikki seufzte säuerlich. „Woolf. Ich bin nicht dein Geldesel! Pass gefälligst auf deine Sachen auf!" Sie stolzierte schwankend aufs Sonnendeck. Stilettos waren nicht exakt die beste Fußbekleidung für einen Motorboot-Trip. Ben gab Gas. Geübt navigierte er das Boot aus dem engen Jachthafen hinaus. Dann ging es mit 300 Miles per Hour los. Auf See herrschten keine Geschwindigkeitsbegrenzungen... Auf Highspeed to Heaven erreichten sie, vorbeirauschend an Star Island, der Insel der Reichen und Berühmten, eine halbe Stunde später eine Sandbank. Hier pausierten diverse Jachten und ihre VIP-Besetzung. Es wurde gechillt, gelacht, getrunken und gegessen. Sie waren auf einer Party gelandet. Inmitten des Ozeans. Ben warf den Anker. Dann ging es an Getränke und Genüsse. Sie ließen sich Coronas und Snacks munden. Auf dem I-Pool rockte Woolfs Röhre. Das Gefühl kompromissloser Freiheit ließ ihre Seelen fliegen. Doch was war das?

Das ruhige Wasser wurde plötzlich aufgewühlt. Nikki dachte alarmiert. „Bloß nicht der weiße Hai!" Doch der hatte Drehtag. Die mehreren Meter breiten Flügel eines riesigen Rochens allerdings waren mindestens so bedrohlich wie der Anblick des Schreckens der Meere. Er brachte das Boot zum Schwanken und attackierte die Karossen der Karawane aus Jachten. Zum Glück befand sich niemand mehr im Wasser. Gelangweilt schien die spitz bezahnte Fresse des Rochens zu gähnen. Gleich eines Vampirs der Blut geleckt, aber keines getrunken hatte. Die Mission Partyschreck war nicht wirklich gelungen. Er gab vorerst auf und tauchte in einer gewaltigen Wasserlawine zurück in die Tiefen des Meeres. Die feiernde Meute prostete sich zu. Der Anblick des gewaltigen Meeresungeheuers erweckte keinerlei Angst in den dumpfen, betäubten Seelen. Sie fühlten sich behütet und vor den Schikanen des Schicksals wohlgefeit.

Doch man sollte sich nie zu sicher sein...

Am Himmel verfinsterte sich die Stimmung. Ein lautes Donnergrollen erbebte. Das leuchtende Himmelsblau war einem tiefen Anthrazitgrau gewichen. Erste Blitze erleuchteten sekündlich. Ben gab erneut Gas. Ein tosendes Gewitter näherte sich in gewaltiger Geschwindigkeit. Zeit, sich in Sicherheit zu bringen. Ben bugsierte die Motorjacht rasend in Richtung Star Island. Es begann, heftig zu regnen. Es war als hätte die Sintflut eingesetzt. Das schnittige Motorboot war keine passende Arche Noah. Es wurde vom Wind hin und her geschleudert wie eine Nussschale. Woolf machte einen auf Angeber und stellte sich mit ausgebreiteten Armen in den Wind. „Ich bin der König des Rock! Ich fürchte mich vor Nichts und Niemanden!", spie er in den donnernden Himmel. Dann versuchte er, seine Fangemeinde zu verführen. „Jungs kommt! Wir rocken den Wind!" Doch die beiden Schlappenschlurfer hatten sich in die winzige Kajüte geflüchtet. Dieses Refugium war somit besetzt! Auch Nikki bekam es mit der Angst zu tun. Woolfs Wahnsinn war das Eine. Aber die Gewalt der Wassermassen war beängstigend. Sie machte sich auf das Schlimmste gefasst und dachte an ihren beängstigenden Albtraum. Was, wenn er wahr wurde? Wenn sie kenterte in ihrem Liebeswahn? Sie mochte sich das nicht weiter vorstellen! Bei aller Sorge um ihr Leben machte ihr die Eitelkeit zu schaffen! Die konkreteste Bedrohung der Situation: der vollständige Frisur-Verlust! Angesichts der Wassermassen und des schlimmen Sturms half kein Beton Hair mehr! Nikki versuchte verzweifelt, Schutz zu finden unter dem kleinen Dach am Steuer. No Chance. Der Regen kam aus allen Winkeln. Ihre kunstvoll drapierte Hochfrisur zerfiel in Sekunden. Sie fühlte sich wehrlos. Ließ sich fallen! Ihr schwante: Wir sind niemals vollständig der Steuermann unseres Lebens! Die unbeherrschbare Kraft des Schicksals verwandelte die Kontrollsucht der Menschheit in ein Absurdum. Gleichzeitig machte es sie verständlich. ***Je weniger Macht wir haben, umso verzweifelter streben wir nach ihr.*** Angesichts des Ausbruchs der Natur erschienen ihr alle bürgerlichen Bedenken als peinliche Petitessen. Die vermeintliche Verantwortung über ihr Leben verschwamm mit dem tobenden Gewitter. Que será,

será. Whatever will be, will be. Und sollten sie untergehen, so musste es wohl so kommen?!? Zumindest würde sie im Namen der Liebe vom Leben scheiden! An der Seite ihres Geliebten! Der hatte dieselben fatalen Gedanken!

„Liebling. Selbst wenn wir kentern. Wir sind für immer zusammen!" Woolf umarmte sie von hinten und küsste sie mit wildem Begehren. Sie schmiegte sich an ihn wie eine nasse Katze. Wild und zärtlich zugleich. Er blickte in ihre geheimnisvollen grünen Augen und verliebte sich erneut in die abenteuerliche Seele seiner Rose. Sie bot einen Anblick verstörender Schönheit. Das kleine Kleidchen klebte an dem nassen Körper und offenbarte mehr als es verbarg. Das Mädchengesicht strahlte in furchtloser Freude. Die grünen Augen irisierten grün-gelb-türkis und unergründlich. Die Haare klebten nass an ihrem wohlgeformten Kopf. Ihre sonst so kontrollierte Aura war der Wildheit gewichen. Woolf war fasziniert. Diese Frau war seiner ebenbürtig! Sie machte ihn wahnsinnig! Er begann, wie wild im Regen zu tanzen. „I am singing in the rain! What a glorious feeling. I am happy again... Kräbbchen. Du bist eine Göttin!" Doch die Göttin sehnte sich bei aller Wildheit nach Sicherheit. Und einem Haarföhn. Ein Glas Sauvignon Blanc wäre auch nicht schlecht... „Können wir uns nicht irgendwo an Land retten?", fragte sie Ben. Der war ja gerade dabei! Er nickte konzentriert und hielt das Steuerrad krampfhaft fest! Einer musste ja die Kontrolle bewahren! Ein echter Seemann ließ sich von einem kleinen Sturm nicht einschüchtern. „Yep. Wir sind gleich in Sicherheit!" Er legte ihr mit zärtlicher Geste sein Jackett um die nassen Schultern. Nikki blickte ihn bewundernd an. Seine Souveränität angesichts des Sturms war faszinierend. Die tiefe weibliche Sehnsucht nach einem Beschützer fuhr ihr schmerzhaft ins Herz. Alle Mädchen sehnen sich nach ihrem Helden! Warum nur konnte WOOLF das nicht sein? Vielmehr schien es, als sei sie SEINE Retterin...

Der genoss das Chaos. Er hatte sich die restlichen Coronas geschnappt, die herrenlos auf dem Motorboot hin und her geschleudert wurden. Er vernichtete sie. Auf Ex. Und spuckte in den Himmel. „Ich bin der King of Rock! Leg Dich nicht mit Woolf Barzokka an!“ Dann schnappte er sich seine Gitarre. Er stellte er sich mitten in den Wind und spielte „Smoke on the Water“. Schlecht und falsch. Sie wähnte sich in ihren Traum zurückversetzt und schluckte trocken. Zum Glück und anders als in ihrem Albtraum blieb die Gitarre in seinem Besitz. „Ich bin der König der Meere!“, schrie er in den Sturm. Dieser Abenteuertrip war ganz nach seinem Geschmack. So war sein Leben. Wild wie der Wind. Hey, man kam schließlich nicht lebend heraus... Aus diesem Bootstrip zur Hölle. Nikki war fasziniert von seiner völligen Absenz von Angst, während sie sich nach Sicherheit sehnte. Sie war das viele Wasser und die schwankende Motorjacht leid. Ein Hairstylist mit Föhn und Lockenstab sowie ein gepflegter Weißwein wären jetzt das Mittel zu ihrem persönlichen Glück!

Endlich fand Ben eine Stelle zum Anlegen. Er kämpfte routiniert gegen die sich wehrenden Wellen. Dann war der Anker geworfen und das Boot fest vertäut. Sie kletterten vom schwankenden Boot, das in der Sicherheit des Ankers gefangen war. Nikki beobachtete ihren Retter in der Not bewundernd. Ben hatte sie sicher und souverän zurück nach Kokosnuss Groove gebracht. Woolf klopfte ihm auf die Schulter. „Well done, Alter! Jetzt brauch ich was zu trinken! Lasst uns ins Monty's gehen!“ In wenigen Metern Entfernung erkannte Nikki die besondere Bretterbude. Das Bar-Restaurant war aus urigem Holz. Laute Rockmusik tönte durch das offene Restaurant. „I will love you always“ vom schönen John. Woolf umarmte sein nasses Kräbbchen. Das blickte sich neugierig in dem neuen Revier um. Ketchup-Flaschen zierten die Tische. Abenteuertypen lungerten an der Bar und tranken Coronas. Ein paar luftig bekleidete Mädchen gaben die Bedienung. Eine simple aber coole Kneipe! Ein angetrunkener Alan begrüßte sie belustigt. „Long time no see. Hat sich der Rocker wieder beruhigt?“ Woolf spuckte ihm auf die Füße. Dann zeigte er sich versöhnlich. „Ich werde hier schon noch die Hütte rocken!“ Doch zuerst forderten die trockenen Kehlen Nachschub. „Corona for everybody!“ Hier galten die Restriktionen des Gastrogewerbes nicht. Es waltete ein Ire. Corona für alle war angesagt. Sie waren frei wie der Wind. Angesichts der Rettung von dem Höllentrip des Boots war die Crew um Ben aufgewühlt und euphorisch. Sie orderten Runden von Corona, Stone Crabs auf großen Platten, und: gegen Woolfs Widerstand „macht doch bloß die Kehlen rostig“ Wasser.

Böse Buben & verführbare Mädchen

Ein schwarzer Muskelmann und eine verkümmerte Blondine enterten den Raum. ***„Uga-uga-uga.“*** Der Alphaaffe der Extraklasse ließ keinen Zweifel an seinem VVVVIP-Status! Der harte schwarze Junge war umgeben von einer Bugwelle, wie sie selbige soeben im wilden Wasser erlebt hatten. Seine Aura von Macht und Männlichkeit ließ sämtliche Mädchen in der Bar förmlich zerfließen. Auch Nikki blickte ihn fasziniert an. Das war doch… ***OJ Simple***. Ein ultimativ böser Bube! Ehemaliger Sportstar mit Schauspielkarriere, der vor einiger Zeit wegen Mordes an seiner Frau verhaftet wurde. Hieß die nicht auch Nicole? Die Rose erschauerte. „Drum hüte dich, an wen du dich bindest!“, hallte es in ihren Gedanken. Doch sie blickte wie hypnotisiert auf den prominenten Macho. Das Mädchen an der Seite von OJ Simple war augenscheinlich ein halb verhungertes Model, deren winziges Hündchen dekorativ aus der Handtasche lugte. Mit aufgespritzten Lippen saugte sie Prosecco per Strohhalm. Die Miene so starr vor Botox, dass ihr Lächeln aussah wie eingefroren.

Nun entdeckte auch Woolf den Promi. Respekt kannte er nicht. Er sprang auf und stellte sich wichtigtuerisch vor den Fleischklops. Er klopfte dem bedrohlich aussehenden Muskelberg vertraulich auf die Schulter. „Na Alter. Noch auf freiem Fuß? Da haste es deiner Alten endgültig gegeben! Recht so! Ein echter Mann darf sich nicht betrügen lassen! Tod den betrügerischen Weibern!“ Nikki traute ihren Ohren und Augen nicht. Er sympathisierte doch tatsächlich mit einem Frauenmörder! Doch irgendwie war das in dieser Gesellschaft von Stars vollkommen egal. Alles schien erlaubt. OJ grinste frech und zuckte mit den breiten Schultern. Er blickte begehrlich auf die wilde Rose, die nach dem Wildwasser-Bootsausflug aussah wie eine nasse Amazone. Sie lächelte geschmeichelt und nippte am köstlich kühlen Corona. Der Geschmack des Lebens war aufregend. „It's amazing…“, tönte passend Arrowsmith durch das Monty's, „with the blink of an eye you finally see the light!“ Auch Nikki sah das Licht. Ein riesiger Regenbogen breitete sich über dem Himmel aus. In der Farbpalette Picassos funkelnd. Gleich einer Brücke ins Paradies. An seinem Ende funkelte es golden. Woolf bekam gleich eines Geistesblitzes eine neue Songidee. „I know! There is gold at the end of the rainbow!“, brüllte er in den Himmel. Die Kneipenkumpanen wurden zur Fangemeinde. Alan brachte ihm eine altehrwürdige Gitarre. Woolf übernahm die Bühne. OJ Simple eilte zu ihm und gab den Chor Boy. Eine unbeschreibliche Starmania erfüllte die Bretterbar. Die verführbaren Mädchen sanken darnieder. Auch Nikkis Herz pulsierte wie wild. Sie war fasziniert von ihrem wilden Rocker. Er rockte ihre Seele. Sie grinste stolz darüber, wie begierig die Mädchen in der Bar ihn vergötterten. „Er ist mein“, konnte sie sich nicht verkneifen zu denken. ***Aber: Welcher Mensch ist wirklich das Besitztum eines Anderen?*** Woolf flirtete wie wild mit dem Frauenfanclub, der sich vor ihm aufbaute und ihm die Höschen entgegenwarf. Nikki erlebte Ernüchterung. Sie suchte nach Abwechslung und Alternative. OJ Simple war auch nicht zu verachten! Er gewahrte ihre begehrlichen Blicke und verließ die Bühne mitsamt seiner unangebrachten Position als Chor Boy und setzte sich zielstrebig zu der Rose. Dort nahm er ihr erhitztes, errötendes Gesicht in seine beiden riesigen, außen schwarzen und innen weißen Hände. Die ungeahnte Zärtlichkeit des Kraftprotzes ließ die Rose erschauern. Er erwies sich auch noch als Poet. „You are MY LADY!“, flüsterte er siegesgewiss. Nikki zuckte zusammen. Die Liebesattacke war so verführerisch wie der Woolf außer Reichweite.

Er ging zu weit und verführte gerade eine liebliche Russin mitten auf der Bühne. Nikki explodierte vor Eifersucht. Doch sie ließ ihre Gefühle nicht nach außen dringen. So gab sie sich oberflächlich der zärtlichen Berührung OJs hin. Dennoch rasten ihre Gedanken. Flammte das Begehren für Woolf in ihrem Herzen. Sie kuschelte sich schutzsuchend in die starken Muskelberge von OJs Armen. Er küsste sie begierig mit winzigen Küssen seiner samtigen Lippen über das gesamte Rosengesicht. Dann wanderten seine sinnlichen Lippen weiter über den Hals hin zu den erblühenden Knospen ihrer Brustwarzen. „I have got to have you!", verlangte OJ. „Follow me!" Er erhob sich und deutete Richtung Powder Room. Diese wilde Rose musste er pflücken. Ihm war noch keine solch schöne Blüte entkommen. Doch die Rose lächelte so süß wie distanziert. Sie schüttelte unmerklich den immer noch nassen Kopf und blieb sitzen. Diese Liebesverführung fühlte sich allzu schal an. Trotzdem kniff die Abenteuerlust ihr ins Herz. Auch musste sie dringlich zur Toilette. „Zuviel Corona!", redete sie sich angesichts des tödlichen Anblicks von Woolf bei der Vereinigung mit der Russin ein. Sie erhob sich und schwebte mit sexy Hüftschwung berstend vor Demütigung zu den Toiletten. In einer Mischung aus Neugier und Naivität öffnete sie die Tür. Wie ein Geschenk, dessen Inhalt man erahnt, erwünscht und gleichzeitig fürchtet. Mit klopfendem Herz trat sie über die Schwelle und suchte den Lichtschalter. Sie betätigte ihn mit zitternden Fingern. Es wurde hell im Lady's Room. Nikki blinzelte und wurde eines außergewöhnlichen Anblicks gewahr. OJ Simple stand vor ihr. Splitterfasernackt. Sein riesiges Geschlecht stach ihr entgegen wie eine Waffe. Im Bruchteil von Sekunden kämpften die zwei Seelen in ihrer Brust einen furiosen Kampf. Vernunft gegen Versuchung. Lust gegen Liebe. Neugier gegen Vorsicht. Die Rose war so aufgewühlt wie die raue See zuvor. Dann entschied sie sich. Für die Vernunft. „Sorry. Wrong door!" Hastig und hochrot flüchtete die Rose von dem so begehrenswerten wie beängstigenden Anblick des Supersexgottes. Eine andere Nicole hatte er schließlich das Leben gekostet. Sie hastete zurück zu ihrem Platz und war froh, der Versuchung widerstanden zu haben... ***Liebe war stärker als Lust.*** Naja. Zumindest zumeist oder wenigstens heute... Doch das galt nicht für Woolf:

Der hatte sein Verführungsprogramm vollbracht. Er saß auf seinem Platz und empfing sie mit Misstrauen im Blick. Wer sich selbst nicht zu trauen vermag, traut auch keinem anderen. „Wo warst du? Wo ist dieses Arschloch von OJ Simple? Wehe der hat dich angemacht! Der kann was erleben!“ Da erschien der Muskelberg auch schon. OJ Simple kam, wütend und unbefriedigt, aus dem Klo. Zornig baute er sich vor Nikki und Woolf auf. „Your babe belongs to me!“ Er bekam stets, was er wollte! Andererseits war er bereit, zu töten. Sein Blick war ein Eisberg der Entschlossenheit. Seine Arme ein Mauerwerk aus Muskeln. Seine Augen wüteten tief und wild. Die beiden blonden Bengel blickten begeistert. Das Liebesdrama mit dem VIP war geil. Sie fühlten sich, als wären sie mitten in Hollywood gelandet. OJ Simple war so was von cool. Doch ihr Daddy hielt ihm Stand. Er baute sich mit geballten Fäusten vor dem Muskel-Mountain auf. „Alter! Verpiss dich! Oder ich rufe die Bullen! Die Lady is mine! Und du mieser Nigger wirst sie niemals haben!!!“ „Nigger?“ Das war zu viel! Diesen mickrigen Rassisten würde er zertreten wie eine Fruchtfliege! OJ Simple stürzte sich auf Woolf. Doch dessen lange Stirn war gemein gefährlich. Wie Zedan holte er aus gegen die kurze Stirn des Gegners. „HuiHuiHui!“ Bevor Woolf seinen Gegner mit seinen nicht sichtbaren Hörnern aufspießen konnte, erschien die Polizei. Zwei bullige, blonde, stiernackige Gesetzeshüter erfassten die Situation und erkannten OJ Simple sekundenschnell. „Deine Bewährung ist Geschichte, Alter!“ Klack klack. Das metallene Geräusch einschnappender Handschellen übertönte die Stille. Sie fesselten OJ Simples berstende Muskelberge auf seinem Rücken. Dessen Augen spien vor Gift. Er spuckte Woolf ins Gesicht. „Wir sehen uns wieder! Und dein Babe wird MEIN!“ Die Polizei und ihr prominentes Opfer zogen ab. Schweigen erfüllte die Bretterbude. Das mickrige Magermodel ward keines Blickes mehr gewürdigt. Sie schaffte sich Ersatzliebe, indem sie ihr Hündchen liebkoste.

Woolf blickte wütend. Das war seine Chance auf Ruhm gewesen. OJ Simple umzuhauen. Damit wäre er von einer Sekunde auf die nächste der Held des Tages gewesen. Der Retter seiner Frau vor dem schwarzen Schwerverbrecher! Eine nicht zu unterschätzende große Zielgruppe hätte ihm aus der Hand gefressen! Seine Gedanken rasten vor Wut. „Verdammte Scheiße! Schon wieder serviert mir das Schicksal die Wurst! Und zieht sie dann vor mir weg! Diese miesen Bullen haben mir meine Chance versaut. Als Besieger von OJ wäre ich in die Annalen Amerikas eingegangen." Nikki lächelte mit einem Gesichtsausdruck, der eine gewisse Ironie verriet. "Wolltest du nicht durch deine Musik berühmt werden? Nicht durch Schlägerei mit einem Mörder?" Doch Woolf war jedes Mittel Recht. „Ich will Ruhm und Reichtum. Mir doch egal, durch was! Dieser Sieg wäre unbezahlbar gewesen! Der OJ ist berühmt! Ich wäre der talk of town. Die Presse hätte sich auf mich gestürzt. Ich wäre der Retter der Rassisten! Das perfekte Sprungbrett für den King of Rock! ALAN! WHISKEY! EINEN DREIFACHEN!!!" Woolf tobte vor Wut über seinen versiebten Sieg. Er haute sich den Drink in den Kopf. Die Stimmung kippte. Ben und Jil verließen die Bretterbar. Die Buben schliefen am Tresen. Schließlich schaltete Alan das Rausschmeißerlicht an und kredenzte dazu „Closing Time". Die zarte Nikki hievte den verwüsteten Woolf mühsam vom Platz und ins Taxi. Adrean und sein Freund folgten verschlafen. Schließlich hatte Nikki ihren besoffenen Gemahl ins Bett bugsiert. Sie ließ ihn in seiner Fahne aus Whiskey und den noch nassen Klamotten liegen und betrachtete ihn mit Neugier, Mitgefühl und Misstrauen. Immer wenn sie glaubte, ihren Rocker im Griff zu haben, vernichtete er ihre Hoffnung und offenbarte die Abgründe seiner Seele. Sie blickte sinnierend in seine aufgedunsene, faltige Visage mit dem dünnen Mundstrich. Ein wenig sah er einem Affen ähnlich. Seine Anziehungskraft auf sie war heute jedenfalls nicht mehr wirkungsvoll. Sie kuschelte sich so fern wie möglich von dem stinkenden Gesellen in die Kissen. Es war Zeit, zu schlafen! Morgen würde sie sich um die Gestaltung ihrer Zukunft kümmern!

Das Leben ist kein Ponyhof

Zumindest nicht immer... Die Pflicht rief und Nikki nahm sie ernst. Sie musste die Visa-Unterlagen ausfüllen, den Umzug ihres Haushalts regeln. Dafür sorgen, dass aus der Bayview Road ihr wahres Zuhause wurde. Ihr Leben in Miami glich noch immer einer Bleistiftskizze. Einer farbenfrohen. Aber sie musste die Basis schaffen damit sie bleiben konnten. Damit aus Wahrheit Wirklichkeit werden konnte. Am nächsten Morgen schreckte sie früh hoch und überließ den Woolf seinem Tiefschlaf. Ohne Austausch von Zärtlichkeit. Um 8 Uhr sharp saß sie in ihrem gläsernen Büro. Sie verwandelte sich in die knallharte Businessfrau, die zweite Seite ihrer Persönlichkeit. Drei Stunden später störte ein bekannter Gestank nach Zigaretten und Whiskey ihre Konzentration. Sie blickte von der Tastatur auf. Ein vorwurfsvoller Woolf schlich kettenrauchend in ihre Schaltzentrale. Nikki runzelte die faltenfreie Stirn. Hier war er eine Persona NON grata. Das Office war ihr Heiligtum! Das blickte er nicht. „Kräbbchen. Was machst du denn da?" Er lümmelte sich auf IHREM Schreibtischchefsessel und paffte lässig in die Luft! Nikki hatte genug. „Raus hier! Hier wird nicht geraucht, sondern gearbeitet! Kümmere dich um DEINE BENGEL!" Woolf erhob sich schwerfällig und spuckte auf den Boden. „Die sollen erst einmal erwachsen werden!" Das mangelnde intellektuelle Niveau der beiden Teenager langweilte ihn zutiefst. Er hatte seinen Sohn gerufen. Doch nun war er seiner bereits überdrüssig. Des langweilig tugendhaften farbigen Freundes erst recht. Seine Aufmerksamkeitsspanne war an Kürze kaum zu überbieten. „Woolf. Das Leben ist nicht Zahlando. Was man bestellt, muss man auch annehmen. Return to sender ist nicht!" Die Rose blickte Woolf gestreng in die eisgrauen Augen. „Fahr doch in die Everglades mit ihnen. Krokodile finden sie bestimmt cool!" In diesem Moment schlurfte Adrean ganz in der lässigen Manie von Woolf in den Raum. „Krokodile: COOL!" Das Leuchten in seinen blauen Augen verriet den Jungen in ihm. Die vorgeschobene Coolness hatte noch nicht über seine Begeisterungsfähigkeit gesiegt. Anders bei seinem Freund. „Oh no! Krokodile begaffen. Wie krank ist das denn? Habt ihr denn keinen Fernseher? Keine Wii-Konsole, keine Videospiele?“ Nikki platzte der Kragen. „Raus! Macht was Ihr wollt! Ich muss arbeiten!“ ***„Woolf. Bitte kümmere dich um deine Brut!“*** Letzteres flüsterte sie Woolf ins Ohr. „Ich habe zu arbeiten!“ Von nix kam nun mal nix und das Geld galoppierte an der Seite von Woolf in Rekordgeschwindigkeit aus der Börse. „Na schön du Stück. Dann schaff mal ran!“ Despektierlich stupste Woolf die Rose in den Sit-up-trainierten Bauch. „Jungs! Kommt! Wir rocken Miami. MUTTI muss arbeiten. Ach, by the way! Ich brauche Kohle!“ In diesem Moment hätte Nikki zur Mörderin werden können. Mit abfälliger Attitüde griff sie in ihre Handtasche, die sie niemals mehr als einen Meter aus ihrer Nähe ließ. Die verbliebenen Scheine der von der Rosenmutter gebrachten Notreserve waren erschreckend geschrumpft. Mit Sorge im Gesicht klaubte sie einen Tausender heraus. „Das sollte ja wohl reichen! Macht Euch einen geilen Tag!“ Sie legte Woolf den Schein mit Abscheu in die nikotingelbe Hand. „Enjoy!“ Mit dieser ironischen Bemerkung schloss sie die Glastür hinter den Barzokkas. Dann sank sie erschöpft, doch erfreut, endlich alleine zu sein, zurück in den Chefsessel. Es gab viel zu tun. Sie packte es an!

Zuerst: Ausfüllen der Aktenberge für das Visum. Geschätzte 1.000 Seiten später war das Werk vollbracht. Sie lächelte erleichtert und blickte auf die MegaO. 15 Uhr. Stunden hatte sie an dem Visa-Werk geackert. Jetzt war es vollbracht. Zeit für eine kleine Belohnung! Sie ging in die Küche und schenkte sich ein Glas Weißwein ein. Dazu bereitete sie einen feinen Tomatensalat mit Basilikum und Büffelmozzarella. Eine halbe Stunde später war sie gestärkt und bereit für die nächste Runde. Nun war das Thema Umzug angesagt. Sie tippte die Nummer ihrer Münchner Wohnung ins Telefon. Der Vater hatte ihren Hausstand auf den Seeweg gebracht. Die Kostenübersicht lag im erschreckend hohen zweistelligen Bereich. Besorgniserregender Zusatz im Kleingedruckten: „Die Auftragsannahme erfolgt nach Vorlage eines Aufenthaltsvisums durch den Auftraggeber." Nikki echauffierte sich. Was war das denn? Sie hatten noch kein Visum, doch sie brauchten ihren Hausstand, um ihr Leben hier erfolgreich zu starten! „Horst Rose!", grüßte der Vater. Donnergrollend überfiel ihn seine aufgebrachte Tochter. „Wieso kriegen wir unsere Möbel nicht ohne Visa? Rüstige Rentner können sich doch hier auch einrichten!" Sie zitierte das Beispiel der Familie Schmalspur. Was die konnten, das konnte sie doch schon lange! Horst Rose zuckte hörbar mit den Schultern. „Nikki. Ich kann doch auch nur weitergeben, was mir die Unternehmen hier sagen! Euer Hausstand ist auf dem Weg. Zur Entgegennahme müsst ihr euer Visum vorlegen!" Nikki runzelte die Stirn. War das vielleicht eine Taktik ihren Aufenthalt in Miami zu boykottieren? „Vater. Ich erkenne die Absicht und bin verstimmt! Diese Bürokratenregeln werden mich nicht von einem glücklichen Leben in Miami abhalten!" Das alles fühlte sich nach einer großen Verschwörung an. Das Schicksal hatte ihr den Woolf serviert. Doch ausgerechnet ihre Familie und Freunde schienen ihr Lust und Liebe nicht zu gönnen. Sie nahm ihren Vater ins Visier. „Geb mir mal die Telefonnummer und den Ansprechpartner des Umzugsunternehmens! Ich muss da wohl mal persönlich vorfühlen!" Sie musste dafür sorgen, dass ihr Lebensplan aufging. So verrückt er war.

Der Vater sendete eine E-Mail mit den verlangten Details. Nikki druckte die Kontaktdaten aus, um mit Daxer persönlich in Verhandlung zur Anlieferung ihres Haushalts zu treten! Sie wollte ihren Haushalt. Mit oder ohne Visum. Pronto! Nächstes Thema! „Was ist mit der Vermietung meiner Wohnung?" Der Vater erstattete präzise Bericht. „Da haben wir die Wahl getroffen. Eine Frau Bauernfreund. Attraktiv. Mit einem reichen

Inder in Scheidung! Tolle Frau. Zahlt 9.000 Euro Abstand." „Vater! Ich wollte 20.000!!!! Wieso diese Kuh?" Nikkis Intuition war bemerkenswert. An dieser Bauernfreundin war was falsch. Sie schien Feind statt Freund. „Warum nicht der Zahnarzt von unten? Oder der Medienmogul, den du erwähntest?" Des Vaters Stimme klang entschuldigend. „Nun ja. Frau Bauernfeind" „Ach, FEIND? Eben sagtest Du noch FREUND?" „Äh, ich habe mich versprochen. Nun, sie machte eben den besten Eindruck. Sie ist eine äußerst attraktive Dame. Der Inder war ein Arsch. Der Frau muss geholfen werden!" Der Vater fühlte sich als Retter und klang kläglich. Der bullige Inder war ihm suspekt. Was wenn er sie schlug? Die aparte Bauernfeindin brauchte ein Dach über dem Kopf. Wie hätte er dieser attraktiven Dame den Wunsch nach der Wohnung abschlagen können? Einer charmanten, hilfesuchenden Frau in Not konnte er nicht widerstehen!

Nikki seufzte und gab auf. Miami war zu weit weg, um zu intervenieren. Vertrauen war angesagt. Ihr Vater klang angestrengt und am Limit seiner Kräfte. „OK! Aber sie soll den Abstand VOR dem Unterschreiben des Mietvertrags überweisen!" Der Vater nickte zufrieden. Er hatte einen Narren an der Lady gefressen. „Was macht Mutti?" Nikki witterte das. „Och. Die ist in Bad Feelwell und kümmert sich um ihre Mutter!" Es war bekannt, dass der Vater und seine Schwiegermutter, wie in so vielen Familien, ein eher ambivalentes Verhältnis zueinander hatten. Sie ließ das Thema auf sich beruhen. Es ging um Ergebnisse! „Was ist mit Matschi? Was macht mein Einspruch gegen Armadas Kündigungsschreiben?" „Da fragst du ihn besser selbst. Der Matschi ist so was von beschäftigt, dass ich ihn nicht zu Gesicht bekomme!" „Aber ihr seid doch beide in München! Seht ihr euch nicht mal zum Abendessen? Was war mit Ostern?" „Nichts. Ach Nikki. Lass gut sein. Ich bin ein müder alter Mann. Das alles überfordert mich. Ich bin froh, wenn ich in der Kiste bin!“ Die Todessehnsucht des Skorpions kam zutage. Nikki beschloss, das Gespräch zu beenden. „Vater. Das kommt noch früh genug! Jetzt genieße erst einmal das Leben! Geh doch nochmal ins Fresszimmer. Da habe ich noch Kredit!“ Horst Rose legte erschöpft den Telefonhörer auf. Was seine Tochter wollte, das bekam sie. Der Apfel fiel nicht weit vom Stamm. Ein stolzes Lächeln schlich sich auf sein Gesicht. Er rief die Hunde. Ein Abend im Fresszimmer war gar keine so schlechte Idee... Selbst ihm kam das morgendliche, mittägliche und abendliche tägliche Brot langsam zum Hals heraus. Eine Krabbenpfanne war die reizvollere Alternative! Natürlich mit Weißbrot, um die Soße aufzustippen...

Nikki scannte die Infos zu den Umzugsunternehmen nun gründlicher. Daxer war definitiv ein guter internationaler Anbieter. Sie rief den Kundenberater an. „Heinz Koch, Ihr Kundenberater bei Daxer. Umzüge mit Herz!“ „Na hoffentlich auch mit Verstand! Mein Name ist Rose und es ist mir unverständlich, warum Sie für einen profitablen Umzugsauftrag nach einem Visum verlangen! Reiche Rentner haben ja auch keins!“ „Ähhhh, aber die Regularien sind so... Ihre Sachen sind ja bereits auf See. Aber bei der Anlieferung brauchen wir Ihr Visum!“ Die Ahnungslosigkeit des Umzugsberaters trieb Nikki zur Weißglut. „Wenn Sie den Auftrag abschließen und bezahlt haben wollen, dann finden Sie eine Lösung! Reden Sie mit Ihrem Geschäftsführer. Ich erwarte Ihren Rückruf in drei Stunden!“ „Wusch!“ Sie warf den Hörer hin. Inkompetente Dilettanten! Die hatten offensichtlich wegen Reichtum geschlossen! Deren Dummheit und vorauseilender Gehorsam durften doch nicht ihrem Lebensglück im Weg stehen. Sie drehte ihr Rollodex und fand was sie suchte. Die Nummer von Stefan Schwenk. „Hi Stefan. How are you?“, säuselte sie in den Hörer. Um Befriedung bemüht. Der Auftritt Woolfs auf dem Vollmondfest war etwas schädigend für das Image gewesen. Zumal Woolf dessen Freundin Doreen über die Grenzen des

Gebührlichen angebaggert hatte, als er nackt, wie Gott ihn schuf, aus dem Pool geklettert war. Seither hatte sie nichts mehr von den Schwenks gehört. Aber die 9.000 Dollar Vorkasse waren bezahlt und sie würde die Leistung einfordern! „Fine. And how are you?“ Stefan gab sich jovial wie stets. Noch immer witterte er den big deal und die aparte Rose gefiel ihm. Dass sie sich in solch einen räudigen Rocker verliebt hatte, war ihr Pech und nicht sein Business. „Wie kann ich Dir helfen?“ „Wir haben mittlerweile unseren Haushalt auf dem Schiffsweg nach Miami. Aber das Umzugsunternehmen weigert sich, ohne Aufenthaltsvisum auszuliefern.“ Stefan seufzte genervt. „Blöde Bürokraten. Ich kenne da jemand.... Gib mir zwei Stunden. Dann hörst du von mir!“

Nun wählten die himbeerfarben lackierten Finger der Rose die Nummer des Bruders in seiner Kanzlei für Erbrecht. „Rose?“, tönte die seriöse Stimme des Anwalts durch die Leitung. „Ich bin's, Nikki“ Ein Lächeln ließ die gestrenge Stimme des Gesetzes erstrahlen. „Twin. Wie geht's dir?“ Die Besorgnis in der Frage war nicht zu ignorieren. Sie heuchelte Gelassenheit. „Och. Froh mal einen Tag Büro und Disziplin walten zu lassen. Woolf ist mit den Teens unterwegs und die Dinge pressieren!“ „In der Tat!“ Matschi räusperte sich. „Ich habe das Einspruchsschreiben gegen Armada vorformuliert und mit Doktor Waldschütz abgestimmt. Jetzt ist es auf dem Weg zu Beate Bier. Dann heißt es abwarten. Entweder die lassen sich auf eine außergerichtliche Einigung ein. Oder wir verlieren Wochen und Monate bis zur Gerichtsverhandlung. Ausgang: fragwürdig!“ „Was haben die denn noch in petto außer dem Geschenkkorb ans Klinikpersonal?“ „Alles an den Haaren herbeigezogen. Das Engagement von Leon als Foto-Assistent ist deren stärkstes Pfund. Und die erpresserische Bedrohung des Markus Pricy durch den Woolf, seinen Sohn zu engagieren.“ Nikki schlug die Augen in den Himmel. Schon wieder Woolf. Der war wirklich ein Sargnagel ihrer Karriere. „Sieh bloß zu, dass er keine weiteren Erpressungen versucht mit dem fingierten Musikvertrag!“ Nikki seufzte zutiefst. Woolf wollte seine zwei Millionen. Freigegeben oder nicht interessierte ihn nicht. Sie sah sich einem Höllenkonflikt entgegen zwischen seinem kriminellen und ihrem anständigen Weltverständnis. „Ich tue mein Bestes!“, versprach sie mit Zweifeln in der Stimme. Matschis Stimme wurde eindringlich. „Nikki. Pass auf dich auf! Das mit Woolf, das KANN nicht gutgehen!“ Der Zwilling redete kurz und verschwörerisch auf seine seelenverwandte Schwester ein. Die lachte in gespielter Zuversicht. „Es WIRD schon alles gut gehen! Tschüss, Matschi. Und danke für Rat und Tat!“ Als sie aufgelegt hatte, überkam sie grenzenlose Einsamkeit. Was tat sie hier? Und war der Mann, für den sie ihr ganzes Leben aufgab, es wirklich wert? Sie blickte verloren auf ihr Blackberry. Keine neue Nachricht. Sie ging in die Küche und holte sich ein neues Glas Weißwein. Eine gigantische Kakerlake rettete sich vor ihren Stilettos unter den Küchentisch. War sie wirklich in guter Gesellschaft? Armeen aus Zweifeln enterten ihre Gedanken. Welches teuflische Spiel trieb das Schicksal mit ihr? Das Telefon rettete sie davor, in düsteren Gedanken zu ertrinken.

„Stefan Schwenk. Nikki Rose. Ich hab den perfekten Kontakt für dich. Wilhelm Wild ist ein Zollbeauftragter, der zuvor beim Militär war. Mit dem geht ALLES! 5.000 Cash und die Annahme deines Umzugsguts ist gebongt! Vorkasse natürlich. Soll ich ihm den Auftrag geben?“ Sie nickte gequält. „Gehen Sie über Los und zahlen 5.000 Euro eine andere Wahl haben wir ja wohl nicht!?“ Ihre Stimme war ein zartes Krächzen. Stefan frohlockte. „Super. Bitte hol das Geld Cash. Wir treffen uns an der Bank of America.“ Auch das noch. Woolf hatte den Leihwagen. Ein Mustang für ihren Macker. Und sie hatte das Gewicht der Welt auf ihren Schultern. Und durfte zu Fuß, beziehungsweise auf High Heels, den beschwerlichen Weg gehen. Tapfer schnappte sie ihre schwere Handtasche. Deren Henkel riss angesichts des allzu heftigen Gewichts. Die Rose steckte sie unter den Arm und lief den Kilometer am Main Highway entlang zur Bank. Diverse Autos fuhren aufreizend langsam an ihr vorbei und betrachteten die Lady mit dem Haarturm und im eleganten Kleid amüsiert. Was hatte sie auf der Straße verloren? Ihre Stilettos waren eindeutig ungeeignet für einen Lauf durch den Dschungel. Etliche Autos hielten an und boten Mitfahrgelegenheit. Doch die Rose schüttelte stolz den Kopf und lief weiter. „Jeder Gang macht schlank!", tröstete sie sich. Endlich erreichte sie die Bank. Stefan erwartete sie mit gierigem Grinsen. „Wir kriegen das Geld von Adam. Er braucht nur noch deine Unterschrift!" Sie begrüßte den kleinen Kubaner mit den verschlafenen braunen Augen. „Where do I need to sign?" Eine Unterschrift ihres zierlichen Bohème-Füllers von Mystar später war Stefan Schwenk in Besitz der 5.000 Dollar. Und Nikki dem Ziel eines Zuhauses entscheidend näher. Bereits in zwei Wochen konnte ihr Hausstand angeliefert werden! Das gab Anlass zum Feiern! Stefan blickte auf seine Prolex. 17 Uhr. „Happy Hour! Wollen wir einen Drink im Tu Tu Tango nehmen?" Gesagt getan. In der ungezwungenen Atmosphäre und bei einem eisgekühlten Prosecco entwarfen sie den Businessplan. Jetzt, wo das Zuhause stand, galt es, das Business voranzutreiben! Stefan wurde konkret. „Also du und Woolf ihr habt jeweils 45 Prozent. Ich und Max die anderen 10. Einlagen muss man bei einer LLC nicht machen. Aber als Gegenwert haben wir unsere Berufsexpertise, deine Kontakte. Und hm. Woolfs Musikarchiv. Dass es 20 Mille wert ist, wage ich allerdings zu bezweifeln! Welchen Wert hat schon eine Musik, die keiner hören will?" Nikki nickte nachdenklich. Stefan legte nach. „Risikofaktor ist der Woolf. Wozu brauchen wir dessen maue Musik bei deinem Marketing-Know-how? Wir können das Business auch ohne den Woolf durchziehen?! Der Typ ist doch bloß ein Schiffschaukelbremser! Aus dem wird nimmermehr ein respektabler Rockmusiker. Schon gar nicht der King of

Rock." Stefan legte seine kräftige Hand auf die der Rose. Er wollte sie vor dem Spinner und sich ein gutes Geschäft retten. Die Rose fühlte sich überfallen. Sie hob zur Antwort an. „Woolf gehört dazu! Wir sind zu viert in diesem Spiel oder gar nicht." Stefan spürte ihre Loyalität und lenkte ein. „Na schön. War nur Plan B."

In dem Moment enterte Woolf die Café-Bar. An den Füßen feinste Cowboystiefel aus Krokodilleder. Er verschränkte die Arme vor der Brust und blickte böse. „Na ihr beiden. Was treibt ihr hier? Ich rieche Verschwörung!" Nikki errötete und fühlte sich ertappt. „Wir schmieden Businesspläne." Woolf lächelte mit blutleeren Lippen und starren Augen. „Mit dem HERTA–WURST-VERTRETER? Was ist eigentlich mit MEINEM AUTO, ALTER?" Stefan hatte ihm doch einen Mustang versprochen. Auf dessen Credit Card History. Er stupste den Kontrahenten in den weichlichen Bauch. Dann blickte er ihm böse ins Gesicht. „Wehe du willst meine Frau anmachen und dir MEIN Business unter die Nägel reißen! Dann kriegst du es mit dem Teufel zu tun!" Stefan erblasste. „Woolf. du kriegst da was in die völlig falsche Kehle. Ich bin euer Business-Inkubator und dafür da euch zu helfen! Lass uns das sachlich besprechen. Ich habe jetzt ein Appointment." Schnell wie der Wind entfernte sich Stefan aus der Bar. Nicht mal den Prosecco zahlte er. Woolf packte die Rose unangenehm fest am Hals. „Was hast du denn mit diesem miesen Versicherungsvertreter zu tun, während ich den Babysitter spielen muss?" Nikki hüstelte. Zum Glück kam die Kellnerin. Er ließ notgedrungen ab von ihrem zarten Hals.

„Eine Flasche Chianti!" Heute war ihm nach blutrotem Wein. Die beiden Jungs waren die totalen Loser. Sie hatten ihn zu Tode gelangweilt mit ihren permanenten Forderungen. Er hätte sie am liebsten in den Everglades den Krokodilen zum Fraß vorgeworfen! Stattdessen hatte er diese geilen Cowboy-Boots erstanden. Die Jungs hatte er im Gästecottage gelassen, nachdem er das Haus verlassen von seiner Frau vorgefunden hatte. Wo war sie hin? Er sah ihre Notiz: 17 Uhr Treffen mit Stefan Schwenk, Bank of America. Was trieb sie da mit der personifizierten Herta-Wurst??? Eifersucht ermächtigte sich seiner Seele. Er war zur Bank gesputet. Keine Rose. Kein Stefan Schwenk. Dann wollte er sich ein kühles Blondes gönnen und eilte ins Tu Tu Tango. Um sie dort in Verbrüderung mit Mister Herta-Wurst zu erblicken. Der hatte seine feiste Pfote schon auf der zarten Hand der Rose und schien dabei, sie zu mehr zu verführen. Er wurde wahnsinnig vor Wut. Am liebsten hätte er die Rose und den Herta-Wurst-Vertreter grün und blau geschlagen. Doch die Besucher der Bar blickten bereits irritiert. Er widmete seine Aufmerksamkeit dem Chianti. Nikki blickte ihn nachdenklich an. Ohne gegenseitiges Vertrauen würden sie nicht siegen können. „Woolf. Ich habe die Lösung für den Umzug gefunden. Während du mit deiner Brut Krokodile geguckt hast! Und dann habe ich mit Stefan Schwenk die Paradigmen für unsere LLC-Gründung besprochen. Dazu brauchen wir Support. Das kann ich alleine nicht stemmen!“ Woolf knurrte wie ein wütender Hund. „Grrrrr. Aber wehe da läuft was zwischen dir und Mister Herta-Wurst!“

Nikki schüttelte entschieden den Kopf. Sie rieb sich den malträtierten Hals. „Du weißt doch, dass ich nur dich liebe!“ Tat sie nicht alles, um ihr gemeinsames Leben in Miami zu ermöglichen? „Na gut. Cheers!“ Woolf schenkte auch der Rose von dem dunkelroten Chianti ein. Der schmeckte schwer und stumpf von den Sulfiten die in Amerika importierten Weinen zugefügt wurden. Schließlich war die Flasche getrunken. Happy Hour war vorbei. Sie zwang sich zu Freundlichkeit und mütterlicher Fürsorge. „Was machen wir mit Essen?“ „Wir waren bei McDoof!“ Nikki zuckte zusammen. Nicht einmal mehr ein gemeinsames genüssliches Mahl gab dieser Tag als versöhnlichen Ausklang? Das war ihr zu wenig. „Also ich weiß ja nicht, wie es dir geht. Aber ich habe den Tag geschuftet und habe Lust auf ein schönes Abendmahl. Lass doch die Buben zuhause. Und wir gönnen uns mal wieder ein romantisches Dinner à deux. Ich schlage vor, wir gehen ins Chart House." Die Aussicht auf ein Schlemmermahl versöhnte den Woolf. Auch die Nachricht über die Lösung des Umzugsdilemmas. Er bereute sein „Hand an ihren Hals anlegen" doch die Eifersucht war wie ein Ausbruch eines Vulkans über ihn gekommen. Er bat um Verzeihung. „Kräbbchen! Entschuldige meinen Ausbruch von eben! Aber dich neben dieser Herta-Wurst zu sehen, war mehr als ich ertragen konnte! Du darfst mich niemals betrügen! Und jetzt gehen wir famos dinieren! Nur die Jungs sollten auch in den Genuss kommen! Ich rufe ihnen ein Taxi!" Nikki zuckte mit den Schultern. Ein Abend zu zweit wäre ihr lieber gewesen. Aber sie konnte die Sorgfaltspflicht gegenüber Woolfs Brut nicht ignorieren. Woolf strahlte. Sein Weltbild war wieder hergestellt! Im Chart House konnte er so richtig einen auf Macker machen vor den beiden Bengels! Versöhnt nahm er sie bei der Hand und führte sie aus der Bar. Eben war die Ampel grün. Life was a beach. Not a bitch wie allzu oft.

In inniger Umarmung schlenderten sie wieder wie frisch verliebt über die Straße an den Jachthafen und betraten das Chart House. Mittlerweile hatten sie VVVIP-Status im Restaurant. Der Hochzeitsabend hatte die Einnahmen eines Monats beschert. Strahlende Gesichter der Angestellten begrüßten sie. Mit Handschlag hieß man Woolf und Nikki Rose namentlich willkommen. Beeper gab man ihnen sowieso nicht mehr. Und: Der schönste Tisch an der Bay war der ihre. Ohne Reservierung! Nach den intensiven Irritationen der abendlichen Begegnung und der Maloche des Tages wollte Nikki nur noch eines: Eintauchen in den Eskapismus eines genussvollen Abends. Ein romantisches Dinner würde alles richten! Selbst die beiden Bengels strahlten vor Glück, als sie das noble Restaurant betraten und wie kleine Königskinder zu ihrem Tisch geführt wurden. „Wow! Das ist es! Soviel besser als Krokodile und McDoof!“ Adrean war ein Genießer. Er studierte schwärmerisch die Speisekarte und wählte das Teuerste. Chateaubriand. Davor: Austern und Kaviar. Selbst sein Freund war beeindruckt. „Cool man!“ Er bestellte altbekanntes. Burger und French Fries. Manche Menschen wachsen über ihre Grenzen hinaus. Manche nie. Nikki war das mittlerweile egal. Sie war in einem Zustand schwärmerischer Romantik gelandet. Der sternenbeschienene Himmel strahlte wie ein Zelt über ihr. Der Mann an ihrer Seite hielt ihre Hand. Die Jungs erzählten wilde Schulstreiche. Der Sauvignon Blanc verwöhnte die Sinne und ein leichtes Dinner den Gaumen. In diesem Augenblick war das Leben ein Ponyhof. Sie waren eine glückliche Familie und lebten an einem der schönsten Orte dieser Welt mit den Reichen und Schönen! Alles war gut und würde noch besser werden!

Risse in der Fassade

Die Zeit raste und wenige Tage später stand der Abflug der beiden Bengels an. Mittlerweile hatte sich Nikki an die pubertierenden Jungs gewöhnt. Zum Abschied wollten sie einen Tag im Raylight Hotel verbringen. Ihrem ersten Aufenthalt in Miami. Der riesige Pool begeisterte die Teenager. Sie sprangen ins Wasser und kamen nicht mehr hinaus. Nikki räkelte sich dekorativ auf einer Strandliege. Im schwarzen Spitzenkleid von Armada mit roten Lippen und gestylter Amy-Weinhaus-Frisur ein poetisch erotischer Anblick. Doch warum trug sie keinen ultraknappen Bikini wie die Babes in seiner Phantasie? Woolf war nach Whiskey. Die Zeit mit seinem Sohn und dessen Freund hatte ihn angestrengt. Auch gierte er nach seinem Musik-Equipment. Er fühlte sich wie ein Ferrari auf Standgas. Er ließ den Whiskey durch seine Kehle rennen. Noch einen. Und noch einen. Da zupfte ihn Nikki zart am Ärmel. „Woolf. Meinst du nicht, es ist genug?" Einmischung in sein Trinkverhalten konnte er gar nicht ab. „WAS IS DAS DENN? DIE MUTTI WIRD PRÜDE?" Nikki schaute schmerzlich. „Ich meine ja nur. Es ist der Abschiedstag mit den Jungs! Den sollten wir genießen und nicht ersaufen!" „Die Arschlöcher haben uns doch nur ausgenutzt und abgezockt!" Woolf fiel, enttäuscht von seiner eigenen Brut sowie seiner Braut, in tiefste Menschenverachtung! Nikki erkannte die Ernsthaftigkeit der Lage. Sie stand auf und setzte sich neben ihn an die Bar. Sie streichelte zärtlich seine blutleere Wange. Doch er schüttelte sie mit verächtlichem Blick der Wut ab. Woolf redete sich in Rage. Die beiden Bengels gingen ihm mit ihrem permanenten „HABENWOLLEN" enorm auf den Senkel. Seine Söhne liebten ihn nicht! Sie waren lediglich auf sein Geld aus! Und seine Frau? Auch die hatte nur den schnöden Marmor und die Arbeit im Sinn. Seit die Jungs da waren, hatte sich zur Gouvernante gewandelt... Die letzten zwei Wochen hatte sein Kräbbchen viel zu viel Zeit im Büro verbracht. Sie war blass und angespannt. Nicht das sexy Rockerbabe, das mit ihm durch den Tag und die Nacht feierte. Das Ausmaß ihrer Sexabenteuer hatte mit dem Einzug der Jungs schlagartig nachgelassen. Sie schämte sich vor den Pubertierenden. Auch finanziell kniff sie die Schenkel ihres Portemonnaies zusammen. Er musste um großzügiges Trinkgeld für sich und seine Jungs bitten und betteln! Eine dämliche Demütigung, die seinen puren Hass erweckte. Doch damit nicht genug: Ständig telefonierte und mailte sie mit Stefan Schwenk. Dieser Geschäftsverbindung traute Woolf keineswegs. Und: Was, wenn sie eine Affäre mit ihm hatte? Seine Nerven waren über die Grenze des erträglichen angespannt. Zeit für ein Misstrauensvotum! Die Wut bannte sich ihren Weg aus seinem Mund. Nikki saß in angespanntem Erschrecken neben ihm und traute ihren Ohren nicht, während sich die Ouvertüre seines Zorns über sie ergoss...

„Du bist doch genauso prüde wie deine Mutter! Seit die Jungs hier sind, klemmst du die Beine zusammen. Und dein Portemonnaie! Du bist doch auch nur eine Spießerin wie alle anderen! Machst Geschäfte mit diesem Herta-Wurst-Vertreter! Der will uns doch nur über den Tisch ziehen. Arschloch kennt Arschloch! Ich entziehe dir das Vertrauen. Ich rocke Miami mit meiner Musik. Deine fraglichen Manager-Fähigkeiten brauche ich nicht! Und deine Almosen schon gleich gar nicht! Ich bin der König des Rock! Mein Werk ist 20 Millionen wert. Wer glaubst du denn, wer du bist mit dem lächerlichen Erbe von deinem verreckten Ex, deinem Marketingchichi und deinen hohen Haaren? Nichts als lächerlich! Armada hatte Recht, dich zu feuern. Du bist ein NICHTS! Im Übrigen will ich sofort meine zwei Mio für den Song auf der Arschlöcher-Website! Sieh zu, dass du die ranschaffst!“

Das hatte gesessen. Eine bösartigere Beleidigung war kaum vorstellbar. Das Wortgewitter des Woolfs hallte wie Donner im Resonanzkörper der Rose wieder. Die gnadenlose Ungerechtigkeit brachte sie zum Beben. Was für ein Unhold war Woolf, um so an der Realität vorbeizusehen? Der

Whiskey hatte ihm offensichtlich den Verstand geraubt. Ein realistisches Verständnis für Wahrheit und Wirklichkeit hatte Woolf längst verloren. Seine abgrundtiefe Abhängigkeit von der Rose schürte seinen Zorn. Seine Ohnmacht und ihre Überlegenheit waren Gift für seine Liebe für sie. Immer öfter empfand er nur noch tiefen Hass. Die Rose erkannte das in eisigem Erschrecken. In diesem Zustand gab es keine Aussicht mehr auf Annäherung. Woolf war auf dem Planeten namens Zerstörer.

Ihre Liebe trat er mit den Spitzen seiner Krokodillederboots. Das war selbst für die starke und stolze Rose zu viel. Wortlos und mit Tränen in den Augen glitt sie vom Barhocker. Blind tastete sie sich durch die chillenden Touristen im Poolparadies. Die aufdringliche Helligkeit und Fröhlichkeit passte ganz und gar nicht zu ihren Gedanken. Sie fand Schutz in der kühlen, dunklen Bar. „Einen Sauvignon Blanc bitte!" „Wir haben nur Chardonnay, Chablis, Champagner!" Sie orderte Chardonnay und sank in die dunkelrote Lederbank. In ihrem Versteck versuchte sie ihre verstörten Gefühle zu beruhigen und die Gedanken zu sammeln. Die abgrundtiefe Hässlichkeit, die Woolf mit seinen Worten offenbarte, ließ sie noch immer erschauern. Es gibt sie, diese Momente in denen wir erkennen, wie eine Liebesgeschichte endet. Das Ende, das sie vor ihren Augen visualisierte, war ein Schreckliches. Eigentlich müsste sie Woolf nach diesem wiederholten Ausbruch umgehend verlassen. Doch er hatte es geschafft, sie mit seinem perfiden Plan von Familie und Freunden zu isolieren. Ihre Möbel waren auf dem Seeweg nach Miami. Und hier kannte sie niemanden der wirklich vertrauenswürdig schien. Was tun? Sie saß in der Falle. Und war genauso abhängig von Woolf wie er von ihr. Eine tiefe Trauer und Hoffnungslosigkeit überkam sie. Nachdenklich an dem viel zu schweren Weißwein nippend versuchte sie einen Weg zu finden, um aus diesem Highway des Herzens zu entkommen. Doch so sehr sie auch suchte. Sie fand das Exit Sign nicht.

Auch sollte sie nicht lange ihre Ruhe haben. Adrean kam in die Bar und setzte sich neben die niedergeschlagene Nikki. Eine fast väterliche Sorge sprach aus seinen blauen Augen. Viele Frauen waren in Woolfs Leben getreten und geflohen. Er hatte haufenweise Horrorszenarien an der Seite seines Vaters ertragen müssen. Doch die Rose war ein Diamant. An ihrer Seite war Woolf zu einer besseren Version seines Selbst mutiert. Wer, wenn nicht sie, war in der Lage, ihn von seinem Schicksal als Schläger und Scharlatan zu befreien? Er konnte nicht zulassen, dass das Paradies, das er hier erlebte zu einem Scherbenhaufen zerbrach. Wie alles Andere im Leben seines Vaters. Er sprach der Rose zu. Zwar hatte sie komische hohe Haare, riesige rote Lippen und Kleider, die nicht von dieser Welt zu sein schienen. Doch davon abgesehen war sie ein patenter Kerl. Seit Woolf sie kannte, war er wie ausgewechselt. Er lebte in Saus und Braus statt im Kokskeller und machte endlich wieder Musik. Seine zutiefst verstörenden Anfälle in den Abgrund wurden seltener. Fast war er der normale Vater, den er so sehnlichst brauchte. Es gab keine Alternative. Sie mussten beieinander bleiben! Und er würde dafür sorgen! Er redete ihr schüchtern zu. „Nikki. Mach dir nix draus. Der Woolf ist anders als Andere! Er ist IRRE aber letztendlich ein GUTER!“ Adrean blickte Nikki nachdrücklich in die tränenden grünen Augen. Die Rose bemühte sich um ein trauriges Lächeln. Mit einem Ausdruck tiefster Weisheit, zerrissen zwischen ihrer Liebe und ihrem Wissen um deren zerstörerische Kraft, blickte sie ins Weinglas. Die sinnlichen roten Lippen entließen die Wahrheit, wie sie ihr nach den eklatanten Erlebnissen der letzten Monate erschien.

„Woolf ist ein Wahnsinniger! Ein Spieler! Ein Hochstapler! Er manipuliert Menschen. Mit Angst und Schrecken. Dabei ist er ein undisziplinierter Rockrüpel, der in seinem Leben zu viele Drogen genommen hat. Sein Talent ist längst nicht so großartig wie er glaubt. Sein Herz ist im

Schattenreich seiner Süchte ertrunken. Er ist ein Borderliner, der keine Grenzen kennt. Ein Trittbrettfahrer, der undankbar von dem Verdienst anderer partizipiert, ohne die Kraft zu haben, sich selbst zu ernähren! Er zerstört, was er liebt und wird es bis zum Ende seines Lebens tun. Seine Selbstwahrnehmung und die Wahrheit stehen im krassen Kontrast. Das macht ihn gemein und gefährlich! Es kann nicht gut gehen mit ihm...“

An dieser Stelle wurde sie leise, die schöne Stimme brüchig. „Und doch liebe ich ihn!“ Verzweifelt erblickte sie drei aufgedunsene Fruchtfliegen, die in ihrem Wein schwammen. Sie erschienen ihr wie ein böses Omen. Adrean fröstelte und schlug die blauen Augen zu Boden. Die Worte hallten schwer und tief in seiner aufgewühlten Seele. Was, wenn sie Recht hatte? Wenn es wirklich keine Aussicht auf ein glückliches Ende gab? Der sonst so scheue Adrean legte den Arm um die Rose. „Wenn nicht DU, dann schafft es keine Frau, den Woolf aus seinem Abgrund zu retten!“ Seine Äußerung klang wahr und weise. Nikki schlug die tränenden Augen auf. Das Flackern der Hoffnung darin sagte mehr als tausend Worte.

Da erschien Woolf in Begleitung des farbigen Freundes in der Bar. Die Rose ignorierte er wohlweislich. Er machte seine Ansage. „Adrean. Farbiges Freundchen. Heute ist unser letzter Abend! Heute lassen wir es nochmal richtig krachen! Wir gehen zu Signore Caprese. Best Pizza & Pasta in Town! Aber erst einmal nehmen wir hier die Happy Hour mit! Ober! One whiskey for the road. Und zwei Miami-Cocktails für die Jungs.“ Nikkis fast leeres Glas übersah er. Er zückte die Kamera. „Kommt wir schauen uns nochmal an, was wir alles Geiles erlebt haben. Ich ziehe euch die Bilder auf einen Stick. Dann könnt ihr vor euren Schulfreunden damit angeben!“ Das war verführerischer, als Witwentröster zu spielen. Auch Adrean wandte sich dem Woolf zu. Laut lachend kommentierten sie die Hunderte von farbfrohen Fotos der gemeinsamen Erlebnisse im Tropenparadies. Aus der „one for the road"-Runde wurden drei. Während die Jungs ausgelassen feierten, saß Nikki in sich selbst versunken da und nippte mit verlorenem Gesichtsausdruck an ihrem Weißwein. Endlich war die Happy Hour vorbei und Woolf orderte die Rechnung. Natürlich auf ihre Kosten und Kreditkarte.

Zeit fürs Dinner. Sie fühlte sich wie auf dem Weg zur Henkersmahlzeit. Ab morgen waren dann sämtliche guten Geister weg und sie alleine mit Woolf. Und die Gestaltung ihrer Zukunft ging unaufhaltsam in die nächste Runde. Der Kontaktmann von Stefan Schwenk hatte die Anlieferung ihres Hausstands für 8 Uhr morgens angemeldet. Der Umzugscontainer war in Miami gelandet und morgen ab 6 Uhr auf dem Weg durch den Zoll in die Bayview Road. Ihr neues Zuhause in Kokosnuss Groove wurde real! Doch angesichts der Risse in der Fassade, die heute zwischen ihr und Woolf zutage getreten waren, hätte sie den Haushalt liebend gerne wieder umgeleitet. Zurück nach Hause. Wo immer das war? Mit ihrem Mann hatte sie nicht nur ihren Geliebten und Seelengefährten erloren, sondern auch die Orientierung, das Zuhause ihres Herzens. Aber intensives Selbstmitleid nutzte nichts. Es war Dinner Time, um Abschied von den beiden Boys zu nehmen. Sie warf den hochfrisierten Kopf zurück und zwang sich zu einem sentimentalen Lächeln. „OK, guys. Let's go and get some great Italian food!" Die Show musste weitergehen und sie spielte ihre Rolle als freundliche Stiefmutter. Einen letzten Abend lang. Die Fasson zu verlieren passte nicht zur stolzen Rose.

Schönheit und Schmerz lagen eng beieinander! Sie konnte den Schritt ins neue Leben nicht mehr rückgängig machen. Die Welt war nicht Zahlando... Sie folgte dem vibrierenden Woolf und seinen beiden euphorischen Buben ins Taxi. „Chauffeur. Zum besten Italiener in Town!

Zu Signore Caprese." Sie fuhren in eine kultige Kneipengegend in Downtown. Das Taxi hielt vor einem pittoresken Restaurant mit rot-weißen Tischdecken. Signore Caprese begrüßte mit ultimativer Romantik! Aus den Boxen dröhnte Pavarotti. Was für eine Oase der sizilianischen Sinnlichkeit inmitten von Miami. Ein charmanter, gutaussehender italienischer Kellner brachte Brot und Prosecco. „Aufs Haus." Langsam entspannte sich die Rose. Doch sie blieb schweigsam und auf der Hut vor Woolf. Der gab wie so oft den Angeber. „Jungs! Das nächste Mal wenn ihr kommt, besucht ihr mich in meinem Schloss am Meer! Da wird der Pool so groß sein wie das Haus in Kokosnuss Groove. Give me five!" Er brüstete sich mit seiner Vision und verlor jeglichen Skeptizismus. Zweifel töteten Träume und Träume wurden nur wahr, wenn man sie besiegte! Die beiden blonden Bengel beäugten Woolf gleichermaßen skeptisch und bewundernd. Er war ein Teufelsbraten und man wusste nie, was einen erwartete... Schließlich hatte er es fertiggebracht, vom Taxifahrer und Hartz-4-Empfänger zu einem Leben in Saus und Braus inmitten Miamis zu kommen. An der Seite der adretten Nikki Rose. In einem Haus, dessen Pool grösser war als ihre Wohnung. Adrean klopfte seinem Vater stolz auf die Schultern. Sogar der farbige Freund grinste anerkennend. Die Illusion familiärer Idylle zog an ihrem Tisch ein. Die Rose betrachtete die Szene nachdenklich sinnierend. Es war wahr. Zweifel töteten Träume. Doch ihre Intuition warnte sie eindringlich, genau auf sie zu hören. War letztlich SIE die Mutter der Zweifel? Zerstörte sie damit vielleicht höchstpersönlich ihr großes Glück? Für heute wollte sie nicht mehr denken. Sie genoss ihren Sauvignon Blanc und die Illusion der Sicherheit des Moments.

Dann gab sie sich dem Genuss hin. Bei Mozzarella Caprese di Buffalo, fangfrischem Schwertfisch auf sizilianische Art und einem Tomatensalat blendete sie ihre Sorgen aus. Woolf und die Jungs labten sich an Pizza und Pasta. „Tutto bene?" Der schnuckelige Kellner kam die leeren Teller abräumen und zwinkerte Nikki frech zu. „Ich bin Salvatore aus Sizilien. Where are you guys from?" Woolf strahlte und fühlte sich bewundert. „Ey Man. I am a music star. From Munich. This is my son. His friend. My wife. What are you doing here?", fragte er den schnuckeligen Kellner. Nikkis Augen wanderten zum Himmel. Das sah er doch! Kellnern! Aber das Leben blieb voller Überraschungen. „I study arts and multimedia! And work here to earn some pocket money!" Woolf war begeistert. Ein Multimedia-Student war genau, was er brauchte! Im Leben gab es keine Zufälle. Bekam man eine Chance, musste man zugreifen. Bevor einem das Schicksal die Wurst vor der Nase wieder wegzog. „Excellent! I hire you for my company!" Woolf gehörte wieder einmal die Welt. Nikki zog die Augenbrauen zum Himmel. „MY COMPANY!" Wer hatte denn all die Arbeit und das komplette Investment zu stemmen? Ihre Seele plusterte sich vor Empörung. Am liebsten hätte sie ihm mit ihren spitzen Absätzen mitten in seine Männlichkeit getreten. Doch der Anstand verbat solch einen Angriff. Die Rose schwieg erzürnt, während Woolf für den morgigen Tag ein Vorstellungsgespräch mit dem Grafikkellner vereinbarte. „11 am! Then the kids are gone! Il conto, per favore!" Nikki reichte ihre schwarze Mastercard und unterschrieb den Beleg für den Gaumengenuss. Woolf orderte ein Taxi. Endlich war der Abend zu Ende und die gierigen Schlünde der Barzokka-Bande waren für den Moment gestillt. Sie sank ermattet und erleichtert auf den Rücksitz des Taxis. Zuhause angekommen schlich sie umgehend in ihr Baderefugium und ins Bett während die Männer einen rauschenden Abschied im Pool feierten. Morgen ging es wieder in die Wohnung, deren Ausmaße nicht größer waren. Die fulminante Poolparty konnte die Melancholie des Abschieds nicht verleugnen. Sie lag schwer wie Blei über dem Anwesen. Und auf den Seelen von Woolf, Adrean, seinem Freund und insbesondere der Rose. Schon Morgen wäre sie mit ihrem Woolf mutterseelenallein.

Verlassen. Von allen guten Geistern. Selbst die Satansbrut suchte das Weite. Andererseits kamen morgen ihre Möbel und damit gute Gesellen ihrer Vergangenheit! Das versprach allerlei Anstrengung. Die Erschöpfung bettete die Rose in bleierne Müdigkeit. Sie schlief tief und traumlos während die Barzokka-Bande die Nacht zum Tag machte.

Das perfekte Zuhause?

„DING DONG." Die Türklingel ging. Ungewohnt früh. Ein Blick auf die MegaO verriet: 7.30 Uhr früh. Die nackte Rose huschte ins Bad und schlüpfte schnell in eines ihrer geliebten kleinen schwarzen Kleidchen und korrespondierende High Heels. Ein Vorteil des Lebens im permanenten Sommer: keine aufwendige Schichtkleidung! Sie sprintete zur Eingangspforte. Ein Typ mit beachtlicher Plauze, Blue Jeans und hellblauem Hemd hielt ihr seinen Ausweis vor. „Wilhelm Wild!" Seine Blicke verschlangen die verrucht und verletzlich aussehende Rose, die noch Schlafzimmer-Augen hatte. Die hohen Haare, der sinnliche Blick grüner Augen und die schöne Figur, die sich unter dem kleinen Kleidchen abzeichnete, waren reizvoll. Doch er hatte eine andere Aufgabe als die des verführenden Postboten. „Bitte bestätigen Sie den Erhalt ihrer Sendung!" Er breitete den Arm aus und präsentierte einen fünf Meter langen Container, der die Bayview Road zustellte. Nikki grinste glücklich. Es war vollbracht. Ihr Haushalt war in der Groove angekommen. Ein begeisterter Woolf erschien hinter ihr. Er hatte mit d en Jungs am Pool genächtigt und fühlte sich frei und wild wie ein Pirat oder zumindest wie ein Pfadfinder. „Ey Man! Endlich! Wir haben JAHRE auf dich gewartet!" Euphorisiert karrte er sogleich eine ganze Kiste eisgekühltes Corona herbei. „Frühstück!" Aus dem Container fielen fünf durstige Männer über das flüssige Frühstück her. Dann machten sie sich an das kräftezehrende Auspacken des Umzugsguts. Am schwersten taten sie sich mit dem Steinweg-Flügel. Auch wenn es leider nur die B-Version war. Er war nicht nur schwer wie Tonnen von Steinen. Sondern auch das teuerste Gut des Haushalts. Ihm durfte nichts geschehen. Nikki beobachtete die schwitzenden Männer anerkennend. Kaum vorzustellen, wie es der Steinweg in den fünften Stock der Klemensstraße geschafft hatte. Für den Aufzug war er deutlich zu gigantisch. Hier war es eigentlich einfach im Erdgeschoss. Doch verzweifelter schuftende und schwitzende hatte sie Männer selten gesehen. Sie blickte verstohlen auf die männlichen Muskelmassen. Das Testosteron schwirrte spürbar in der Luft. Die Machos waren Sex pur. „Hmpm. Da kommt ja MEIN Schreibtisch!“ Woolf gesellte sich zu ihr, um die nächste Lieferung entgegenzunehmen. Nikkis tonnenschwerer Designtisch aus gecrushtem Glas wurde mühsam ins Haus geschleppt. „Guys. To my studio!“ Woolf versuchte, Gewohnheitsrecht geltend zu machen! Zuletzt stand der schicke Glastisch in SEINEM Studio. Nikki hingegen versuchte er, seinen selbstgezimmerten, monströsen Holzschreibtisch anzudrehen. „Nice try!“ Nikki wurde hart wie Stahl. Geschmackskompromisse gingen gar nicht! „Das ist MEIN Bürotisch. Von meinem ersten Gehalt bei Mystar bezahlt. Nehm du nur deine Monsterkreatur in dein Studio!“ Die Umzugsmänner beobachteten unsicher den Disput. Die Diva gewann. Ihrem Fingerzeig gen Büro war Folge zu leisten. Woolf nahm wütend seine Kreatur aus Eiche entgegen. Endlich war der Steinweg aufgebaut. Er hechtete an den Flügel und fabrizierte ohrenbetäubenden Lärm. Zum Glück waren die Häuser der Bayview Road weitläufig entfernt voneinander. Eine weitere Rebellion der Nachbarschaft galt es dringlich zu vermeiden! Alarmiert beobachtete Nikki den Woolf, der aus dem Flügel ein mächtiges Musikmonster machte, dessen Töne die Seele verstörten, statt ihr zu schmeicheln.

„Ding Dong.“ Wie durch ein Wunder vernahm die hellhörige Rose dennoch die Klingel. Ein Blick auf die MegaO. 10 Uhr früh. Das Taxi für die Buben. Sie schleifte Woolf vom Steinweg weg. „Weck deine Jungs. Sonst verpassen sie den Flieger!“ Sauer schlurfte Woolf ins Gäste-cottage. Seine Jungs schliefen wie betäubt auf einem Haufen Klamotten. Er weckte sie unsanft. „Ihr habt 15 Minuten um geputzt und gepackt am Eingang zu sein. Sonst fliegt der Flieger ohne euch!“ Adrean blickte hoffnungsvoll. Das wäre doch ein genialer Plan. Für immer im Paradies bleiben. „Vergiss es MANN! Deine Alte springt im Dreieck und wir hätten sofort die Bullen am Hals! Ihr könnt nicht bleiben. Aber wiederkommen!" Seufzend packten die plötzlich sehr kindlich wirkenden Teenager ihr Hab und Gut zusammen. Das hatte mächtig zugelegt und passte kaum in die Koffer. „Jetzt verabschiedet euch von Mum und Dad"! Nikki traute ihren Ohren nicht. Nach dem Eklat von gestern sollte sie jetzt die Ersatzmutter dieser Bengel sein? Dieser Mann wechselte seine Stimmung wahrlich so schnell wie das Wetter im April! Peinlich berührt schüttelte sie dem blonden Adrean mit den traurigen blauen Augen die Hand. „Have a save trip home!" Seinem Freund gab sie förmlich die Hand. Mit ihm war sie nicht warm geworden. Die beiden Bubenköpfe blickten zu Boden. Sie konnte nachempfinden, wie merkwürdig dieser Aufenthalt und Abschied für die sensiblen Seelen des Sohnes und seines Freundes waren. Auch die zwei Seelen in ihrer Brust empfanden uneinheitlich. Die eine empfand tiefe Empathie mit den an ihrem Schicksal unschuldigen Buben. Die andere Erleichterung über den Abschied und die Verabschiedung von einer Verantwortung, die ihr über den hochtoupierten Kopf wuchs.

Woolf nahm den Abschied gelassen. Er war viel zu euphorisch über das Eintreffen SEINES Haushalts, um den Jungs eine Träne nachzuweinen. „Keep on rocking!" Mit diesem Ratschlag schob er die beiden aus der Tür und bugsierte sie und ihr bulky baggage ins Taxi. „Jetzt sind wir endlich für uns! Gleich vernasche ich dich!" Heftig umarmte er die Rose. Sie kämpfte um nicht aus den High Heels zu kippen und errötete geniert. Die Umzugsmänner stierten fasziniert auf die sexy Szene. Von wegen ungestört. „Gleich nehme ich dich vor deren Augen!", präzisierte Woolf seine Drohung. Hm. Diese Vorstellung war so verführerisch wie verderblich... Ihr Begehren flammte auf. Die Hassattacken von gestern waren Vergangenheit. Nikkis verliebte Seele vergab und vergaß. Die Sinneslust gewann. Sie ließ sich von Woolf ins Schlafzimmer ziehen. „Wir müssen das Bett probieren!", rief er den Umzugsmännern zu.

Die beäugten bewundernden Blicks die Verführungskunst des Rockers. So ein Leben wollten sie auch haben! Neidisch räumten sie eine nicht enden wollende Menge an stilvollen Designermöbeln in das herrschaftliche Haus. Dieses glamouröse Paar war in der Lotterie des Lebens offensichtlich Hauptgewinner. Eine kurze, leidenschaftliche Vereinigung später schwebte die Rose auf rosa Wolken zurück ins Wohnzimmer. Der Einzug ihrer Möbel markierte endgültig den Neuanfang in Miami. Den Point of No Return! Es war zu spät, die getroffenen Entscheidungen rückgängig zu machen! Wieso auch? Sie war mitten im Paradies gelandet. In einem perfekten Zuhause. Und Woolf war ihr Mann. Er strahlte mit der Sonne Miamis um die Wette, befeuerte die Umzugsmannschaft mit guten Ratschlägen und sorgte für permanente Befeuchtung der arbeitsamen guten Geister. Der Albtraum, den er gestern offenbart hatte, war doch sicher nur eine Illusion...

Eine Stunde später klingelte es erneut an der Tür. Salvatore, der sizilianische Kellner, grinste der Rose frech ins Gesicht und hielt ihr eine im Garten geklaute Paradies-Blume vor die Nase. „COOOOL place!“ Er lief durch das opulente Anwesen und stieß bewundernde Laute aus. Eine halbe Stunde später hatte er jeden Winkel erkundet und stieß mit einem eisgekühlten Corona mit Woolf und der Rose an. „Well done, guys!“ So ein Leben wollte er auch haben: Eine wunderschöne Frau, die seine Zeche zahlte, ein Anwesen vom Feinsten, Musik- und Grafik-Equipment! Dafür könnte er morden! „HOW DID YOU GET ALL THIS?“ Woolf war sein neuer Held. Der ließ, sichtlich geschmeichelt, seine altbekannte Litanei vom Zaun. „Alter. Bilde deinen Geist. Halte dich fern vom Mob. Lebe deinen Traum. Und schon sitzt du mitten im Paradies. An der Seite der schönsten Frau der Welt!“ Salvatore betrachtete ihn verständnislos. Was sollte das heißen? Wo bitte war die konkrete Bedienungsanleitung? Doch die gibt es ja bekanntlich nicht. Die

Kapriolen des Lebens sind nicht planbar. Weder im Guten noch im Schlechten... „Alter komm, wir setzen uns an den Pool und chillen Coronas! Ich erklär dir das Leben! Mein Kräbbchen hat hier alles im Griff!"

„Na gut. Dann genießt mal den Nachmittag!" Nikki Rose verwandelte sich in die Generalin und saß gestreng am Esstisch und hakte jedes ausgeladene Möbelstück von einer langen Liste. Ihren Mystar-Füllfederhalter hielt sie wie eine Waffe während die Arbeiter im Corona-Rausch immer leichtsinniger ihr kostbares Gut auspackten. Endlich, einen endlosen Tag später, war der Container leer. Das Haus schick und schön. Die Rental-Furniture-Übergangsausstattung hatte ausgedient. Nikki Rose unterschrieb die Lieferliste und einen schweren Scheck. Das Werk war fast vollbracht. Der Preis war hoch. Aber war das perfekte Zuhause nicht unbezahlbar? Die Rose lief beseelt durch das Anwesen und erfreute sich daran, die geliebten Gegenstände ihres vorherigen Lebens wiederzufinden. Sie gaben ihr etwas von der Geborgenheit zurück, die sie verloren hatte. Sie konnte sich nicht satt sehen an den Begleitern ihrer Vergangenheit. Sie beschwichtigten die Unsicherheit der Zukunft. Woolf und Salvatore zelebrierten ausgelassen. Die Coronas jagten einander mit den Zigaretten. Nikki runzelte die faltenfreie Stirn. Wie exzessiv konnte ihres Mannes Seele sein? Sie disziplinierte sich und nahm nur zierliche Schlucke aus einem Glas Sauvignon Blanc. Endlich. Mit der Dämmerung schlug die MegaO-Wanduhr eine glückliche Symphonie: 17 Uhr HAPPY HOUR Time und prompt war das Zuhause fertig eingerichtet. Nikki steckte den Umzugsarbeitern ein großzügiges Trinkgeld entgegen. Dann fiel die Tür ins Schloss.

Kaum war die Arbeit gemacht, stand Woolf auf der Türschwelle. Staunend und schwärmend zog er sie durch die heiligen Hallen, die nun endgültig die seinen waren. Nikkis Designmöbel machten sich elegant in den maurischen hohen Räumen. Die unterschiedlichen Stile konterkarierten auf reizvolle Weise. Insbesondere der Glasschrank im Wohnzimmer thronte herrschaftlich. Auch wenn Woolf noch immer auf Kriegsfuß mit ihm stand. Art Deco war nicht seine Richtung. Seine wenigen Ungetüme von Möbelstücken gingen im Studio und der Lounge unter. Eine machohafte schwarze Ledercouch und der passende Sessel luden den Rocker zum Chillen. Der hässliche Schreibtisch aus Eichenholz prangte im Musikstudio unter einem Fenster aus Kirchenglas. Schrecklich schön. Nikki überkam die Gänsehaut. Es passte alles so perfekt, als hätte es immer so sein sollen! Als wären die Möbel speziell für dieses Haus entworfen worden. Sie waren angekommen! Woolf umarmte sein Kräbbchen ungestüm. „Time for happy hour!“ Salvatore beglückwünschte seine beiden neuen Vorbilder. „Ich hab da eine superscharfe Freundin! Darf die mitkommen zum Dinner?“ Er sah seine Zukunft strahlen im Scheinwerferlicht des Rockstar-Paares, in dessen Spuren er seine Karriere aufzubauen gedachte. Woolfs wilde Schilderungen des „Rock & Roll“-Lebens hatten ihm den Mund wässrig gemacht. Auch er wollte SEX. DRUGS. ROCK & ROLL! Dieses armselige Kellnerdasein musste ein Ende haben! Wenn Woolf die Welt rocken konnte, die schönste Frau der Welt und Geld zum Abwinken besaß, ohne mit dem Finger zu schnippen: Dann konnte ER das schon lange! Woolf erkannte die fanatische Bewunderung in den leuchtenden schwarzen Augen des Sizilianers. Es war Zeit für Fun! „No prob. Alter!“ Der klopfte ihm jovial auf die Schulter. Nikki fragte er erst gar nicht! „Heute ist Zeit zum Feiern!“ Widerworte duldete er nicht. Das war auch unnötig. Die Rose beschwerte sich nicht. Nach allen Anstrengungen mit dem Umzug hatten sie es redlich verdient, den Abend zu zelebrieren! Sie liefen beschwingt den Main Highway entlang. Zuerst auf ein paar Cocktails an die Bar des Kokosnuss Walk. Die Happy Hour musste ausgenutzt werden! Feuchtfröhlich stillten sie ihren Durst nach Freiheit und Freude. Stießen an auf die Freundschaft und den Erfolg.

„Let's rock the Groove!" Sie waren sich einstimmig einig. Dieses romantische Tropenparadies brauchte Rock'n'Roll!

Flotter Vierer

Happy Hour war vorbei und sie hatten ausgiebig flüssiges Glück getankt. Nun liefen Nikki, Woolf und Salvatore kurvenreichen Gangs zum Dinner zu dem kleinen Franzosen am Main Highway. Während sie auf ihren Tisch warteten, kredenzte man ihnen sogenannten Champagner. Nikki schnüffelte schnäubig an dem hellgelben Getränk. Das war billiger Sekt. Definitiv kein Champagner! Nicht einmal ein guter Cremont. Nein. Billiger Perlwein! Sie rümpfte das Näschen. Und fühlte die Gefahr im Anmarsch bevor sie ihr Gewahr wurde. Hüftschleudernd näherte sich eine rothaarige Sirene dem vermeintlichen Champagner schlürfenden Trio. „Hi. I am Lucy, the wild witch from the Groove!" Sie stellte sich in Pornopositur und ließ ihre gigantischen Brüste hüpfen. Die waren kaum verborgen in einem mit Pailletten bestickten pinkfarbenen Muscle-Shirt mit der Aufschrift „Wild Witch". Dazu trug sie eine stoffarme zerfranste Jeans-Panty die ihre endlosen Beine enthüllten und in plateaubesohlten Mega-Stilettos endeten. Die nackten Fußzehen waren in allen Farben des Regenbogens lackiert und allesamt gepierct. Nun warf die Sexbombe die wallenden roten Locken dreimal um den Kopf. Nach dem Headbanging stülpte sie ihre aufgespritzten roten Lippen zu einem Kussmund und schleckte dem Woolf zielgerichtet die schmalen Wangen ab. Nikki schoss ein brennender Pfeil ins Herz. Er war nicht von Amor. Eindeutig vom Eros der Eifersucht! Sie erkannte die Bitch. Das war doch die besessene Kellnerin aus dem Green Street Café! Angesichts der aggressiven Attraktivität der Angreiferin fühlte sie sich klein und elend. Die Komplexe der Kindheit kamen hoch. Wie hatte sie nur glauben können, dass der wilde Woolf ausgerechnet ihr treu blieb, wo es in Miami an personifizierten Mördermöpsen nur so wimmelte? Das gesamte Restaurant schien sich zu drehen. Die Gäste und das Personal verrenkten ihre Köpfe, um die Szene zu begutachten. Die rothaarige Sirene sorgte für Aufruhr. Salvatore küsste sie nun seinerseits auf die mit Botox gestrafften Wangen. Er wollte sie seit Wochen ins Bett bekommen. Bislang vergeblich. Die Rothaarhexe lächelte kalt. Der einkommensschwache Kellner interessierte sie nicht. Sie wollte Macht und Moneten. Sie hatte es auf Woolf abgesehen, der beides ausstrahlte.

Aber der hatte seine aufgetakelte Begleiterin dabei. Sie war von ungewöhnlicher Ausstrahlung und gekleidet wie ein Hollywoodstar. Sie versprühte den Duft eines teuren europäischen Parfums und verbreitete die Eleganz einer Diva aus dem Diesseits vergangener Zeiten. Die Rose hielt ihr förmlich die Hand entgegen. „Nice to meet you!" Lucy ignorierte das Begrüßungsangebot und die Hand der Rose. Quelle faux pas! Nikkis Augen verengten sich. Diese proletenhafte Pornobarbie ließ sich zum Essen einladen und hielt sich nicht mal an die simpelste Etikette? Das war eine Frechheit! Sie brauchte eine Strategie zum Umgang mit dieser Bitch. Zumal Woolf nicht die Augen von ihr ließ. „X'cuse me! I have to powder my nose." Sie schwebte davon. Verletzt und alarmiert. Was dieser Abend wohl noch bringen würde? Woolf hatte nun freie Fahrt. Er ging auf Angriff. Sein Kräbbchen hatte die Bühne verlassen. Er musste den Moment nutzen! Die rothaarige Lucy törnte seine Männlichkeit enorm an. Das Testosteron schwirrte in seinem Körper. Seinem Verstand war schwindlig. Sein Schwanz regte sich in schmerzhafter Steifheit dem Objekt der Begierde entgegen. Die Worte formten sich von selbst. „Are you a bitch or a witch?", flüsterte Woolf ihr verschwörerisch zu und zog sie eng an sich. Ihre Mixtur aus rothaariger Hexe und heißer Hure war betörend. Einen atemlosen Augenblick lang, rieben sich ihre heißen Körper. Er roch ihre Bereitschaft. Ihren Stallgeruch! Klackklackklackklackklack. Da schwebte die Rose zurück aus dem Powder Room. Das Paar strebte auseinander, als hätte es sich einen Blitzschlag verpasst. Der feinfühligen Rose blieb dies nicht unbemerkt. Das Schicksal brachte Ablenkung. „Excusez-moi. Jolie Madame. Folgen Sie mir! Ihr Tisch ist bereit!" Der charmante französische Restaurantinhaber erschien als Retter auf dem Parkett. Er nahm die eiskalte Hand der Rose und führte sie an den schönsten Tisch. Die drei Begleiter folgten. Es war klar, wer die Zeche zahlte... Nikki setzte sich, vornehm die netzbestrumpften Beine übereinander schlagend. Sie versuchte krampfhaft, das schmerzhafte Stechen der Eifersucht zu ignorieren. Und versank in das genussreiche Studium des opulenten Menüs. „Auf das Leben. Die Liebe. Unser neues Zuhause!“ Mit gequältem Blick stieß sie mit Woolf an. Dessen nach der Rothaarhexe schielendes Antlitz wurde ihr zunehmend unerträglich. Das Feuer der Eifersucht ließ ihr Herz lodern. Doch sie blickte kühl und souverän in die Runde. Nichts und niemand konnte ihr die Würde nehmen. Salvatore beäugte sie mit Bewunderung. Er sah die Grand Dame in ihr. Eine Diva, die Grandezza und Glamour ausstrahlte. Gleichzeitig versprühte sie einen jugendlichen Sex Appeal. Das freche, neugierige Mädchen in ihr ließ sich nicht verstecken... Welcher reizvolle Kontrast zu der wilden rothaarigen Hexe von Kellnerin...

Auch war sie solvent und eine Weltbürgerin. Sie erschien ihm hundertfach begehrenswerter als seine zuvor so begehrte Lucy. Aber musste man sich immer entscheiden? Die Vision eines flotten Vierers entstand in seinen Gedanken. Unkonzentriert blickte er auf die Speisekarte, deren französisches Menü wie eine Einladung zur Lust klang. Der Speichel lief ihm im Mund zusammen.

Nikkis schön geschwungene rote Himbeerlippen lächelten, doch ihre Augen blickten traurig. „Ready to order? Ich schlage vor, wir nehmen viermal das Deluxe-Menü! Zweimal mit Fisch für die Frauen. Zweimal mit Fleisch für die Männer! Das klingt nach Verführung pur!“ Sie lächelte den Kellner an und orderte, ohne die Reaktion auf ihren Vorschlag zu erwarten. Dann blickte sie tadelnd zu Woolf. Der hatte Lustbarkeiten der anderen Art im Sinn. Er war damit beschäftigt, unter dem Tisch die

Shorts der rothaarigen Hexe von Kellnerin zu öffnen und in ihren Tanga zu dringen. Seine Gitarrendrahtfinger klopften gebieterisch an ihrer Pforte. Sie schnurrte wie eine Katze. Nikki erkannte den Abgrund der Lust in ihrem Gesicht. Sie folgte alarmierten Auges dem Arm des Woolfs der unter dem rot-weiß karierten Tischtuch verschwand. Ihrer Kehle entwich ein unheimliches Knurren. Sie hob ihr unter der Tischdecke ebenfalls gut verstecktes Bein. Und trat mit metallenem Absatz mitten in Woolfs halberregte Männlichkeit. Sie zischte gleich einer Schlange: „Stop it! Sonst schläfst du unter der Brücke und nicht und nimmermehr in MEINEM HAUS!“

Sie war so wütend wie noch nie in ihrem Leben! Dieser Verräter! Sie schuf ihm ein Paradies. Und er bedankte sich mit Betrug. Woolfs Gesichtsausdruck schwankte zwischen Schmerz, Scham und Hass. Die Amazone in ihr lächelte kühl. Nicht ohne Ironie beobachtete sie wie er sich schmerzvoll und peinlich berührt aufrichtete. Doch ihre Genugtuung wich schnell einer bösen Vorahnung. Er explodierte innerlich. Wenig überzeugend machte er äußerlich auf Daddy Cool. Zynisch erklang der gleichnamige Song von Boney M. aus den Boxen. Er tat als wäre nichts. Doch sie wusste allzu genau: Er würde sich rächen. „Leute. Lasst uns spachteln. Ich bekomm schon Kolik vor Kohldampf!“ Er nahm die Speisekarte und wählte den teuersten Wein aus. Dann winkte er mit großspuriger Geste den Kellner herbei. Hochtrabend orderte er das teure Gesöff. Nikkis Augen flackerten vor Wut, als sie das Price Tag unter dem Weinnamen las. Sie setzte darauf, den Kellner zurück zu beordern. „Zu spät. Ich habe bereits bestellt!“ Woolfs eisgraue Augen blickten sie zynisch an. Er hasste es, bevormundet zu werden! Und in den Schoß treten ließ er sich schon gar nicht von seiner Generalin von Gemahlin. Er wollte Sex, Drugs, Rock & Roll und: die heiße Rothaarige!

Woolf war zutiefst zufrieden mit sich. Er hatte endlich das perfekte Zuhause, sein Studio, seinen Status. Sein Kräbbchen, das ihn zum Star machte, seine Eitelkeit und Bedürfnisse befriedigte. Auch seinem Sohn und dessen Trittbrettfahrer hatte er es gezeigt. Sie würden allen berichten, wie er in Saus und Braus lebte. In einem Haus, dessen Pool grösser war, als deren Drei-Zimmer-Sozialwohnung! Nun brauchte seine Seele des Prahlhanses noch eines: ultimativ geilen Sex! Er war der King of Rock! Er konnte haben, was er wollte. Und dazu gehörten die heißesten Chicks. Hey. Es gehörte zu seiner Berufung, die wildesten Weiber zu verführen. Und die rothaarige Hexe war ein besonders exquisites Exemplar. Er würde sich sie nie und nimmer entgehen lassen! Aber warum eigentlich Blümchensex à deux? Salvatore und sein Kräbbchen waren ja auch nicht ohne. Ein flotter Vierer stand auf seiner Wishlist! Hmmmm.... Er malte sich ekstatischen Sex mit wechselnden Partnern und heißen Körpern aus. Rote wilde und braune getürmte. Salvatore durfte das Weib übernehmen, dem er es gerade nicht machen konnte. Hey, das würde die erotischste Nacht seines Lebens. Sein Schoß stand unartig ab, während die lustvollen Gedanken ihn warm umspülten!

Nikki las die verführerischen Gedanken hinter seiner fliehenden Stirn. Die eng aneinander stehenden Augen waren unergründlich. Das Antlitz voll leuchtender Lust. „Woolf. Auf die Harmonie und einen herrlichen Abend in unserem neuen Zuhause!“ Nikki hielt ihm ihr Glas entgegen. Ein halbherziger Versuch, zu einem Abend in Frieden und Harmonie zurückzufinden. Doch zu spät. Das Tor zur Sündhaftigkeit war kilometerweit geöffnet. Woolf ignorierte das Glas, das ihm gleich einer Friedenspfeife entgegengehalten wurde. Zu spät. Er brauchte die Befriedigung seiner Lust. Neckisch bohrten sich seine Augen in die der Rose. „Na warte du Stück! Ich werde dich vernaschen! Und die sexy Hexe gleich mit!“, flüsterte er nur für sie hörbar. In Gedanken malte er sich aus, wie er den ultimativen Genuss mit einer unvergleichlichen Sexszene erlebte. Die Rose und die Hexe. Sie würden seine unstillbare Geilheit befriedigen. Salvatore dürfte als sein Schüler teilhaben. Er würde seine beiden Geliebten an das schmiedeeiserne Gerüst des Bettes fesseln. Dann durfte er sich der Sinneslust hingeben. Wo auch immer sie ihn hinführen würde. Salvatore dürfte als Lückenbüßer agieren. Er war ja kein Unmensch. Die plastische Vorstellung des flotten Vierers ließ sein Glied verschärft hart werden. Die Vision war in seiner Phantasie schon Wirklichkeit. Er vermeinte bereits zu fühlen, wie sein harter Schwanz die rote Hexe aufspießte während die geknebelte Rose begierig zuschaute. Der Kick dieser Vorstellung bescherte Lust.

Er erhob sein Glas. „Heute lassen wir es krachen. Auf uns flotte Vier!“ Nikki schaute schweigend in ihren Sauvignon Blanc. Ihr schwante Schlimmes! Woolfs Euphorie verriet Gefahr. Schon steckte er seine Hand nach dem Portemonnaie der Rose aus. Geschickt entnahm er ihm ein Bündel Scheine. Er legte Salvatore zweihundert Dollar in die schweißnasse Hand. „Geh und kauf uns Koks! Ich brauche den ultimativen Kick!“, befahl er seinem frisch gebackenen Fan. Der buckelte und zog ab. Wenige Minuten später war er mit einem kleinen Päckchen zurück. Restgeld gab es keins. Die Rose schloss die Augen. Sie wollte nicht sehen, wie Woolf im Schneesturm wütete. Der Duft der Vorspeise verlockte die Sinne. Hummersuppe. Sämig. Süffig. Orangefarben. Nach einem Hauch von Cognac riechend. Sie tauchte den Löffel in das flüssig warme Paradies und ignorierte den vor Aggression vibrierenden Woolf. Der nahm nur einen Löffel seiner Suppe. „Scheißfraß!“, kommentierte er und stieß die Tasse von sich weg. Dann schwankte er mit dem Päckchen Koks ins Bad. Sein Seegang war heftig. Mit starrem Blick und stechenden Pupillen tauchte er wieder auf. Seine Pupillen waren so schmal wie Laserstrahlen. Sein Habitus war auf einmal seltsam nüchtern.

Befremdet blickte Nikki Woolf in die verfremdeten Augen. Es erschreckte sie, wie sehr die Promidroge das Bewusstsein des Geliebten veränderte. Es war, als verschloss sie sein Herz und verstimme seinen Verstand. Es öffnete einem Monster in ihm die Tür, dem sie niemals mehr begegnen wollte! „Woolf. Hör auf damit. Du hast zu viel zu verlieren!“ Doch sie wusste, ihre Abbitte war vergeblich. Seine Sucht nach Selbstzerstörung war größer als die Liebe! Während der Abend weiterging, als sei nichts geschehen, brodelte es unter der Oberfläche. Der Kellner servierte den nächsten Gang. Sie waren im Gourmetparadies. Der Mond schien mild. Die Luft war süß wie Sahne. Das Lachen der Gäste gluckste glücklich. Salvatore und Lucy genossen das Sternemenü mit lauten „Ohs“ und „Ahs“. Doch Woolf vibrierte geputscht vom Koks in einem Cocktail aus Geilheit, Aggression und Menschenverachtung. Er musste nicht lange suchen, um ein konkretes Opfer zu identifizieren. Wie stets sind es die Liebsten, denen die Rolle des Sündenbocks zufällt.

Das lieblich leidende Gesicht der Rose erschien ihm an diesem Abend verachtenswert. Was dachte diese wichtigtuerische Tussi, wer er war? Ihr Haustier? Nichts und niemand konnte ihn domestizieren. Abfällig spuckte er auf den Boden, nur wenige Millimeter an ihrem Gesicht vorbei. Sie schwieg und pickte mit abwesendem Antlitz im köstlichen zweiten Gang herum. In schwarzem französischen Gusseisen wurden viererlei Vorspeisen zelebriert. Jakobsmuscheln mit grünem Wildspargel. Kalbsbäckchen in Rotwein geschmorrt. Calamaretti in Knoblauch-Kirschtomaten-Ragout. Streifen vom Seeteufel in Zitronengras. Woolf ignorierte die Gaumenfreuden und steigerte sich immer weiter in seine Spirale der Aggressivität. „Ober! Noch einen Champagner. Und zwei Flaschen St. EineMillion!“ Er gab lauthals schlüpfrige Geschichten seiner Karriere als Schlüpferstürmer zum Besten. Die Gäste des Restaurants bestellten nach und nach die Rechnung und verließen den Hort des Genusses, der sich zu einer Bühne des Showbusiness gewandelt hatte. „Harharharharhar. Da gehen sie dahin! Die Weicheier!" Woolf badete sich in seinem Rockrüpel-Rausch. Seine verbale Großspurigkeit verfehlte ihren Zweck keineswegs. Wie hypnotisiert blickte die rothaarige Kellnerin auf die dünnen Lippen des Woolfs, aus dem nicht enden wollende Prahlereien strömten. Er wiederum starrte wie hypnotisiert auf die aufgespritzten Kusslippen der rothaarigen sexy Hexe. Er sprühte vor Euphorie und Erregung wie ein Feuerwerk! Sie belauschte und beobachtete ihn mit fanatischer Bewunderung. Nikki blickte nachdenklich und nüchtern in den Nachthimmel. Sie verscheuchte die unter dem Tisch nach ihr grabschenden Hände von Salvatore. Im Schatten der Nacht betrachtete sie das wilde Antlitz des balzenden Woolfs. Er schien ihr fremd wie nie zuvor. Abschreckend und begehrenswert zugleich. Sie sah sich in einem Dilemma zwischen Herz und Verstand gefangen. Sie konnte nicht mit dem Monster leben, das im Woolf schlummerte. Aber auch nicht ohne ihn. Die rothaarige Lucy und Salvatore hatten sich mittlerweile auch mit Schnee gestärkt. Sie zogen sich mit geilen Koksaugen in Gedanken die Klamotten vom Leib. Der dritte und schließlich auch der vierte und letzte Gang des Menüs wurden unangerührt zurück in die Küche geschickt. Koks killte den Appetit und wirkte als Aphrodisiakum. Mit sehnsüchtigen Augen sah Nikki den flambierten Hummer und die herzförmige Crème brulée zurückgehen. Was für eine Verschwendung! Auf ihre Kosten! Nüchtern nippte sie an ihrem Weißwein. Isoliert in ihren Gedanken, die den verrückten Eskapaden der Schneekönige nicht folgen wollten. Drogen gab es nicht bei ihrer Diät. Das Leben war zu kurz, um sich selbst zu zerstören. Sie saß einsam zwischen dem immer lauter und lasterhafter werdenden Trio. Es überkam sie eine schwere Müdigkeit. Der Tag war lang und aufwühlend gewesen und der Abend drohte, in einem Gefühlsgewitter zu gipfeln. Die Rose suchte die Rettung in der Rechnung. „Woolf, lass uns nach Hause gehen", flüsterte sie versuchsweise. Doch er sah sie an wie ein Nichts. Mit einem eiskalten Blick, als kenne er sie nicht. Die Zeit des Respekts war an seiner Seele vorbeigerast wie ein Eilzug. Er war, wo er sein wollte und er würde es krachen lassen! Die Träne, die plötzlich und dezent aus den Augen der Rose kullerte, ließ ihn kalt. Sollte sie doch einen auf Opfer machen. Er kannte keine Empathie! Er war doch nicht ihr Besitz, bloß weil sie verheiratet waren! Ihr Vermögen war jetzt das Seine! Und er war ultimativ entschieden, das Leben auszusaufen bis zum letzten Schluck Genuss! Er leerte die vierte Flasche St. EineMillion in das Glas der Hexe, das Seine und das von Salvatore. Ihr leeres Weißweinglas ignorierte er intensiv. „Geh doch Heim, du Spaßbremse! Ich brauche keine Gouvernante!“ Er stieß sein Glas gegen das der Hexe und fiel in ein höhnisches Lächeln. „Harharharharhar!“, tönte es teuflisch durch die Nacht.

In Nikki erstarb die Hoffnung auf Harmonie mit ihrem berauschten Rocker. Sie erhob sich würdevoll und nickte in die Runde. „Bon Nuit! Ich begebe mich zu Bett!“ Dann kämpfte sie sich durch die Glücksritter an der Bar zur Kasse. Die anzüglichen Blicke und Bemerkungen ignorierend. „Wow. Was ein Leckerchen.“ „Babe. Wanna spend the night?“ „Amy Weinhaus? Amazing hair. Want me to come with you?“ Sie lächelte tapfer und sank kopfschüttelnd an die Theke. „L'addition, s'il vous plaît!“ Sie zahlte die Zeche und trat entschlossen den einsamen Weg nach Hause an. Ihre elegante Silhouette verschmolz mit der Schwärze der Nacht, während das laute Lachen des feiernden Trios in den Himmel hallte. Sie hatte dem Trio noch eine Flasche St. EineMillion spendiert. Das sollte Vorsprung genug gewähren für eine Nacht der Kontemplation. Sie schlenderte mit befreiter Seele durch die tropische Nacht. Sinnierend blickte sie in den Sternenhimmel. Nach und nach empfand sie eine wunderbare Ruhe. Es tat so gut, bei sich zu sein. Das Himmelsdach wirkte wie ein großer Schirm voll Trost. Die Sterne schienen ihr den Weg zu weisen. In ihrer wachsenden Seelenruhe sah sie schmerzlich und gleichermaßen tröstlich klar. Das Schicksal stellte sie auf die Probe. Es hatte sie an einen fremden Ort mit einem suspekten Begleiter geführt. Ihr Status als Marketing-Koryphäe war besudelt durch die Metzgermeister bei Armada und das kriminelle Zutun des Woolfs. Ihr Geliebter und Beschützer durch all die Jahre war von ihr gegangen. Freunde und Familie waren Ozeane entfernt. Sie war in der Isolation gelandet. In einem fremden Zuhause und einem Leben, das so ungewiss war wie nie zuvor! Ihr unbezwingbarer Kampfgeist erwachte. Sie konnte nicht anders als zuversichtlich sein. Es würde schon alles gut gehen. Das Leben war ein Hürdenlauf. Doch bislang war es ihr stets gelungen, die Herausforderungen des Schicksals mutig zu meistern! Wo gab es schon Sicherheit und was war wirklich gewiss? Die milde Luft und die strahlenden Sterne streichelten ihre Seele. Sie lief wie im Trance und gelangte in Windeseile zum Haus. Es war sanft beleuchtet und behaglich. Die Grillen zirpten. Die Frösche quakten. Das Konzert der Tierwelt hieß sie willkommen. Sie schloss die Tür auf, sank geschminkt und bekleidet in die Kissen. Endlich wieder im eigenen Bett! Sie streichelte das schmiedeeiserne, kunstvoll ineinander verwobene Gestell aus Titan und Gold. Morgen war ein neuer Tag. Vielleicht klopfte das Glück endlich an der Tür? Das Leben war so schön, wie man es empfing. Sie wollte gewappnet dafür sein und schloss die Augen. Gab sich dem tröstlichen Rausch des Schlafes hin.

Doch der Abend sollte noch nicht zu Ende sein... Nach einer Stunde wohligen Dösens hörte sie das Stochern des Schlüssels im Hausschloss. Schließlich fand er das Loch. Ritsch ratsch. Die Tür ging knarrend auf. Dann polterten laute Schritte unter dröhnendem Gelächter ins Schlafzimmer. „Kräbbchen. Hier hast du dich versteckt. Komm her. Das geht gar nicht. Wir machen jetzt eine Poolparty und veranstalten einen flotten Vierer!“ Woolf war sichtlich über Gut und Böse hinüber. Er schwankte wie auf einem Schiff im stärksten Seegang. Salvatore und Lucy, beide ebenfalls angeschlagen, aber noch halbwegs gerade stehend, stützten ihn mühsam. Woolf torkelte auf das schöne Bild der Rose auf dem Himmelsbett zu. Sie erschien ihm wie ein Engel. Er stürzte sich schwer auf sie. Sein Atem stank sauer und rauchig. Zum Nachtisch hatte es wohl Whiskey Sour gegeben. Besitzergreifend zog Woolf der Rose am Ausschnitt. „Salvatore. Komm her. Wirf einen Blick auf den schönsten Busen der Welt!“ Mit müdem Glühen in den cognacbraunen Augen näherte sich Salvatore den formschönen weißen Hügeln mit den reizenden rosafarbenen Nippeln. Hinter ihm fauchte Lucy. Stutenbissig. „Das ist doch noch gar nix. Musste erst mal meine Möpse sehen!“, lallte sie lasziv und entledigte sich flugs des Muscle-Shirts. Zwei riesige Ballons stießen dem Woolf ins Gesicht. Der bekam keine Luft mehr. Abwehrend stieß er den blanken Busen von sich. Der stammte eindeutig aus Sicicon Valley. Wie zwei überdimensionierte Baseball flutschten die beiden Brüste zurück zu ihm. Er boxte härter. Umso heftiger hüpften sie quasi als Boxbeutel erneut gegen ihn. Ihm begann das Spiel Spaß zu machen. Seine Leibesmitte erwachte wieder. „Du geiles Babe. Du willst es nicht anders. Ich ficke dich jetzt um deinen spatzenhaften Verstand!“ Er richtete sich auf und zog sein Hemd über den Kopf. Dann nestelte er an seiner Jeans und befreite seinen halb erregten Krieger aus seinem baumwollenen Gefängnis. „Aus damit!“ Er deutete auf ihre Fransenshorts. Sie erledigte sich mit einer geübten Geste des stofflichen Nichts und stand in einem pinkfarbenen Stringtanga auf den mörderisch hohen Plateausohlen vor Woolf.

Nikki war zur Seite gerollt. In ihr kämpften bleierne Müdigkeit, schläfrige Eifersucht und sinnliche Neugier. Sie sah zu Salvatore hinüber. Der hatte seine Hand an der Hose und beobachtete mit dem glühenden Blick der Lust, wie Woolf die rothaarige Verführung auf seinen halbsteifen Schwanz zog. Doch so willig der Geist, so schwach war das Fleisch. Die halbgare Nudel war nicht hart genug, um in die rothaarige Hexe zu stoßen. Er spuckte sie an. „Du Stück. Das ist DEINE SCHULD! Mach ihn hart oder es setzt Prügel!“ Verzweifelt saugten ihre riesigen Lippen an seinem saftlosen verrunzelten Schwengel. Woolf blickte bitterböse. Dann ertönte ein lautes Schnarchen. Er war von einer Sekunde auf die nächste in einen tiefen, rauschhaften Schlaf gefallen. Lucy äugte zu Salvatore. Er war zweite Wahl. Aber besser ein Mitleidsfick mit ihm, als die Peinlichkeit der Impotenz zu ertragen. Das war schlecht für ihren Proven Track Record als heißeste Hexe der Groove. Sie kniete vor Salvatore und nahm dessen kleinen, festen Penis in den Mund. Wie ein Staubsauger leckte, saugte und blies sie. Doch auch Salvatores Fleisch war im Schneesturm aufgeweicht. Die allzu routinierten Liebesdienste der Rothaarigen törnten ab. Nicht an. Angewidert stieß sie ihn zu Woolf und der Rose aufs Bett und rannte, nur mit den Plateaupumps bekleidet, splitterfasernackt durch die Groove zu sich nach Hause. Sie lief so schnell mit ihren wehenden roten Haaren, dass es der aus den Fenstern blickenden Nachbarschaft so vorkam, als reite sie auf einem Besen dahin...

Die Rose fand sich zwischen Woolf und Salvatore in den Kissen wieder. Die Lust erwachte wie eine Flamme in ihnen. Sie liebkosten sich leidenschaftlich und erlebten eine rauschvolle Nacht zu dritt. Dann fielen sie in tiefen Schlaf, ineinander gekuschelt wie nur wirklich Liebende es können. Als Nikki am nächsten Morgen aufwachte war die Welt wieder heil. Sie erwachte in ihrem eigenen Bett. Die Sonne kitzelte ihr Näschen. Woolf schlief tief und fest neben ihr. Salvatore hatte sich bereits aus dem Staub gemacht. Sein Restaurantdienst rief. Lediglich ein ausgefranstes Jeans-Panty, ein Glitzershirt und ein rosafarbenes Nichts von Tanga erinnerten an den fehlgeschlagenen flotten Vierer. Nikki

Rose schlich sich damit zum Kamin und verbrannte die Erinnerung an diese Peinlichkeit. Dann sprang sie in den Pool und schwamm sich mit 100 Runden die Müdigkeit vom Leib. Nach dem Pilates-Programm und 500 Sit-ups sank sie auf den Boden und ließ sich von der Sonne trocknen. Schließlich zahlte sie diesen Ausflug ins Paradies. Da sollte sie ihn auch entsprechend genießen. Endlich hatte auch Woolf seinen Rausch ausgeschlafen. Mit einem Corona in der Hand und der unvermeidlichen Zigarette im Mundwinkel gesellte er sich zu der Rose. „Kräbbchen. Das war der Hammer diese Nacht!" In Erinnerung an den flotten Dreier erneut erregt, legte er den Arm um sie. Nikki lehnte sich schnurrend an ihn wie eine feuchte Katze. Er rieb sich an ihr und wollte gerade in die Öffnung zu ihrem Paradies tauchen... Da erblickten Woolfs Augen Gefahr. „Ein Krokodil. Ein Krokodil. Kräbbchen. Flüchte dich in Sicherheit!" Er sprang auf und bewaffnete sich mit einem von Nikkis teuersten Sushi-Messern. Sie rettete sich in den Pool. Doch dann erinnerte sie sich an eine ähnliche Begebenheit, stieg grazil aus dem Pool und näherte sich dem vermeintlichen Krokodil. Heroisch bückte sie sich und klaubte den toten Leguan vom Boden auf. Woolf blickte beschämt und brachte das Sushi-Messer zurück in die Küche. Seine Rose grinste so breit, dass ihre Ohren Besuch bekamen.

Manch eine Gefahr entpuppte sich bei genauerem Hingucken als harmlos. Sie fühlte sich sicher und nach der vergangenen Nacht in ihrer Liebeslust beglückt und bestätigt. Die Hexe von der Groove war in die Flucht geschlagen. Woolf war und blieb IHR Mann! Der heißblütige Sizilianer in Salvatore war eine nette Ergänzung gewesen. Aber sie brauchte richtige Männer. Keine Toyboys.

Katze im Kamin – das Ünglück zieht ein

Die Zeit kann für oder gegen einen arbeiten. Im Leben der Rose und des Woolf schaltete die Uhr auf Sauseschritt. Und brachte das Unglück mit. Kaum hatten sie es sich in ihrem perfekten Zuhause eingerichtet, waren die ersten drei Monate in Kokosnuss Groove vorbei. Die Zeit galoppierte im Gleichklang mit dem Geld und dem Glück aus den Händen der Rose. Sie mussten ausreisen, um ins Paradies wieder einreisen zu dürfen. Wenn sie ihre Touristenvisa nicht erneuert bekamen, drohte die Ausweisung. Von Larry Behilf und seitens des deutschen Konsulats noch immer Funkstille. „It might take a while!", war die lakonische Antwort des weltbekannten Immigration Lawyers. Die Rose war verzweifelt. Für so einen Service musste sie 50.000 Euro berappen? Wohin sie auch sah waren Hindernisse. Diese waren so hoch wie Türme. Sie hatten keine Kreditkarten-Historie. Also bekamen sie kein Auto. Die Kosten für das Leben in Miami waren immens. Miete. Pool guy. Putzfrau. Security Service. Mietwagen. Teure Telefonrechnungen. Die durstige Kehle des Woolfs. Die Feinschmeckerseele der Rose. Das alles kostete ein Vermögen. Und solange sie keine offiziellen Visa hatten, durften sie kein Geld verdienen. Die schlimmste Bedrohung: Ausweisung aus dem Paradies. Zahlen Sie 250.000 Dollar und gehen Sie NICHT über Los. Sondern: ins Nirwana. Nikki hatte eine viertel Million investiert. Und nun drohte die Pleite. Die konkrete Gefahr und permanente Perspektivlosigkeit zerrten an dem Liebespaar. Nikki litt unter Schwindelattacken. Woolfs krimineller Verstand rauchte. Vergeblich suchte er nach einem Weg, ohne Arbeit zu Geld zu kommen. Eine legale Tätigkeit war nichts für ihn! Der Kontostand war blutrot. Den horrenden Ausgaben standen null Einnahmen entgegen. Nicht einmal die zu erwartenden Zahlungen stellten sich ein. Frau Bauernfeind hatte die 9.000 Euro direkt nach Anweisung wieder zurückgeholt. Begründung: die Spülmaschine funktioniere nicht. Matschi Rose, der Anwalt ihres Vertrauens, musste ran und Widerspruch verfassen. Das konnte Monate dauern. Armada sperrte sich einer zeitnahen außergerichtlichen Einigung und bestand darauf, vor Gericht zu gehen. Verzweifelt suchte sie einen Weg aus dem Fiasko und arbeitete sich die Finger wund, um Aufträge, einen Job und etwas Geld zu ernten. Doch ihre Wege des Anstands entsprachen nicht dem Anspruch Woolfs. Er verzog er sich in immer düstere Gedanken und kriminelle Pläne. „Ich entführe die Beate Bier. Die schuldet mir zwei Millionen für meinen Website-Sound!" Das war sein Plan A. Nikki versuchte das zu belächeln. Doch sein weltfremder Wahnsinn und die Gemeinheit seines Geistes beängstigten sie zunehmend. Mit grausamem Grinsen malte er sich aus, wie er Beate Bier ein Ohr abschnitt und es Wolfi Blei vor die bleiche Nase hielt. Noch fehlte es ihm an Lösungen. Wie das Fort Knox bei Armada entern? Woher die Kohle für den Flug nehmen? Woher die Waffe? Er brauchte einen Komplizen. Er fand ihn in Kurt, dem kriminellen Taxifahrer mit der Waffensammlung. Stundenlang saß Woolf telefonierend in seinem Studio. Nikki versuchte, die Ohren zu verschließen, doch sie hörte die Kasse rattern und konnte nicht umhin, an seinem Geisteszustand zu zweifeln. Die Wortfetzen, die aus dem Studio drangen, waren purer Irrsinn. „Die Bitch von Beate Bier mache ich fertig!" „Der Wolfi Blei muss bluten!" „Meine Musik ist mehr als zwanzig Millionen wert!"... Es entstand ein tiefer Riss zwischen den Liebenden. Die Glocke aus Glück, in der sie schwebten, begann auseinander zu brechen. Ihrem Umfeld blieb das nicht verborgen. Immer häufiger zankten sie sich böse. Oft in der Öffentlichkeit. Die Nachbarschaft begann, zu munkeln. Doch Nikkis Opferbereitschaft und ihr unbeugsamer Wille, ihre Liebe zu erhalten waren beachtlich. Ihre Sehnsucht nach dem Glück war so groß, wie das Maß an erlebtem Unglück unerträglich. Noch war ihre Liebe stark genug, sie immer wieder zu vereinen. Und dennoch fühlte sich ihr Leben an wie ein Zug, der auf donnernden Gleisen in einen Abgrund rast... Umso heftiger hastete sie im Hamsterrad...

Sie raste, er rauchte und soff und steigerte sich in seine kriminellen Phantasien. Es spielte sich ein Leben ein, das einer bedrohlichen Bleistiftskizze glich. Sie hatten noch kein wirkliches Leben. Keine Daseinsberechtigung. Der durchgeknallte Rockmusiker und seine liebliche Lady lebten von Tag zu Tag. Von Happy Hour zu Happy Hour. Suchten Trost im Alkohol. In Ritualen, die ihre aufgewühlten Seelen beruhigten. Tagsüber arbeitete die Rose im Büro. Woolf lümmelte in seinen kriminellen Phantasien in seinem Studio und immer öfter am Pool. Neue Songs fielen ihm nicht ein. Die alten waren ihm fad. Hey. Ein Künstler konnte sich doch nicht der Profanität regelmäßiger Office Hours unterordnen? Es musste Kohle her. Und zwar eimerweise. Verächtlich beobachtete er die Bemühungen der Rose, einen Plattenvertrag, private Investoren für die Firma oder einen Marketing-Job an Land zu ziehen. Was für ein Hohn! Er war der King of Rock. Das Leben hatte IHM den roten Teppich auszulegen! Nikki ignorierte seinen Irrsinn. Sie arbeitete emsig und versuchte verzweifelt, sich nicht in seinen Abgrund ziehen zu lassen. Sie war phantasievoll, klug und mutig. Aufgeben stand nicht auf der Straßenkarte ihres Lebens! Sie hatte eine Multitasking-Strategie. Mehrere Wege konnten zum Ziel führen. Zum einen arbeitete sie an der Private-Placement-Präsentation, um einen Business Angel und Investor zu finden. Hier half Alan, der findige Ire mit der Businessplanung. Zum zweiten akquirierte sie allerlei mögliche Kunden für ihre Sound-Animationen. Zum dritten versendete sie haufenweise CDs mit den besten Songs von Woolf an alle in Frage kommenden Plattenfirmen, Agenten, Radiostationen und sogar bekannte Rockmusiker wie Sir Elton John und Phil Collins. Sollte das alles nicht fruchten, müsste sie einen einträglichen Marketing-Job ergreifen. Darin war sie erprobt und erfolgreich. Aber die

Wirtschaftskrise in den USA verdichtete sich wie eine dunkle Wolke. Die Zeit spielte gegen sie... Das Schicksal warf ihnen trotz angestrengter Arbeit keinen Rettungsring zu. Nach einem Bürotag voller verzweifelter Versuche und nicht eingehender Erfolge war es dann endlich Zeit für die schönste Regelmäßigkeit: Um 17 Uhr zur Happy Hour schlenderten sie zum Kokosnuss Walk und genehmigten sich ein paar Coronas. Sie waren beliebte Gäste im Scotties Landing, dem Monty's, der Bar im Kokosnuss Walk, dem Café Tu Tu Tango, dem News Café. Natürlich amüsierten und tranken sie nicht zum Selbstzweck! Sie nutzen die Happy Hour zur Akquise potentieller Geschäftspartner. Die legeren Amerikaner bewunderten den Stil der Rose und das Rebellentum des Rockers. Diese Stunden waren feucht, fröhlich und tröstlich. Oftmals mündeten sie in vielversprechenden Kontakten. Doch mehr als leere Absichtserklärungen kamen nicht herum. Dennoch waren diese Stunden die Schönsten, die sie miteinander teilten. Die Illusion von Freiheit und Zugehörigkeit in diesem wildwüchsigen Tropenparadies war verführerisch. Die Freundschaftsbekundungen der Amerikaner nahm Woolf beim Wort. In seiner Naivität verwechselte er die gut gelaunten Begegnungen beim Bier mit wahren Freundschaften. Die zunehmende Panik seiner Rose verstand er nicht. Nein! Er teilte er ihre Besorgnis nicht. Die war doch nur von falschen Freunden und der Familie eingeredet! Er war zu arrogant, sich in die Nöte der Rose, in ihre Mühen der Existenzgründung, einzufühlen. Sie war schließlich die Marketing-Koryphäe. Und er der Rockstar. Was konnte da schon schief gehen?

Oft endeten ihre Tage trotz dieser zunehmenden Dissonanz harmonisch. Nikkis Lust auf das Leben und die Liebe siegten über die Sorgen des Alltags. An den Abenden bereitete die Gourmetköchin in ihr ein leichtes Dinner. Dann fielen sie auf ihren Liebessessel von Linia Rose und beglückten sich an Videos, die mittels Beamer auf eine metergroße

Leinwand gezaubert wurden. Manches Mal unterbrochen von liebevollen Vereinigungen. Zunehmend häufiger jedoch prallten ihre allzu unterschiedlichen Lebenseinstellungen aneinander. Woolfs steigende Neigung zur Aggression mit zunehmendem Alkoholpegel war eine permanente Bedrohung ihrer Harmonie. Oft half Nikkis diplomatische Kunstfertigkeit nicht, seine erbitterte Seele zu beruhigen. Dann verstimmte ihre Engelszunge. Und Woolf steigerte sich in seine Spirale des Zorns. Er fluchte und fauchte furios über die üblichen Objekte seines Hasses: Kalle Bolte: „Der Wichser soll endlich Geld überweisen! Du hast ihn dein Leben lang von Job zu Job mitgenommen. Der schuldet dir Tausende!“ Matschi Rose: „Das Weichei soll die Kohle von Armada besorgen und die Bauernfeind bedrohen, die auf unserem Abstand sitzt.“ Dr. Waldschütz: „Der Versager ist auf der Seite von Armada! Er verrät dich, statt dich zu vertreten!“ Seine Söhne: „Die Penner melden sich nicht! Ich habe sie angewiesen, Feuer zu legen bei der Bauernfeind. Die sind zu feige.“ Wie deren Mütter: „Allesamt Huren.“ Und natürlich Armada: „Die mache ich fertig! Die schulden mir zwei Millionen!“ Leider war es zunehmend auch die Rose, die der Woolf in seinen Hass einbezog. „Du bist eine miese Managerin! Mach mich endlich erfolgreich!“ Sie versuchte, kritische Themen zu vermeiden und den Frieden zu wahren. Doch das Leben an der Seite des Woolfs glich einer nervenzerrenden Berg- und Talbahnfahrt mit ungewissem Ende. Sie tat alles dafür, diesem fiebrigen, unerfüllten Dasein auf Bewährung zu entkommen. Ihre Liebe zu retten. Doch die Wochen vergingen. Explosiv und unbefriedigend. Das Schicksal hielt sie hin. Es war absehbar, dass die Bombe platzen musste. Allzu schnell und unerwartet war es soweit...

Woolf tätigte mittlerweile allnächtliche Terrortelefonate bei Beate Bier und Wolfi Blei. Er hatte die Privatnummern des Armada-Vorstands herausbekommen. Abends, wenn seine Rose nach einem Tag des

Schuftens im Hamsterrad erschöpft in die Kissen sank, drehte er auf und schrillte den Armada-Vorstand zu nächtlicher Unzeit aus dem Schlaf. Mit seiner hässlichsten Stimme spie er ihnen seine erpresserischen Betrügereien in die verschlafenen Ohren. „Ihr Arschlöcher! Ihr schuldet mir zwei Millionen. Entweder ihr zahlt sie. Oder ich schwärze euch bei der Steuer an! Ich zerstöre euch! Ihr werdet eures Lebens nicht mehr froh!“ Nikki bekam diese Anrufe nicht mit. Doch seine geistige Finsternis war immer schwerer für sie zu ertragen. Mittlerweile hatte er die Küche als perfekten Aufenthaltsort für seinen Unmut auserkoren. Täglich sah sie ihn mit düsterem Antlitz stundenlang in der Küche sitzen und Zigaretten wie Coronas vernichten. Bekleidet nur mit einer ausgeleierten schwarzen Unterhose. Oder gar nichts. Sein schrumpeliger Schwanz schien immer länger zu werden. Nikki kommentierte das scherzhaft. „Zieh lieber was drüber. Sonst stolperst du noch über ihn!“ Gleichzeitig war sie alarmiert. Es kam immer seltener zu ihren Vereinigungen. Woolf war ausgelaugt. Vom Nichtstun. Von seinen kriminellen Gedanken. Wenn die Rose morgens um 7 in ihr Büro ging, lag er stundenlang rauchend und kartenlegend im Bett. An den Abenden war er meist zu betrunken, um seinen Liebesdiener hochzukriegen. „Chéri. Wir haben lange schon keine Liebe mehr gemacht!“ Behutsam sprach sie ihn darauf an. Er explodierte. „Willst du etwa, dass ich den ganzen Tag mit steifem Schwanz hinter dir her jage?“ Sie fand diese Vorstellung nicht reizlos und griff grinsend nach seinem schlaffen Glied. Doch er war schon wieder bei seinem Lieblingsfeind Nummer Eins gelandet: ARMADA! „Diese Wichser werden bezahlen!“, fluchte er mit furioser Fratze. Seine Drohungen verängstigten sie. Sie sah die Gefahr, die von Woolfs krimineller Energie ausging. Sie hatte jahrelang hart und diszipliniert an ihrem hervorragenden Ruf gearbeitet. Woolf war dabei, alles zu vernichten! Sie musste ihm Einhalt gebieten. Sie richtete sich auf. Schön und streng. Und wedelte warnend mit dem Zeigefinger. „Woolf. Tu bitte

NICHTS, was nicht mit mir abgestimmt ist! Ich lasse mir von dir nicht meinen Ruf und mein Leben zerstören!" Doch sie wusste, wie sinnlos diese Aufforderung war. Woolfs krimineller Geist ließ sich nicht bremsen. Ob er ihr schadete oder nicht, war ihm zweifelsohne egal. Er zuckte mit den Schultern. „Ein Mann muss tun, was ein Mann tun muss!" Er blickte auf ihre MegaO. Schon 15 Uhr. Zeit für seine Verabredung mit Johnnie Walker. Das half seiner Stimme. Die Rose flüchtete sich ins Büro und checkte ihre Mails. „Bing." Gerade kam eine neue. Von einem Dr. Dr. Ruflos: „Sehr geehrte Frau Rose, im Namen des Armada-Vorstands erheben wir Anklage auf Unterlassung gegen die werbliche Nutzung unserer Website durch ihren Ehegatten Herrn Woolf Barzokka. Unerlaubter Weise werben Sie auf Ihrer eigenen Firmen Website, www.voltage.com, mit dieser Referenz. Wir fordern Sie auf, dies umgehend einzustellen. Auch fordern wir Ihren Ehemann auf, unverzüglich seine nächtlichen Erpresseranrufe zu unterlassen, sonst werden wir Anklage erheben wegen betrügerischer Erpressung. Mit freundlichen Grüßen, Dr. Dr. Ruflos im Auftrag von Beate Bier und Wolfi Blei."

Die Rose zuckte zusammen, als hätte sie in eine Steckdose gegriffen. Angst durchfuhr sie. Stechend und lähmend wie der Stachel einer Hornisse. Das durfte doch nicht wahr sein! Erpresserische Anrufe? Woolf ruinierte ALLES! Die Aussicht auf eine einvernehmliche Vereinbarung mit Armada. Ihrer einzigen realistischen Aussicht auf nennenswertes Geld auf dem Konto. Ihren hervorragenden Ruf. Das Renommee und die Erfolgsaussichten der gerade gegründeten gemeinsamen Firma. Letztlich seine eigenen Perspektive jemals das zu werden, was er sein wollte. Von wegen King of Rock. Der Typ war ein kranker Poser, Scharlatan und Trittbrettfahrer, der den Ruhm der Rose nutzte, um sich zu profilieren. Nun überkam selbst die friedfertige Nikki stechender Zorn. Bebend vor Wut stürmte sie in die Küche. „Hast Du Beate Bier und Wolfi Blei die letzten drei Monate nachts mit betrügerischen Anrufen belästigt?" Er schüttelte gelangweilt den Kopf und zündete sich die hundertste Zigarette des Tages an. „Kräbbchen. Reg dich ab. Ich weiß, was ich tue! Komm. Trink erst mal ein Glas Wein!" In Nikkis Augen funkelte Feuer. Sie wurden grün wie Gift. „Ist das deine Vorstellung von Liebe, mich, mein Lebenswerk und unsere Zukunft zu vernichten"? Sie nahm das gefüllte Glas. Und warf es ihm gegen die fliehende Stirn. Unerwarteter Weise traf sie zielsicher. Das Glas zerbrach in tausend Scherben und hinterließ blutige Striemen in seinem Gesicht. Nur Millimeter entfernt von seinen eisigen Augen, in denen sich nun das Grauen der Welt widerspiegelte. „Du Mistschlitz! Willst dich mit MIR anlegen? Geh zur Hölle auf deinen blöden High Heels!" Obschon mittlerweile reichlich berauscht, sprang er blitzschnell auf und fasste der Rose an die Kehle. Er drückte zu, bis sie nicht mehr atmen konnte. Ihre Augen weiteten sich vor Angst. Hilflos hing sie im Würgegriff seiner nach Asche stinkenden Pranke. Das grausame Glitzern der Mordlust in den Augen des Woolfs ließ stark vermuten, dass ihre letzte Sekunde geschlagen hatte. Sie spürte, wie der Würgegriff ihr die Luft zum Atmen nahm. Doch die lebenslange Gymnastik machte sie gelenkiger als Woolf erwartete. „Man sollte seinen Gegner niemals unterschätzen!", dachte sie mit grimmigem Grinsen. Dann holte sie aus und stieß ihr Knie so heftig wie möglich in seine Leibesmitte. Im Schrecken des Schmerzes ließ er los. Er sank zu einem Häuflein Elend zusammen. Seine Eier schienen zu explodieren. Nikki gab Gas. Sie sputete in ihr Badezimmer und verriegelte die solide alte Holztür. Mit wild klopfendem Herzen sank sie auf den schwarz-weiß gefliesten Kachelboden. Um nichts zu hören, drehte sie in Wanne und Waschbecken das Wasser auf. Dann starrte sie durch den Lichtschacht in der Decke auf die Palmen, die sich wehrlos im peitschenden Tropensturm schwenkten. Die Seele der Rose fühlte sich gleichermaßen hin- und hergerissen an. Hilfe. Sie war mit dem Wahnsinn in Person verheiratet. Was nur konnte sie tun, ihn zur Besinnung zu bringen? Das gewalttätige Klopfen und Kratzen an der Badezimmertür vermischte sich mit Blitz und Donner des heftigen Gewitters, das sich über der Groove entlud. Die Rose lag hämmernden Herzens in der Badewanne. Angst und Schrecken regierten auf einmal über ihr Leben. Wie hatte sie nur den Satan persönlich in ihr Herz lassen können? Endlich war es still und dunkel. Sie kuschelte sich trostsuchend in ihr unbequemes, provisorisches Bett aus feinen Frottee-Handtüchern. Eines war sicher: Keine zehn Pferde würden sie heute Nacht in die gefährliche Gegenwart des Woolf zurückführen... Doch wohin konnte sie fliehen? Ihre Handtasche, ihr Handy, ihr Laptop mit allen Daten, all das war im Besitz des wahnsinnigen Woolf. Die Nachbarschaft war nett. Aber wahre Freunde hatte sie nicht. Würden sie ihr Glauben schenken? Hilfe leisten? Und konnte sie, die starke und stolze Rose, die Blamage ertragen, von ihrem eigenen Ehemann in Lebensgefahr gebracht worden zu sein? Sie schüttelte trotzig den betollten Kopf. Nein. Sie musste einen anderen Weg finden! Sie konnte es sich nicht leisten, ihr Gesicht zu verlieren.

Es brauchte keine zehn Pferde, um die Rose wieder in den Bann des Woolfs zu ziehen. Sondern eine kleine grau getigerte Katze. Woolf saß im Liebessessel von Linia Rose und dröhnte sich mit AC/DC und Johnnie Walker zu. Auf der Leinwand über dem Kamin führten die Gitarrenhelden aus Australien ihre lautstarke Heavy-Metal-Schlacht. „Hells Bells." Da übertönte „Miiiiiauuuuuu" ein herzzerreißendes, unheimliches Geschrei Brian Johnsons Gekreische. Woolf traute seinen Augen nicht. Er starrte auf die graue Asche im Kamin. Die Asche wurde aufgewühlt und leuchtete wie ein Nebel aus grauer Lava. „Highway to Hell", der nächste Song, echote gruselig durch den Kamin. Der Schrecken wurde zur Materie. Er nahm die liebevolle Gestalt eines winzigen, eisgrau getigerten Kätzchens an. Das starrte ihn aus verhungerten Augen intensiv an. Woolf wusste, diese

Ausgeburt war nicht von dieser Welt. Sie hatte der Himmel geschickt. Oder war es die Hölle? So oder so. Das Schicksal schlug zu. Er lockte das kleine Kätzchen zu sich. „Mietzmietzmietz!“ Er nahm ein paar zuckerbestäubte Gummibärchen, die er sich zum Whiskey hatte schmecken lassen und hielt sie dem halb verhungerten Kätzlein entgegen. In Ermangelung von Milch füllte er Johnnie Walker in seinen Aschenbecher. Wenn das Tierchen von seinem Format war, würde ihm auch seine Diät munden. „Whiskey on Mannboro!“ Er schob den Cocktail in den Kamin. Das dreieckige Köpfchen der Tigerkatze schnupperte an dem Drink des Grauens. Dann zuckte ihre rosafarbene Zunge gleich einer Schlange aus dem kleinen Mäulchen. Es leckte und schleckte und ließ sich die Höllenmahlzeit schmecken. „That’s like it! Du bist von meiner Sorte! Willkommen zuhause!“ Woolf war begeistert. Er schnalzte mit der Zunge und gönnte sich selbst noch einen langen Schluck Whiskey. Dann kauerte er sich auf den Kamin vor den Boden und griff zu. Er umklammerte den dürren Hals des Tieres und zog es ins Zimmer. Aufmerksam betrachtete er den grauen Winzling, dessen kleiner Körper verhungert im zu großen Katzenfell steckte. Die Katze zitterte erbärmlich. Woolf füllte eine ordentliche weitere Portion Whiskey in den leer geleckten Aschenbecher. Sie trank gierig. Die riesigen Augen nahmen eine rötliche Tönung an. Das Kätzchen schmiegte sich schnurrend an seinen Retter. „Ist ja gut. Ist ja alles gut. Du bist bei mir. Dem besten Mann der Welt!“ Woolf klopfte mit der kräftigen Hand auf das Skelett im Katzenfell. „Du brauchst Fressen!“ Er sprang auf und sprintete zum Kühlschrank. Das Kätzchen flüchtete sich mit einem großen Sprung zurück in den Kamin. Der versprach Sicherheit. Minuten später kam Woolf mit einer großen Portion Käsewürfel, auf die er etwas Paprikapulver gegeben hatte. Das Auge isst schließlich mit. „Mietzmietzmietz!“ Seine durch den Whiskey sonore Stimme lockte das hungrige Tier aus dem Kamin und an den köstlich duftenden Teller voller Käsewürfel. Mit Speck fing man Mäuse. Mit Käse

Katzen. Woolf grinste hündisch. Was war er doch für ein Teufelskerl! Das Erlebnis schmeichelte seiner Selbstsicht als fürsorglicher Vater. Sein vorher noch vor Hass erfrorenes Herz wurde weich wie Wachs. Jetzt erst vermisste er sein Kräbbchen. In ihm schrie es nach familiärem Frieden. Wo sie wohl steckte? Vermutlich im Badezimmer wie stets! Er sprang auf und hechtete zur abweisend verschlossenen Tür des Rosenbades. „Kräbbchen. Komm. Sei mir wieder gut!“, lockte er nun nicht die Katze sondern die Rose zu sich. Auf der anderen Seite der Tür vernahm Nikki die Verlockung seiner vom Whiskey geölten Stimme. Was hatte sie schon zu verlieren? Sie konnte ja nicht ewig in der Zelle des Badezimmers verweilen. Zögernd richtete sie ihren schmerzenden Körper auf und kletterte aus der im trockenen Zustand äußerst unbequemen Badewanne. Sie schlüpfte in ihre Strassovski-Stilettos und schlich zur Tür. Auch ihre Seele sehnte sich nach Harmonie und tiefem Frieden. Sie lauschte Woolfs lockenden Lauten. Wie die Sirenen bei Odysseus hatten sie eine fatal faszinierende Wirkung auf ihr allzu großes Herz.

Vorsichtig drehte sie den Schlüssel. Und blickte in die grauen Augen des Woolfs. Der sah sie aus seinem verhungerten Gesicht an wie ihn zuvor das Kätzchen. Er nahm ihre Hand. Sein Herz wurde heiß vor Hoffnung. Sie sah so liebreizend aus mit ihren klaren grünen Augen. Auch diese offenbarten einen unstillbaren Hunger. Nach Liebe und einem Zuhause fürs Herz. Das hatte sie in ihm gefunden. Er würde sie NIEMALS gehen lassen. Lieber würde er sterben! Er zog sie an sich und küsste jeden Zentimeter ihres Gesichts ab. Dann wanderte seine vom Rauchen belegte Zunge weiter hinab zum äußerst aufreizenden Dekolleté, aus dem die festen Brüste frech hervorragten. Zwei zarte Hügel in herrlicher Landschaft. Gekrönt von rosafarbenen Kirschen die so krisp waren wie Knospen. Sie waren... lieblich wie die Hügel der Toskana! Die Großartigkeit seiner Gefühle ließ ihn erbeben. Seine Stimme überschlug sich vor

Dramatik. „Kräbbchen. Ein Wunder ist geschehen!“ Die Euphorie in seiner Stimme alarmierte die Rose. Sie war stets Vorbote von etwas Merkwürdigem. Aber sie war müde und liebessüchtig. So ließ sie sich fallen in die tröstliche Umarmung des Woolfs. Sein Geruch nach Rauch war so vertraut. Seine Küsse fordernd und verführend. Wie konnte sie ihrer großen Liebe böse sein? Sie saßen doch beide im selben Boot. Nicht der Woolf war gemein. Das Schicksal war es, das sie schikanierte! Gerührt erblickte sie die tiefen Schnitte in Woolfs mitgenommenem Gesicht. Mitleid und Reue überkamen sie. Zart fühlten ihre Finger über die roten Risse. „Oh Gott, das wollte ich nicht!“ Er liebkoste wiederum ihren malträtierten Rosenhals mit den rot-blauen Hämatomen. „Das weiß ich doch mein Kräbbchen. Ich auch nicht. Komm mit mir. Ich muss dir etwas zeigen. Ein Engel ist in unser Leben eingezogen!“

Er zog seine Rose zum Kamin. Dort thronte das kleine Kätzchen müde und sattgegessen. Der Teller war leer. Dafür zeigte sich eine kleine Plauze in ihrem sonst spindeldürren grau getigerten Körper. Sie sah aus wie ein schwangeres Magermodel. Doch sie war zu jung, um ein Baby zu bekommen. Sie selbst war noch ein Kleinkind. Vorsichtig tappte sie aus der Asche des Kamins und beäugte die Rose. Der Anblick des kleinen kauzigen Kätzchens erweichte selbst das harte Herz von Woolf. Das der Rose war ein leichtes Opfer. Sie kniete sich auf den harten Holzboden und hielt ihr lockend die Hand entgegen. Das verängstigte Tier nahm Anlauf und sprang ihr mit einem Satz entschieden entgegen. Direkt auf den Schoß. Dort schnurrte es sanft und begann im Milchtritt die winzigen Tatzen zu treten. Ihre possierlichen Pfoten hinterließen Spuren aus Staub auf dem schwarzen Cocktailkleid von Armada. Nikki war sofort verliebt in das kleine Wollknäul, das in ihr die Beschützerin suchte und fand. Woolf grinste gerührt. „Kräbbchen. Diese Katze ist ein guter Geist. Sie kommt, um uns zu helfen. Glaube mir! Alles wird gut! Es gibt keine Zufälle!“ Er nahm ihre Hand und gab ihr einen sanften Kuss. Dann hob er sie auf den Arm und trug sie zu Bett. Das Kätzchen blieb zurück und maunzte verloren. Kaum hatte sie ihre Ersatzmutter gefunden, wurde sie ihr entführt. Sie kreischte herzergreifend. Doch Woolfs Ohren waren taub. Er brauchte nach der vergifteten Entzweiung dringend die Vereinigung mit seiner Rose. Nikki sank in die Kissen, schloss die Augen und gab sich der süßesten aller Verführungen hin. Nach dem rauschhaften Liebesakt kuschelte sie sich sehnsüchtig in die Löffelstellung seines warmen Körpers. „Ich liebe nur dich und werde dich immer lieben!“, flüsterte er seiner in den Schlaf sinkenden Rose in die Ohren. Dann ließ auch er seine Seele Frieden finden. Sie schliefen tief und fest. Das Unbill des Schicksals war für heute Nacht vergessen. Das ohrenbetäubende Schreien des kleinen Kätzchens hörten sie nicht. Doch es begleitete sie durch unheimliche Träume... Früh am Morgen erwachte die Rose schweißgebadet. Sie schien Schlimmes geträumt zu haben. Doch sie fand den Anfang des Fadens nicht, der sie in die Erinnerung der Traumwelt zurückführen konnte. Er schien verloren.

Müde und mit dem Bedürfnis nach Erleichterung schlich sie aus dem Bett. Sie öffnete die Tür. Da fiel sie ein kleiner, kugeliger Derwisch an. Das Kätzlein hatte vor der Tür auf seine vermeidliche Mutter gelauert. Endlich tauchte sie auf. Jetzt war Spielzeit! Sie krallte sich in die feinen Fesseln und schmiss ihre kleinen, aber durchaus spitzen Katzenzähne in das feste Fleisch. Nikki schüttelte die Füße und versuchte, den aggressiven Angreifer loszuwerden. Doch die Katze hing an ihr und zappelte bei jeder Fußbewegung mit, ohne sich abschütteln zu lassen. So schleppte sie die ungewohnte Last mit ins Badezimmer. Sie sank auf den Toilettensitz und pullerte geniert. Ihre Intimität fühlte sich erheblich gestört durch das schnurrende Katzenkind. Sie seifte ihre zarten Hände mit ihrer duftenden Shalimar-Lotion ein. Dann lief sie durch den dunklen

Flur zurück ins Schlafzimmer. Das Kätzchen folgte flugs. Doch Nikki war todmüde. Die gestrige Nacht hatte enorme Kraft gekostet. „Heute bleibt das Büro geschlossen“, entschied sie. Dann sank sie zu Woolf in die Arme. Sie brauchte Zärtlichkeit und Streicheleinheiten, um ihre nach wie vor aufgewühlte Seele zu beruhigen. Nikki schloss die Tür und ließ die Katze im Flur. Müde kuschelte sie sich wieder in die Umarmung von Woolf. Der murmelte im Schlaf. „Komm Kräbbchen. Schlafen!“ Vor der Tür heulte die Katze gleich einer Sirene. Vergeblich. Erschöpft von der langen Versöhnungsnacht schlief das wieder vereinte Liebespaar den Tag hindurch. Alle paar Stunden wachten sie auf und verwöhnten sich in allen erdenklichen Varianten. Erst zur Happy Hour – die war Pflichtprogramm – ießen sie von sich ab und stylten sich schnell in ihren Badezimmern. Als sie ins Wohnzimmer kamen, schlief das kleine Kätzlein tief in seinem Aschebett im Kamin. „Ich taufe sie Luzy! Von Luzifer“, entschied Nikki schelmisch. Dieses Wesen hatte etwas teuflisch Süßes. Der Name passte perfekt. Die fledermausartigen Ohren des Tigermädchens schossen nach oben. Sie hörte auf ihren Namen. „Luzy, komm. Du bekommst Late Lunch!“, lockte die Rose. Die sogenannte sprang ihr mit einem kunstvollen Salto Mortale auf den Schoß. Dort gab sie sich dem Milchtritt hin. In nachhaltiger Ermangelung von Milch im Haushalt von Rose und Rocker setzte Woolf ihr heute ein Corona vor die Schlabbernase. Dazu schnitt er die restlichen Käsewürfel klein. Das Kätzlein schlemmte auch diese Mahlzeit voll Genuss. „Sie ist definitiv eine von uns!“ Woolf umarmte seine Rose. „Komm. Happy Hour in der Groove!“ Sie ließ sich auf die schwüle Straße ziehen. Lieber wäre sie bei Luzy geblieben. Das kleine Kätzlein brachte die mütterliche Seite der Rose zum Schwingen. Es kostete sie große Überwindung, ihr Kleines alleine zu lassen. Das ohrenbetäubende Gekreische der kleinen Katze verfolgte sie noch bis in den Main Highway. Diese Anhänglichkeit war irgendwie unheimlich...

Fuck Florida! Wir plündern das Firmenkonto...

„Nänänänänänä!“ Woolf wurde schon wieder übermütig. Sein Grölen löste das Jammern des Kätzchens ab. Er machte sich lustig über die Rose. „Kräbbchen. Du siehst aus als hättest Du ‚Ich bin jetzt MUTTER!‘ im Gesicht geschrieben!“ Er tanzte höhnisch um die Rose herum. „Stop it!“, fuhr sie ihn mit gestrenger Stimme an. Er nervte! „Und klingen tust du auch schon so!“, spottete Woolf weiter. Er eilte voraus. Seine Kehle brauchte flüssiges Gold! Nikki seufzte und lief langsamer hinter Woolf den Main Highway entlang. Heute zog sich die Strecke wie der Jakobsweg. Es war unerträglich schwül mit einer Luftfeuchtigkeit von 90 Prozent. Endlich, mit salzigen Spuren von Schweiß auf dem schwarzen Kleidchen, kam sie an der Bar des Kokosnuss Walk an. Woolf hatte Vorsprung und bereits sein erstes Corona geleert. Joe, der schwarz bezopfte Kellner von den Philippinen, öffnete gerade zwei weitere eisgekühlte Coronas. Er stopfte den unvermeidlichen Limonenschnitz hinein und reichte sie dem Paar. „Welcome home. Friends!“ Grinste er breit. Erfreut kletterte die Rose auf den für sie zu hohen Barhocker. Dort thronte sie gleichermaßen gerettet und glücklich grinsend. Happy Hour! Zeit, die Seele baumeln zu lassen und die Sorgen zu ertränken. Mit der milden Abendstimmung zogen friedliche Gedanken in ihren unruhigen Geist. Sie verdrängte das Dilemma mit Armada und die ernsten Gründe ihrer Auseinandersetzung. Es musste doch einen legalen Weg geben, an Geld zu kommen und ihr Glück zu schützen. Joe lächelte sein mildes Lächeln und sah aus wie eine Mischung aus Winnetou und Buddha. Vielleicht wusste er eine Lösung? „Sag mal Joe, du als Gewächs der Groove: Hast Du eine Idee, wie mein werter Rockergemahl hier Karriere machen kann?“ „Hm. Let me think!“

Joe dachte nach. Man sah förmlich die Gedanken in seinem breiten bezopften Kopf toben. Sein sonnig simples Gemüt fand schnell die nächstliegende Lösung...

„Warum spielst du nicht in einem der vielen Nobelhotels? In Einkaufszentren?“, schlug er dem vor Selbstverliebtheit überbrodelnden Woolf vor. Hier im Kokosnuss Walk spielen permanent Bands. Demnächst Cheap Trick und der ehemalige Sänger von Regenbogen! Nikki nickte begeistert. Die hochtoupierte Haarpracht wippte mit. „Cheap Trick sind supercool! Insbesondere ihr Hit ‚The Flame‘! Und Regenbogen? Ich liiiiiiebe Regenbogen! ‚Stone Cold‘ ist der absolute Hammersong!“ Woolf gähnte gelangweilt. „Dieser mickrige Muskelprotz von Sänger ist ein peinlicher Poser! Der durfte mal in meinem Vorprogramm auftreten. Der war so was von lächerlich!“ Nikki schwante, dass es ganz genau anders herum gewesen war. Sie schwieg taktvoll. Liebe verlangte Loyalität! Woolf orderte ein neues Corona. Und einen Whiskey. Er pumpte sich auf in die Pose des Prahlhanses. „Ich tauge nicht zum Unterhaltungsmusiker! Ich spiele doch nicht IN EINEM TOURISTENBUNKER. ODER EINEM EINKAUFSZENTRUM! Ich brauche die große Bühne! Die Royal Albert Hall wäre angemessen! Im Monty's würde ich vielleicht eine Ausnahme machen! Alan, Cheers!“, begrüßte er den irischen Haudegen, der wie jeden Abend die Happy Hour ausnutzte. „Two whiskey on the rocks! Bourbon. Not Scotch!“ Er stieß sein Glas gegen das des Woolfs. „Cheers Alter! Auf die Millionen!“ „Apropos Millionen.“ In Woolfs Augen blitzten die Dollarzeichen auf. „Wie weit seid ihr mit dem Private Placement?“ Alan lächelte schwärmerisch und zwinkerte der Rose zu. „Das wird große Klasse. Deine Frau ist eine Marketing-Granate! Mit ihr machen wir Big Business und fette Beute!“

Woolf legte besitzergreifend den Arm um sie. „Darum liebe ich mein Kräbbchen ja auch so sehr! Sie macht mich reich und berühmt!“ Nikki lächelte geniert. „Wir sind dabei, den Business Case schönzurechnen!“, berichtete sie bescheiden. „Doch bevor wir damit weitermachen können, müssen wir aus den USA ausreisen!“, erwähnte sie errötend. Ihre schüchterne Seite brauchte noch Training im Umgang mit Komplimenten. Auch schämte sie sich der Brisanz ihrer Situation. Das war kein Happy-Hour-Thema! Sie griff nach ihrem Corona und verschluckte sich an dem Limonenschnitz. Er hing in ihrem Hals fest. Sie bekam keine Luft mehr. Woolf machte den Retter. Während sie rosenrot anlief, haute er ihr heftig auf den Rücken. Schwubs. Sie spie das saure Früchtchen aus. Joe gab eine gute Zielscheibe ab. Das giftgrüne Gefährt traf ihn. Mitten ins Gesicht. Doch dem indianischen Buddha war nichts anzumerken. Er klaubte den vertrockneten Limonenschnitz von seiner braunen Backe und warf ihn in den Müll. Er tat, als habe er nichts bemerkt. „Wann müsst ihr denn raus?“, fragte er. Nikki blickte stirnrunzelnd auf die MegaO. „Nächstes Wochenende. Die Zeit rast!“ „Ich kann euch ein charmantes Hotel auf Curacao empfehlen!“ Nikki lächelte sehnsüchtig. Südsee-Insel, Strand, Flitterwochen. BLUE CURACAO! Das war genau das, wonach ihre Seele dürstete. Doch konnten sie sich den Spaß leisten?“ „Kostet nur ein paar Mille. Ist doch nicht mehr als ein Appel und ein Ei für euch Musikmillionäre!“, bemerkte Joe, der das glamouröse Paar nach der Diskussion ums Big Business erst recht für gut betucht hielt. Ihre Kleidung und ihr Auftritt ließen keinen Zweifel an ihrer Solvenz. Und wenn Woolf es nicht mal nötig hatte, sich auf das Niveau von Cheap Trick zu begeben, um am Kokosnuss Walk zu musizieren, dann war er wohl wirklich der große Zampano, den er gab. Woolf grinste. „Man sollte haben, wohin man geht!“, postulierte er und stopfte sich eine fette Zigarre ins Iggy-Pop-Gebiss. Nikki zückte ihren Füllfederhalter von Mystar. „Wie heißt das Hotel? Webadresse?“ Joe nahm ihr den grazilen Füller aus der Hand und schrieb mit quietschender Feder ein unleserliches Gekrakel auf eine Serviette. Die Rose kniff die Augen zusammen. „Will heißen?" „Klein Amsterdam!" „Was für ein seltsamer Name". Sie notierte ihn in gestochen scharfer Schnörkelschrift auf ihrer Serviette. Amsterdam in der Karibik. Das klang geil! Woolf war Feuer und Flamme. „Kräbbchen. Da fliegen wir hin. Schließlich hatten wir noch gar keine Flitterwochen!" Mit diesem Argument war Nikki verführbar. Eine Ehe ohne Flitterwochen. Stand die nicht unter einem schlechten Omen? Konnte die gut gehen? Andererseits... „Ist nicht unser gesamter Aufenthalt hier eine einzige andauernde Flitterwoche?" fragte die Rose.

Das war ein drastischer Dämpfer für den Woolf, der sich bereits im Ferienparadies sah. Er warf ihr einen verächtlichen Blick zu. „Kräbbchen. Wo bleibt dein freier Geist? Du hast doch noch keine fucking Sekunde Freizeit genossen, seit wir in Florida sind!" Da hatte er nicht Unrecht. Viel zu groß war ihre Sorge um die Zukunft und die Schatten der Vergangenheit, als dass die Rose loslassen könnte. Sie blickte nachdenklich in den Himmel, in den die Nacht einzog. Woolf legte seine Hand auf ihre. „Kräbbchen. Auch DU hast es verdient, einmal auszuruhen. Die Seele baumeln zu lassen. Das Füllhorn der Karibik zu genießen!" Sie gab sich den Verführungen seiner Worte hin und sah sich. Hingegossen auf einer Sonnenliege. Blue Curacao schlürfend. Ihr Lieblingsbuch in der Hand. Das Knurren ihres Magens lenkte von der paradiesischen Vorstellung ab. Apropos Füllhorn. Die Rose hatte ein Loch im Bauch. Es war bereits 20 Uhr, die Happy Hour lange vorbei. Und noch nichts außer Flüssignahrung. Dazu das sportliche Sexprogramm des Tages, das ihr noch in den Knochen saß. Sie lächelte einvernehmlich. „Chéri. Du hast Recht. Das Leben ist zu kurz, es nicht zu genießen. Wir fliegen in die Flitterwochen! Und jetzt: Lass uns fein dinieren gehen und darauf anstoßen!" Woolf blickte begeistert. Endlich war sein Mädchen wieder so, wie er sie liebte:

frei, frech und frohsinnig! Sie hatte dieses „Was kostet die Welt Grinsen" bei dem der breite Mund beide Ohren besuchte. Sie kicherte mit einer Stimme so hell wie Glocken. Ihr Gesicht strahlte so glücklich, dass jede Sorge dieser Welt von ihr abprallte. Das Portemonnaie ihres Herzens war prall gefüllt, voll Liebe und Goodwill. In dieser Stimmung konnte man alles von ihr haben. Woolf witterte fette Beute. Vielleicht gab es ja doch noch eine Chance auf sein Wunschmenü? „Au ja. Auf den Italiener in der Groove habe ich so richtig Bock! Geile Pizza und rassiges Rotes!" Er hatte die sexy Hexe nicht vergessen. Die Schmach der Impotenz konnte er auch unmöglich auf sich sitzen lassen! Nach rotem Wein, roten Haaren und rassigem Sex stand ihm der Sinn. Und zuvor als Stärkung: eine riesige Pizza Hawaii. Der perfekte Vorgeschmack auf die Flitterwochen auf Curacao... Die Rose zog das Portemonnaie aus der Handtasche. Es war schon wieder erschreckend schmal. Unglaublich, wie schnell die Geldscheine daraus verschwanden. Das Strahlen auf ihrem Glücksgesicht wurde blasser. Die Sorgen stiegen in ihr hoch. Saurer als der Limonenschnitz. Sie bekam eine böse Vorahnung. Die personifizierte Versuchung erschien vor ihrem geistigen Auge. Lucy, die Hilfskellnerin. Der Name war so wenig Zufall wie der des Kätzchens. Sie sah die Hilfskellnerin vor sich mit ihrer roten Mähne wie ein brennender Vorhang. Sie sah vor ihrem inneren Auge, wie ihre gierigen Klauen mit den falschen Fingernägeln nach dem Gemächt ihres Geliebten klaubten. Nikki schüttelte sich und die Schreckensvision ab. Woolf eilte bereits voraus. Die plötzliche Energie, mit der er aufsprang und auf die Straße spurtete war bezeichnend. Sie folgte wacklig auf unsicheren Beinen. Es fühlte sich an, als liefe sie auf Gummi. Verloren in düsteren Gedanken verlor sie den Weg aus dem Blick und landete mit dem Absatz auf einem kleinen Kieselstein. Ein Blitz ging durch ihre zarten Knöchel. In Sekundenschnelle knickte sie um und landete auf dem Trottoir. Mit hochrotem Gesicht richtete sie sich schnell wieder auf. Hoffentlich hatte niemand ihren Niedergang bemerkt. Beherzt lief sie weiter, als wäre nichts gewesen. Die blutigen Handflächen und den Riss im Netzstrumpf ignorierend kam sie mit einiger Verspätung im Ristorante an.

Woolf war im Speed eines Marathonläufers auf sein Ziel zugeeilt. Er hatte Hunger! Seine Rose würde schon nachkommen. Das Klackklackklackklack verriet, sie folgte ihm. Er vernahm auch das Aussetzen der Absätze und den Knall auf den Beton. Keine Zeit für Rücksicht. Sein Tunnelblick war aufs Ziel fixiert. Das war rothaarig und vollbusig. Vielleicht schaffte er es noch, der Lusthexe seine Handynummer zuzustecken oder ein Rendezvous für einen Fick zwischendurch zu vereinbaren... oder... sogar einen Quickie? Sein erigiertes Glied pochte schmerzhaft in der engen Jeans. Er gab Vollgas.

Voll unguter Vorahnung erreichte Nikki schließlich die rot-weiß karierten Tische des kleinen Italieners. Einem Eifersuchtsdrama fühlte sie sich nach den Gefühlsstürmen der letzten Tage nicht gewappnet. Die Luft duftete sündig und süß nach den verführerischen Genüssen reifer Tomaten und würzigem Knoblauch. Nikki schnupperte Versuchung. Vielleicht sollte sie sich doch einmal eine pikante Pasta „Frutti di Mare“ gönnen, statt im üblichen Salat mit Meeresfrüchten zu stochern? An einem kerzenbeleuchteten Tisch saß Woolf mit dem Gesicht des Unschuldslamms seine Zigarre paffen. „O sole mio“ romantisierte die Gehörgänge. Die klebrig süßen Klänge versprachen sündigen Genuss. Die rothaarige Kellner-Hexe schlich sich erneut in ihren Sinn. Die Rose blickte sich um und peilte die Lage. Ihr detektivisches Gespür schwenkte die weiße Fahne. Gefahr gebannt. Von der sexy Sirene fehlte jede Spur. An den anderen Tischen saßen ein paar Amerikaner die im Pasta- und Pizzaparadies schwelgten. Der korpulente Patron des Restaurants lief trällernd von Gast zu Gast. Die prall gefüllte Trommel unter seiner Küchenschürze war ein gut gefüllter Rucksack seiner Kochkünste. Ein Zeichen, dass ihm das eigene Essen schmeckte! Sie sank an die Seite des Woolfs der höflich aufsprang und ihr galant den Stuhl zurechtrückte. Der Gastro-Gott schlenderte an ihren Tisch und reichte der Rose und dem hungrigen Woolf die Speisekarten. Dann begann er sein Gedicht der Verführungen des Tages aufzusagen. „NebenderKarte habenwirheute: TagiatellemitSteinpilzen. CarpacciomitTrüffeln: den weißen. Direkt aus Alba eingeflogen. Er hielt ihnen einen duftenden Korb voll aromatischer Knollen vor die Nase. BurratamitParmaschinkenundStrauchtomaten.TortellonimitSpinachiund-Mozzarella. TagliatvomRinderfiletaufSteinpilzrisotto. FiletvomWagyuauf Gänseleberangetrüffeltem Kartoffelpüree. FilettovomTonnomitSenfsoße. DuettvongegrilltemOktopusmitJakobs-muscheln. Als Nachtisch: Tiramisu. Zabaione. Käsekuchen.“ Nikki schlug seufzend die Augen gen Himmel. Ihre Diät: Trennkost, kein Fleisch & keine Kohlenhydrate war im „Picollo Palermo“ schwer einzuhalten. Die leichten Klassiker der mediterranen Küche fehlten bei der Aufzählung. Vom Vorstellen der Kalorienbomben alleine fühlte sich die ernährungsbewusste Rose schon Kilos schwerer. Der Verbrauch an Butter und Sahne klang gesetzeswidrig. Woolfs Iggy-Pop-Gebiss grinste breit. Er war dünn wie ein Hering und sorgte sich nicht um seine Fasson. Sie erhob sich erschöpft von den vielen Versuchungen vom Tisch. Schon das Zuhören hatte sie satt und schläfrig gemacht. Sie lächelte entschuldigend. „Thank you. We think about it!“ Und schwebte zur Toilette, um sich dort vom Corona zu erleichtern. Das schaffte Platz im Magen. Danach fühlte sie sich etwas entspannter. Sie trat am Padrone vorbei und fragte im Vorbeistöckeln scheinbar leichtherzig: „Wo ist denn Ihre Kellnerin heute?“ „Solo mio!“, grinste der Padrone und bleckte seine Zähne voller Speisereste. „Montag freie Tag!“

Jetzt war endgültig Entwarnung angesagt. Im doppelten Sinn erleichtert setzte die Rose sich zu ihrem Kavalier. Dort suchte sie das Menü nach möglichst kohlenhydratfreien und kalorienleichten Köstlichkeiten ab. Doch hier standen nur die üblichen Pizza- und Pastakreationen nebst Burger und Sandwich-Varianten. Sie spulte den Monolog der Tageskarte vor ihrem Gedächtnis ab. Dann bestellte sie mit sinnlichem Seufzen den Padrone an den Tisch. „Ready to order!“ Ein bisschen Sünde war nicht zu vermeiden. Die Genießerin in ihr strahlte, während sie orderte. Als Vorspeise gönnte sie sich Burrata con Pomodori. Diese besonders cremige Variante von Büffelmozzarella war kein leichtes, aber ein sehr deliziöses Kehlen-Delikt. Woolf orderte Carpaccio con Tartuffi. Natürlich. Die teuren weißen. Dann statt der geplanten Pizza Hawaii das sechsfach teurere Filet vom Wagyu-Rind. Nikki entschied sich für den gegrillten Tonno. Aber auf Tomatensalat. Ohne Sättigungsbeilage noch Sahnesoße. Dazu eine Flasche Sauvignon Blanc. „Für mich eine Flasche St. EineMillion!“, vollendete Woolf die Bestellung. Die Kasse in Nikkis Kopf ratterte lautstark. Doch man konnte sich nicht ständig kasteien! Statt Besorgnis stand Beglückung auf der Speisekarte. Ihre Kreditkarte würde schon aushalten! Sie ignorierte die alarmierenden Gedanken und ließ sich in den Genussmodus sinken. Das Leben war schließlich zu kurz, es nicht zu zelebrieren! Unter dem lauschigen Dach des Tropenhimmels genossen Nikki und Woolf ihr aphrodisierendes Dinner. Ihre sinnesfreudigen Seelen sangen endlich wieder denselben Song auf die Liebe und das Leben. Sie ertränkten ihre Entzweiung in Romantik. Sie verdrängte die Sorgen um Geschäft, Geld, seine grenzenlose Gier. Er seinen Frust über ihr bürgerliches Bedenken-Betragen. Ihre gestrenge Geschäftsfrauen-Attitude. Das Versagen seiner Manneskraft bei der sexy Kellnerin. Diese Büchse würde er schon noch öffnen! Sie war ja nicht Pandora. Hey! Er war der King of Rock! Es gab kein Limit in seinem Leben. Doch für den Moment sah er sich seinem Kräbbchen gegenübersitzen. Das leuchtete lieblich und gab ihm das Gefühl, der beste Mann der Welt zu sein. Er nahm ihre Hand und streichelte sie zärtlich. So saßen sie. Genießend unter dem Himmelsdach. Ein schönes Paar mit einer grandiosen Zukunft.

Woolf malte die Freuden der Flitterwochen aus. Nikki lauschte hingerissen. Mit geöffnetem Himbeermund leckte sie sich die Lippen. „Sexy!" Woolf legte ihr die Hand in den Schoß. Er verführte sie immer und immer wieder. „Kräbbchen. Zwei Wochen Sonne. Strand. Curacao. Nur du und ich und Sex satt! Das wird das Paradies!" Sie kräuselte das Näschen. „Schon. Aber woher nehmen, wenn nicht stehlen?" Ihr Restverstand wehrte sich. Noch. Doch Woolf wusste nur zu gut, wie er seine Rose verführen konnte. ***„Fuck Florida! Wir plündern die Firmenkasse! Das Leben ist zu kurz es nicht zu genießen!"*** „Rock, Rock, Rocking the paradise!", sang er rau. In das Dach aus Sternen über ihren Köpfen. In ihr betörtes Gehör. Dieser Song brachte sie stets zum Dahinschmelzen. Zuversicht in die Zukunft gewann wie so oft über ihr abenteuerlustiges Herz. Sie kannte keine leeren Gläser. Sie gab sich der Versuchung hin. Gefühle sind stärker als die Vernunft! Ihr gewiefter Geist fand sowieso eine rationale Rechtfertigung. „Naja. Geld ausgeben müssen wir hier genauso!" Sie räkelte sich sexy und trank ein weiteres Glas Sauvignon Blanc. Der Konflikt zwischen Vernunft und Wunschvorstellung war bereits entschieden. Die zwei Seelen in ihrer Brust stritten nur noch halbherzig. Die Vision der Strandnixe und Sexgöttin siegte haushoch gegen die der Betriebswirtin im Büro. Die Rosesah sich bereits im Paradies. Am Strand räkeln. Blue Curacao nippen. Der Liebe und Sinnlichkeit frönen. Die Gendarmin, die letzte Geldreserven zählte und Berge von Akten bearbeitete, löste sich in Luft auf. Sie grinste spitzbübisch. Resignierend hob sie die nackten Schultern. Der straffe Busen ragte stolz und spitz aus dem Dekolleté hervor. Was sein soll, sollte sein. Die 20.000 Dollar auf dem Firmenkonto hatte sie zwar nicht anrühren wollen. Die Berge von Arbeit waren dringend zu bewältigen. Aber war es nicht viel wichtiger, ihre Ehe zu retten, die drohende Entfremdung vom Woolf aufzuhalten?

Man lebte nur einmal und die Lust gewann über die Pflicht. Ihr Grinsen wurde frech. „Jetzt ist Zeit für anderen Genuss!“ Sie bewegte ihren Hintern verführerisch über die sinnliche Ausbeulung. Woolf klatschte ihr auf die nackten Pobacken. „Kräbbchen. Du Stück! Du willst es nicht anders! Komm! Ficken!“ Sie kicherte verschämt und verrucht zugleich. Eine sinnliche Auszeit auf Curacao war genau das, was ihr Herz begehrte! Die Vorstellung davon war verheißungsvoll. Endlich sahen die Wolken über der Groove wieder rosa aus. „Curacao. Wir kommen!“ Woolf klang kriegerisch. Er ballte die Faust in die Luft und orderte die Rechnung. Sie kletterte von seinem verführerischen Schoß! Erst Bezahlung. Dann das Vergnügen! Das Schmuckkästchen aus schwarzem Holz erweckte einen teuren Eindruck. Er schob es der Rose entgegen. Die erblasste angesichts des Inhalts. 400 Dollar! Das war definitiv keine Diätmahlzeit gewesen. Sie resignierte und zückte die Kreditkarte. Florida war wahrlich verflucht teuer! Und die Firmenkasse war eine begrenzte Ressource! Doch Woolf verscheuchte die bedrohenden Gedanken. „Kräbbchen! Du hast schon wieder diesen besorgten Blick! Don’t worry! Ich bin die Bank! Meine Mucke ist Millionen wert! Ich mache uns schon noch reich!“ Er ergriff ihre Hand. Und steckte sie mit seiner Euphorie an. Geteiltes Hochgefühl katapultierte sie in gemeinsame Luftschlösser, die ein Donald Trumpf nicht höher hätte bauen können. Sie unterschrieb die Rechnung und steckte die tapfere Kreditkarte ein. Er zog sie ungestüm vom Stuhl. „Meine Rose! Schau! Ein Armee von Sternschnuppen!“ Tatsächlich erhellte ein wildes Wetterleuchten den Himmel über der Groove. Er glich einem funkelnden Versprechen. Wie hätten die Rose und der Woolf dies NICHT auf sich beziehen können?

Glückstrunken schlenderten sie unter dem funkensprühenden Himmel zurück zum Haus. Woolf eilte in die Küche. Die Flitterwochen mussten mit Champagner begossen werden. Die Rose erinnerte sich an ihre

Ersatzmutterpflicht und suchte das Haus nach dem kleinen Kitten ab. „Mietzmietzmietz", lockte sie. „Luzy. Wo steckst du? Dinner Time!" Das Kätzchen saß auf seinem Stammplatz im Kamin und miaute herzergreifend. Als es Nikki entdeckte, stürzte es sich gleich einer Furie auf deren verlockende Fußzehen und haute ihre spitzen Zähne in die Netzstrümpfe. Ein scharfer Schmerz fuhr der Rose in den Fuß. Die teuren Strümpfe von Wohlfind waren endgültig hinüber! „Luzy. No!", wehrte sie sich und versuchte das Fellknäuel wegzukicken. Doch das hatte sich gleich einer Zecke in sie verbissen. Sie zog mit dem Kätzchen gleich einer Fußfessel ins Büro. „Klein Amsterdam / Curacao" gab sie auf Guckle in ihren Laptop ein. In Sekundenschnelle erschien das Flitterwochen-Paradies auf dem Bildschirm. Prompt war Woolf zur Stelle. „Pling!" Er stieß sein Champagnerglas gegen das ihre. „Auf eine glückliche Auszeit! Die haben wir uns verdient!" Sie drückte auf Buchung und gab seufzend die Nummer der bislang unbenutzten Firmenkreditkarte ein. Woolf, der endlich einen Ausweg aus der Stagnation der Gegenwart sah, schnappte sich seine Ovation-Gitarre. „Kräbbchen. Komm. Ich habe eine Soundidee!" Er zog sie in den Tropengarten und entlockte der Gitarre entspannte Töne. Erneut spielte er die Melodie von Knockin' on Heaven's Door mit dem neuen Text. „Chill, Chill, Chillin' out in Kokosnuss Groove!" Nikki fand das Plagiat zu platt. Doch sie kuschelte sich in die milde Luft und ließ sich von der Lagerfeuerromantik mittragen. Das Plätschern des Pools. Das Leuchten der Sterne. Das Flimmern des Himmels. Der wildherzige Gemahl, der ihr ein Liebeslied kredenzte. Klopften sie nicht wirklich an die Himmelspforte? Gelandet in ihrem ganz persönlichen Paradies? Im Private Heaven? Dieses Glücksempfinden konnte ihr niemand nehmen... War das nicht mehr wert als die fucking Firmenkasse?

Der Dude von Minsk und Miami

Die restliche Woche verflog förmlich. Schon war es Freitag. Samstagfrüh ging ihr Flieger gen Curacao. Die Flitterwochen auf Blue Curacao standen unmittelbar bevor. „Fuck you Florida! Wir erobern die Karibik!" Woolf schwebte auf Wolke sieben und stellte sich den perfekten Piratenlook zusammen, während die Rose wie stets die Arbeit hatte. In ihrem Büro türmten sich die Unterlagen. In seinem Studio die Piratenklamotten. Weißes Hemd. Schwarze Weste. Schwarze Chinos. Stulpenstiefel. Roter Kummerbund. Eine Kette aus Haifischzähnen um den Hals. Statt Hut eine schnieke Kappe auf dem Kopf. Mit aufgesticktem Totenkopf aus Strassovski-Steinen. Die Augenbinde nahm Nikki ihm umgehend ab. „Jetzt übertreibst du aber!" Sein Narzissmus war selbst der eitlen Rose ein Rätsel. Woolfs Selbstsucht war bemerkenswert. Sie arbeitete emsig daran, das Private Placement voranzutreiben. Er machte einen auf König der Karibik! Und er hatte endlich wieder ein neues Selbstbild. „Johnny der Depp ist ein Waisenknabe gegen mich! Den schnupfe ich. Vor dem Frühstück! Ohne Salz! Curacao: Ich komme!" Begeistert bewunderte er sich im Spiegel. „Wenn du sonst keine Sorgen hast?" Was für ein Poser! Nikki flüchtete in ihr Büro. Von nix kommt nix. Sie war fest entschlossen, ihre Existenz in Florida zum Erfolg zu gestalten. Soeben versendete sie Woolfs Werk an sämtliche Radiostationen des Kontinents und darüber hinaus. Irgendwo auf dieser Welt musste man Woolfs Mucke doch zu schätzen wissen? Tatsächlich. Es erreichte Nikki eine E-Mail-Nachricht aus: MINSK. In Weißrussland schätzte man seine Musik. Der Betreiber eines privaten Musiksenders äußerte sich löblich über Woolfs bittere Ballade. „Over the pain". Ein Song über eine Liebe, die im Desaster endete. Eine von unzähligen in seinem Leben! Und doch: endlich mal eine gute Nachricht. Sie stürmte ins Studio, um Woolf die frohe Botschaft zu verkünden. Er strahlte wie eine Glühbirne, die nach einem endlosen Stromausfall endlich wieder Energie bekommt. Woolf packte die Rose und stürmte mit ihr im Piratenpolka durch das geräumige Haus. Dann stellte er sie auf dem Küchenboden ab. Nikki sank auf ihren Stammstuhl und wurde sogleich wieder attackiert. Luzy sprang auf sie und traktierte sie mit Milchtritt. Woolf spurtete zum Kühlschrank. Seine Kehle war durstig. „Ein echter Pirat muss ordentlich was trinken!“

„Hey! First we take Minsk, then we take Miami. Then we conquer the world! Kräbbchen. Das müssen wir feiern! Komm! Heute ist den ganzen Tag HAPPY HOUR!“ Woolf frohlockte und schluckte sein Corona in einem Zuge. Nikki nippte ladylike an ihrer Flasche und lächelte hoffnungsvoll. Minsk war nicht ganz das Zentrum der Welt. Aber immerhin ein Startpunkt! Sie streichelte das getigerte graue Wollknäuel, das im Lauf der Woche deutlich strammer geworden war. Das kleine Kätzchen war mittlerweile voll auf sie fixiert. Sämtliche Kleider der Rose zeigten Fäden von den immer schärfer werdenden Krallen. Woolf in seiner „Ich habe einen Hit in Minsk“-Euphorie interessierte sich herzlich wenig für das Tier. Doch seine Piratenverkleidung und die Überschwänglichkeit mit der er vor der Rose hin und her tanzte, machte dem Tier Angst. Die kleine Katze identifizierte Woolf als Feind. Sie sprang dem König der Meere mit ausgefahrenen Krallen mitten ins Gesicht. Dort hinterließ sie blutende Risse. Genau dort, wo die alten gerade am verheilen waren. Woolfs Augen verengten sich beängstigend. Er reagierte rasant und griff dem Angreifer an die grau getigerte Kehle. „Du Teufel! Wagst es deinen Ernährer anzugreifen. Na warte. Das ist dein Ende!“ Er spurtete zur offenen Küchentür holte weit aus und schleuderte das verängstigte Tier wie einen Fußball aus Fell mitten in den Pool. Das Kätzchen konnte nicht schwimmen und jaulte herzzerreißend. Es strampelte wild. Doch so verzweifelt es sich auch wehrte, das Wasser zog es herunter auf seinen Grund. Körper und Kopf gingen unter und hinterließen ein grausames Glucksen. Aber die Kleine war zäh. Das ruhige Wasser wurde in Wellen wach. Dann erschienen zwei winzige Pfötchen. Wie Propeller strampelten sie. Dann kam das triefend nasse dreieckige Katzengesicht an die Oberfläche. Mit einem grazilen Sprung und einem teuflischem Kreischen sprang Luzy aus dem Pool in den Palmengarten und rannte um ihr Leben. Vor Woolf davon, der ihr nachsetzte. Doch die Kleine war zu schnell. Nikki lächelte erleichtert. Katzen hatten ja bekanntlich sieben Leben. Doch der Blick auf Woolf war beunruhigend. Er war wieder einmal die Personifizierung der Wut. Pure Mordlust sprach aus ihm. Er murmelte Flüche, die sie weder verstehen konnte noch wollte. ***„Diese Katze ist der Teufel!“***, fauchte er. „Ich mache sie fertig!“ Nikki schluckte. Es machte ihr mächtig Angst, wenn aus ihrem geliebten Mann auf einmal ein aggressives Nervenbündel wurde. Seine Verwandlungen waren so plötzlich wie ihr unverständlich. In der einen Sekunde war er so zahm wie ein Lamm. In der nächsten wurde er zum rasenden Werwolf. Sie beobachtete ihn bangen Blicks und verkroch sich auf ihrem Stuhl. Das war definitiv nicht der richtige Zeitpunkt ihn anzusprechen... Er hatte ein neues Feindbild: das kleine Kätzchen. „Das ist eine Ausgeburt des Teufels! Ich werde sie ausräuchern!“ Er raste Flüche ausspeiend durchs Haus und zündete überall Runen und Kerzen an, die von der Schwefelhochzeit noch übrig waren. Böse Geister waren bei ihm an der falschen Adresse! Die schnupfte er. Vor dem Frühstück. Ohne Salz. Als das Haus einer Räucherhöhle glich, war er zufrieden. Er tigerte zum Kühlschrank und gönnte sich ein weiteres Corona. ***„IHR WISST ALLE NICHT, MIT WEM IHR ES ZU TUN HABT!“***

Jetzt war es aber endgültig an der Zeit, seinen Hit in Minsk zu feiern! „Kräbbchen! Komm! Auf zu Enterpreis! Wir mischen Miami auf!“ Nikki nickte resigniert. Eigentlich hatte sie Berge von Arbeit erledigen wollen. Doch in diesem Zustand war mit Woolf nicht zu diskutieren. Woolf war schon wieder bei den Schilderungen von seinem Schloss im Ozean, das er für sie bauen würde. Sie runzelte das Näschen. Je höher ein Schloss, umso tiefer konnte es einstürzen. Ein Kartenhaus ohne solide Basis war den Stürmen des Schicksals nicht gewappnet. Natürlich war sie glücklich und stolz auf seinen ersten Erfolg. „Ein einziges Airplay in Minsk zahlt leider nicht die Miete", wagte sie jedoch einzuwenden. Woolf funkelte sie frech an. Er fuhr ihr mit den Nikotinfingern über die rote Schnute. „Shut up, Röslein. Wir sind auf dem Stairway to Heaven. Ich lasse mich nicht stoppen. Von nichts und niemandem. Und schon gar nicht von dir!"

Sie äußerte weitere Bedenken. „Woolf. Unsere Mittel sind am Limit. Wir müssen das Budget im Auge behalten! Vernunft walten lassen." Doch seine Ohren hörten spätestens seit seinem Hörsturz nur noch was sie wollten. Sein durstiges Herz kannte keine Begrenzungen! „Budget? Vernunft? Was willst du Spießerin mir damit sagen? Hier geht es nicht um Kleingeld! David Coverversion hatte sechs Millionen Schulden, bevor er seinen Hit landete mit ‚Here I go again!' Nerv mich nicht mit deinem geizigen Geist! Mach mit. Oder ich ziehe das Ding alleine durch!" Widerstrebend ließ sie sich mitziehen. Bei Enterpreis begrüßte man sie mit gierigem Grinsen. Die Autovermietung hatte bereits ein Vermögen an ihnen verdient! Gequält legte sie ihre Kreditkarte auf den Tresen. Ein knallroter Firebird war das Gefährt Woolfs Wahl. „Keep on rocking in a free world!" Neil Youngs knarzende Stimme dröhnte aus den Böse-Boxen. Woolf sang lauthals mit. Das war es, was er vom Leben wollte! Rocking in a free world! Einmal alles. Ohne Rechnung! Er raste nach Downtown. Sah die Stoppschilder nicht, die den Weg säumten. Ignorierte die zarten Hinweise der Rose, deren Stimme gegen Neil Young auf voller Lautstärke keine Chance hatte. Er stoppte den Firebird mit quietschenden Reifen. Die Babes mit den Möpsen aus Silicon Valley die auf Inlineskates den Ocean Drive entlang fuhren, blickten begehrlich auf den wilden Rocker in dem schicken roten Schlitten. Woolf entstieg dem Gefährt so breitbeinig, als hätte er einen Hocker dazwischen. Im Gehen zündete er sich eine gigantische Zigarre an. Er war der Dude von Minsk & Miami. Gleich noch ein Hit manifestierte sich in seinen Gedanken. Er tanzte torkelnd auf das News Café zu. Das war der perfekte Ort zum Sehen und Gesehen werden. Woolfs Seele dürstete nach Anerkennung und Drinks. Die Rose folgte ihm mit schamvoll errötetem Gesicht in einigen Metern Sicherheitsabstand. Nach dem Motto: „Ich gehöre nicht dazu..."

Im legendären News Café roch es nach Bier und Burger. Rockmusik dröhnte durch das Lokal. Die chillenden Gäste schnatterten wie die Gänse auf der Stange. Zumeist geistloses Zeug. In dieser Kultbar ging es nicht ums Sehen und Gesehen werden. Auch nicht ums Reden oder Zuhören. Allein ums Abhängen. Nikki und Woolf setzten sich an die eichene Holzbar. Das unvermeidliche Corona vor der Nase. Sie tranken sich durch die Runden. Woolf wurde mit jedem Drink selbstbewusster. Er machte sich an den Barkeeper ran. „Ey Alter. Was spielst du denn für eine SCHEISSE? Ich zeig Dir mal MEINE MUCKE! Ich hab sogar einen Nummer-Eins-Hit in Minsk!" Nikki seufzte beschämt. Dass sein Song einmal gespielt worden war, machte lange noch keinen Nummer-Eins-Hit. Doch sie schwieg still und ließ ihren Angeber angeben. Er warf dem Kellner seine CD entgegen. Der fing sie auf und schmiss sie in die Anlage. Die leicht blecherne Musikkonserve ertönte. Woolfs harte Rockröhre schallte durch den Raum. „I am over the pain." Die sentimentale Rockballade stieß auf Gefallen. Die Trinkgesellschaft klopfte jovial auf die Theke als der Song endete. Woolf wurde zum Sitzriesen. Er sonnte sich in der Anerkennung seiner frischen Fans und grinste großkotzig. „Hey. I am a rock star. This song is number one in Minsk!", erzählte er jedem und jeder. Ob sie es hören wollten oder nicht. Nikki blickte zur Decke und ignorierte seine Peinlichkeit.

Eine kleine feminine Fangemeinde gruppierte sich um Woolf. Die Anziehung der Musiker auf liebessüchtige Weiber war unbestreitbar. Die raue Rockballade weckte das Mitgefühl der Damenwelt. „Welche Frau hat dir das Herz gebrochen? Ich mache alles wieder gut!" Der Versuchung, die verletzte Seele eines Machomanns mit weichem Kern zu trösten, war kaum zu widerstehen. Die „Leidender Mann"-Masche war derperfekte Büchsenöffner. Die Rose hingegen beäugten die Bewunderinnen des Woolfs mit offensivem Misstrauen. Bestimmt würde auch sie sein Herz brechen. Arrogant wie sie auf dem Barhocker thronte und die Augen zum Himmel schlug, statt sich für ihn zu freuen! Die Verehrung der Frauen war Zucker für die Seele des gefallsüchtigen Woolf. Angesichts der weiblichen Bewunderung wurde er zum personifizierten Charmebolzen. Ganz der Rockstar schmiss er eine Happy-Hour-Runde nach der nächsten. Die Rose ignorierte er intensiv. Sie entspannte sich in amüsierter Beobachtung des Schauspiels. Zumindest glänzte Woolfs Fangemeinde weder mit Geist noch Grazie! Die mittlerweile deutlich betrunkenen Babes waren eindeutig über dem Limit. Lautes Lallen übertönte seine Musik. Sie fielen förmlich über ihn her. Das wurde selbst dem aufgeplusterten Hahn im Woolf zu viel. Seine Rose, die stilvoll und ladylike den Barhocker schmückte, erschien ihm begehrenswerter denn je. Sie war ein anderes Kaliber. Keine Frage. Seine Frau war von Format. Enerviert erwehrte er sich der Flirtattacken des Frauen-Fanclubs. Zeit, ihnen zu zeigen, dass er vergeben war! „Cheers to my beautiful wife!", rief er in die Runde. Passend zu den Tönen von „Welcome Home". Trunken lauschte die Fangemeinde im News Café dem Song. Mit dem Finale „Welcome home to the most lucky man in this wooooorld" klatschte es Applaus. „You sound like Elton John with balls!", verbrüderte sich der Barkeeper, dem die Drinks förmlich aus der Hand gerissen wurden, mit seinem prominenten Gast. Woolf verbeugte sich geschmeichelt. Jetzt hatte er sein Publikum im Sack. „Another round for all!"

Dann zeigte er auf die Rose. „This song is devoted to my wife. The love of my life. The most beautiful woman in the world! Nikki Rose!“ Die Barbesetzung musterte die zierliche Rose mit der hohen Haartolle nun mit Neugier. Offensichtlich war sie etwas ganz Besonderes, wenn sie es schaffte, sich einen solch heißen Rocker zu angeln! Nikki lächelte geschmeichelt. Auch sie war ein Opfer der Gefallsucht. Stolz erfüllte ihr Herz. Woolfs Wirkung war beachtlich. Vielleicht war er ja wirklich ein verkannter König des Rock? Allen Unkenrufen von Freunden, Familie und Feinden zum Trotz? Oder etwa doch nicht? Ihr Verstand war voller Fragen! Die Grenze zwischen Gut und Böse war schmal. Wer und was war Woolf? Scharlatan oder Künstler? Edelmann oder Arschloch? Musiker oder Spinner? Mister Right? Oder doch Mister Totally Wrong? Seit sie ihn zum ersten Mal erblickt hatte, stellte sie sich diese Fragen. Kämpfte ihr verliebtes Herz gegen den verwirrten Verstand. ***Katapultierte ihre Liebe zu Woolf sie ins Glück oder zog er sie in seinen Abgrund?*** Nikki bekam Kopfschmerzen vom zu vielen Denken. Eine massive Migräne attackierte ihre Schläfen. Sie brauchte einen Moment für sich. Nix wie aufs Frauenklo. Elegant stieg sie vom Sitz. Und stolzierte klackklackklack, konzentriert nicht zu schwanken, zum Damen-WC. Sie ignorierte die Kakerlaken, die überall durchs Holz krochen. Die bewundernden „Ahs und Ohs“ der männlichen Schürzenjäger. Kritisch besah sie sich im Spiegel. Zu ihrer Verwunderung strahlte sie. Das Glück in ihrem Antlitz war nicht zu bezweifeln. Ihre Liebe war wahr. Alles andere musste sich zeigen. „The answer my friend is blowing in the wind“ tönte es nun aus den Boxen. Woolfs Starstunde war wohl vorbei. Aber Hey. SIE hatte dem Woolf heute zu seiner ersten Veröffentlichung verholfen. Ihr gemeinsamer Lebensweg war der zum Erfolg. Egal wie steinig er auch werden würde. Sie lächelte ihrem Spiegelbild aufmunternd zu. „Cheers Nikki Rose! Du schaffst das!“ Jetzt fühlte sie sich gewappnet an die Seite ihres magischen Musikers zurückzukehren. Aber erst noch etwas Beton Hair! „Zisch zisch!“ Sie sprühte die Tolle felsenfest. „München, Miami, Curacao, die Frisur sitzt" grinste sie und nahm im Stiletto-Stakkato Angriff auf ihren geliebten Gemahl.

Die Fanfrauen beäugten sie nun mit einer Mischung aus Misstrauen und Bewunderung. Woolf hatte mit ihrer Marketing-Karriere geprahlt. Nun sahen sie sie in einem anderen Licht! Bei genauer Betrachtung sah man die Stärke in ihrem Blick unter der hohen Hochzeitsfrisur und über dem Audrey-Hepburn-Outfit. Auch ihr Körper zeugte von Disziplin. Die leichte Küche und die viele Gymnastik manifestierten sich in ihrer schlanken und doch sinnlichen Silhouette. Das kleine Kleidchen betonte den straffen Busen sowie die schmale Taille und umschmeichelte die schön geformten Beine. Nun blickten sie auf Woolf, der seine Rose begeistert umarmte und auf den Hochsitz des Barhockers hob. Die Burger und French Fries blieben ihnen förmlich im Hals stecken. Wie die meisten Frauen vermuteten sie in jeder Geschlechtsgenossin die Konkurrentin. Doch als sie sahen, wie sich das verliebte Paar mit den Augen verschlang, waren ihre Bedenken gegessen. Das musste Liebe sein! Die Intensität, mit der sich ihre glänzenden Augen vereinten, konnte nicht lügen... Nun spendierten SIE eine Runde. „Cheers to the lovely couple!" Nikki sank beglückt und beruhigt in Woolfs Arme. Das aggressive Summen der weiblichen Wespen war verstimmt. Statt „Oh! Amy Weinhaus." „Who does she think she is?" „Look at her shoes!" „The strange dress out of the twenties!" „The beehive she wears on her head!" erklangen die Komplimente wie Glocken. „What a beautiful hairdo!" „Those shoes are amazing! How can you walk in them?" „What a lovely dress! Where did you buy it?" Am liebsten hätten die Frauen sie als Stylistin engagiert. Nun war es an Woolf, stolz auf seine Rose zu sein. Er umarmte sie so heftig, dass sie fast vom Stuhl kippte. Sein Kuss senkte sich in liebevoller Leidenschaft auf ihre Erdbeerlippen.

Als er sie schließlich freigab, zierte eine Spur aus erdbeerfarbenem Lippenstift die ohnehin rosigen Wangen der Rose. Nachdem glasklar war, dass der King of Rock fest vergeben und nicht zu haben war, löste sich der Frauenfanclub langsam auf. Aber welcher Rockstar war schon treu? Einige besonders liebeshungrige Amazonen steckten dem Kellner versteckte Liebesbotschaften zur dezenten Weiterleitung an Woolf entgegen. Lippenstiftküsse. Telefonnummern. Liebesversprechen. „Für den Woolf!" Dieser orderte währenddessen eine Flasche Rosé Champagner. Für sich und sein Kräbbchen. Sein Herz war trunken und er sah die Zukunft so rosarot wie die erblühende Rose an seiner Seite. Schon morgen würden sie Flitterwochen auf Curacao zelebrieren. Dann würden sie mit seiner Musik und ihrem Marketing-Genie fett Kohle machen! Das Leben war ein Fest und es sollte noch besser werden! Strahlender Optimismus berauschte seine liebestolle Seele, während er sich in süffigen Zukunftsvisionen suhlte. Der Tag glitt im weichgezeichneten Rausch in die Nacht hinüber und seine Rose wie so oft in den Schlaf der Gerechten mit Köpfchen auf dem Tresen.

Als sie aufwachte, fand sie Woolf mit dem Barkeeper im Whiskey- und Joint-Glück vereint. Ihr Blick suchte und fand die MegaO. Es war später Abend. Sie waren seit Stunden im News Café. Das Essen hatten sie durch Trinken ersetzt. Ihr Magen knurrte bösartig und gepackt hatten sie auch noch nicht. Der Koffer der Pflicht rief zum täglichen Tragen. Nikki richtete sich auf und fand kaum ihre Stimme zurück. Der Zug der Klimaanlage hatte ihr eine krächzende Stimme und mörderische Halsschmerzen beschert. Und das ausgerechnet vor den Flitterwochen... „Kellner. Zahlen!", kam es krächzend aus ihrer Kehle. Der Barkeeper hielt ihr die beängstigend lange Quittung sowie einen kleinen Haufen mit Liebesbotschaften an den Woolf entgegen. Selbst ein offenbar benutztes Höschen befand sich darin. „What is all this?", fragte Nikki alarmiert. Der Barkeeper zuckte die Schultern. Woolf ebenfalls. Er hatte die Orientierung verloren. Die Rose verwandelte sich zur Geschäftsfrau. Bei aller Großzügigkeit: Über den Tisch ziehen ließ sie sich nicht! Sie wimmelte den Stapel an Liebesbotschaften aus der verschwitzten Hand des Kellners ab. „You can keep them!" Dann blickte sie stirnrunzelnd: „Das kann ich so nicht nachvollziehen. Präsentieren Sie mir eine ordentliche Rechnung." Dazu war der Cocktailknecht heute nicht mehr in der Lage! Er schüttelte betört den Kopf. Nikki nickte entschieden. „Woolf. Komm. Wir zahlen nächstes Mal!" Sie zog ihren berauschten Rocker entschieden vom Barhocker. Er hatte deutlich zu viel getankt! Schweren Schrittes torkelte er von ihr gestützt und gezogen zum Ausgang. Sie manövrierte ihn mühsam auf der von Palmen gesäumten Straße zum Auto und klaubte die Schlüssel aus seiner schwarzen Röhrenjeans. Sie war so eng wie eine zweite Haut. Es dauerte Minuten, bis sie den Autoschlüssel befreit hatte. Dann zog sie seinen betrunkenen Körper in den Firebird.

Der Leihwagen hatte im Gegensatz zu ihnen nicht Erfrischung sondern Erhitzung erfahren und machte seinem Namen alle Ehre. Im Inneren des Fahrzeugs herrschten locker 50 Grad Celsius. Nikki verbrannte sich den nackten Popo an den brennenden Ledersitzen. Woolf war über Gut und Böse hinweg. Er ließ sich berauscht auf den Beifahrersitz bugsieren und sank sofort in den Tiefschlaf. Nikki Rose klemmte sich hinter das Steuer und stellte das Navigationssystem an. Auch ihr Orientierungssinn brauchte Verstärkung. Sie zündete den Motor. Ohrenbetäubende Musik erklang. „Keep on rocking in a free world!" Neil Young röhrte erneut aus den bösen Boxen und lärmte mit dem Motor um die Wette. Das scharfe Rasseln aus Woolfs schnarchender Kehle begleitete den Lärm. Nikki stellte die Musik auf einen erträglichen Lautstärkepegel, warf das hochtoupierte Köpfchen nach hinten und gab Gas. Mehr oder weniger souverän, mit leichten Schlangenlinien, manövrierte sie das Gefährt zurück zu Enterpreis. Von dort orderte sie ein Yellow Cab zum Fresh Market. Es war spät und der Happy-Hour-Trinktag verlangte nach solider Basis. Die mütterliche Seite ihrer Seele frohlockte. Sie würde für einen famosen Abend zu Hause sorgen! Sie ließ Woolf seinen Rausch im Taxi ausschlafen und küsste ihn liebevoll auf die Stirn, während sie in den Fresh Market sprintete. Dort erstand sie die Zutaten für ein leichtes Liebesmahl. Büffelmozzarella, aromatische Rispentomaten, frisches Basilikum, zwei Hummerhälften, Rucolasalat. Noch immer hielt die Kreditkarte Stand. Die hilfreichen Tütenpacker des Fresh Markets brachten die Tüten ins Taxi. Minuten später waren sie zu Hause. Nikki schloss das Tor auf und bugsierte Woolf auf sein schwarzes Ledersofa in der Lounge. Dann machte sich ans Werk. Sie bereitete das delikate Dinner. Während sie in der Küche herumwirbelte, hielt sie nach dem kleinen Kätzchen Ausschau. Sie öffnete sämtliche Fenster und Türen und verteilte Schälchen mit der extra erstandenen Milch um das Anwesen. Doch es war und blieb still. Die Katze war wie vom Erdboden verschwunden.

Nikki richtete das Abendmahl kunstvoll auf den wellenförmigen Tellern von Willeroy & Koch an und stellte sie zum Warmhalten in den Backofen. Dann weckte sie den Woolf aus seinem All-Day-Happy-Hour-Rausch. Der Anblick der Rose katapultierte ihn aus seinem süßen Traum von Sex mit der Rothaarhexe in die Wirklichkeit. Die war nicht minder verführerisch. Seine Rose leuchtete förmlich vor Feuer. Das Gesicht war erhitzt. Sie verströmte einen süchtig machenden Duft nach Hummer und Shalimar. Der Blick ihrer grünen Augen war voll von Liebe und Zärtlichkeit. „Komm her du Stück!“ Woolf war nach dem geilen Traum nach schnellem Sex.

Doch die Rose hüpfte hektisch vom Sofa. „Das Essen wird kalt!“ Gestreng zog sie das Kleidchen gerade und stürmte in die Küche. Schnell die Teller aus dem Backofen holen, bevor der Hummer zu hart wurde! Woolf schlurfte in die Küche. Sie hielt ihm den Wein entgegen. Er kippte ihn lässig in den Dekanter und nahm am kerzenbeleuchteten Tisch im Mondschein Platz. Sie servierte den wie ein Kunstwerk angerichteten Hummer. In die orangefarbenen, mit Parmesan gratinierten Scheren hatte sie jeweils eine dunkelrote und eine weiße Rosenblüte gesteckt. Das Auge aß schließlich mit... Den Insalata Caprese gab es der späten Zeit geschuldet als Beilage. „Lass es dir schmecken. Für meinen Geliebten soll es immer nur das Beste geben"! Pling pling! „Auf die Flitterwochen!"„Kräbbchen. Köstlich." Der Hummer war ganz nach dem Geschmack von Woolf. Nach dem köstlichen Mahl warf er befriedet und beglückt die Serviette auf den leergegessenen Teller. Liebe ging bekanntlich durch den Magen. Er schmolz vor Glücksempfinden, das sich satt und warm in seinem Magen sammelte. „Kräbbchen. Hmmmmm! Deine Kochkunst ist das pure Aphrodisiakum!" In einem Anfall aus Einsicht gestand er. „Verzeih, wenn ich manchmal so ein Arschloch bin. Ich gelobe Besserung!" Nikki seufzte besänftigt. Seine Selbsterkenntnis war entwaffnend. Schnell änderte sie ihren Plan. Statt packen lieber eine DVD und morgen früher aufstehen! Schnell stellte sie das Geschirr in die Spülmaschine und zog den Geliebten auf den Liebessessel. Die Flitterwochen mussten angemessen eingeleitet werden.

Ein Gesetz für den Arsch

„My love is like a storybook story. But it's as real as the feelings I feel." Die bluesige Stimme von Willy der Wilde erfüllte den Raum mit Romantik. Sein legendäres Berlin-Konzert flimmerte vom Beamer während Nikki und Woolf auf dem Liebessessel kuschelten. Sie genossen den Sound und liebkosten sich dabei lustvoll. Poch Poch Poch! Plötzlich klopfte es dumpf und drohend an die hölzerne Haustür. Nikki schrak aus den beschützenden Armen des Woolfs. „Wer wagt es, so spät noch an unsere Tür zu klopfen?" Er reagierte blitzschnell und befreite seine Finger aus dem Höschen der Rose. Griff zur Fernbedienung und drückte auf stumm. Der Liebessessel kippte um. Er sprang in die Höhe, rannte in die Küche und schnappte sich das schärfste Sushi-Messer. Damit näherte er sich der schweren Tür an der das dumpfe Klopfen keinen Einhalt gewährte. Bums Bums Bums! Das Hämmern hallte herrisch durch das Haus. Nikki blickte ängstlich. Diese späte Störung fühlte sich bedrohlich an! Sie zog ihr Kleid zurecht und das Höschen hoch. Stellte den Sessel zurück und setzte sich in Positur.

„Wer ist da?", rief Woolf durch die schwere Holztür, das Sushi-Messer einsatzbereit in der Hand. „Sheriff Stone!", dröhnte eine sonore Stimme durch die Tür. Woolf richtete sich zu seiner vollen Größe von einem Meter achtzig auf. Er spannte seinen asketischen Körper wie er es beim Karatekampfsport gelernt hatte. Dann öffnete er langsam die Tür. Das Sushi-Messer versteckte er hinter seinem Rücken. Eine grobschlächtige, in Uniform gekleidete Gestalt mit einem Gesicht, das zum Schlagen und Schläge einstecken bestimmt schien, trat ins Wohnzimmer. Die schwarze Sonnenbrille bei Nachtzeit und die vor der Brust verschränkten muskulösen Arme machten keinen vertrauenserweckenden Eindruck. „What do you want from us so late at night? This is RUHESTÖRUNG!", ereiferte sich Woolf. Nikki nickte bestätigend mit dem Kopf, dass ihre Tolle wippte.

Sheriff Stone grinste schmierig und sah sich unverhohlen neugierig im Raum um. „Ich vertrete den Schuldner eures Vermieters! George Lasstanzen hat noch keine einzige Rate seines Darlehens abgezahlt. Gemäß amerikanischem Gesetz kann ich EUCH, seine Mieter, auf die Straße setzen. Es sei denn IHR zahlt die Kohle!“ Nikki wurde schwindelig. Woolf wütend. „Du spinnst wohl! Raus aus MEINEM Haus! Das Gesetz hier ist doch für den Arsch! Wir lassen uns von diesem FUCKING FLORIDA nicht länger abzocken!!! Du militantes Arschloch! Verschwinde von meinem Anwesen! Oder ich mache von meinem Waffenrecht Gebrauch!“ Nikki runzelte die Stirn. Oh je. Hoffentlich ging Woolf jetzt nicht noch mit dem Sushi-Messer auf den Gesetzeshüter los! Sheriff Stone ignorierte Woolfs verbale Attacke. Er hatte die Rose erblickt. Mit Weibern war in der Regel einfacher zu verhandeln. Er trat einen Schritt auf sie zu. In der Sekunde fuchtelte Woolf mit dem Sushi-Messer vor ihm herum. Dieser Hänfling wollte es nicht anders. Mit einem kräftigen Schlag hieb er ihm, nicht unelegant trotz seines kolossalen Körpers, das Messer aus der Hand. Dann nahm er Woolf in den Schwitzkasten. „So geht man nicht mit dem Hüter des Gesetzes um! Entschuldige dich oder ich nehme dich mit aufs Revier!“ Woolf röchelte und lief rot an. Die Rose intervenierte. „Selbst in Florida dürfte es gegen das Gesetz sein, unschuldige Staatsbürger zu würgen!“ Mit einem enttäuschten Seufzer ließ der Bad Cop den Woolf los. Der sank auf das Sofa und rieb sich seinen Hals. Nun übernahm Nikki das Kommando. „Wo ist denn ihr schriftliches Statement?“ Sheriff Stone holte ein verknülltes, gelbliches Papier aus der Tasche seiner Uniform hervor. Nikki setzte sich zu Woolf auf die Coach und bot dem Cop den Love Seat an. Der Fleischkoloss nahm Platz. Die Rose las den Schrieb mit krächzender Kehle vor. Doch das Amtsgeschreibsel auf Amerikanisch wollte sich ihr nicht erklären. „We speak with our lawyer about this!“, entschied sie. Das kam ihr alles sehr spanisch vor. „Erst mal nicht aufregen!", entschied sie. Woolf sprintete in die Küche, um sich ein Corona zu holen. Das brauchte er auf den Schrecken. „Want one too?", fragte er den Eindringling. Zu Nikkis Verwunderung bestätigte der. „Yep. Ist Ende meiner Schicht. Ein Corona geht!" Nun versuchte Woolf mit seiner üblichen Anschleimtaktik,den Bullen für sich zu gewinnen. „Ey man. Das geht doch gar nicht dieses Gesetz. Können wir da nichts gegen machen?" Der zuckte die Schultern. „Sorry man. Ich hab das Gesetz nicht gemacht!"

Nun hatte Nikki eindeutig genug von dem Störenfried der Nacht. Er war ja doch nur der Botschafter einer Regel, die er nicht machte. Sie blickte ostentativ auf ihre MegaO. „Sorry sir. We are tired and have a plane to catch tomorrow! I think you better go now! You will hear from our lawyer!" Der Fleischkoloss erhob sich mühsam. „Nix für Ungut Miss Rose and Mister Woolf! Good Night! I do not make the rules. It's my job to push them! If you find a way to break them... good luck!" Kaum war die Tür hinter ihm zugeschlagen, schnappte Woolf sich den gelben Wisch, zündete ihn an und hielt das brennende Schriftstück in den Kamin. Mit einem lauten Quietschen sprang die kleine Katze vor den Flammen davon und sprintete von dannen gen Palmengarten. In einem Haus mit dem Woolf hielt sie nichts mehr. Nikki kam zurück in den Wohnraum und zu spät, um zu protestieren. Ihre Blase hatte nach Leerung verlangt nach der Aufregung. „Damit hast du jetzt unseren Beweis vernichtet. Sehr bescheuert. Ich hätte den sofort an Stefan Schwenk gefaxt!" Woolf blickte wütend. „Du schon wieder mit deinem bescheuerten Herta-Wurst-Vertreter. Deinem vorauseilenden Gehorsam! Das Gesetz ist für den Arsch und ich lasse mich nicht des Hauses vertreiben!" Er spurtete in die Küche und holte sich Johnnie Walker. Nach diesem Auftritt verlangte ihm nach stärkerer Medizin!

Gegenüber im Haus von Ross, dem Anwalt der Straße, begann das Tuscheln. „Was machte denn der Sheriff bei den beiden Deutschen?" Schnell machte die Nachricht die Runde durch die Straße, dass in dem roten Hexenhaus der Bayview Road 3619 etwas nicht mit rechten Dingen zuging. Wetten wurden abgeschlossen, wie lange es das Paar wohl noch in dem Haus aushalten würde. Auch hörte man immer häufiger lautstarke Streitgeräusche zwischen dem Paar. Eben gerade wieder bebten die Wände vor lautem Wutgeschrei. Ein kleines Kätzchen galoppierte verängstigt aus dem Garten auf die Straße. Jil mit ihrem Porsche Kaschemme konnte gerade noch ausweichen. Es bröckelte hinter der schönen Fassade... Nach einem zermürbenden Wortgefecht mit Woolf flüchtete die Rose sich ins Bett und kuschelte sich tröstend in die Kissen. Die Vorzeichen standen nicht gut! Man wollte sie ihres gerade erst bezogenen Hauses vertreiben. Geldeinnahmen Null. Geldausgaben Viertelmillionen. Ihr geliebter Gemahl wurde immer öfter zum Arschloch. Selbst das kleine Kätzchen hatte das Weite gesucht. Und morgen flogen sie auf Kosten des geplünderten Firmenkontos in die Flitterwochen... Sie kreuzte die Hände und betete zum Himmel. „Lieber Gott, wenn es dich gibt. Mach, dass das gut geht!" Dann schlief sie tief und fest ein. Woolf währenddessen trank die Whiskeyflasche leer und blickte verzweifelt auf die Sternenkarte der Astrologie. Irgendwann musste sein Trail of Tears doch ein Ende haben?

Der Morgen des Grauens

Der Sound des Blackberrys erweckte die Rose aus dem tiefen Schlaf der Gerechten. Apropos! Gerechtigkeit war angesagt! Sie musste dringend herausfinden, was es mit dem gestrigen Überfall des bösen Bullen und dem angeblichen Gesetz auf sich hatte. Sie versuchte, sich aus dem Bett zu schälen. Doch sie war gefangen in den Armen und Beinen des noch im Tiefschlaf befindlichen Woolfs. Er hatte spät in der Nacht und vom Whiskey betrunken den Liebessessel gegen das Bett eingetauscht und sich liebessüchtig auf die schlafende Rose gelegt. Sie befreite sich mühsam und sputete in ihr Büro. Dort notierte sie mit spitzer Feder ihres Mystar-Füllfederhalters den Namen und das Revier von Sheriff Stone. Datum, Uhrzeit, Vorgang und Wortlaut der Auseinandersetzung. Der Gesetzeswisch war im Kamin zu feiner Asche verbrannt. Wie würde es weitergehen? Hatte der zwielichtige Sheriff Stone am Ende sogar Recht? Konnte er sie aus dem Haus verweisen, weil George Lasstanzen seine Zahlungen nicht leistete? „Fucking Florida!“ Wenig ladylike fluchend suchte Nikki sich durch Stapel von Ordnern und klaubte die Kopien sämtlicher Mietüberweisungen zusammen. Anachronistischer Weise zahlte man hier noch per Scheck. Doch ihre Buchführung war akribisch! Sie würde die Ungerechtigkeit der Miet-und Mortgage-Affäre nicht auf sich sitzen lassen! Mit flinken Fingern wählte sie die Telefonnummer von Ross, dem Anwalt auf der anderen Straßenseite. „Hi Ross. Did you sleep well? Sorry to disturb you so early! We have a serious problem!“ Der Anwalt hüstelte peinlich berührt. Vor lauter Nachdenken über den Woolf, seine Rose und was da wohl im Argen lag, hatte er in der Nacht keinen Schlaf finden können. Justament als er endlich kurz eingedöst war, schellte ihn das Telefon aus dem Schlaf. Die Rose. Es gab bekanntlich keine Zufälle. Ross war ein aufrechter Mensch, der es als seine Aufgabe ansah, seinen Mitmenschen zu helfen. Er räusperte sich, um seine Stimme zu wecken. „Frau Rose. Ich sah gestern den Sheriff bei Ihnen! Wo liegt Ihr seriöses Problem?“ Nun hüstelte die Rose.

Sie konnte kaum noch sprechen. Blöde Klimaanlage im News Café! Sie räusperte sich und krächzte los. „Also ob das Problem ein seriöses ist, wage ich zu bezweifeln. Die wollen uns aus dem Haus werfen, weil George, unser Vermieter, seine Mortgage nicht zahlt! Ist das rechtens?" Anwälte haben nun leider ihren eigenen Jargon und selten präzise Antworten. „Es kommt darauf an...", äußerte sich Ross und ratterte eine Litanei an rechtlichen Klauseln, ifs and whens, hinunter. Nikki schaltete die Ohren und den Verstand ab. Das Letzte, was sie hörte, war seine Abschlussbemerkung: „Ich fordere das verbrannte Schriftstück vom Gericht an, prüfe es und komme auf euch zurück. Machen Sie sich aber darauf gefasst, dass Sie das Haus früher oder später räumen müssen. Warum kaufen Sie es nicht einfach?" Nikki Rose zuckte zusammen. Woher nehmen, wenn nicht stehlen? Ach, wenn doch endlich ein Wunder geschehen würde... Sie bedankte sich bei Ross und legte den Hörer auf. Da schlurfte der leidlich lädierte Woolf in ihr Büro. „Was machst du hier?" Vorwurfsvoll blickte er sie aus versoffenen Augen an. „Was ich hier mache? Das ist MEIN Büro!" Die schlechte Nachricht und der vorwurfsvolle Ton von Woolf machten die Rose rasend. Konnte der Kerl sie nicht einfach eine Lösung finden lassen? Er kümmerte sich doch auch sonst um NICHTS! „Ich habe mit Ross, dem Anwalt, telefoniert. Lass mich bitte weiterrecherchieren. Du kannst ja in der Zwischenzeit deine Karten legen!" Sie bugsierte ihn aus ihrem heiligen Raum.

Dann nahm sie erneut den Hörer auf. Kitty konnte sicher helfen! Schließlich hatte sie ihr das Haus vermittelt. „Hi Kitty. How are you doing?", flötete sie, um Zuversicht bemüht, in den Hörer. „Honey, how can I help?" Die fettleibige Maklerin hatte einen Narren an der Rose gefressen. Sie hörte sich die Story an. Dann seufzte sie lautstark und mitleidsvoll. „Ross is right! They can REALLY throw you out." Das war nicht, was Nikki hören wollte. „So what to do?" Kathys Antwort war enttäuschend. „Belege der Mietüberweisungen sammeln und an George Lasstanzen schicken mit der Aufforderung, umgehend die Mortgage zu zahlen. Sonst: Drohung mit Auszug!“ „Aber wir wollen nicht ausziehen!“, stellte die Rose mit einem dramatischen Ton der Verzweiflung klar. „Honey. Er wird nicht wollen, dass Ihr auszieht, denn dann kriegt er eine Zeit lang nicht mal mehr die Miete! Relax und vertraue ins Schicksal!“ Den Rat hätte sie sich auch selbst geben können. Nichts fiel der Rose im Moment schwerer als dies. Nun noch ihre letzte Hoffnung. Sie wählte die Nummer von Stefan Schwenk. Der hörte sich ihr Problem an und seufzte schwer. „Nun. Nikki. Das klingt nicht gut. Ihr braucht den besten Spezialanwalt. Ich kann euch den besorgen. Allerdings für eine Vorkasse von 10.000 Dollar!“ Nikki schluckte mit schmerzender Kehle. „Danke, Stefan. Ich versuche das erst einmal anders zu lösen. Wir sind nun erst einmal zwei Wochen in den Flitterwochen. Ich melde mich dann!“ Mit der Leere der Hoffnungslosigkeit im Blick legte sie den Hörer auf und verließ ihr Büro, das sie sicherheitshalber absperrte, damit Woolf es nicht vollaschte, während sie sich ins Packen stürzte. Doch die Sorge war unbegründet. Woolf war schon wieder over the Verstand und hämmerte wie wild auf dem Klavier herum.

Die Töne, die er dem Steinweg-Konzertflügel entlockte, waren brachial und bösartig. Die Melodie, die Woolf in die Tasten hämmerte, war „Hells Bells“. Dazu shoutete er sirenenartig wie ein zweiter Bon Scotch Sein Frühstück: der restliche Whiskey. Nikki verzog die Augen gen Himmel. In welcher Hölle war sie gelandet??? Wie stets in Momenten der Verzweiflung bemühte sie sich um einen klaren Kopf und blickte auf ihre getreue MegaO. Die signalisierte: Höchste Eisenbahn! Nur noch drei Stunden. Dann ging ihr Flieger gen Curacao. Sie sprang ins Schlafgemach und warf ihre Lieblingskleider in den Koffer. Einen Haufen High-Heel-Sandaletten. Schwarze, weiße und rote Spitzenwäsche und Netzstrümpfe. Sechs

Bücher. Den I-Pool. Baby-Böse-Boxen. Im Bad sammelte sie zwei Taschen Kosmetik zusammen. Damit war ihr Reisegepäck fertig. Nun galt es, Mister Maniac einzusammeln. Mit klopfendem Herzen schlich sie auf Zehenspitzen ins Wohnzimmer. Woolf malträtierte den Steinweg-Flügel mittlerweile mit dem Sushi-Messer. Das Schicksal war dabei, ihm seinen Traum zu stehlen!

Er musste sich wehren! Alles Böse um ihn herum vernichten! Da spürte er ein vorsichtiges Tippen auf den Rücken. „Woolf! Beruhige dich und packe deine sieben Sachen. Wir müssen los! Curacao Calling!“ Doch Woolf war unzurechnungsfähig vor Wut. Sein Gesicht war grau wie Asche, die Gitarrendrahtlocken standen elektrisiert in die Höhe. Der Blick aus seinen Augen war blutunterlaufen und: eindeutig irre. Er schrie wilde Flüche in die Luft. Drehte sich um und richtete das Sushi-Messer auf SIE! „DU BIST SCHULD! DU GÖNNST MIR DAS GLÜCK NICHT! DEIN IRRER ALTER HAT UNS VERFLUCHT! UND DIE KATZE, DIE WAR SEIN KOMPAGNON! WENN ICH SIE FINDE IST SIE DES TODES!“ Wie immer fand er seinen Sündenbock für den von ihm angerichteten Schlamassel. Nikki überkam ein Schwall von Vorwürfen. „Warum nur musste er auf einem Leben in Miami bestehen und sie von ihrer einträglichen Position bei Armada in München ins Fucking Florida entführen? Warum um alles in der Welt konnte er sich keinen Job suchen? Endlich etwas zu ihrem Leben beitragen? Wo waren denn seine zwanzig Millionen? Seine Nummer-Eins-Hits?“ Doch sie schwieg denn seine Seele war in tiefste Stockwerke abgetaucht. Sie durfte ihn auf keinen Fall weiter reizen. Zärtlich tätschelte sie seinen Hals und schmiegte sich an ihn. „Schatz. Das wird schon alles. Wir finden unseren Weg. Jetzt komm! Die Flitterwochen rufen!“

Doch Woolf war in seinem Zustand der wahnsinnigen Wut nicht zu beruhigen. Hass war sein Katalysator, um seine Ängste zu bekämpfen. Er riss sich von der Berührung der Rose los und stupste sie hinfort. Dann stach er mit dem Sushi-Messer systematisch auf seinen Steinweg-Flügel ein. Das blöde Teil war ja sowieso nur ein B. Plötzlich ertönte ein fürchterliches Geräusch aus dem Piano. Es klang wie das Kreischen eines wilden Tieres. Verzerrt und diabolisch. Als käme es mitten aus der Hölle. Im selben Moment sprang die nicht mehr wiederzuerkennende Katze aus dem Klavierkasten. Ihr dreieckiges Gesicht sah nicht mehr süß aus. Sondern beängstigend. Die grinsende Fratze war teuflisch. Das grau getigerte Fell stand elektrisiert ab, als hätte es in die Steckdose gelangt. Die Augen funkelten unheimlich. Sie sprang mit einem Satz mitten in das Antlitz des Woolfs. Ihre Krallen gruben sich in das bereits zerfurchte Gesicht. Sie saugte sich daran fest. Trat im nicht mehr milchigen Schritt mit ihren scharfen Krallen in seine ausgetrocknete Pergamenthaut. Woolf brüllte vor Wut. Er zerrte das durchgedrehte Tier von seinem Gesicht und drückte ihm die Kehle zu. Einundzwanzig. Zweiundzwanzig.. Sechsundsechzig. Endlose Sekunden später zappelte das Wesen im Todeskampf. Schließlich, mit einem unschönen „Knack"-Geräusch, brach sein Genick. Woolf ließ den Leichnam von Luzy mit Abscheu in den Augen in seinem Arm hängen. „Jetzt habt IHR mich gezwungen, die Grenze zu überschreiten!", flüsterte er nun ebenfalls krächzend. Die Rose starrte verängstigt auf die unheimliche Szene. Woolf stand wie ein schwarzer Schatten mit dem Todesopfer im Raum. Die Überreste der Katze baumelten an seinem Arm wie ein Skalp oder sonstiges Kriegsopfer. Es herrschte tödliche Stille. Dann legte er das Kriegsopfer mit feierlicher Geste in den Kamin! Und kniete absurderweise nieder. „Geh, woher du gekommen bist!", flüsterte er mit unheimlicher Grabesstimme. Nun hielt er ein überdimensioniertes Zigarrenstreichholz in den Kamin und zündete den Kadaver am Schwanz an. „Harharharharhar! **THE DEVIL HAS LANDED!**" hallte es durch den Raum. Die Flammen tobten und fraßen, was ihnen vorgesetzt wurde. Ein wahres Höllenfeuer entflammte im Kamin. Woolf blickte wie hypnotisiert in die rotglühende Pracht. Nikki zog sich voll Entsetzen in die Küche zurück. Ihre Beine schienen aus Gummi während sie mit purem Grauen im Blick an den Küchentisch sank. Jetzt brauchte sie Monsieur Sauvignon Blanc als Retter in der Not. Mit langsamen Schlucken betäubte sie das Grauen in ihrer Seele angesichts des Gesehenen. Sinnierend starrte sie ins Nichts. Dieser Augenblick des Grauens hatte sich für immer in ihr Herz gebrannt. Wie der Tod ihres geliebten Mannes. Heile Welt ade. Konnte sie jemals wieder fröhlich sein? Sie bettete ihr Gesicht auf die Arme. Auf dem Stuhl, auf dem Luzy sie so oft mit dem Milchtritt ihrer scharfen Tatzen getriezt hatte. Nun waren sie wohl wirklich von allen guten Geistern verlassen... Sie erwachte eine gefühlte Ewigkeit später, als Woolf wie ein schwarzer Schatten hinter sie trat. Schwer legte er ihr die Hand auf die Schulter. Und tätschelte sie – das kam selten bis nie vor – mit unverkennbarer Zärtlichkeit. Sie räkelte sich im Trost seiner Berührung. Dann blickte sie verstohlen auf die MegaO. Tatsächlich waren nur fünf Minuten vergangen, seit sie aus dem Wohnzimmer geflohen war. Woolf grinste fröhlich. Er war plötzlich wieder bester Laune. „Der habe ich's gegeben! Der Teufel ist nichts gegen mich! Harharhar!" Ein irres Lachen und er sputete zum Kühlschrank, dem er zwei eiskalte Coronas entnahm. „Prost mein Schatz. Es ist vorbei! Auf die Flitterwochen!" Nikki schüttelte den Kopf, als könne sie so das Grauen loswerden, das sie erblickt hatte. Ach, wenn sie das doch alles bloß geträumt hätte!

Eine Stunde später schien es tatsächlich so, als habe sie lediglich einen schlechten Traum gehabt. Woolf war in seinen besten Vernaschmich-Anzug gekleidet. Mit schneeweißem Hemd und gestärkten Kragen. Seine Haare waren weich gespült und glatt gekämmt. Die Mundwinkel verzogen sich nach oben zu einem strahlenden Lachen. Keine Spur von Katzenkrallen entstellte sein Gesicht mehr. Sie trat ins Wohnzimmer.

Dort standen beide Koffer. Reisebereit. Der Kamin war kalt und von Asche befreit. Lediglich am Steinweg fand sie eine Ecke, die Woolfs Sushi-Messer-Attacke zum Opfer gefallen war. Sie sah ihn prüfend an. Er zuckte unschuldig mit den Schultern. „Kräbbchen. Ich bin nun mal ein Rocker. Das muss so ein Instrument durchhalten! Nur die Harten kommen in den Garten!“ Bevor sie sich weiter wundern konnte, klingelte es an der Tür. James, der Butler stand mit weißem Smoking, schwarzer Fliege und einem blutroten Cadillac vor der Tür. Er verbeugte sich tief vor Woolf und der Rose. Das schneeweiße Uncle-Bens-Grinsen im ebenholzschwarzen Gesicht strahlte voll Herzlichkeit. Woolf nahm die Rose bei der Hand und geleitete sie auf den Rücksitz, während er vorne einstieg und sich – mit einem Seufzer der Erleichterung, als sei es die erste am heutigen Tag – eine Mannboro ansteckte. Diese sog er genüsslich ein. „Auf zum Airport!“, dirigierte er. Das Gefährt setzte sich mit leisen Reifen wie von selbst in Bewegung.

Curacao Calling

Die Rose döste wie stets im Flieger und gab sich Tagträumen von weißem Sandstrand, schönen Menschen und einem regenbogenfarbenen Himmel hin. Endstation Sehnsucht. Endstation Curacao. Irgendwie fühlte sich das passend an. Konnte sie nach der Katastrophe des Morgens tatsächlich die Flitterwochen genießen? Ja! Sie konnte! Und sie würde! Sie war fatalistisch entschlossen, die zwei Wochen auf „Blue Curacao“ zu genießen! Wie eine einzige anhaltende Blue Hour. Diese wunderbare Stunde, in der der Tag dem Abend die Hand reichte. Wenn der Friede und die Freude der Happy Hour die Hände der Zeit miteinander verband. Wenn es erlaubt war, zu träumen und seinen Fantasien zu frönen. Das Werk des Tages gemeistert war. Ihr I-Pool spielte „The Best of Times“ ihrer ultimativen Lieblingsband Styx. Ja, sie würde das Beste mitnehmen aus dieser verrückten Zeit und den Rest vergessen! Apropos. Sie blickte neben sich. Wo war nur schon wieder Woolf? Da erschien er, ganz großartiger Galant, wie gerufen mit einer Flasche Champagner, sogar Rosé, in der Hand. „Kräbbchen. Flitterwochen!“, begrüßte er sie strahlend und schenkte den Ruinhart-Rosé-Champagner in die Kelche aus Plastik. „Auf meine wundervolle Ehefrau!“ Nikki schluckte und trank einen köstlich kalten Schluck des prickelnden Getränks. Passend zum Anflug auf Curacao war die Flasche geleert. Polternd setzte das Flugzeug auf. Die Passagiere applaudierten. Eine peinliche bekannte Geste, die bewies, dass die Mehrzahl der Reisenden Fliegen immer noch für ein Wunder hielt. Nikki grinste, als auch Woolf sich als zu dieser Gruppe gehörend outete. Vor ihrer Bekanntschaft hatte er genau einmal in seinem Leben ein Flugzeug von innen gesehen. Als er sich bei Richie Schwarzmoor blamiert hatte und seine CD in dessen Lustgarten deponierte. Ohne Resonanz verstand sich. Tragisch. Dafür hatte er seine Frau bei der Geburt seines zweiten Sohnes alleine gelassen. Bevor die Gedanken der Rose in weitere philosophische

Gefilde abdrifteten, zog Woolf sie aus dem Sitz zum Ausgang. „Welcome to the Flitterwochen! Welcome to Paradise!" Hmmm. Da sagte sie nicht nein.

Sie verließen den winzigen Flieger über die kleine Treppe und betraten die Insel. Die Luft schien leichter und weniger schwül als in Florida zu sein. Fleißige, gut koordinierte braune Männchen trugen die Koffer aus dem Rumpf des Fliegers und luden sie in den bereitstehenden Bus. Alle hatten sie eine Melodie auf den lächelnden Lippen. Sie enterten die nicht gänzlich gnadenlos klimatisierte Flughalle, die eine Aura der Gelassenheit ausstrahlte. Nikkis feine Ohren erlauschten die Melodie von „Don't Worry, Be Happy". Das Mantra ihrer Flitterwochen? Wie stets übernahm die Rose das Anstehen am Schalter, während Woolf seine Lungen mit Rauch füllte. Sie suchte die Schalter nach dem mildesten Mitarbeiter aus und wurde fündig bei einer pfundigen Frau mit schwarzen Zöpfen. Sie lächelte mit den Augen. Ein seltenes Attribut beim Bodenpersonal. In Miami quasi nicht vorkommend. Prüfend blickte die Schalterfee Nikki ins Gesicht und auf die Haartolle. Dann auf den Reisepass. Der Stempel des Visums belegte eindeutig, dass jenes innerhalb der nächsten zwei Wochen ablief. Sie schaute auf den schnittigen Begleiter der Rose und nahm sich dessen Reisepass vor. Dasselbe Visum. Dieselbe Notwendigkeit einer schnellen Ausreise. Da musste sie nachhaken. „Why you come to Curacao?" Ihre lächelnden Augen verfinsterten sich. Es galt, Landesflucht aus den USA zu verhindern. Ziel war allzu oft, für illegalen Aufenthalt ein neues Visum für drei Monate zu ergattern. Sie als Schalterpersonal war in solchen suspekten Fällen angehalten, sofort einen Officer zu informieren. Doch die hübsche Frau mit der Turmfrisur lächelte gewinnend und zog einen Umschlag hervor. Eine Heiratsurkunde. „We are going on our honeymoon!", flötete sie und streichelte ihrem Begleiter mit einer liebevollen

Geste die indianerbraune Backe. Das weiche Herz der Schalterbeamtin schmolz dahin. Was für ein schönes Paar! „Congrats and have a wonderful honeymoon!“, grinste sie mit einem Strahlen in den Augen. Rums Rums. Der Stempel fuhr auf die beiden Reisepässe. Nikki und Woolf waren frei für die Flitterwochen! Und hatten eine neue Sicherheitszeit von drei Monaten! „Uff. Nochmal gut gegangen!“ Sie lachten wie kleine Kinder und liefen Händchen haltend durch die Stahltür. Wieder einmal waren sie der Gefahr entkommen und im Paradies gelandet. An einer Bude erstand Woolf das Nationalgetränk, zwei Blue Curacao, während Nikki die Koffer vom Band hievte. Kurz später saßen sie frisch verliebt im Taxi zur Residenz „Klein Amsterdam“. Die Ängste und Strapazen, den Wahnsinn der letzten Ereignisse verdrängten sie in die Vergangenheit. Sie lebten hier und jetzt!

Die Hotelanlage „Klein Amsterdam“ befand sich in der Hauptstadt der Insel. Nomen est Omen. Das Anwesen bestand aus einer Anhäufung von pittoresken Häusern, Restaurants und Kanälen. Holländer begrüßten sie auch umgehend am Eingang. Mit offenen Mündern gaffte ein Paar mit weißen Waden auf das glamouröse Hochzeitsreisepaar. Sie strahlten eine Aura von Glück und Verliebtheit aus. „Darf's ein bisschen mehr sein?“ hatte der liebe Gott den beiden offensichtlich angeboten und sie hatten den Zuschlag an Attraktivität und Lebenslust bestimmt nicht verneint... Der Holländer, Jan van Jaap war ein Business-Inkubator, der in diverse erfolgsversprechende Unternehmen und Unternehmer investierte. Hauptsächlich im einträglichen Pharmabereich. Er war fasziniert von den Beiden. „Guys. Who are you? You look vibrant. Like rock stars!“ Woolf grinste geschmeichelt. Endlich einer, der ihn verstand. „We are! I am the rock star and this is my wonderful manager and wife. Nikki Rose!“ „Hey. What kind of music do you make?“ Musik war wahrlich nicht nur ein Büchsenöffner sondern auch ein toller

Gesprächsöffner. Nun fühlte sich die Rose in ihrer Funktion als Woolfs Managerin ermutigt, ihre Einlage zu geben. „Sort of Elton John. But with balls!“ Sie lächelte geheimnisvoll. Das wirkte und machte neugierig. Die Holländer klatschten begeistert in die Hände. Wer liebte nicht Elton John? Jan roch eine spannende Investitionschance. „Guys! Shall we share our dinner and thoughts?“, schlug er vor. Nikki lächelte graziös. Immer die anderen kommen lassen, war ein wichtiges Gebot in diesem Business. „Vielleicht“, sagte sie und schaute in den leeren Kalender ihres Blackberrys, als sei er rappelvoll. Sie starrte konzentriert. Dann blickte sie lächelnd auf. „Well, we meet with Eric Clapperman in ten minutes. But we can have dinner at 8 pm.“ Ein bisschen Klotzen konnte nicht schaden. Auch hatte sie gelesen, dass Eric Clapperman in der Karibik lebte. Vielleicht lief er ihnen ja tatsächlich über den Weg? Ihre Bemerkung brachte die erwünschte Reaktion. Woolf grinste breit. Chapeau! Soviel Chuzpe hätte er ihr nach den verstörenden Ereignissen der letzten Zeit nicht zugetraut.

Jan van Jaap japste. „Eric Clapperman, I love that guy. You must introduce me to him!“ Nikki lächelte rätselhaft. „In case he has time I will try!“ Nun rief Jan seine liebgesichtige Frau mit der kräftigen Goulda-Figur zu sich. „Goldie. Lerne meine neuen Freunde kennen! Er ist erfolgreicher Musiker und sie seine Frau und Managerin. Stell Dir vor. Sie haben ein Date mit Eric Clapperman! Wir laden sie heute Abend zum Essen ein!“ Das Gesicht von Goldie erblühte in einem strahlenden Lächeln. „So schön, euch kennenzulernen! Ich freue mich auf das Dinner. 8 pm im Gourmet Restaurant?“ Nikki lächelte. Klappern gehörte zum Handwerk. Schön wenn es klappte. „With pleasure!“, flötete sie charmant. Dann wandte sie sich an die Rezeption zum Check-in. Woolf machte seinem Ruf als Rockstar alle Ehre. Er bestellte Schampus aufs Zimmer und winkte den beiden Holländern lässig zu. „See you later alligator!“ Dann baute er sich vor dem Empfang auf: „Hey. Haben Sie die Präsidenten-Suite für uns?“ Nikki hielt den Atem an. Die Suite kostete 9.000 Dollar die Nacht. Sie zupfte Woolf am Ärmel. „Bist du wahnsinnig geworden?“ „Kräbbchen. Entspann dich. Man sollte haben, wohin man geht.“ Zum Glück schüttelte der Rezeptionist bedauernd den Kopf. „Sorry Sir. This one is taken by Clapperman!“ Nikki hielt den Atem an. Es gab bekanntlich keine Zufälle. Unglaublich diese Fügung des Schicksals! Sie würde eine Audienz beim Gitarrenhelden erwirken. Sollte er sich Woolfs Musik Karriere annehmen, wären sie endlich auf der Siegerseite. Und ihre wildesten Träume würden wahr werden! Woolf strahlte wie ein Christbaum. „Siehst du Kräbbchen. Ich habe es dir doch gesagt!!! Alles wird gut!“ Sie zogen in ihre Junior-Suite. Nikki stürmte das Badezimmer. Der wichtigste Raum im Zimmer. Gott sei Dank. Darin befand sich eine Oval-Duo-Badewanne von Kaiserwanne. Sex im Schaumbad stand auf ihrem Wunschzettel. Sie ließ Wasser ein und gab ein duftendes Badetraummittel dazu. Woolf öffnete die neue Flasche Ruinhart-Rosé-Champagner, die sie am Empfang geordert hatten, um ihren Honeymoon einzuleiten. Nikki grinste genüsslich und ließ sich in das duftende Wasser sinken. „Komm her du Tiger!“, lockte sie Woolf, der mit einer deutlichen Erregung zu ihr stieg. Das Plätschern des Meeres wurde übertönt vom Schwappen des Wassers in der Wanne, während das Liebespaar die Flitterwochen zelebrierte. Nach der verheißungsvollen Einleitung gab Nikki sich der Schöpfung ihrer Haartracht hin. Woolf entschwand auf einen Spaziergang. Er wollte das Revier erkunden. Er wollte wissen, wo der Hase lang lief in Klein Amsterdam. Und: ob es sein Namensversprechen hielt. Seine Nase brauchte Nachschub! Diese Flitterwochen versprachen magisch zu werden. Das verlangte nach Verstärkung seiner Kreativität! Auf dem Rückweg zur Suite erblickte er am Marktplatz eine Graffitiwand mit dem schönen Spruch: „You can't get out of this life alive“. Wie wahr. Er beschloss: das würde sein erster

Nummer-Eins-Hit! Euphorisiert von der kräftigen Nase, die er gezogen hatte, und noch immer begeistert von seinem Sieg gegen den Teufel, den er in der kleinen Katze identifiziert hatte, nicht zu vergessen, den paar Coronas und den Whiskeys, die er sich schnell noch einverleibt hatte, kehrte er die angemessenen drei Stunden später, die seine Rose für ihr Schönheitsprogramm gefordert hatte, in die Suite zurück.

Happy Meal = Happy Deal?

Nikki kam gerade gestählt und verschönert aus dem Badezimmer. Die Zeit hatte sogar noch für ihr ausgiebiges Sit-up- und Pilates-Programm gereicht. Auch Woolf machte sich schnell schick. Dann schlenderten sie lässig zum Gourmetrestaurant, das sogar über zwei Sterne verfügte. Die Rose trug ihr cremefarbenes Kleid mit schwarzen aufgestickten Rosen und einer kleidsamen schwarzen Schleife um die schmale Taille. Woolf glänzte im schwarzen Streifenanzug von Vernaschmich und schneeweißem Hemd. Als Rockstar natürlich ohne Krawatte. Dafür mit bis zum Bauchnabel geöffneten Hemd. Die Welt war black & white. Entweder man war unten oder oben. Heute, das sah man ihnen an, waren sie auf dem Weg nach ganz oben! Auf dem Weg zum Restaurant kamen sie an der mit Graffiti besprühten Wand vorbei. Woolf vibrierte vor künstlerischer Euphorie. „Kräbbchen. Komm. Kuck. Das ist der Titel meines ersten Nummer-Eins-Hits! „You can't get out of this life alive!" Woolf zog die Rose an sich. „Ich habe es dir versprochen. Du und ich. Wir sind das Universum. Nichts und niemand kann uns aufhalten. Verzeih mir heute Morgen. Aber die bösen Kräfte muss man vernichten! Sofort und vollständig!" Sie blickte ihn nachdenklich an. Wieso nur wirkte er manchmal so weise? Und manchmal nur wahnsinnig? Doch für heute war sie einfach nur froh, seine Schokoladenseite zu genießen! Ihre sensible Seele hatte genug Angst und Schrecken ertragen müssen in letzter Zeit. Sie blickte prüfend auf die MegaO. Zeit für ihre Dinner-Verabredung. Zukünftige Investoren ließ man nicht warten! Auch nicht als Rockstar und dessen Managerin. Pünktlichkeit war eine Zierde und der Rose ein wichtiger Wert! Doch Woolf kannte keine Werte. Er hatte anderes im Sinn. „Rose. Du Stück. Du machst mich so geil!" Er griff unter ihr Kleid. Kein Slip und halterlose Strümpfe begrüßten seine Berührung. Woolf öffnete seinen Gürtel und zerrte sein erregtes Glied aus der Jeans. „It's now or never!", trällerte er der Rose ins Schlitzohr. Sie glaubte ihr Glück kaum. Zweimal Sex am selben Tag. Das war bei Woolf ein Wunder. Sie grinste keck und genoss sein Begehren. „Aber nur ein Quickie. Länger als die akademische Viertelstunde können wir Jan und Goldie nicht warten lassen!“ Woolf bleckte das Iggy-Pop-Gebiss. Das schaffte er locker! Er bettete sie auf der Holzbank vor der Graffitiwand und drang gierig in sie ein. Wenige harte Stöße beförderten beide ins Paradies der Lust. Nachdem er in ihr gekommen war, sprang Woolf geschwind auf. Nikki suchte in ihrer kleinen Handtasche nach einem Tempi-Taschentuch. Doch sie hatte keines dabei. Suchend blickte sie sich auf dem Marktplatz um. Kein Papier weit und breit. „Lass mein Sperma in dir!“ Woolf erotisierte die Vorstellung. Die Rose hatte keine andere Wahl. Sie ließ sich von Woolf zum Nobelrestaurant führen und fühlte sich dabei verführerisch und verrucht. Ganz Rockstar-Braut...

Jan van Jaap saß mit seiner Goldie bereits an der Bar. Sie tranken: Mojitos. Woolfs Augen strahlten. „Das will ich auch mal wieder trinken!“ Das Koks machte nicht nur lüstern. Sondern auch durstig! Jan und Goldie blickten das Rockstar-Paar bewundernd an. Sie wirkten sexy und wild. In ihrer Gegenwart kamen sie sich selbst ein kleines bisschen wie Rockstars vor. „Guys come drinking!“ Sie winkten die beiden zu sich an die Bar. Drei Aperitifs später saßen sie an dem besten Tisch im noblen Restaurant und betörten sich an der exquisiten Speisekarte. Nikki schwelgte im Gourmethimmel. Sterneküche hätten sie auf Curacao nicht unbedingt erwartet! Doch die gab es! Inklusive Hummer, chilenischer Seebrasse, weißen Trüffeln aus Alba und dem feinsten Thunfisch in Sushi-Qualität. Das Paradies auf Erden hieß offensichtlich Curacao. Sie bestellten das Suprise-Menü-du-Chef. Nikki und Goldie die Fischvariante. Die Männer natürlich das Fleischmenü. Ganze Kerle brauchten bestes Beef! Es folgten vielzählige Gänge von exquisiter Qualität. Anders als in Amerika nicht in rauen Mengen sondern feinsten Portiönchen. Dazu gab es Nikkis Lieblingswein: Sancerre Rosé für die

Damen. St. EineMillion für die Kerle. Woolf geizte nicht mit Erzählungen aus seinem Rockstar-Dasein. Die Rose gab amüsante Anekdoten aus dem Leben als Marketing Koryphäe für Mode- und Luxuslabels zum Besten. Jan und Goldie lauschten interessiert und lachten amüsiert. Sie hatten einen herrlichen Abend. Doch er hatte seinen Preis. Als das Schatzkästchen mit der Rechnung kam öffnete Jan die Schatulle und wurde so bleich wie seine Waden. Eine ungehörige Unsumme stand auf dem Beleg. Jan, der wie die meisten Menschen nicht so solvent war, wie er sich gab, schluckte schwer. „Sollen wir teilen?", wandte er sich hilfesuchend an Woolf. Die Mädchen taten unbeteiligt. Goldie suchte ihr Puder in der Handtasche. Nikki Rose nippte am Weißwein. Woolf fegte die Besorgnis von den belegten Gesichtern, indem er großzügig wie eh und je verkündete: „Be my guests!" Als König des Rocks konnte er sich doch nicht von solchen Spießern einladen lassen! Oder gar die Rechnung teilen? Mit gebender Geste zeigte er über den Tisch und seine Gaben. Die Rose, die säuerlich blickte, als habe sie ein Kilo Zitronen verschluckt, ignorierte er. Dann winkte er den Kellner. „Auf die Zimmernummer! Mit kryptischen Krakeln unterschrieb er die Rechnung und fuhr sein Kräbbchen chefig an: „Haste mal einen großen Schein als Trinkgeld?" Sie zuckte seufzend eine hohe Dollarnote. „Meine Managerin kümmert sich um meine Finanzen!", erklärte er von oben herab. Sein Schauspiel war wie stets überzogen, doch angeschickert wie ihre Gäste waren, ließen sie sich gutgläubig überzeugen. Die Holländer nickten dankbar und akzeptierten die Einladung. Doch gänzlich wollte Jan das nicht auf sich sitzen lassen. „OK. But you must allow me to invite you for an after dinner bottle of champagne!" Woolf und die Rose nahmen erfreut an. Zuvor brauchte Woolf aber eine Zigarettenpause mit seiner Managerin. „Jetzt sind sie reif! Du musst Ihnen einen Vorschuss von zwei Millionen aus der Tasche ziehen. Babe!" Sie hielt das Köpfchen schief. „Wie um alles in der Welt soll ich das anstellen"? „Sag Ihnen, dass Eric Clapperman zugesagt hat, mein Album zu produzieren. Sie dürfen sich an dem Megaseller durch Vorfinanzierung der Produktion beteiligen. Ein Rockstar-Leben führen. Eric Clapperman als Mentor. Das ist die beste Hitgarantie!" Die Rose schüttelte zweifelnd den Kopf. „Ich weiß nicht Woolf. Die haben, glaube ich, gar nicht so viel Kohle. Hast du ihren Blick auf die Rechnung gesehen? Außerdem kennen wir Eric Clapperman nicht mal. Der Erfolg deines Albums steht in den Sternen. Bitte tüte DU das ein, wenn du kannst? Ich kann nicht gut lügen!" Sein Gesicht verzerrte und die Fäuste ballten sich. **„LÜGEN? WAS HEISST HIER LÜGEN? GLAUBST DU ETWA NICHT AN MICH?"** Die Frage hing bedeutungsschwer in der Luft. Nikki klopfte das Herz bis zum Hals. Sie waren an dem wesentlichen Kern ihres Konflikts angelangt. Eine ehrliche Antwort konnte das Ende ihrer Ehe bedeuten. Eine Lüge würde Woolf riechen und nicht schlucken... Sie glaubte an seine Musik und sein Talent. Aber darauf zu bauen, dass er in Kürze Millionen damit verdiente??? Das war ihm die letzten fünfzig Jahre misslungen! Das Schicksal enthob sie einer Antwort. Jan und Goldie traten aus dem Restaurant. „Come on you lovebirds. Let's go to the bar!"

Zuvor musste die Rose ihre Nase pudern. Woolf fütterte die seine mit einer weiteren Lebenslinie... Er tobte vor Wut und würdigte sie keines Blickes, während sie an die Bar zogen. Seine Frau war seine Verräterin. Er hatte es die ganze Zeit geahnt! Was war das für eine Managerin, die ihm nicht einmal schlappe zwei Mille besorgen konnte? Die Holländer waren reif. Sie würde schon sehen, was er alles erreichen konnte! Statt Champagner orderte er eine Flasche Whiskey. „Für die Kerle!" Schampus war für Weiber und Weicheier! Er zog Jan in seinen Sog und trank mit ihm wie echte Männer während Nikki und Goldie am Champagner nippten. „Woolf ist ja so sexy! Wie hast du ihn kennengelernt?", schwärmte die Holländerin. Ein weiteres Opfer seiner Rockstar-Aura. Nikki lächelte süß.

Und erzählte die schöne Begebenheit ihrer Begegnung mit Woolf. „Es war eine schicksalhafte Begegnung. Mitten in München. Wir sahen uns und wussten, wir waren füreinander bestimmt!“ Goldie seufzte sehnsüchtig. „Wundervoll. Du kannst dich glücklich schätzen!“ Sie hatte Jan im Supermarkt kennengelernt. Ausgerechnet beim Zwiebeln aussuchen. Zwischenzeitlich waren die Kerle bei der Hälfte der Flasche angekommen. Woolf umarmte seinen Saufgefährten und lallte beschwörend auf ihn ein. „Alter. Ich hab den Mega-Deal für dich. Bringt dir zwanzig Mille. Mindestens!“ Jan bekam Dollarzeichen in die Augen. Geld war seine Religion. „Wie ist der Deal?“ Woolf machte sein Pokerface. „Eric Clapperman wird mein Album produzieren. Das ist ein Hitgarant für die Nummer Eins der Billboard 100 Charts. Wert: 200 Mio. Mindestens! Und du kriegst als Investor 10 Prozent davon!“ Jan schluckte schwer. Das klang zu verführerisch, um wahr zu sein. Doch so ganz vertraute er nicht auf die Seriosität von Woolf, der mit jedem Schluck suspekter wurde und sich immer seltsamer benahm. So schwankte er alle zehn Minuten auf Toilette. Mit weiß verkrusteter Nase zurückkommend schmetterte er einen Song durch die Bar, der eher schrecklich als schön klang. Mit wenig Bodenhaftung und spastischen Bewegungen tanzte er torkelnd dazu. Dann setzte er sich wieder an die Bar und füllte sein Glas auf. „Also. Was ist, Alter. Bist du dabei beim besten Deal deines Lebens?“ Jan zuckte indifferent die Schultern. „Was hätte ich denn zu tun?“ Woolf warf abfällig die Arme nach hinten und lümmelte sich auf dem Barhocker. „Wie gesagt, du darfst dich mit zwei Mio an der Produktion beteiligen. Vorkasse! Dann kriegste zehn Prozent vom Umsatz!“ Er schenkte sich und seinem zukünftigen Investor schon wieder nach. „Auf die Millionen und den Megaseller! Auf die Freundschaft!“ Nikki beobachtete die Szene skeptisch. Woolf überzog gnadenlos. Sie sah die Zweifel in den blauen Augen des Holländers. Woolf hatte offensichtlich für alle, nur nicht ihn selbst, jegliches Maß verloren. Nun gab er dem Barkeeper seine CD und steckte ihm einen Hunderter zu. „Eric Clapperman ist ein Amateur gegen mich! Mach mal ordentliche Mucke!" „Tears in Heaven" verebbte. Es ertönte „Spirals in the Sky". Einer von Woolfs schlechtesten Songs. Blechern. Zynisch. Konstruiert. Die Rose, die fiebrig überlegte, wie sie die Situation retten könnte, versank vor Scham im Sessel. Auch Goldie blickte befremdet. Der Glanz von der gelackten Oberfläche des Rockers war weg...

In der Ecke, ganz im Dunklen, erhob sich eine Gestalt mit tief ins Gesicht gezogenem Hut und Sonnenbrille. Der Typ schlenderte lässig zur Bar. Zitierte den Barkeeper zu sich. „Alter, was ist das für ein OHRENKREBS??? Mach das sofort aus! Der Verfasser gehört in den Knast!" Die raue Stimme kam der Rose seltsam bekannt vor. Er zog den Hut vom Kopf und verbeugte sich charmant vor der lieblichen Rose, deren elegante Erscheinung ihm imponierte. „Nice to meet you. I am Eric." Die Rose erblasste. Woolf ignorierte er. Angesichts der Begrüßung war klar, dass Woolf gepokert hatte. Clapperman kannte den Aufschneider nicht einmal. Jan zog seine Goldie vom Sitz. „Komm Goldie. Der Typ ist ein Hochstapler! Weder kennt er Clapperman, noch produziert der sein Album. Der versprochene Deal ist ein Fake, um uns die Kohle aus der Tasche zu ziehen. Verächtlich legte er einen Schein auf den Tresen. „Für den Champagner. Der Whiskey geht auf deine Kappe!" Der errötenden Rose winkte er noch freundlich zu. Woolf existierte nicht mehr für ihn. So verließ das holländische Paar und ihre Chance auf einen Geldgeber die Bar. Aber: Wo sich eine Tür schloss, öffnete sich die Nächste. Eric Clapperman war ja die ungleich größere Chance auf Ruhm und Reichtum! Nun gab es für Woolf kein Halten mehr. Diese Spießer sollten Scheißen gehen. Hier war endlich einer mit seiner Kragenweite. Er roch den Stallgeruch. „Ey Eric. Buddy! Nice to meet you! I am a great fan of your music!" Er schwankte der Musiklegende entgegen. „I am Woolf. Barzokka.

Famous rock star from Germany! Maybe we can do something together?" Eric Clapperman zuckte angesichts der Aura aus Asche und Whiskey zurück vor dem torkelnden Trottel. Doch der insistierte aufs Peinlichste. „Let's jam together. I can make you rich, man!" Offensichtlich verdrehte er die Tatsachen ein wenig. Er deutete auf die Stereoanlage hinter der Bar. „These are my songs!", brüstete sich Woolf. Eric wandte sich angewidert ab. „Never heard such shit!", flüsterte er nur für die Rose hörbar. Dann ließ er seinen Charme spielen und den Woolf links liegen. „Lovely lady, will you do me the honor of having a glass of champagne with me?" Nikki zuckte errötend die schönen Schultern. Da sagte sie nicht nein. Gleichzeitig fühlte sie sich angesichts des ausgebooteten Woolfs wie eine untreue Tomate.

Doch der gab nicht auf. Nicht so kurz vor seinem Ziel. Er schlug Eric von hinten auf die Schulter. Der drehte sich um und schüttelte ihn ab wie eine betrunkene Fluchtfliege. Woolf torkelte und ging zu Boden. Eric winkte in den hinteren Teil der Bar. Nun trabte ein kräftiger Bodyguard zu ihm und katapultierte Woolf ohne weiteres Aufsehen aus der Bar. „Happens all the time!" Entschuldigend lächelte er die Rose an und schenkte ihnen ganz der Gentleman zwei Gläser Rosé-Champagner ein. Er konnte ja nicht wissen, dass er soeben ihren Gemahlen vor die Tür gesetzt hatte. „What is such a beautiful lady doing all alone in this bar?", fragte er und stieß mit der Rose an. Deren blutrotes Gesicht entging ihm im Schummerlicht der Bar. „Cheers!" Eric blickte ihr tief in die Augen. Nikkis Gedanken rasten im Kreis. Was sollte sie Eric antworten? „Was macht eine so schöne Frau alleine in einer Bar auf Curacao?" Sie verschluckte sich und hüstelte. Ihre Stimme war noch immer deutlich angeschlagen. Sie ging diverse Alternativen durch. „Ich erhole mich von meinem Marketing-Job bei Armada!" „Ich bereite hier ein Fotoshooting vor." Und last but not least die Wahrheit: „Ich bin hier auf Flitterwochen.

Der Typ, den du gerade rausgeschmissen hast, ist mein Ehemann." Sie entschied sich, treue Seele die sie war, für die letzte Alternative. Eric hob in entsetztem Unglauben die Augenbrauen. „Du bist mit solch einem Arschloch VERHEIRATET?" Sie seufzte. „Liebe fragt nicht!" Ihr verzweifelter Gesichtsausdruck erweckte seinen Beschützerinstinkt. „Doch! Man hat immer eine Alternative! Komm. Verbring die Nacht mit mir. Verlass dieses Abziehbild von Arschloch!" Die Rose errötete so tief wie nie zuvor. Sie war ultimativ geschmeichelt von der ritterlichen Liebesattacke dieses berühmten Musikers, der eindeutig auch ein toller Mensch und Mann war. Konnte sie das abschlagen? Durchs Fenster der Bar sah sie Woolfs Augen gefährlich glitzern. Nein. Sie hatte wohl nicht die Wahl. Mitgegangen, mitgefangen, mitgehangen. Woolf war ihr Mann und sie konnte ihn nicht so mir nichts dir nichts sitzen lassen. Nicht einmal für Eric Clapperman. Sie blickte Eric aufrichtig in die Augen. „Ich kann nicht. Gib ihm eine Chance. Er ist nicht so schlecht, wie du denkst. Er hat auch richtig gute Seiten. Und Songs! Es wäre ihm eine Ehre, wenn du sein Album produzierst!" Nun prustete Eric lauthals. „Kleines, du bist schön und süß. Aber für keinen Preis der Welt würde ich diese Scheiße produzieren. Ich wünsche dir alles Glück dieser Welt. Du wirst es brauchen!" Er setzte seinen Hut auf, warf einen Tausender auf die Theke und verließ mit seinem Bodyguard die Bar. Kaum war die Luft rein war Woolf zurück. Gierig schenkte er sich den Rest des Champagners ein. Dann legte er besitzergreifend den Arm um sie. „Und meine Managerin, hast du Eric rumgekriegt, mein Album zu produzieren?" Sein Lächeln klang nach falscher Zuversicht. Er wusste, er hatte die Chance versaut. Sie schüttelte stumm den Kopf. Es gab nichts mehr zu sagen.

Müde und desillusioniert liefen sie durch die Nacht in ihr Hotelzimmer. Schweigen hatte sich zwischen dem Paar breit gemacht. Wie so oft war aus Vielversprechung eine Enttäuschung entstanden. An diesem Abend der großartigen Möglichkeiten war sie besonders tief. Die Rose zog sich ins Bad zurück. Woolf wartete bis er sicher war, so schnell würde sie dort nicht rauskommen. Dann sprintete er ins Dunkel. Er musste sein Selbstbewusstsein aufpumpen. An der Schwenkbrücke stand eine Bank. Auf der fand er seinen wahren Freund. Den Drogendealer. „Alter. Ich muss anschreiben. Ich komme morgen mit meiner Frau und bring dir die Kohle!" Er setzte sich neben die abgerissene Gestalt und saugte gierig eine Straße Schnee vom Spiegel. „Haste auch was zu saufen?" Der Dealer war ein wahrer Freund. Wie Johnnie Walker. Zu dritt feierten sie eine private Party! Erst um 6 Uhr morgens kam ein völlig vernichteter Woolf in die Suite zurück. Die Rose schlief tief und fest. Er blickte reuevoll in ihr unschuldiges, mädchenhaftes Gesicht. Ungeschminkt sah sie verletzlich und kindlich aus. Ihre Reinheit weckte sein schlechtes Gewissen. Er fiel vor dem Bett auf die Knie. „Mein Kräbbchen. Was tue ich dir bloß an? Was ist das für ein Abgrund in mir? Warum versaue ich es immer und immer wieder? Ich werde es wiedergutmachen! Das schwöre ich beim Leben meiner Großmutter." Die war sowieso seit Jahren tot... Sich zu entschuldigen war erschöpfend! Endlich wurde er müde. Er kletterte aufs Bett und legte sich in Anzug und Schuhen neben die nackte Rose. Sie duftete nach Shalimar und Schlaf. Er rollte sich zur Seite und schlief schnarchend ein.

You can't get out of the Flitterwochen

Die Rose erwachte in der gefangennehmenden Umklammerung des Woolfs. Nicht mal die Klamotten hatte er ausgezogen. Sein Atem stank nach Asche und Whiskey. Das kannte sie ja leider inzwischen. Doch diesmal war da noch etwas Schlimmeres. Eine weiß verkrustete Spur verzierte sein Riechorgan. Sie befreite sich mühsam von ihrem Gemahl, der seinen Rausch ausschlief, und flüchtete ins Badezimmer. Die Erinnerungen an die letzten Tage kehrten zurück. Sie waren mehr als beunruhigend. Der danebengegangene flotte Vierer. Die Katze im Kamin. Der Sheriff im Haus. Woolfs Tötungsrelikt des kleinen Kätzchens. Der geplatzte Deal mit den Holländern. Eric Clapperman, der ihr die Hand hinhielt. Woolf, der wie stets alles versaute. Sie war verängstigt und geschockt. Sie musste nachdenken! Sie verschloss die Badezimmertür dreifach. Sie brauchte Zeit für ihre innere und äußerliche Renovierung. Ihre fieberhaften Gedanken drehten sich im Kreis. Die Visionen des Bösen waren haarsträubend. Der Anblick der toten Katze in Woolfs Hand. Seine diabolische Ausstrahlung als er das kleine Tier im Kamin anzündete. Der Albtraum dieser bösen Bilder brannte sich in ihre Seele. Zusätzlich zum Anblick der starren Augen in dem Gesicht ihres verstorbenen geliebten Mannes. In was für einem Horrortrip war sie gelandet? Womit zur Hölle hatte sie das verdient?

Woolf ging definitiv zu weit. Er hatte gestern eine Grenze überschritten. Er war zum Mörder eines unschuldigen Wesens geworden. Es gab keinen Zweifel: Sie hatte ihr Herz an einen Irren verschenkt. Das Schlimmste daran: Er würde sie nicht freigeben. Sie war im Gefängnis seiner Liebe eingesperrt. Ihr Fluchtinstinkt riet: Run as fast as you can! Doch wohin sollte sie wegrennen? Mit welchen Mitteln? Er würde es nicht zulassen, dass sie sich von ihm trennte! Verzweifelt blickte sie in den Spiegel, als wäre dort die Antwort zu finden. Streng befragte sie sich. „Nikki Rose. Wie konntest du dich nur in eine solche Situation bringen lassen? Wie kommst du da wieder raus?“ Doch der Spiegel hatte keine Antwort. Und es gab niemanden, mit dem sie das Grauen des gestrigen Erlebnisses teilen konnte! Das warme Wasser und die Pflege von Körper und Geist halfen heute nur oberflächlich. Nikkis Geheimrezept für geistige Gelassenheit und seelische Ruhe vermochte ihre Erschütterung nicht zu beseitigen. Lediglich ihre Fassade war wieder schön und strahlend. Ihre Seele jedoch blieb auf Schieflage. Erst nach vier Stunden glitt sie, gestählt und verschönert, aus dem Bad. Woolf war weg. Sie erschauerte vor Erleichterung. Schnappte sich ihre Lieblingsliebeslektüre. „Die unerträgliche Leichtigkeit des Seins“ von Milan Kundera. Sie suchte und fand kurzfristig Trost in der Welt des Buches und räkelte sich schutzsuchend in den Kissen. Der Seelenfrieden dauerte nicht lange. Ihr Blackberry blinkte blutrot und surrte ununterbrochen. Schließlich konnte sie es nicht mehr ignorieren. Sechs neue Nachrichten. Stündlich eine. Sie öffnete lediglich die letzte. „Kräbbchen komm. Ich warte an UNSERER WAND!“ Sie strampelte die Decke weg und richtete sich auf. Was konnte sie tun? Sie war Woolf auf Gedeih und Verderb ausgeliefert, bevor sie nicht eine Alternative zum Absprung von dieser abenteuerlichen Highway-to-Hell-Fahrt fand. Vorsichtig, das für High Heels ungeeignete mittelalterliche Pflaster verfluchend, spazierte sie durch die Anlage bis sie zu der Graffitiwand kam. „You can’t get out of this life alive!“ Wie wahr. Im Moment fühlte sie sich, als ob sie nicht lebend aus diesen Flitterwochen käme. Da saß er, der Woolf. Auf der Bank, auf der er sie gestern vernascht hatte. Die Erinnerung an die freizügige Szene ließ ihre erotische Seele freudig erröten. Woolfs sexuelle Anziehungskraft auf sie war ungebrochen...

Heute allerdings war Woolf ein Wrack. Das graue Gesicht sah aus, als habe es mehrere Jahrhunderte verlebt. Sein Outfit: eindeutig Gossenjunge, nicht Millionär! Schwarze Sonnenbrille, enges Muskelshirt, die berüchtigten schwarzen Jeans und Raylight-Schlappen. Die grauen Haare umwehten ihn ungewaschen wie Drahtwolle. Kein Wunder. Sie hatte das Bad blockiert. Man sah es und roch es. Und doch verursachte der vertraute Anblick seiner grauen Gestalt ein Stechen in ihrer Seele. Er war eine personifizierte Herzattacke. Schüchtern näherte sie sich der Bank. Seine fahle Visage erblühte bei ihrem Anblick. „Kräbbchen. Ich habe dich vermisst! Wo hast du die letzten Millionen Jahre bloß gesteckt?“ Sie tätschelte ihm die eingefallene Wange. Ihre Angst verpuffte. Die Wut löste sich mit ihr in Luft auf. „Schon gut. Jetzt bin ich ja da!“ Er griff ihre Hand. Hielt sie fest umschlungen. Als hätte er Angst sie zu verlieren. Panik leuchtete in seinen grauen Augen. „Wirklich für immer?“ Sie konnte nicht anders als ihn zu beruhigen. Wünsche konnten wahr werden und bleiben! „Für immer... Schließlich sind wir Mann und Frau und das sind unsere Flitterwochen. Schon vergessen?“, fragte sie frech. Er richtete sich auf und starrte ihr die Seele aus den Augen. „Danke für deine Liebe! Sie alleine kann mich retten!“ Sie zog ihn hoch von der Bank und in ihre Arme. Dann führte sie ihn vorsichtig an die Uferpromenade. Sie gingen Hand in Hand. In ihr gemeinsames Schicksal verwoben. „Hey, ihr Love Birds!“ Jan van Jaap und seine Frau grüßten sie winkend. Sie waren nicht nachtragend. Jan hatte einen Blackout vom vielen Whiskey. Goldie erinnerte sich nur ans Angenehme. „Join us for lunch!“ Nikki lächelte. Das Leben war ein Bumerang. Ihre großzügige Einladung von gestern wurde returniert. Und vielleicht gab es ja doch noch die Chance auf einen Deal? Erfreut nahm sie die Einladung an. Woolf folgte miesepetrig. Er war fertig mit den Holländern. Was geht, geht gleich. Oder nimmermehr. Sie speisten in einem einfachen Fischrestaurant mit den unvermeidlichen Ketchupflaschen auf den Tischen. Doch der Fisch war frisch und der trockene Weißwein war durchaus genießbar. Jan erzählte von seinem erfolgreichsten Investment. Einer Pharmafirma. Vielleicht könne Nikki ja mal eine Marketing-Konzeption erarbeiten? „Warum nicht?“ Alle Aufträge waren besser als keine!

Woolf kapierte, dass sein musikalisches Talent hier nicht mehr gefragt war. Er stand wieder einmal im Schatten der Rose. Für kurze Zeit konnte er sich verstellen. Tapfer hielt er erst einmal die Klappe und überließ ihr die Bühne. Doch wie lange kann man sich selbst verleugnen? Seine Geduld währte nicht lange. Das Business-Geplapper nervte enorm. Er konnte es nicht ertragen, nicht im Mittelpunkt zu stehen. Er brauchte Nachschub für die Nase und seinen Ascheschlund. „Ich geh mal Zigaretten holen...“ Das große Glück der Raucher: Sie hatten immer eine Ausrede, sich vom Acker zu stehlen. Erst eine geschlagene Stunde später erschien er wieder im Restaurant. Deutlich aufgeladen als hätte er zehn Red Bull auf Ex gekippt und dazu ein Kilo Kaffee konsumiert. Vibrierend vor Energie trat er an ihren Tisch und in ihren bereits fast beschlossenen Deal. „Kräbbchen. Genug vom Business Talk. Zeit für Sex, Drugs, Rock & Roll!“ Damit zerstörte er mir nichts dir nichts ihre Aussicht auf Beschäftigung als Marketing-Beraterin für Jans Pharmaunternehmen. Woolf annoncierte seinen Besitzanspruch an seine Gemahlin. „Nikki Rose ist MEINE MANAGERIN! Sie ist viel zu gut für euch Käseköpfe!“ Nikki blitzte Woolf böse an. Doch dem war das egal. „Thanks for the invitation! And have a good life!“ Er zog die Rose vom Stuhl und eilte mit ihr von dannen. Sie stöhnte gequält. „Wir waren gerade dabei, das erste Projekt für 5.000 Dollar monatlich einzutüten! Damit ist zumindest der Großteil der Miete abgesichert!“ Er schnaubte verächtlich. „5.000 Dollar? 5.000 Dollar? Mach mal drei Nullen dran BABE! Dann reden wir über MEIN Honorar! Verschwende doch nicht deine Zeit an solche Loser! Und Miete zahlen wir ab sofort nicht mehr! George

Lasstanzen verarscht uns doch nach Strich und Faden! “ Seine Selbstherrlichkeit verbot jegliche Widerrede. Nikki resignierte. „Lass uns an den Strand fahren!“ Schließlich waren sie in den Flitterwochen... Im Karibischen Paradies!

Sie orderten ein Taxi. „An den Strand. Den schönsten auf Curacao!“ Woolf war wieder im „Was-kostet-die-Welt-Modus“? Sein schlechtes Gewissen hatte sich geschwind verabschiedet. Das war kein rockstargerechter Geisteszustand! Der schönste Strand war eine gute Stunde entfernt auf der anderen Seite der Insel. Das Ressort gehörte zu ihrem. Leguane in allen Farben schillernd krochen die üppige Anlage entlang. Bunte Vögel sangen fröhlich. Ein wahres Blütenmeer und unzählige Palmen erstreckten sich bis zum kilometerlangen Strand. Er war weich und weiß wie Mehl. Sie waren auf weiter Flur die einzigen Menschen in diesem Garten Eden. Das war Woolf bei weitem zu langweilig. Statt auf die Liegen steuerte er auf die Poolanlage zu. „Hier muss es doch eine Bar geben!“ Seine Stimme war die eines Verdurstenden in der Wüste. Nikki blickte auf die MegaO. Sein Zeitgefühl war bemerkenswert. Es hatte Happy Hour geschlagen. Er strahlte breit. „Kräbbchen. Corona!“ Sie gab sich geschlagen und ließ sich von ihm an eine versteckte Bar führen. Hier war es rappelvoll. Sie setzen sich an den runden Bartresen. Neben ihnen – welch Zufall – wieder die Holländer. Woolf begrüßte sie abfällig. „Hey ihr verdammten Käsköpfe. Ihr schon wieder.“ Diesmal war deren Geduld am Ende. Jan und Goldie setzten sich ostentativ auf die entgegengesetzte Seite der Bar. Von seinem Platz aus befeuerte Woolf sie mit Beleidigungen. „Miss Goulda und ihr Pillenverkäufer! Geht doch wohin der Teufel wächst! Ihr Schwachköpfe!“ Nikki schlug die Augen zum Himmel. Sein Benehmen war der Tod für jegliche Business-Anbahnung. „Ich geh mich mal abkühlen!“ Sie spazierte wie auf glühenden Kohlen durch den heißen Sand und kletterte aus dem kleinen Kleid. Darunter trug sie einen schicken schwarz-weißen Bikini von La Perle. Vorsichtig betrat sie das sanft brandende Meer. Dessen Sanftheit war irreführend. Kaum stand sie mit den Knien im Wasser, da erfasste sie eine heftige Unterströmung. Sie fiel gänzlich ins Wasser. „Hilfe. Meine Haare!“ Sie rappelte sich mühsam auf und kämpfte sich die wenigen Meter zum Strand zurück. Plötzlich bohrte sich ein heftiger Schmerz in ihre Fußsohlen. Es tat teuflisch weh. Sie blickte ins aufgewühlte Wasser und erkannte eine Ansammlung an Seeigeln an dem kleinen Felsen, auf den sie getreten war. Verwundet humpelte sie an Land. Sie sank zu Boden und untersuchte ihre Füße. Drei schwarze Spitzen hatten sich in ihren linken Fuß gebohrt. Doch die Stacheln saßen zu tief, um sie herauszuoperieren. Mit schmerzverzerrtem Gesicht hinkte sie zurück an die Bar. Woolf betrachtete sie eher belustigt als besorgt. „Hey. Was ist denn los, hat dich etwa ein Hai gebissen?“ Seine Empathie war begrenzt. Sein Spott verstärkte den Schmerz. „Trink ein Corona, das betäubt!“

Deviled Dinner

Nikki gab sich dem flüssigen Trost hin. Sie machte gute Miene zum bösen Spiel! Die folgenden zehn Tage würde sie irgendwie überstehen. Danach würde sie Plan B aktivieren und sich um einen sicheren Job bemühen! Selbst in Florida sollte ihre Marketing-Expertise gefragt sein! Mit sicherer Basis konnten sie weiter nach den Sternen greifen. Der Plan war so simpel wie einleuchtend. Sogleich fühlte sie sich zuversichtlich. Nicht mehr auf Gedeih und Verderb dem Schicksal ihres Rockers ausgeliefert zu sein, war ganz sicher das Rezept, mit ihm glücklich zu sein! Sie vertrieb ihre trüben Gedanken und den stechenden Schmerz in der Fußsohle und akzeptierte bereitwillig ein weiteres Corona. Der Sonnenuntergang tauchte den Himmel in ein rosafarbenes Licht. Die Schwüle wurde durch eine sanfte Brise erträglich. Selbst die Stechfliegen wurden friedlicher. Und endlich auch Woolf! „Kräbbchen. Kuck mal. Wir sind im Paradies!" Sie lächelte milde. Die Berg und Talfahrt seiner Seele war endlich wieder in seltener Ruhephase gelandet. Das galt es zu genießen! Menschen konnte man nicht verändern, man musste sie so lieben wie sie waren. Oder... eben nicht?! Der geschäftstüchtige Barkeeper erkannte seine Chance auf Geschäft. Seine goldverkronten Zähne grinsten im kakaobraunen Gesicht. „First time Curacao?" „Yes, it is beautiful!" „Tonight, full moon night. I can arrange deviled dinner at the beach for you!" Woolf war Feuer und Flamme. „Vollmond am Strand. Kräbbchen. Da vertreiben wir alles Böse!" Sie blickte fragend. Sicher kostete das ein Fortune? Die Geschäftsfrau in ihr kam ans Dämmerlicht. Der Barkeeper reichte ihr eine schwere Speisekarte.

Full Moon Deviled Dinner:

2 Glasses of champagne
Prawns au gratin on Caesar Salad topped with Parmigiano
Passion fruit sorbet

Scallops in beurre blanc
Lobster medallions on creamy risotto
Surf & Turf: Filet Mignon & grilled shrimps
Variety of sorbets
Assorted cheese platter
*Suiting white and red wines**
*Digestif**

Including „chase the devil away performance"
*$1.000**

**(per person)*
**limited to one glass*

Nikki seufzte schwer. „1.000 Dollar? Das ist horrend. So viel kann ich doch gar nicht essen!" Woolf insistierte. „Kräbbchen. Wenn damit die Teufel vertrieben werden, dann ist das ein VERMÖGEN wert!" „We take it!", orderte er beim Barkeeper. Dessen Grinsen wurde gierig breit. „One moment. What says the small print?" Nikki kannte die Tricks der Touristenfänger. Der Barkeeper stotterte. „Per Person and only one glass of wine per kind and one digestif only." Die Rose erzürnte. Das war Abzocke pur. Nikki stieg ins Verhandeln ein. „Let me speak to the manager!" Doch der hatte seinen Day Off. Nun war es an Woolf, sich fremdzuschämen. „Kräbbchen. Was machst du denn so einen Aufstand? Es geht um unser Glück! Da ist das Geld doch egal!" „Ja, aber unsere Firmenkreditkarte ist nach diesem Urlaub abgegrast und was dann?" Sie ließ nicht locker und machte dem Barkeeper ein Angebot, auf das er eingehen konnte. „OK. 1.000 Dollar für ZWEI Personen. Einmal den Fleischgang, einmal den Hummer, keine Kohlenhydrate, kein Käse.

Soviel Wein wie wir wollen. Ein Digestif pro Person." Nun knirschten die Goldzähne des Barkeepers hörbar. „I have to ask my manager." Ach. Auf einmal war er doch da? Sie vertrieben sich das Warten mit einem Blue Curacao. Ein deutlich stattlicherer, schneeweiß gekleideter Mann trat zu ihnen. Der Manager. Er schüttelte entschuldigend den Kopf. „Sorry. 1.000 Dollar für zwei Personen und so viel Wein wie Sie wollen ist nicht möglich. Da zahlen wir drauf. Ich kann Ihnen anbieten: 1.500 Dollar für Sie beide und Weine zwei pro Gang und Person. Der Rest kostet extra." Nikkis Augen fuhren prüfend über die Weinauswahl. Die Preise waren horrend. Das kleine Angebot konzentrierte sich auf Weine aus Südafrika, Kalifornien und New Zealand. Woolf verschlang die Karte so gierig, als würde er die Weine bereits schmecken. „Mach schon Rose!" Er bekam langsam die Krise. „Kräbbchen, sei nicht so kleinlich. Das ist doch fair." „Na schön." Sie klappte die Karte zu und beschloss den Deal. „Damit der Devil im Woolf endlich seine Ruhe gibt!", konnte sie sich nicht verkneifen. Der hörte nichts, denn er bestellte gerade eine weitere Runde Blue Curacao. „Die nehmen wir aber mit an den Pool!", insistierte die Rose. Sie gedachte das Vollmond-Dinner zu genießen und nicht im Happy-Hour-Rausch zu verschlafen. „Arrange the table for 8 pm!", orderte sie den Barkeeper. So hätten sie noch eine Stunde Zeit, um auszuruhen und nüchtern zu werden.

Die Stunde Ruhe am Pool wirkte Wunder. Die abendlich kühle Brise und das friedliche Schwappen des Wassers streichelten die Seele der Rose, die sofort in süßen Schlaf fiel. Woolf planschte im Pool wie ein spielendes Kind. Um punkt acht Uhr abends holte ein Tross von feierlich gekleideten Kellnern das Paar ab und führte es zu einem prunkvollen Tisch am Strand. Eine Vielzahl an Laternen und Kerzen erhellte die Nacht. Der Himmel war bewölkt. Vom Vollmond noch keine Spur. Woolf stützte die Rose, deren Fußballen noch immer furchtbar schmerzte. Sie nahmen Platz unterm Himmelsdach am endlos weiten einsamen Strand. Die Schatten der diensteifrigen Kellner tanzten auf dem Sand. Sie brachten heiße Handtücher, Brot und Butter (nicht für die Rose), Amuse-Gueule, Perrier und endlich den Champagner. Dann waren sie zu zweit alleine. Die Weite des Himmels, die sich mit dem Meer vereinte, nur sie und er im Kerzenlicht am Strand. Das war ultimativ romantisch. Im feierlichen Kerzenlicht hielt Woolf ihre Hand. Er wurde festlich. „So soll es zwischen uns bleiben. Für immer! Lass uns diesen Zauber niemals verlieren!" Pling. Die fein ziselierten Champagnerkelche stießen miteinander an. „Lass uns diesen Zauber niemals verlieren!", wiederholte die Rose wie hypnotisiert. In diesem Moment begann das Teufel-Vertreibungs-Tanz-Ritual. Passend zum ersten Gang. Was sich auf der Karte so großartig anhörte, entpuppte sich als einfacher Caesar-Salat mit halbwarmen Garnelen und Fertigparmesan. Ohne eine einzige Tomate! Das ging gar nicht. Nicht zu diesem Preis. Freundlich rief die Feinschmeckerin in der Rose die Kellner herbei. „Entschuldigung. Die Krabben sind lauwarm und ich hätte gerne frischen Parmesan! Und: viele Tomaten!" Die Teller wurden entfernt und kurz darauf gegen zwei neue ersetzt. Diesmal waren zumindest die Garnelen heiß. Zwei kleine Cocktailtomaten zauberten wenigstens etwas Farbe in die fade Komposition. Der Parmesan war der Gleiche. Auf Curacao gab es wohl keinen echten? Doch der Wein, ein Sauvignon Blanc, Stoneburn aus New Zealand, war köstlich. Und die Aura des Vollmondabends magisch.

Festlich gekleidete Tänzer und Tänzerinnen sprangen ekstatisch auf und ab und schwenkten Fackeln. Die Laternen erloschen und der Himmel erhellte sich plötzlich, als ein kreisrunder leuchtender Vollmond mit einem pastellfarbenen Hof durch die Wolken trat. „Jetzt haben die Tänzer den Teufel vertrieben und den Mond zum Leuchten gebracht!" Woolf war euphorisiert. Selbst die gegenüber religiösen Ritualen skeptische Rose wurde von dem Zauber gefangen genommen. Die diensteifrigen Kellner brachten das Passionsfrucht-Sorbet. Ein köstlich kaltes Konzentrat paradiesischen Geschmacks. „So lässt es sich leben!“, jubelte Woolf. Die Rose lächelte genüsslich. „Du weißt, was für ein Privileg es ist, dies erleben zu dürfen!“ „Danke!“ Sie hob ihr Weißweinglas in Richtung des vollen Mondes. Er schien auf sie und den Woolf wie ein göttlicher Scheinwerfer. Es folgten ein Chardonnay aus Kalifornien und die Jakobsmuscheln. Sie waren kurz gegrillt und saftig. „Köstlich!“ Nikki strahlte den erwartungsvoll blickenden Chefkoch an, der ihnen sein Werk kredenzte. Er war dunkel und massig und trug schneeweiße Kleidung, eine schwarze Schürze sowie eine gigantische Kochmütze, die mindestens einen halben Meter lang war. „Gut gemacht, Buddy.“ Auch Woolf war angetan. Die Zähne des Kochs strahlten wie Perlen im schwarzen Gesicht. Er eilte zurück, um sich noch mehr Mühe mit dem nächsten Gang zu geben. Mittlerweile hatte ein Violinenspieler das Spektakel der Tänzer abgelöst. Er geigte sich ins Herz der Rose. Woolf wurde sentimental. „Er erinnert mich an meinen verstorbenen Vater. Gott habe ihn selig!“ Der Takt des Vollmond-Dinners ließ keine Zeit zur Trauer. Es folgte der Hummer für die Rose und das Surf & Turf für den Woolf. Kunstvoll drapiert und zu ihrer Erleichterung in kleiner, feiner Portion der Höhepunkt des Menüs. Dazu sang eine sirenenhafte Schönheit. „And Ihihihihi will always love youhuhu!“ Kitsch zum Niederknien! Nach einem zauberhaften Abend folgte dem Dessert, ein himmlisch leichtes Fruchtsorbet ohne zu viel Zucker, ein Feuerwerk der Extraklasse. Zum Digestif, brennender Sambucca mit drei Kaffeebohnen, fiel eine Sternschnuppe vom Himmel. Woolf sprach seinen Wunsch gleich eines Mantras gen Vollmond. Der war mittlerweile von Wolken und Hof befreit und strahlte wie ein Starlight am dunklen Nachthimmel direkt auf das liebende Ehepaar. ***„Auf dass unsere Flitterwochen niemals zu Ende gehen!“***

Alles ist möglich

Das Deviled Dinner war wirkungsvoll. Die Wolken am Liebeshimmel waren wie von Geisterhand vertrieben. Die restlichen Flitterwochen vergingen in einem rauschhaften Liebesreigen. Woolf war so charmant und zuvorkommend wie nie zuvor. Die manisch-depressive Seite seiner Seele schien nicht mehr zu existieren. Die Rose schwelgte im Entzücken. Allzu schnell verflogene zwei Wochen später landete das glückliche Paar am Flughafen von Miami. Verliebt und vereint wie nie zuvor. Woolf war zutiefst rotbraun wie ein Indianer. Die helle Haut der Rose war von zauberhaften Sommersprossen gesprenkelt. Sie waren bestens erholt und voller Pläne für eine erfolgreiche Zukunft in Florida. Sie hatten drei Monate Zeit gewonnen. Hey! Da musste doch etwas gehen!!! Tatsächlich. Auf einmal entwickelte sich alles wie von selbst. Und zwar zum Guten! Woolf hatte seinen neuen Song in Arbeit. „You can't get out of this life alive!“ Statt den Tag zu vergeuden im Rausch von Alkohol und Zigaretten, verschwand er zu akzeptabler Vormittagszeit im Studio und feilte an der Aufnahme. Nikki finalisierte mit Hochdruck das Private Placement, um Investoren für ihre Firma zu gewinnen. Die Sound-Animationen für Reichmund und die Watch Group waren in Zusammenarbeit mit Morphium, Jörgs Agentur in München, fertiggestellt und wurden feierlich versendet. Eindrucksvolle Sound- und Video-Animationen, mit denen sie die Firmen-Webseiten der Luxusdampfer revolutionieren würden. Für Reichmund visualisierten sie einen Nachthimmel mit Diamantregen zu einer hypnotisierenden Klaviermelodie. Für die Watch Group einen Tripdurch ein Uhrwerk zu dramatischem Beethoven-Orgel-Sound. Nikki verfasste handgeschriebene Briefe an die Konzernleiter. Sie kannte beide persönlich von ihrer Arbeit bei den Luxuslabels. Norbert Platzhalter war ein deutscher Ingenieur, der Mystar erfolgreich diversifiziert hatte. Von der Füller- zur Knüller-Marke. Nikolaus Haizahn, ein passionierter Entrepreneur, der die Uhrenindustrie durch Aufkauf laborierender Labels vor der Pleite retten durfte. Der Plan der Rose war, die Sound-Animationen umsonst anzubieten, um die beiden Luxuskonzerne als Referenzkunden zu gewinnen... Und damit natürlich: ihr Business zu boosten! Es ging voran. Und zwar in großen Schritten...

Auch ihr gesellschaftlicher Status in Miami entwickelte sich positiv. Sie wurden in den kleinen, feinen Kern von Kokosnuss Groove aufgenommen. Elizabeth, die Freche, eine rothaarige Irin, die ihren Ehemann, auch einen ehemaligen Werber, wie Nikki an Bauchspeicheldrüsenkrebs verloren hatte, lud sie in den wöchentlichen Donnerstag-Dinner-Club ein. Sie wohnte in einer reichen abgeschlossenen Community gegenüber des Green Street Cafés. Mit elf Katzen und fünf Hunden. Ihre rundliche Gestalt waberte beglückt während sie vor Armeen von Töpfen und Pfannen stand und aufwendige Mahlzeiten für ein Heer aus Freunden bereitete. Nikki und Woolf betraten das erste Dinner-Event aufgeregt und neugierig. Sie trug ein rotes Armada-Kleid mit kecken Volants am Ausschnitt und am Bein. Woolf den besten Mafia-Anzug von Vernaschmich. Auf einer riesigen Etagere hatte Elizabeth die Amuse-Gueule angerichtet. Es gab Weißwein, Rotwein und Bier. Und bereits nach dem Aperitif einen Joint, der andächtig durch die Runde gereicht wurde. Larry, das personifizierte Michelin-Männchen, ein muskulöser Vierschrot, der so breit wie hoch war, strahlte schwärmerisch. „Das haben wir in Vietnam auch immer gemacht, wenn wir Entspannung brauchten! Ist übrigens auch gut gegen Krebs!“ Er trainierte Triathlon und gab den Personaltrainer für die gesundheits- und figurbewusste Schicht der Floridianer. Entsprechend des Fitnessprogramms verspeiste er Berge, die King Kong gesättigt hätten. Die Truppe um den Tisch inhalierte den Joint und kicherte wie ausgelassene Teenager. Die Laissez-Faire-Mentalität der Groovianer war grandios. Nikki und Rose fühlten sich endlich aufgenommen und angekommen. Sie unterhielten die Gesellschaft mit seinen Rockstar- und ihren Luxuslabel-Anekdoten. „Was für ein wundervolles Paar!“, dachte man einhellig von ihnen. Und widmete sich dem eigentlichen Anlass der Versammlung: ***dem Futtern...***

Zuerst ging es an die Vorspeisen. Passend zu der üppigen Figur der irischen Gastgeberin wurde mit Kalorien und Kohlenhydraten nicht gekleckert sondern geklotzt. Es gab Pasta mit Fleischbällchen. Eine deftige Kürbissuppe. Und zu Nikkis großer Erleichterung einen großen Salat. Sogar mit ihren geliebten Cocktailtomaten. Allerdings mit reichhaltigem Ketchup-French-Cocktaildressing. Als Hauptspeise Lamm mit Pfefferminzsoße und Roastbeef mit Wirsing. Dazu gebuttertes Kartoffelpüree. Zum Abschluss Apfeltorte, Vanilleeis mit heißen Himbeeren, Mousse au Chocolat. Die Gäste luden sich die Teller so voll es ging und schaufelten sie im Eiltempo leer. Außer „Ah“ und „Oh“ und „Delicious“ und lautem Schmatzen wurde nicht kommuniziert. Schließlich war auch das Dessertbuffet gekapert. Innerhalb von fünfundvierzig Minuten waren die Kochkünste von mindestens sechs Stunden einverleibt. Woolf und Nikki beobachteten bewundernd, wie schnell man so viel Futter vernichten konnte.

Ein weiterer Joint machte die Runde. James und Wendy, ihre Nachbarn aus der Bayview Road, outeten sich als heimliche Fans von Woolf, der vor Euphorie sprühte. „Mann! Deine Musik ist groß! Ich muss dich meinem Onkel vorstellen. Der gehörte zu dem Liebermann-Clan, der die Elvis-Songs komponiert hat.“ Damit war Woolf seiner Vision des King of Rock sekündlich nahe gekommen. Er leuchtete wieder einmal wie ein Weihnachtsbaum. „WOW! Den musst du mir vorstellen! ALSBALD!“ Eisen schmiedete man, solange sie heiß waren. Er musste sein Talent beweisen! JETZT! Seine Augen suchten das opulente Wohnzimmer ab. Und fanden eine antik anmutende Gitarre an die Wand gelehnt. „Elizabeth, may I?“ Er borgte sich die ausgeleierte Gitarre der Gastgeberin und intonierte seine launige Version von „Knockin' on Heaven's Door /Chillin' out in Kokosnuss Groove". Er erntete Gelächter und Applaus. James versprach, seinen Onkel die nächsten Tage anzurufen. Im Gegenzug bat er die Rose, in der er die Geschäftsfrau erkannte, um einen kleinen Gefallen. „Mein Bruder Richard ist Videokünstler. Vielleicht kann er ja mit euch ins Geschäft kommen. Hier ist seine Nummer!" Nikki lächelte geschmeichelt und gab James ihre blutochsenrote Voltage-Visitenkarte. „Wir suchen tatsächlich einen Partner in Miami für unsere Sound-Animationen! Unsere Agentur in München ist unpraktisch weit weg. Richard kann mich gerne kontakten!" Die edle Visitenkarte lag samtig in seiner Hand. Sie verströmte Stil und Wertigkeit. Die Rose lächelte lässig und erweckte den beabsichtigten Eindruck von Eloquenz und Erfolg. „President" las James beeindruckt. „Beeindruckend!", sagte und meinte er! Die kontrastreiche Kombination aus Woolf, dem Rocker, und Nikki Rose, der stilsicheren Marketing-Koryphäe, war so vielversprechend wie explosiv! Zwei Liebende, die sich so ähnlich waren und doch so unterschiedlich tickten, glichen einer Atombombe...

James hatte nicht viel mehr zu tun, als das Geld auszugeben und zu verwalten, das er geerbt hatte. Sie lebten zusätzlich von dem Einkommen, das seine Frau, die erfolgreiche Psychologin, verdiente. Er war also in monetärer Hinsicht sorgenfrei. Allerdings stellten seine drei Kinder und deren tipptoppe Ausbildung ein teures Hobby dar. Er beschloss, dem explosiven deutschen Paar zu helfen, indem er es in die besten Kreise Miamis einführte... Er sprach eine Einladung aus, die sie nicht ablehnen konnten. „Ihr müsst unbedingt zu Peter Richs Party kommen! Er ist ein ganz großer, genialer Business-Mogul. Hat Pay Pool gegründet und kürzlich verkauft. Für ein Vermögen. Jetzt ist er Privatier. Er hat meinem Bruder die Frau ausgespannt. Er und Marilyn leben in einem Palast direkt am Meer." Nikki frohlockte. Woolf haute seinem neuen Buddy kräftig auf die Schulter. „Wir kommen gerne!“ Woolf sah sich bereits im schneeweißen Elvis-Anzug auf der Bühne der Royal Albert Hall! Er gab sogleich noch eine Elvis-Nummer zum Besten. „We can’t go on together with suspicious minds!“ Dabei blickte er seiner Rose warnend in die Augen. ER hatte von Anfang an Recht gehabt. Miami war der Place To Be und er würde Millionen mit seiner Mucke machen! Seine Darbietung erntete erneut anerkennenden Applaus. Doch das viele Essen hatte die Gesellschaft müde gemacht. Larry erhob sich als Erster. „Thank you, Elizabeth. You cooked wonderfully as always!“ Die anderen Gäste taten es ihm nach. Nun leerte sich die festliche Tafel sekündlich. „Elizabeth, thank you. This was so wonderful!“ „Thank you, Darling. See you next Thursday!“ „Bye.“ „You’re the best!“ Im Bruchteil von Sekunden war die Hütte leer!

Nikki und Woolf beobachteten das fluchtartige Aufbrechen mit belustigtem Befremden. Als Europäer empfanden sie es als eklatant unhöflich. Wie konnte diese dekadente Bande direkt nach dem Dinner komplett den Abgang machen? Doch es schien Usus zu sein im Donnerstag-Dinner-Club. Sie blieben und nahmen gerne die notgedrungene Einladung zu einem Whiskey auf dem Sofa an. Elizabeth gähnte. Eigentlich wollte sie nun endlich ihre Ruhe haben! Doch die beiden saßen und tranken und machten nicht enden wollende Konversation. Elizabeth versuchte es mit höflichen Hinweisen. „Guys. Danke fürs Kommen! Ihr seid jeden Donnerstag herzlich willkommen. Jetzt habe ich noch einiges zu arbeiten!“ Die Erschöpfung stand Elizabeth ins Gesicht geschrieben. Ihr zwölf Stunden Tag begann mit dem Einkauf der Fressalien in der Frühe und deren Zubereitung bis in den Abend. Endlich war alles aufgegessen. Doch ihre Arbeit war noch lange nicht zu Ende. Sie hatte die Reste des Koch-Gemetzels wegzuräumen, aufzuwaschen, Teller zu reinigen und abzutrocknen.

Nach dem Überfall der freundlichen Gesellschaft wollte sie nun die Aufräumarbeit in Einsamkeit genießen. Die feinfühlige Rose zupfte Woolf am Ärmel. „Ich glaube wir gehen dann mal..." Doch Woolf war viel zu aufgewühlt, ihre Erschöpfung zu berücksichtigen. Er hatte Anderes im Sinn! „Die nutze ich als Medium!", flüsterte er Nikki ins Ohr. Sie saßen auf einem altbackenen, geblümten Sofa. Elizabeth hatte den Fernseher angestellt. Ein nicht allzu dezenter Hinweis an die Gäste zu gehen. Leider vergeblich. Woolf erhob sein erneut gefülltes Glas und pendelte damit vor Elizabeths Antlitz herum. Es vergingen Minuten. Dann fiel ihr Kopf nach hinten und ein tiefes, unterirdisch tönendes Schnarchen entwich ihrem irischen Dreifachkinn. Woolf flüsterte für die Rose Unverständliches in die Ohren der Schlafenden. Deren Arme und Beine zuckten unnatürlich, als gäben sie Antworten auf geheime Fragen. Sie war mit Woolf im intensiven Dialog, obschon sie sich zweifelsohne im Tiefschlaf befand. Nikki betrachte die Szene mit Unglauben und Faszination. Es gab Dimensionen im Geist ihres geliebten Gatten, die blieben ihr verschlossen. Während sie auf Planet Erde verweilte, schraubte er sich in Sphären, die nur in seinem Kopf zu existieren schienen. Hatte er den Schlüssel zur anderen Seite? Oder war er ein Spinner? Wie so oft war sie hin und hergerissen zwischen Bewunderung und Belustigung. Glauben und Zweifel. Liebe und Distanz.

Schließlich schien Woolf zu wissen, was er wissen wollte. Er stellte das Glas ab und schenkte sich einen weiteren Whiskey ein. „Ich habe mit meiner Großmutter gesprochen", berichtete er so selbstverständlich als ob er die Wettervorhersage rezitierte. „Sie prophezeit uns großes Glück! Sie warnt aber auch vor der falschen Gesellschaft!" Nikki nickte zweifelnd mit schief gelegtem Köpfchen. Man sah ihre Gedanken förmlich rattern auf den Gleisen in ihrem Gehirn. Elizabeth schlief schnarchend weiter. Die Rose schämte sich dafür, ihre Intimsphäre zu stören. Im Schlaf sollte jeder unbeobachtet sein dürfen! „Wollen wir Elizabeth jetzt nicht in Ruhe lassen? Sie schläft tief und fest!“ Woolf wehrte die Bitte der Rose barsch ab. „Sie schläft? Ganz und gar nicht. Ich habe sie **HYPNOTISIERT**! Sie wandert durch die Korridore ihrer Vergangenheit und durchlebt ihre unterschiedlichen Leben. Das ist mein Dank an sie für die Mediation mit meiner Großmutter!“ Die Rose schaute skeptisch. Ihre Stimme wurde dringlich. Sie war müde und die Situation war ihr unerträglich unangenehm. „WOOLF! Lass uns gehen! BITTE!“ Er ignorierte sie. Griff erneut nach der Flasche und kippte sich den beachtlichen Rest ins Glas. Er ließ keinen Anstandsschluck übrig. Nie. Mit einem verächtlichen Seitenblick stürzte er den Inhalt in einem Schluck in seine Kehle. Sein Kräbbchen war eben limitiert wie alle anderen auch. Er war MISTER MAGIC! Er würde die Welt rocken! Und das Universum! Und alles Andere, was da sonst noch war!

Nikki war an der Grenze ihrer Geduld angelangt. Sie erhob sich und ging zum Ausgang. Er folgte schwankend. Berauscht vom Whiskey und seiner eigenen Wichtigkeit schmetterte er „It's now or never“ in die laue Nachtluft. Und schritt dynamisch über den Rand des Pools im Vorgarten. Mit einem lauten Platsch fand er sich im Natur belassenen Tümpel mit allerlei Algen und Ungeziefer wieder. Sein Anzug saugte sich sekundenschnell voll. Berauscht wie er war, vergaß er zu schwimmen und sank unter Wasser. **„OH NO!“** Die Rose blickte in den Pool und beobachtete den Sinkflug des Woolfs. Wie zur Hölle sollte sie ihn aus den Wassermassen ziehen? Schwer und voll wie er war! Sie sendete ein Stoßgebet zum Himmel. ***„Himmel. Hilf!“*** Da erhob sich ein quadratischer Schatten aus den Büschen und sprang unerschrocken in den Pool. Nikki erkannte Larry, das Michelin-Männchen und ehemaligen Vietnamveteran. Er hatte im Schatten des Gartens einen weiteren Joint genossen und war dabei eingenickt. Jetzt konnte er seine im Krieg gewonnene Rettungsroutine anwenden. Geübt tauchte er gen nicht allzu tiefen Grund und sammelte Woolf ein, indem er seinen Oberkörper umklammerte. Er zog ihn an die Luft. Klemmte seine Hände an den Rand des Pools. „Nikki. Halt ihn kurz. Dann kann ich ihn rausziehen!“ Einfacher gesagt als getan. Sie griff seine glitschigen Hände und hielt sie fest. Doch sie waren rutschig und das Gewicht des Woolfs zog ihn zurück ins Wasser. Die Rose wurde rot vor Anstrengung und versuchte, ihn zu halten. Währenddessen hievte Larry sich aus dem Wasser. Gerade in dem Moment als ihr die Last zu schwer wurde und sie im Begriff war, Woolfs Fingerspitzen loszulassen, griff er den Woolf und zog ihn mit einem Ruck aus dem Wasser. Dann hüpfte er auf seinen Brustkorb. Ein Schwall von Wasser und Whiskey ergoss sich aus der Kehle des Woolfs. Seine bläuliche Gesichtsfarbe erholte sich zu grau. Er hustete keuchend. „Thanks. Man! Ich muss den Pool übersehen haben!“ Die Rose kniete sich neben ihn und half dem pudelnassen Woolf, sich aufzurichten. „Danke Gott, dass Larry noch im Garten war!“ Was bloß wäre passiert wenn nicht? Sie verdrängte die düsteren Gedanken. Der Abend war vielversprechend verlaufen. James und Wendy, die Verbindung zur Musikindustrie und dem Pay-Pool-Magnaten, waren aussichtsreich. Diese Eisen galt es, zu schmieden... Die Gesellschaft der Groovianer war große Klasse. Das Essen zwar reichhaltig aber mit Liebe zubereitet. Sie waren im Inner Circle von Kokosnuss Groove aufgenommen. Das verhieß viel. Wenn nicht Woolfs Unberechenbarkeit wieder und immer wieder einen Strich durch die Rechnung machen würde. Wie oft konnte sie ihn noch vor seinem eigenen Abgrund retten, ohne dass sie beide darin untergingen? Larry zündete sich den Rest des Joints an und lenkte sie von ihren düsteren Gedanken ab. „Das war knapp!“, grinste er. Doch einen ehemaligen Vietnamveteranen brachte nichts aus der Ruhe. Er streckte Woolf den Joint entgegen. Der zog gierig daran. Nikki schenkte sich vergeblichen Einspruch. Larry, der Kriegsbewältiger, kannte sich besser aus mit den Opfern des Lebens. „Dein Kerl braucht jetzt Entspannung!", raunte er und führte Woolf nach dem Joint noch ein Glas Whiskey an den Schlund. Dann setzte er ihn vorsichtig auf. Angefüllt mit rauschhaften Helferlies rappelte sich Woolf mit Hilfe vom Michelin-Männchen auf. Er stand. Wenn auch unsicher. Wieder auf eigenen Beinen. „Ich bringe euch jetzt nach Hause", sagte Larry an. Dann verfrachtete er das erschöpfte Rockstar-Paar in seinem Jeep und fuhr sie sicher in die nur wenige Minuten entfernte Bayview Road. „Danke Alter. Komm doch morgen zum Lunch vorbei!" Woolf zeigte einen Anflug an Gewissen und Dank für seine Rettung. Larry nahm gerne an. Nikki verabschiedete sich mit dankbaren Backenküssen. „You are the greatest!" Dann sank sie ungeschminkt und in voller Montur in die Kissen. Woolf, durch den Sturz in den Pool entsetzlich ernüchtert, schwankte an den Steinweg und gönnte sich einen Absacker für die Nacht. „It's now or never" grölte er noch lautstark. Dann übermannte ihn der Schlaf. Er döste auf den Tasten des Steinwegs ein. Sie gaben einen düsteren Ton von sich.

Where have all the good friends gone?

Wenige Tage später erwachte die Rose und war ein Jahr älter. Es war ihr achtunddreißigster Jahrestag. Der Allererste in Kokosnuss Groove. Der erste in ihrem neuen Leben. Sie fühlte sich fremd und fern ihrer Lieben. Ihr Geburtstag war gewöhnlich ein froher Festtag, den sie gemeinsam mit ihrem Zwillingsbruder, Familie und Freunden intensiv feierte. Heute war alles anders. Sie war mutterseelenallein in Miami. Nicht einmal Woolf lag noch neben ihr. Der Blick aufs Blackberry enttäuschte entsetzlich. Keine neuen Nachrichten. Wo waren sie, die Glückwünsche ihrer guten Freunde, die sie so viele Jahre begleitet hatten? Offensichtlich vom Erdboden verschwunden. Woolf enterte das Schlafgemach. Eine Blüte aus dem Tropengarten im Mund. Zwei Kübel Campari in der Hand. „Mein Kräbbchen. Auf ein glückliches neues Lebensjahr! Auf uns!“ Er schmetterte sein Glas gegen das ihre. Und blickte abfällig auf ihr Blackberry. „Na, schon viele Geburtstagsglückwünsche erhalten?“ Sie schüttelte resigniert den Kopf. Zumindest die Tolle saß astrein dabei. Ihr Herz jedoch schmerzte. „Nein. Noch keine! Es ist ja auch noch tiefste Nacht in Deutschland!“ „Aus den Augen aus dem Sinn!“ Woolf streute Salz in die Wunde und freute sich diebisch. Er war bestätigt in seiner Strategie. Isoliere einen Menschen. Dann gehört er dir! Das traurige Gesicht seiner Rose bewies, dass er Recht hatte. Die Isolation auf der anderen Seite des Ozeans zerstörte selbst die dicksten Bande von Freundschaften und Seilschaften. Heute gehörte sein Kräbbchen ihm. Und nur ihm! Er begann spöttisch zu singen: „Where have all the good friends gone?“ Die Rose funkelte ihn böse an. „Woolf. Stop it! Die melden sich schon noch!“ „Das glaubst du doch selbst nicht! Was ist mit deinen ehrenwerten Eltern? Deinem Weichei von Zwillingsbruder? Der Lusche von Kalle? Mit dem Rest deiner feinen Freunde?“ Er plusterte sich auf. „Kräbbchen.

Die sind hinfort! Und die brauchst du auch alle nicht. Du hast mich. Den besten Mann der Welt! Alles andere sind ARSCHLÖCHER! Das lasse ich sie jetzt wissen!“ Er schnappte sich ihr Blackberry und entschwand aus dem Schlafzimmer. Sie suchte Seelentrost bei einem ausführlichen Schönheitsprogramm im Bad. Währenddessen sendete Woolf seine bitterböse Botschaft an ihre Freunde und Familie. „Where have all the good friends gone? Where are family and friends? When times get rough and things get tough they disappear like dust in the wind! IHR ARSCHLÖCHER! Bleibt für immer fern von MEINER FRAU! Sie hat den besten Mann der Welt!“ Er schoss die Nachricht an sämtliche Kontakte im Blackberry der Rose. „Mission erfüllt!“ Er grinste mit gebleckten Iggy-Pop-Gebiss. Dann plante er seinen Ausflug zum Kokosnuss Walk. Wohl wissend, dass Nikki noch einige Stunden im Bad benötigte. Er klopfte kurz an die Tür ihres Fort Knox. „Kräbbchen. Ich habe etwas zu erledigen! Bin in zwei Stunden zurück!“ Er schlich ins Büro und entnahm ihrer Handtasche das Portemonnaie. Er griff ihren gesamten Inhalt von läppischen zweihundert Dollar ab. Das musste reichen für ein Geburtstagsgeschenk, billige Blumen und ein paar Biere an der Bar. Die Kreditkarte traute er sich momentan nicht anzufassen. Er legte das Blackberry in die Tasche zu dem jetzt leeren Portemonnaie. Die Bombe war abgeschickt. Jetzt erhielt sie garantiert keine Geburtstagsglückwünsche mehr! Entspannt schlenderte er den Main Highway entlang. Zuerst zu Robb the Groove. Der Gauner gab ihm ein winziges Paar Ohrringe deren Brillanten so klein waren, dass sie kaum sichtbar waren. Hundertzwanzig Dollar. Das passte. Besser als nichts. Woolf gönnte sich ein Corona im Green Street Café. Da erreichte ihn eine irritierende Nachricht. Von: Kalle Bolte. An seine Handy-Adresse. „Where have all the good friends gone? Also ich bin hier und warte auf die Rückkehr meiner Rose. Wir wissen doch alle, dass du sie nicht ernähren kannst. Warte nur bis ihr zurück seid und ich zeige dir, wer der wahre Mann der Rose ist. Du kannst dich warm anziehen Alter! Der Kalle!“ Woolf schleuderte das Handy wütend auf den Tisch. Kalle. Dieser miese Wichser! Er wusste doch von Anfang an, dass der es nur auf sein Kräbbchen abgesehen hatte. Genau wie der restliche fragwürdige Freundesclan. „Arschloch kennt Arschloch. Du bist raus aus meinem Leben! Und wage es nie mehr, meine Frau anzumachen!“, tippte er in sein Handy und drückte auf „Senden“. Woolfs Lebensphilosophie war so einfach wie radikal.

Nikki war mittlerweile fertig gestylt, doch noch nicht angezogen. Da klingelte die Türglocke. Ihr Herz hüpfte zum Hals. Das war bestimmt ein Paket von den Eltern! Sie stürmte ins Schlafzimmer und zog sich das erstbeste Kleid über. Dann flitzte sie zur Tür. Aus einem riesigen dunkelbraunen Bus von UPS stieg eine schmale schwarze Frau im wenig kleidsamen dunkelbraunen Overall. Ein emsiges Äffchen. Mit einem Paket im Arm! Die Rose begrüßte sie freudenstrahlend, unterschrieb den Erhalt. Dann trug sie das Präsentpaket in ihr Büro. Dort surrte die Handtasche. Ihr Blackberry klingelte Sturm. Zwanzig neue Nachrichten. Zuerst einmal packte sie ihr Geschenk aus. Von: Ursi und Horst Rose. Jawohl! Sie fand eine stilvolle weiß gelackte Box mit einer schwarzen Schleife. In einem Umschlag befand sich eine Karte mit Rosenmotiv und der schönen tintenblauen Handschrift der Mutter. „Liebste Nikki. Alles Gute zum Geburtstag. Mögen Deine Wünsche in Erfüllung gehen! Wir sind stolz, Deine Eltern zu sein! Vor achtunddreißig Jahren war der glücklichste Tag unseres Lebens!“ Eine Träne der Rührung entwich ihren Augen. Sie lief die rosige Backe hinunter. So einsam, wie die Rose sich fühlte. Sie öffnete die Schachtel und entnahm ihr ein winziges schwarzes Kleid. Mit geschnürter Korsage und Strassovski-Steinen. Auweia. Ob sie da wohl reinpasste? Doch auf das modische Know-how ihrer Mutter war Verlass. Die Rose drehte und wendete sich und schraubte sich mühsam in das Korsett. Dann saß es. Perfekt und betörend. Es betonte ihre schmale Taille und die weiblichen Rundungen. Ihr Busen war appetitlich gebettet in die weit ausgeschnittenen Körbchen. Erfreut drehte sich die Rose im Ganzkörperspiegel. Sie sah aus wie ein Filmstar. Die gesunde Ernährung, das viele Pilates und die feuchtigkeitshaltige Luft zahlten sich aus. Unwillkürlich war sie getröstet. Jetzt nahm sie das Blackberry hervor und eilte durch schöne Nachrichten und gute Wünsche. Die miese Mail von Woolf konnte Freunde und Familie nicht fernhalten. Nikki Rose blickte nur auf den Eingang, nicht den Ausgang. Die Boshaftigkeit des Woolfs zu ihrem Geburtstag entging ihr zum Glück.

„You never walk alone!" Die erste Nachricht stammte von Utz, ihrem lieben Freund, ehemaligen Chef und lebenslangen Mentor. „Liebste Rose! Für Dich soll es immer rote Rosen regnen!" Von Kalle. Dann klingelte das Festnetz. Die Eltern riefen an. „Nur das Allerbeste für dich liebste Nikki! Hast du unser Päckchen bekommen?" Die glockenhelle Stimme der Mutter flötete in ihr Ohr. „Ja liebe Mutti. Ich habe das Kleid schon an. Es passt ganz wundervoll!" Die Mutter runzelte nicht hörbar die Stirn. Eigentlich war das „kleine Kleid" ein Bustier mit längerem Rockschoß und als Oberteil gedacht. Wenn es der zierlichen Rose als Kleid passte, musste sie ganz schön schmal geworden sein. „Kind. Isst Du auch genug?" Sie konnte sich die ewige elterliche Ermahnung nicht verkneifen. „Muuuuttiii. Alles gut! Ich esse genug! Heute gehen wir zum Geburtstagsdinner zum kleinen Franzosen! Und auf Curacao haben wir gelebt wie die Könige in Frankreich!" „Dann ist ja alles gut!" Die Mutter strahlte. „Ich gebe dir deinen Vater!" „Hallo Nikki!" Die Stimme des Vaters lächeltein den Hörer. „Na, noch alles dran an dir?" „Ja, wir sind in die feine Gesellschaft aufgenommen worden. Woolf arbeitet an einem neuen Song und ich stelle unser Private Placement fertig. Wir brauchen einen finanzstarken Investor!" Die Rose klang geschäftig und tüchtig wie bekannt. „Das freut mich liebe Nikki. Bei uns gibt es eigentlich nichts Neues. Alles ist wie immer. Den Hunden geht es gut. Sie haben beide brav gegessen und gemacht!" Nikki lächelte über den typischen Spruch des Vaters. „Und jetzt gebe ich dir dein Brüderlein!" Die vertraute Stimme ihres Zwillingsbruders ertönte freundlich. „Nikki. Grüß dich. Alles Gute!" „Dir auch bester Twin!" „Unsere Geschenke tauschen wir persönlich aus!", druckste Matschi Rose. Sein Geiz war legendär. Doch zum heutigen Geburtstag hatte er sich etwas Besonderes ausgedacht. „Als Geschenk lade ich dich zum Dinner à deux ein. In das Restaurant deiner Wahl!" Das allerdings war mutig, denn der Geschmack seiner Schwester war so simpel wie teuer. Nur das Beste war ihr gut genug. Sie hielt es mit Oscar Wilde. „Klasse!", schnurrte sie schon im gedanklichen Ausmalen eines genussreichen Abends. „Dein Geschenk ist geordert!", strahlte sie nun. Sie hatte ihrem Bruder die brandneue CD von Dennis De Jung bestellt. Ein Import aus Kanada. Sie musste täglich bei ihm ankommen!? Sie war es bereits! „Nikki. Du bist ja des Wahnsinns! Das war doch viel zu teuer in deiner jetzigen Situation." Mahnte er brüderlich. Und hatte gleich noch eine gute Geburtstagsnachricht. „Die Bauernfeind hat endlich klein beigegeben und überweist dir 7.500 Euro Abstand. 1.500 zieht sie für eine neue Geschirrspülmaschine ab." Nikki fiel ein Stein vom Herzen. Das rettete den nächsten Monat! „Was würde ich nur ohne euch machen?", seufzte sie gerührt in den Hörer. Der Bruder hüstelte. „Äh. Gern geschehen. Ich gebe dir mal die Omi!" Das robuste Organ der 91-jährigen tönte ihr ins Ohr. Sie kam sogleich zum Kern der Sache. „Nikkische horschemal. Du bist Geschäftsfrau wie ich und bist bestimmt auch selbständig erfolgreich. ABER WARUM MIAMI? Komm zurück Kind!" Nikki hasste es, sich zu rechtfertigen. „OOOOMMMIIII! Hier lässt sich gerade alles ganz gut an. Und wenn es nicht klappt, kann ich immer noch zurückkommen!" Die Großmutter seufzte erleichtert. „Gutes Kind. Ich wünsche dir alles Glück und allen Segen dieser Welt!" Dann brach sie in Tränen aus. Die Sentimentalität des Alters. Nikki verabschiedete sich traurig und getröstet zugleich von der Familie. „Auf bald! Kauft euch eine Kamera. Dann können wir skypen!“ Sie legte nachdenklich den Hörer auf und checkte die weiteren Nachrichten. Ihre Freundin Kristina Paris hatte besonders schön geschrieben. „Röslein. Rate mal, wo das diesjährige PMP von Mystar stattfindet! In Miami! Ich komme dich besuchen!“ Die Rose machte einen Luftsprung wie man ihn von Dalli Dalli kannte. Das war spitze! In dem Moment ertönte der Schlüssel im Schloss.

Woolf trat durch die Haustür. Mit vollen Händen. In der einen hielt er einen Strauß roter Rosen. In der anderen eine Tüte von Robb the Groove. Die Rose erblühte erfreut. Sie sank neben dem Woolf auf das Linia-Rose-Sofa und öffnete neugierig die samtene Schmuckschatulle. Die Rosen standen vor ihr im Wasser in voller Blüte. Sie schälte zwei klitzekleine Ohrringe aus dem rotsamtenen Kästchen. Wunderschön und winzig. Wie das kleine Kleidchen, das Woolf begierig betrachtete. Die Rose eilte ins Bad um den Ohrschmuck anzulegen. Ob er wohl passte? Sie steckte die Ohrringe in ihr geflicktes Schlitzohr. Die winzigen Brillanten passten perfekt. Genau wie das Kleid. „Wunderschön!“, strahlte die Rose, eilte zurück ins Wohnzimmer und küsste ihren Gatten dankbar. Es waren zwar keine Zweikaräter. Aber auf die Geste kam es an. Er sah peinlich berührt zu Boden. „Kräbbchen. Das Geld habe ich mir von dir geliehen. Nächstes Jahr schenke ich dir einen riesigen Ring! Den größten Smaragd der Welt für dich! Passend zu deinen grünen Augen. Umrahmt von feinsten Diamanten. Verzeih mir, dass ich dir heute nur diese winzigen Brillis kredenzen kann. Ich gelobe Besserung!“

Nikki fühlte sich beschämt. Die kleinen Ohrringe gefielen ihr. Doch dass er sie von gestohlenem Geld aus ihrer Börse gekauft hatte, fühlte sich falsch an. Sie sprach errötend die häufige Lüge der Frauen aus.

„Liebling. Es kommt doch nicht auf die Größe an!" Dann strahlte sie über beide Backen. Die vielen liebevollen Nachrichten und der kleine schon nicht mehr erwartete Geldregen des Mietabstands erfreuten ihr Herz. Ihre guten Freunde waren und blieben bei ihr. Ob Woolf das wollte oder nicht. Sie beschloss, diese Geheimnisse für sich zu behalten. Was er nicht wusste, konnte ihn schließlich auch nicht auf die Palme bringen. An ihrem Geburtstag durfte es keinen Streit geben! Doch ihre Freundschaften ließ sich die Rose nicht nehmen... Ganz im Gegenteil! Nikki war fest entschlossen, auch in Miami wertvolle Seelengefährten zu finden und pflegen. „Wir machen ein Fest!", beschloss sie spontan. „Geburtstage sind zum Feiern da! Wir laden für Samstag zur Dinnerparty!" „Oh ja. Ich gebe ein Privatkonzert!" Die Gelegenheit, den Rockstar zu geben, ließ er sich nicht nehmen. Die Rose plante bereits die Details. „Es gibt indisch. Das ist exotisch, einfach vorzubereiten und köstlich! Das kann hier keiner kochen! Außerdem ist es nicht allzu teuer!", entschied sie. Sie stürmte ins Büro und entwarf das indische Rosen-Dinner. „Papadams mit vier verschiedenen scharfen Chutneys. Raitta, ein milder Salat aus Gurken, Tomaten und Joghurt mit Koriander. Samosa mit Spinatfüllung. Indische Linsensuppe. Chicken Tikka Marsala. Lamm in Mandelsoße. Auberginenpüree. Basmati-Duftreis. Geeistes Mango-Mousse." Woolf lief das Wasser im Mund zusammen. „Kräbbchen. Du bist ein Genie!" Er zeigte auf ihre MegaO. „Zeit für Happy Hour und romantisches Geburtstagsdinner beim Franzosen! Heute bleibt unsere Küche kalt. Ich lade dich ein!" Auch wenn die Einladung eine Farce war. Die Rose freute sich, sich an diesem Glückstag verwöhnen zu lassen. Sie sagte nicht nein.

Nach ein paar erfrischenden Coronas im Kokosnuss Walk schlenderten sie zum kleinen Franzosen und gönnten sich ein feierliches Geburtstagsdinner. Der Mond schien hell, die französischen Chansons von Gerald Depardieux umschmeichelten die Sinne. Der Sancerre im Glas schmeckte nach purem Glück. Die Rose wollte, dass dieser Moment niemals endete. Doch sie musste mal kurz für kleine Mädchen. „Excusez-moi!“ Die Rose ging sich die Nase pudern, während sie auf die Hauptspeise warteten. Entrecote mit French Fries und Cognac-Sauce für Woolf. Er brauchte Kraft für die Geburtstagsnacht. Filet vom Thunfisch mit Tomatensalat für die Rose. Die Vorspeisen hatten sie bereits genussvoll gegessen. Nikki hatte Garnelen mit Avocado gewählt. Der Woolf rohes Rindertartar mit Wachtelei. Nikki fühlte sich bereits nach der Vorspeise etwas beengt im neuen Bustierkleid, das ja eigentlich ein Oberteil war. Sie erleichterte und renovierte sich im Powder Room. Dann schwebte sie schlank und schön zurück an den Geburtstagstisch. Als sie zurück an den Platz kam, war die Stimmung gekippt. Alarmiert sah sie, dass Woolf ihr Blackberry aus der Tasche genommen hatte und sämtliche Mails las. Nun zog er sie mit hämischen Hasstiraden auf ihre Familie und Freunde auf. „You never walk alone. Das ist ja wohl so was von eklig von dem hässlichen alten Mann Utz. Der will dich doch bloß ficken!“ „In dem kleinen Kleidchen von deinen Eltern siehst du aus wie eine Hure!“ „Deine Großmutter wünscht DIR Glück und Segen. Warum nicht mir?“ „Für dich soll es immer rote Rosen regnen?“ Dem Kalle haue ich eine rein, wenn ich ihn jemals wiedersehe! Die vielen guten Wünsche und Geschenke für seine Rose taten seinem Ego ungut.

Sie wurde rasend vor Wut. „Woolf. Das macht man nicht. Das ist MEIN Blackberry und das sind MEINE Nachrichten! Es steht dir nicht zu, so weit in meine Privatsphäre einzudringen!“ Er spuckte verächtlich und warf das Blackberry so fest auf den Tisch, dass es zu zerbersten drohte. „Was dein ist, gehört auch mir! Wir sind verheiratet! Du hintergehst mich. Du mieses Stück! Ich habe dir den Kontakt zu deinen falschen Freunden untersagt!“ Sie erstarrte. „Ich bin deine Geliebte. Gemahlin. Aber nicht Gefangene!“, konterte sie wütend und rettete ihr Blackberry. Woolf war anderer Ansicht. „Du bist meine Gemahlin. Du hast mir zu gehorchen!" Sie schlug die Augen zum Himmel. „Wie anachronistisch ist das denn? Du lebst wohl noch im Zeitalter der Affen!?! Ich gehöre mir. Nur mir. Mit dir bin ich zusammen, weil du mich glücklich machst! Weil wir zusammen mehr sind als alleine. Liebe soll beflügeln und befreien. Nicht beengen und bedrohen!" „Unsinn! Du gehörst MIR! Du hast kein Recht auf ein eigenes Leben!" Nikki runzelte sprachlos die Stirn. Da gab es nichts mehr zu erwidern. Offensichtlich hatten sie äußerst unterschiedliche Ansichten zur Ehe. Warum bloß kam das erst jetzt zu Tage?

Zum Glück kam der Garçon mit dem Hauptgang, bevor ihr Streitgespräch weiter eskalieren konnte. Doch der Appetit war ihr vergangen. Sie stocherte lustlos im Tomatensalat und in dem feinen Thunfischfilet. Woolf vertilgte sein blutiges Steak und ließ nach jedem Schluck böse Bemerkungen fallen über samt und sonders alle ihre Freunde und die Familie. Schließlich hielt sie sich die Ohren zu und schob den noch vollen Teller von sich. „Verzeihen Sie. War der Thunfisch nicht gut?", fragte der freundliche Kellner angesichts der kaum angerührten Hauptspeise. „Köstlich nur zu viel!", lächelte sie mit traurigen Augen. „L'addition, s'il vous plaît!" Zu ihrem Schrecken entdeckte sie das leere Portemonnaie. Woolf hatte ihr sämtliches Bargeld geklaut. „Ein schönes Geburtstagsgeschenk!", murmelte sie so bleich wie eine Porzellanpuppe und zückte die Firmenkreditkarte. Ein großes Guthaben war nicht mehr darauf, aber halten sollte sie heute noch. Woolf orderte schnell noch einen Kübel Cognac. Die Rose unterschrieb den Beleg und schnappte sich ihre Handtasche. Sie ließ Woolf sitzen. Sie konnte seine aggressive, besitzergreifende Gesellschaft keine Sekunde länger ertragen. Das sollte doch ihr Glückstag sein! Einsam und allein lief sie den Main Highway zurück. Über ihr das Funkeln der Sterne und der volle Mond wachte magisch über sie im Himmelszelt. „Someone to watch over me" säuselte Dennis de Jung in ihre Seele. Bei allem Unbill mit ihrem Gemahl. Sie wusste, sie war nicht alleine! Zuhause angekommen gönnte sie sich ein Schönheitsbad und räkelte sich schließlich im La-Perle-Negligee bei einem letzten Glas Weißwein mit trostreicher Bridget-Jones-Lektüre in die weiche Daunendecke. Erst Stunden später hörte sie Woolf durch die Tür treten. Doch sie hatte das Schlafzimmer verschlossen. Sollte er auf der Linia-Rose-Couch seinen Rausch ausschlafen oder ins Gästecottage umziehen. Heute hatte er die Grenze zu ihrer Privatsphäre überschritten. Das ging zu weit und würde Folgen haben! Sie tippte sehnsüchtige Nachrichten an ihre Freunde auf der anderen Seite des Ozeans. Dann schniefte sie sich in den Schlaf und tröstete sich mit dem Ausmalen des indischen Rosenfests. Sie schnupperte bereits die pikanten Düfte und sah die begeisterten Gesichter der Gäste, während sie begleitet von „Ahs" und „Ohs" ihre Kochkünste lobten.

Ein Fest für die Ratten

Am Samstag um Punkt sieben Uhr abends überfielen fünfzig Bekannte und vielleicht zukünftige Freunde die Bayview Road 3619 in Kokosnuss Groove. Sie wurden gelockt von den köstlichen pikanten Düften der fremdländischen indischen Küche. Nikki Rose im sexy Bustierkleid auf haushohen Stilettos und mit ebensolchem Haarturm empfing die Gäste mit strahlendem Lächeln. Sie übertraten die Türschwelle mit geblähten Nasenlöchern. Die wundersamen Gerüche schnüffelnd wie hungrige Hunde. Wie hypnotisiert zog es sie in die Küche, in der ein kulinarisches Meisterwerk aufgebaut war. „Hast du das alles SELBST gezaubert?" Die Frage stellte jeder, der in den paradiesischen Duft der Küche trat. Sie nickte in kleidsamer Bescheidenheit. Tatsächlich hatte sie drei Tage lang an dem indischen Buffet geackert. „War mir eine Freude!" Lässig tat sie, als hätte sich das so gut wie von alleine gekocht. „Wahre Kunst manifestiert sich in einem langen, mühsamen Schaffensprozess, dessen Ergebnis aussieht, als hätte es schon immer so sein sollen!" Sie war stolz auf das Gaumenfest und strahlte von innen. Die Plackerei war ihr nicht anzusehen. Jil und Ben, die ersten Gäste und nächsten Freunde, hatten ihre drei chinesischen Faltenhunde dabei. Die führten die Gesellschaft von Feinschmeckern an und stürmten ohne Federlesen in die Küche. Dort standen sie mit Schaum vor den Schnauzen und drohten, das liebevoll aufgebaute Buffet in ein Schlachtfeld zu verwandeln. Die Rose verteidigte ihr Werk. Sie stellte sich mit fuchtelnden Armen davor und versuchte, die drei Tiere hinfort zu scheuchen. Doch die kräftigen Hunde waren keine Fruchtfliegen. Es brauchte eines wahren Mannes, sie zu überwältigen. Erleichtert erblickte sie Woolf, der ihr mit dem berüchtigten Sushi-Messer zu Hilfe kam.

Unerschrocken packte er die Hunde an ihren Halsfalten und schleppte sie aus der Küche. Er knurrte dabei lauter als die Tiere. Er sperrte sie grimmig in seine Lounge. Sie zogen die Schwänze ein und zeigten Angst vor Woolf, der wankte vor Wut. Er hatte Schaum vorm Mund wie ein Tollwütiger. Kaum befanden die Faltenhunde sich in der Gefangenschaft der Lounge pissten sie ihr Revier markierend auf die wertvollen Felle, die den Boden zierten. Woolf rastete aus und fuchtelte wild mit dem Sushi-Messer. „Scheißköter! Ich mache euch den Garaus!“ Er kochte. Am liebsten hätte er die blöden Biester zu Ragout verarbeitet und in das indische Essen gegeben. Auch alle weiteren Gäste hätte er liebend gerne seines Hauses verwiesen. Sie hatten sowieso nur Augen für die Rose! Eifersucht erfüllte sein Herz wie Feuer. Sie sonnte sich in Bewunderung und sahnte Geschenke und Glückwünsche ab. Was war mit ihm? Wo blieb seine Anerkennung? Zu seinem Fünfzigsten hatte sich kein einziges Arschloch gemeldet. Nicht einmal seine Söhne freiwillig! Er schloss die Tür der Lounge und kehrte schnaubend zurück zur Schar ihrer Fangemeinde. Er wollte endlich sein Licht leuchten lassen. Nicht unter ihrem Starlight erblassen. Doch die gierige Meute hatte nur die Rose und das köstliche indische Dinner im Sinn. Übellaunig beobachtete er die Fresserei. Die Berge von Geschenken, die sich im Büro der Rose türmten, waren Dornen in seinen Augen. Die Rose hingegen weidete sich daran. Sie würde auspacken, wenn das leibliche Wohl ihrer Gäste befriedigt war. Sie thronte auf einem eigens dafür angeschafften Barhocker in der Küche und stellte die feinen fremdländischen Speisen vor. Papadams mit scharfem Madagaskar-Pfeffer und Kümmel, knusprig gebackene würzige Waffeln mit süß-sauer-scharfen Chutneys aus Mango und Tomate. Mit Pfefferminzsoße und Raitta, einem erfrischenden Salat aus Gurken, Tomaten, Koriander und Joghurt. Elizabeth, die irische Küchenkönigin labte sich begeistert an der scharfen indischen Vorspeise. Die anderen Gäste taten es ihr nach. Danach Dhal, die besonders aromatischen indischen Linsen als pikante Suppe. Köstlich knusprige Samosa mit raffinierter Spinatfüllung. Chicken Tikka Marsala: 48 Stunden lang in würzige Tandoori-Paste eingelegtes Hähnchenfilet in sämiger roter

Currysoße. Lammfilet stundenlang auf kleinster Flamme mit dutzenden von Gewürzen geköchelt mit Mandelkernen in sanfter Kokossoße und einer Spur scharfem grünen Curry. Fischcurry mit Seeteufelmedaillons, aromatischem Ingwer und gelbem Curry. Auberginen-Mousse, süß und weich mit Zimt und geschmorten Tomaten. Duftender und knackig fester Basmatireis. Geeistes Mango-Mousse. Dazu indisches Bier, Sauvignon Blanc und ein leichter kalifornischer Rotwein. Und natürlich Wasser, prickelndes und stilles, um die scharfen Genüsse hinunterzuspülen. Nikki kochte und genoss gerne megascharf! Die Gäste aßen die scharfen Speisen genießerisch und tranken reichhaltig Löschmittel für die brennenden Kehlen. Pinar, die quirlige türkische Maklerin, hing wie eine Klette an der Rose. „Wie kannst du so zierlich sein und gleichzeitig so göttlich kochen?“ Pinar selbst kochte, aß und trank für ihr Leben gerne. Leider hatte ihr schöner üppiger Körper mittlerweile die Grenze zum „Sich-nicht-mehr-wohl-und-schön-fühlen“ überschritten. Die Rose teilte ihr Figurgeheimnis bereitwillig. „Niemals Diät! Das bringt nur den Jojo-Effekt! Keine Kohlenhydrate. Keinen Zucker. Viel Wasser. Reichlich Weißwein. Extra trocken. Corona nur Light. Frischer Zitronensaft. Macha-Tee. Maximal ein Mal am Tag warm essen. Viel Salat und Tomaten. Wir bestehen zu 80 % aus Wasser. Sich ebenso ernähren! Frühstück nur in flüssiger Form. Keine Zwischenmahlzeiten. Zu essen aufhören, wenn man satt ist. Am besten niemals hungrig sein. Essen als reinen Genuss betrachten. Körperliche Betätigung gezielt betreiben. Möglichst täglich. 500 Sit-ups und eine Stunde Pilates. Am besten auf dem Power Plate. Täglich Sex. Idealerweise mehr als einmal!“ Pinar hob die Augenbrauen und staunte nicht schlecht. Sie hatte in der Rose ihren Guru für ein genießerisches und geniales Leben gefunden! Ihre Bedienungsanleitung für das Leben klang nach freudvollem Genuss. „Von nix kommt eben nix! Das Leben ist kein Zuckerschlecken!“ Die Rose zuckte lächelnd mit den Schultern. Dann mischte sie sich unters Volk. Small Talk hier.

Small Talk dort. Geschenke empfangend und ins Büro deponierend. Die Vasen langten schon lange nicht mehr für das Meer aus Blumen. Sie nutzte Papierkörbe, Weinkühler und Töpfe. Die Küche war mittlerweile zum Bersten voll. Die fremdländischen Genüsse begeisterten die amerikanischen Gäste die allesamt „Food Obsessed" waren. Offensichtlich sprach sich das fulminante Fressfest in der Gegend herum. Es kamen immer neue Gäste. Und längst nicht alle standen auf der Einladungsliste....

James und Wendy brachten Begleitung mit. Richard. Den Bruder mit der Videoproduktion. Er sah ein bisschen abgerissen aus und hatte einen esoterisch verklärten Gesichtsausdruck. Er schnüffelte mit schwärmerischem Maulwurfgesicht. „Indisches Essen. Das ist ja wie zu meinen Zeiten als Yogi!" Woolf vernahm die Botschaft der „Eingeweihten" und empfing ihn euphorisch. „Eh Alter. Du bist auch ein Yogi? Ich habe den zweiten Grad! Und Du?" „Ich auch. Bin kurz vorm Ersten!" Sie umarmten sich wie lang bekannte Seelengefährten. Richard klopfte Woolf gerührt auf den Rücken. „Endlich einer von uns. Ich habe Freunde für dich dabei!" Er drehte sich zu einem gut aussehenden Paar um, das etwas verloren in der Gegend stand. „Das sind Jean und Kathrin", stellte er das sympathische Paar vor. Jean war ein großer, attraktiver Kerl mit edlen Gesichtszügen und dichtem grauen Haarschopf. Eine Aura des Abenteurers umgab ihn. Man sah sein warmes Herz in den strahlenden, von unzähligen Falten umgebenen blauen Augen. Kathrin war klein, schwarzhaarig, hexenhaft und nicht unattraktiv. Sie hatte etwas Spanisches und zutiefst Zickiges. Die nach unten gezogenen Mundwinkel verrieten Verzicht und Unzufriedenheit. Sie sah aus, als würde sie permanent hungern. Ihr Spatzenkopf war von einer üppigen Haarmähne umgeben. Sie war sportiv-elegant und komplett unisex = unsexy gekleidet in weißen Jeans und biederer Bluse. Ihre Aura war die der Arroganz. Sie stellte sich als Taschendesignerin vor. Nikki äugte neugierig auf den Beutel, der an ihrer

Hüfte baumelte. Der passte perfekt zum unerotischen Outfit. Doch anders als es ihre Ausstrahlung implizierte, schien die Zimtzicke sexuell äußerst offenherzig. Sie hängte sich Woolf an den Arm und ließ sich von ihm mit fanatischen „Ahs“ und „Ohs“ durch sein Anwesen führen. Jean, Richard, James und Wendy folgten dem lustwandelnden Paar durch den Garten. Endlich strahlte Woolf. Er hatte Fans gefunden!

Kitty, die beleibte Maklerin, trat mit einem charmanten Mitarbeiter durch die Küchentür an den Pool. Sie rümpfte die Nase. Woolf war ein Angeber und ihr zutiefst suspekt. Sie wusste schließlich genau, wer SEIN Anwesen bezahlte. Johann von Villabella, ihr schöngeistiger italienischer Mitarbeiter, war beeindruckt vom Stil der Gastgeberin und bestürmte sie mit Komplimenten. Wäre er nicht von der anderen Seite des Ufers (sicher war sie nicht, aber sie erkannte die Anzeichen dafür sehr gut), könnte er der perfekte Rosenkavalier sein. Groß, schlank, aristokratisch und elegant gekleidet mit Blume im Knopfloch und mit Brillantine nach hinten gekämmtem Haar. Eine Aura des Hochadels umgab ihn und das Lächeln in seinen Augen war schelmisch verführerisch. Doch die Anstrengung des Abends ließ (noch) keinen Flirt zu. Es klingelte und klingelte und klingelte. Eben erschien der sexy Sizilianer Salvatore mit einem riesigen Strauß blutfarbener Rosen. An seiner Seite Lucy, die rothaarige Kellnerin. Nun gab es für Woolf kein Halten mehr. Endlich war es an der Zeit, SEIN Licht scheinen zu lassen! Er schnallte sich seine Gitarre um und lockte in den Garten. „Follow me, friends and fans!“ Die Gäste spalteten sich in zwei Gruppen. Eine Traube folgte Woolf an den Pool und begutachtete dessen etwas peinliche Performance. Er hatte zu wenig geübt und zu viel getrunken und vergaß den Text seiner wilden Version von „Knockin' on Heaven's Door“. Das glich er durch lautes Laaalaaalaaa-Gegröle und wildes Getorkel aus. Doch die satt gegessene Meute war milde und feierte den Woolf mit Alibi-Applaus. Die zweite Gästeschar verteilte sich an den Tischen im Wohnzimmer und genoss weiter das indische Menü und die Erzählungen der Rose aus der Mode- und Luxusmarkenwelt. Nachdem der größte Hunger gestillt und weiter am Durstlöschen gearbeitet wurde, machte sich die Rose ans Auspacken ihrer Geschenke. Sie hielt die Päckchen in die Runde und ließ raten, was sich in den knisternden Verpackungen versteckte. Der Geist des Gebenden zeigte sich in seinen Geschenken...

Zuerst entblätterte die Rose die Geschenke von Jil und Ben. Der längliche Umschlag erhielt einen Gutschein zum Kosmetik-Retreat in einem Institut auf der Lincoln Road. Sie wusste bereits beim Auspacken: den würde sie nicht einlösen. Sie mochte es nicht, wenn Wildfremde an ihrem Gesicht herumfummelten. Das war alleine ihre Aufgabe! Das zweite Geschenk war besser. Ein Buch für die Leseratte. Carl Hiaasen: „Skinny Dip“. Die Rose las die Widmung. „Etwaige Parallelen ausgeschlossen“ stand da mit frechem Smiley. Sie las die erste Zeile. „I am married to an asshole!“ Ob das eine Andeutung war? Larry, der Michelin-Man, schenkte Nikki ein paar Hanteln. „Damit du stark genug wirst, den Woolf alleine aus dem Wasser zu ziehen!“ Stefan und Max mit ihren zwei Musen kredenzten der kalorienbewussten Rose eine auf wenig Gefallen stoßende Schokoladentorte. Dafür gab es eine gigantische kubanische Zigarre für den Rocker. Alan, der irische Haudegen, brachte eine Flasche wertvollen hundert Jahre alten Whiskey mit, die Woolf sich in seiner Performance-Pause sofort einverleibte. Abfällig beäugte er den Fraß seiner Frau. Er nahm heute nur Flüssignahrung zu sich. Davon allerdings reichlich. „Delicious. Marvelous. Fabulous. The best I ever ate...“, äffte er die Gäste nach um klarzustellen: „Inder sind Arschlöcher. Die wischen sich mit der Hand den Arsch ab! Wie könnt ihr deren Scheiß fressen?“ Er sabotierte die Kochkünste der Rose aufs Gemeinste und stellte sein Licht in den Mittelpunkt. „Das ist doch gar nix. Ich koche viel besser! Ihr solltet mal meine Schnecken à la Schwarzwald und mein bloody Rinderfilet probieren! Damit öffne ich jede Büchse!" „Jetzt zeig ich euch verfressenen Ratten, mit wem ihr es zu tun habt!" Er wankte zum Steinweg-Flügel. Dort nahm sofort sein weiblicher Fanclub bestehend aus Lucy, der rothaarigen Hexe, und Kathrin, der coolen Spanierin, Platz. „Welcome Home!" intonierte Woolf. Die beiden Bewunderinnen gaben den Chor. Hier erwies sich Kathrin als deutlich stärker. Während Lucy lediglich mit dem überdimensionierten Busen und den gebärfreudigen Hüften wippte, dass es nur so wackelte, machte die Spanierin einen auf Sirene und steigerte sich in schrillste Sphären ihrer Stimme. Die Vorführung war so schräg wie schrecklich und belustigte die betörten Gäste ungemein.

Der Künstler fand das cool! „This is my brand new song!", kündigte Woolf an. Gewillt „You can't get out of this life alive" von sich zu geben. Doch die Melodie geriet ihm aus den Händen. Der Text aus dem Kopf. Er kippte den Rest aus Alans Whiskeyflasche. Dann fiel er betrunken vom Klavierschemel. Lucy und Kathrin klaubten ihn auf. Diesmal setzte sich Lucy durch. „This is my part!" Kathrin seufzte und verzog sich zu ihrem Ehemann Jean, der die Gesangsvorführung mit zynischer Miene beobachtet hatte. Lucy, die alles andere als zierlich war, hakte den angetrunkenen Rocker unter. „Du brauchst mich!", flüsterte sie verführerisch während sie ihn in den Bambusgarten fernab von der Party zog. Nikki beobachtete den Abgang nachdenklich. Ihr schwante Schlimmes! Doch konnte und vor allem sollte sie aufhalten, was sowieso passieren würde? Sie zählte auf ihre Erfahrung mit Woolf. Er war trunken wie selten zuvor. Noch nie war er coram publico so peinlich außer Fasson geraten. „Wenn der noch einen hochkriegt, ist das ein Wunder!" Hoffte sie darauf, dass die Natur den Betrug zu verhindern vermochte. Und beschloss, ihre Party weiter zu genießen, wenngleich sich in ihrem Herzen ein Klumpen tiefster Trauer zusammenballte. Sie konnte an nichts anderes denken als ihren betrügerischen Gemahl und packte mit mechanischer, vorgetäuschter Begeisterung die letzten Geschenke aus. Jil und Pinar nahmen sie tröstlich in die Arme. Sie hatten sogleich erkannt, was für ein Dreckschwein im Woolf steckte.

„It's my party and I cry if I want to." Verstohlen wischte Nikki sich die Tränen aus den Augenwinkeln. Pinar und Jil stützten sie beschützend und besorgt. „Nikki Rose. Du hast uns göttlich bekocht. Jetzt genieße deinen Geburtstag! Der Kerl ist es nicht wert, sich die eigene Party versauen zu lassen!" Sie saßen gemeinsam an dem großen Glastisch und nahmen die Rose, die einen sehr schutzbedürftigen, verletzlichen Eindruck machte, in ihre Mitte. Die Rose ließ sich trösten und genoss die so sehnsüchtig vermisste Gesellschaft wahrer Freundschaft. Die Mädels hatten Recht! Kein Kerl der Welt war es wert, sich von ihm ins Unglück stürzen zu lassen! Etwaige Gedanken an Woolf, wo er war und was er trieb, blendete sie durch ein Höchstmaß an Weißwein entschieden aus. Doch die Mission Kompensation erwies sich als unmöglich und vergeblich. Er hatte sich in ihrem Kopf und Herzen eingenistet. Wie eine dicke Spinne hatte er sein feines Netz in ihre Gedanken und Gefühle gesponnen. Sie konnte an nichts anderes denken als an ihn und ihre große Liebe. Das Wunschbild des ritterlichen Geliebten, der an ihre Seite eilte wie der Ritter auf dem Schimmel, ließ sich schlecht verdrängen. Halbherzig unterhielt sie sich mit der geladenen Gesellschaft. Doch in der Tiefe ihres verletzten Herzens hatte sie nur einen einzigen Gedanken. Wo war er, was machte er, warum war er in dieser Stunde ihrer Bedürftigkeit nicht bei ihr? Eine gefühlte Ewigkeit später erschien Woolf. Endlich. Aber absolut abgefuckt im Türrahmen. Das Hemd hing aus der Hose. Der Kragen war mit Lippenstift beschmiert. Die Spuren waren nicht die roten der Rose, sondern im kitschigen Pink von Lucys Lipgloss. Hatte ihr noch nie jemand verraten, dass pink und rot sich stachen? Woolfs Gitarrendrahtlocken standen elektrisiert ab. Er stank nach Möse und Moschus. Das war kein Ritter sondern ein Wrack, das dringend Rettung suchte. Kleinlaut und devot näherte er sich der Rose. Selbst ihm war klar, dass er heute eine weitere Grenze überschritten hatte. Heuchlerisch trat er zu ihr und tätschelte ihre zarte Wange. „Für die Liebe meines Lebens!“ Er reichte Nikki eine üppige Tropenblüte mit lüsternem Stachel. „Für meine Nikki Rose! Auf die Liebe meines Lebens!“ Dann torkelte er erneut an den Steinweg und intonierte zum zweiten Mal „Welcome Home!“. Diesmal klappte es mit Text und Ton. Die aufrichtige Romantik seines Songs an die Rose ließ die Herzen der Gäste glühen. Er entfachte ihre Gefühle. „Welcome home to the luckiest man in this woooooorld!“ Aller Augen waren auf die Rose gerichtet. Das Intermezzo mit der Rothaarigen war niemandem verborgen geblieben. Würde sie ihm verzeihen? Er sprang von der Klavierbank, eilte auf sie zu und warf sich ihr zu Füßen. “Happy Birthday, Kräbbchen. Auf die nächsten 38 Jahre! Auf unser glückliches gemeinsames Leben!“ Die Rose errötete und ließ sich leicht widerstrebend in seine Arme ziehen. Woolf strahlte und nahm sie in fester Umklammerung gefangen. Die Rose war SEIN. Auf immer und ewig. Und wenn ihm nach Naschwerk nebenbei war, so war das sein Recht als Rockstar. Sein Weltbild war wieder hergestellt. Kathrin, die spanische Sing-Sirene, sah ihre Chance auf heutige Verführung des Woolf für vergeblich an. Sie tröstete sich mit dem Schokoladenkuchen der Schwenks.

Nikki nahm das Liebesgeständnis und die Tropenblüte des Woolfs skeptisch und prüfend entgegen. Sie hielt die frivole Blume ans Kerzenlicht und roch daran wie an einem edlen Wein, den es zu begutachten galt. Zurückschütten oder austrinken? Sie roch nach Verführung. Verbot. Verderbnis. Sie konnte nicht umhin auf seinen weißen Kragen zu starren, auf dem noch der fremde Lippenstift prangte. Woolf hatte sie coram publico betrogen! Ausgerechnet an ihrem Geburtstag. Sie hatte einen bitteren Geschmack im Mund, den sie mit Monsieur Sauvignon Blanc nicht wegzuspülen vermochte. Tonnenschwere Enttäuschung lagerte schwer auf ihrem Herzen. Pinar tätschelte ihre Hand. „Eat something. You are sooo skinny!“ Besorgt blickte die Türkin auf ihre neu gewonnene Freundin, die so aussah, als würde sie gleich dahinschwinden. Doch die Zartheit der Rose lag nicht an ihrer diätischen Disziplin! Das Wechselbad der Gefühle an der Seite des Woolfs war es, das sie so schmal werden ließ. Vor ihr stand wieder einmal ein nur zu einem Viertel aufgegessener Teller. Sie schob ihn fort von sich. Wie den Woolf. „Wir reden später. Ich kümmere mich jetzt um meine Gäste!“ Der angeschlagene Gemahl erhob sich und schlurfte schlechten Gewissens zurück ans Piano. In Ermangelung eigener Songs spielte er nun erneut „Knockin' on Heaven's Door“. Doch die Stimmung war dahin. Die Gäste waren vollgegessen. Nach und nach verabschiedete sich der Pulk. Nikki sank in einen Zustand tiefster Erschöpfung und döste am Tisch ein. Das Köpfchen schief und schutzsuchend auf die Arme gestützt. Doch Woolf gab keine Ruhe. Er schnallte sich seine Gitarre um und lockte seine letzten Bewunderer an den Pool. Dort schrabbelte er schrille Töne in die Nacht. So lange und laut bis es an der Tür klingelte. Sheriff Stone. Ausgerechnet. Er verbeugte sich mit zynischem Grinsen. „Turn the music down or I throw you into jail!“ Er hatte den Woolf seit der letzten Begegnung auf dem Kieker und Informationen über ihn eingezogen. Über Interpol. Extra Kontinental. Der Typ war ein Zocker, Säufer und Schläger. Sämtliche seiner Frauen hatten Anzeigen wegen Körperverletzung erstattet. Sein beruflicher Beschützerinstinkt war gefordert. Die zierliche Rose hatte es ihm angetan. Sie tat ihm leid. Deshalb hatte er auch die Mortgage-Affäre erst einmal ruhen lassen. Zumal ein Anwalt namens Ross Einspruch erhoben hatte. Doch dem Woolf wollte er allzu gerne an den lippenstiftbeschmierten Kragen! Der war so besoffen, dass er kaum noch stehen konnte. Er torkelte zur Tür mit seiner Gitarre um den Hals. „Don't you ever, ever, ever knock on this door again!", spie er dem Gesetzesvertreter wie ein feuriger Drachen entgegen. Er nahm Anlauf mit seiner langen Stirn um seine Zedan-Attacke auf den bulligen Cop anzuwenden. Doch der war schneller als gedacht. Er sprang mit fast graziler Bewegung auf Woolf zu, schnappte sich dessen Hände und fesselte sie, „ritsch ratsch", mit Handschellen auf den Rücken. „Du brauchst eine Nacht der Ausnüchterung im Knast. Anzeige wegen Angriff auf die Polizei blüht dir ebenfalls!" Woolf blickte blöd aus besoffenen Augen. Die schwere Gitarre von Ovation hing um seinen ausgemergelten Oberkörper mit dem nicht mehr weißen Kragen. Das Fest war zu Ende. Der Bulle führte Woolf ab und verbeugte sich vor der Rose. „Gönnen Sie sich eine Nacht Ruhe, Sie schöne Rose. Und: Happy Birthday! PS.: Er ist ein Arschloch und ihre Liebe nicht wert!" Schweigen erfüllte den Raum als Woolf in Handschellen vom Cop abgeführt wurde. Das Ende des Geburtstagsfests war eingeläutet.

Sämtliche Gäste verließen eiligst, schinante Danksagungen äußernd, das nun totenstille Haus. Nikki traute ihren Augen nicht. Auch dieses Freudenfest hatte Woolf gnadenlos versaut. Was zur Hölle war nur los mit ihrem Gemahl? Konnte er sich nicht einmal benehmen wie ein normaler Mensch? Warum ließ ihr das Leben nicht einmal eine winzige Verschnaufpause? Wenigstens an ihrem Geburtstag? Ben und Jil dachten offensichtlich dasselbe. Sie umarmten die Rose mit dem gebrochenen Herzen und führten sie ins Schlafgemach. „Nikki. Du brauchst jetzt Schlaf. Wir kommen morgen, um dir mit dem Aufräumen zu helfen!" Sie betteten die Rose im kleinen Cocktaildress kleidsam auf die Kissen. Sie schlief sofort ein. Dann schlichen sie auf Zehenspitzen aus dem Schlafgemach, schnappten sich die schlafenden Faltenhunde aus der Lobby und verließen das Haus, das sich von einem Gasthaus in ein Geisterhaus verwandelt hatte.

Während das Röslein in tiefstem Schlaf weilte, enterten die Ratten, angelockt durch die verführerischen Düfte, die noch offene Küchentür und feierten ihr eigenes Fest...

Am nächsten Vormittag erwachte die Rose aus einem tiefen berauschten Schlaf. Sie schlich in ihr Badgemach und sah sich mit verklebten Augen im Spiegel an. Eine Katastrophe! Aber nicht nur sie war offensichtlich mitgenommen. Das Anwesen sah aus, als wäre dort eine riesige Orgie gefeiert worden. Auch am Mittag waren keine Helfer erschienen. Jil und Ben waren zu verkatert, um ihr Versprechen einzuhalten, das sie sowieso vergessen hatten. Nikki Rose seufzte. Nach einem kurzen Schönheitsprogramm für sich beseitigte sie in stundenlanger Arbeit die Folgen des Fests. Auf eigene Faust. Ein verdächtiges Quietschen verriet die neuen Mitbewohner in der Küche. Nikki ignorierte sie intensiv. Sie schrubbte, fegte und spülte was das Zeug hielt und kam sich vor wie beim Zauberlehrling. Kaum war sie nach stundenlanger Arbeit und getanem Werk auf die Coach gesunken, erschien Woolf noch mit den mahnenden Malen der Handschellen an den Handgelenken in der Tür. Eine Litanei an Flüchen entfuhr seinem erbosten Mundwerk. „Den Bullen verklage ich! Eine Nacht in der Einzelzelle ohne Brot und Wasser! Und dann noch Gemeinschaftsdusche mit notgeilen Negern. Das können die mit mir nicht machen!“ Nikki blickte ihn zu Tode erschöpft an. „Nun, offensichtlich doch?! Komm in meine Arme, ich habe stundenlang das Chaos beseitigt. Ich brauche eine Schulter zum Anlehnen!“ Ausnahmsweise tat Woolf wie gewünscht. Er setzte sich zu seinem Kräbbchen und kraulte ihr die Beton-Hair-Tolle. Sie sank in seine Arme die noch immer nach Moschus und Möse und nun auch teuflisch nach Schweiß rochen. Ob die Story mit der Gemeinschaftsdusche wirklich wahr war? Egal. Für heute wollte sie nur noch ruhen... Zwei Stunden seligen Schlafs später, löste sich Woolf von ihr. Er hatte Durst und steuerte den Kühlschrank an für zwei eiskalte

Coronas. Da huschte ihm eine verfressene Ratte direkt über die Raylight-Schlappen! „Oh no!“ Er blickte unter die Spüle und erblickte ein Dutzend Artgenossen der Ratten. Er schnappte sich das Sushi-Messer. Nachdem er mit dem kleinen Kätzchen die Grenze zum Mörderdasein überschritten hatte, bereitete es ihm tierische Freude, die kleinen Tiere wie die Schweine abzustechen. Die Rose hörte ein erschreckendes Konzert aus Quietschen und Stechen. Dann, eine unheimliche halbe Stunde später, kam Woolf mit den Coronas zurück. Ein strahlendes Lachen auf seinen dünnen Lippen. „Kräbbchen! Wir hatten Ratten. Ich habe sie vernichtet! Zu Dutzenden! Ich fürchte dein Sushi-Messer ist hinüber!“

Nikki traute sich nicht in die Küche. Die Kadaver der vernichteten Ratten gaben bestimmt keinen angenehmen Anblick. Stattdessen rief sie Kitty an. „Was tun? Wir haben die Ratten!“ Kitty gab ihr umgehend eine Telefonnummer. „Du musst sofort die Pest Control anrufen. Da sind noch mehr, als ihr denkt!“ Gesagt. Getan. Ihre Finger flitzten über die Tasten. Die Pest Control kam. Der Chef des Clans ging zuerst alleine die Küche inspizieren. „Oh my God! What happened here?“ Mit Entsetzen im Blick entfloh er dem Gemetzel! Dann orderte er seine Spezialeinheit. Die Küche wurde ausgeräuchert. Die Kadaver beseitigt. Die Schränke mit Fallen ausgestattet. Schließlich wurde ein schwefelartig süßes Gift durch das gesamte Haus gesprüht. Es war, als würde damit auch die Atmosphäre aus Glück und Freundlichkeit aus den Räumen vertrieben werden. Der böse Geist des Giftes zog in die Wohnräume ein. Und das Fest der Ratten war noch längst nicht ausgefeiert... Täglich operierte Woolf neue halbtote Tiere aus den Fallen. Den Rest musste er übernehmen. Nachschub an Ratten gab es wie es schien unendlich.

Die Schlacht der Scherben

Schon wieder stellte sich die Zeit gegen sie. Die Uhren in Miami gingen so träge, wie die Einwohner schläfrig waren. Das lag bestimmt an der sonnigen Schwüle. Die zuerst so ewig erschienenen drei weiteren Monate Aufenthaltsgenehmigung verflogen im Sauseschritt. Und noch immer war keine Rettung in Sicht. Die Situation spitzte sich verhängnisvoll zu! Ihre Visa-Anmeldungen lagen seit fast einem halben Jahr bei der US-Botschaft in Frankfurt vor. Noch immer keine Reaktion. Larry Behilf, ihr schlauer jüdischer Anwalt, hielt sie hin und hin und hin. Und weiterhin die Hand auf. „Wir könnten einen Dringlichkeitsantrag stellen. Das kostet weitere 5.000 Dollar!“ Doch die Reserven der Rose näherten sich dem Ende. Der Gerichtstermin mit Armada stand noch immer nicht fest. Neugeschäft: Zero. Von Reichmund und Watch Group waren dankende Grüße gekommen. Grandios formulierte Absagen. Watschen ins Gesicht. Man würde die Sound-Animationen nicht nutzen. Obschon sie, das gab man zu, von einzigartiger Brillanz waren. Die Corporate-Seiten sollten sachlich bleiben und nicht den einzelnen Marken Konkurrenz machen. Nikki schrieb an sämtliche Luxuslabels, deren Marketing sie vormals selbst dirigiert hatte. No Reply. Sie eröffnete mit Plan C die Jobsuche und speiste ihre Daten in sämtliche Portale ein. Das Private Placement ging endlich in den Druck. Doch wer war inmitten der sich rasant entwickelten Finanzkrise bereit, in ein kreatives Start-up zu investieren? Bei aller Schönrechnerei. Wie gehaltvoll und realistisch konnte der von ihr und Alan errechnete Businessplan sein? Ihre geschäftliche Zukunft war eine Glaskugel. Ihre private raste unaufhörlich auf eine große Katastrophe zu. Die Rose wirbelte immer rastloser in ihrem Hamsterrad umher. Bemüht, einen Ausweg zu finden. Woolf gab sich Lethargie und Sonnenanbetung hin. Am Pool Zigaretten und Coronas konsumierend. Immer weniger waren sie eine Einheit. Die Kluft zwischen ihnen wurde zum Graben. Als sie den aktuellen Kontoauszug in den Händen hielt, wurde ihre Angst übermächtig. Sie sprintete aus dem Büro und an den Pool, an dem Woolf splitternackt seiner Körperbräunung frönte. Wie schwarz wollte er eigentlich noch werden? Die Sollbruchstelle war erreicht! Etwas musste passieren! Sofort!

„Woolf!“, stellte sie ihn gestreng zur Rede. „Wir sind in der Krise. Das Konto ist so gut wie leer, wir haben keinerlei Einkommen. Nächste Woche müssen wir auf die Bahamas, um unsere Visa zu erneuern. DU musst endlich auch einmal etwas unternehmen! Ich kann das nicht mehr alles alleine stemmen!“ Woolf richtete sich wütend auf. Wie konnte die Rose seine Meditation stören? Wegen monetären Petitessen. Es war doch klar, dass Armada die Zeche zahlen musste. Er richtete sich auf und hüpfte wie Rumpelstilzchen wütend von einem Bein aufs Andere. „Ich fliege persönlich nach München und mach die Arschlöcher von Armada nieder! Die nutzen meine Musik ohne Copyright zu zahlen! Ich will meine 2 Millionen!“ Nikki wurde kalt vor Schrecken. Sie hatte um Hilfe gerufen und Verderben geerntet. Woolf und seine Wut würden alles noch schlimmer machen, als es war. Es war ihm zuzutrauen, dass er seine Warnung wahr machte und endgültig alles versaute. Er brachte damit sie und sich in Teufelsküche. Betrügerische Erpressung war ein ernstes Verbrechen! Sie vermochte seinen Realitätsverlust nicht mehr zu tolerieren. Er brachte sie in gewaltige Gefahr. Und kostete sie ihren guten Ruf. Es brauchte Jahre, den aufzubauen. Und Sekunden, ihn zu ruinieren...

Sie musste Einhalt gebieten! „Woolf! Es reicht! Du machst dich lächerlich! Auf diese Weise schaffst du nur Eines: mich zu diskreditieren, unsere Aussicht auf Abfindung zu vernichten und mir meine zukünftige Karriere zu versauen!“ Woolf höhnte hämisch. Ihm war nichts heilig. Wirklich gar nichts! „Karriere? Welche Karriere? Du Stifthalterin! Die Almosen von Armada kannst du dir in die verklebten Haare schmieren! Das reicht mir nicht. Ich verlange **SATISFAKTION**! Die nutzen meine Musik! Ohne zu zahlen!“ Woolfs Gesicht glühte vor Hass, Abscheu und

Verachtung. Die Rose, deren Nerven mittlerweile arg angespannt waren, ließ sich auf seine Provokation ein. „**STIFTHALTERIN**?" Diese Demütigung wurde selbst der sanftmütigen Rose **ZUVIEL**! Bislang hatte Woolf von ihrem Jobvermögen in Saus und Braus gelebt! Wie dunkel konnte seine Seele sein, auch noch seinen letzten und einzigen Förderer und seine große Liebe bis zur Vernichtung zu demütigen? Sie war tatsächlich mit einem Arschloch verheiratet! Wütend, wenn auch nicht gänzlich ernst gemeint, zielte sie mit dem Weißweinglas auf seine arrogante endlose Stirn. Dann schleuderte sie es mit aller Wucht ihrer mit Larrys Hanteln trainierten Oberarme in seine Richtung. Zu ihrer Überraschung traf sie. Mitten in sein Gesicht. Nur wenige Millimeter von seinen Augen entfernt auf die Stirn. Die Glasscherben schnitten sich in seine Haut und verunstalteten sein ohnehin zerfurchtes Antlitz. In diesem Moment kippte sein Gesicht von schön zu schrecklich. Das Ausmaß an eisigem Zorn verwandelte seine Augen in Waffen. Ihr Anblick erweckte das kalte Grauen in ihr. Der Rose drehte sich der Magen um. Das hatte sie nicht gewollt. Sie wusste, dafür würde sie büßen müssen. Sie wollte fliehen. Doch er war schneller. Er nahm sein Glas und haute es der flüchtenden Rose auf den Hinterkopf, bevor sie durch das Tor des Atriums auf die Straße fliehen konnte. „Du mieses Stück. Ich bringe dich um!" Sie spürte das Blut klebrig am Hinterkopf und sank auf die Mauer des Brunnens. Ihr Blut ergoss sich ins Wasser. Dann rauschte ihr Kopf wie ein Wasserfall. Sie fiel auf den Felsen des Brunnens in tiefe Ohnmacht. Wanda, ihr Lieblingsgoldfisch, saugte sich an ihr Ohrläppchen. Die Rose durfte nicht ertrinken. Sie erwachte und kämpfte sich aus dem Wasser. Auf der blutverschmierten Mauer des steinigen Brunnens fiel sie erneut in Ohnmacht. Zur Wut Woolfs.

Der flippte vollends aus. Er schüttelte sie unbeherrscht. „Wach auf du Verräterin!" Ihre Ohnmacht war ein Spiegel seines Seelenzustands, der ihn wütender denn je machte. Sein Feindbild war nun ganz klar: die Rose!

Sie erwachte und erkannte verschwommen sein Gesicht. Der Hass in seinen Augen ließ sie vor Angst erzittern. Sein Antlitz mit der fliehenden Stirn, dem schmalen, halb geöffneten Mund und dem drohend gefletschten Iggy-Pop-Gebiss erinnerte an einen braungebrannten weißen Hai. Er grinste grausam. „Das wirst du mit deinem Leben bezahlen! Ich sacke als Ehemann deine Lebensversicherung ein und mache mir ein schönes Leben, während du von Würmern zerfressen wirst!" Diese betrüblichen Aussichten mobilisierten ihre Angst. Das Schlimmste war, sie wusste seine Drohung war ihm zuzutrauen. Woolf war nicht mehr der Mann, den sie geehelicht hatte. Die Tollwut hatte ihn in den Teufel persönlich verwandelt. Mit Speichel vor dem Mund tastete er die Stiche in seinem Gesicht ab. Wertvolle Sekunden lang ließ er sie aus den Augen. Das musste reichen. Sie rannte los. Er setzte ihr nach. Todesangst ist ein guter Antreiber. Die Rose war schnell wie der Wind. Trotz ungeeignetem Schuhwerk erreichte sie mit gerade noch einem Meter Abstand das Gästecottage. Ritsch ratsch. Die Tür klemmte. Schon spürte sie Woolfs heißen Atem hinter sich. Seine Hand griff nach der Schleife ihres Kleides. Fast bekam er sie zu fassen. Da öffnete sich, Simsalabim, endlich die Tür. Sie hechtete in das schwüle Refugium und schloss schnell und dreifach die Tür zu. Doch das Schloss war marode. Welche Tür nicht zu knacken? Woolf klopfte in wahnsinniger Wut an die hölzerne Pforte. Dann schmiss er sich mit ganzem Gewicht dagegen. Das Gebälk krachte bedenklich. Doch in Nikki erwachten unmenschliche Kräfte von der Todesangst mobilisiert. Sie erblickte auf der Suche nach Rettung den schweren Kleiderschrank. Mit der Kraft der Verzweiflung stemmte sie sich gegen ihn. Dann schob sie ihn von der Rückseite mühsam gen Tür. Larrys Hanteln sei Dank hatte sie für eine zierliche Frau außergewöhnliche Muskelkraft. Langsam gelang es ihr in kleinen Schüben den Schrank vor die splitternde Tür zu schleppen. Da stand er dann beschützend. Massiv. Aus Eiche rustikal. Woolfs eigene wenig dekorative Möbelkreation half, ihn auszusperren. Sie hörte sein Rasen, sein Kratzen und Klopfen an der Tür. Sie schluckte schwer. Sie fühlte sich in ihrer Höhle, gerettet. In temporärer Sicherheit vor Woolf, der sie in seinem schwarzen Seelenzustand nicht in seine Klauen bekommen durfte. Das wäre ihr sicherer Tod! Es gab keine Grenzen mehr. Die Schlacht der Scherben hatte sie endgültig gesprengt! Es war schrecklich und unbegreiflich für sie, wie heftig seine Liebe in Hass umschlug. So etwas kannte sie nur aus dem Film! Und diesem, ihrem persönlichen Horrorfilm, wollte sie nur noch entkommen!

Mit klopfendem Herzen fiel sie aufs Gästebett. Die Holzpritsche von Ewald. Die Felldecke, auf der Uwe seine letzten Stunden verbracht hatte. Dann brachen die Tränen durch. Es war, als bräche ein Damm. Sie weinte Sturzbäche aus Salz und Tränen. Bis sie das Gefühl hatte, keine Flüssigkeit mehr in sich zu haben. „I am all cried out!“ Jetzt wusste sie wie Alison Moet sich beim Texten ihres Hits gefühlt hatte. Schließlich lag sie erschöpft auf der durchnässten Matratze wie auf einer Luftmatratze mitten auf dem Ozean. „Wo war sie gelandet im Namen der Liebe?“ Die Rose hatte ernsthaft Angst um ihr Leben. Sie griff ihre Handtasche, als hielte deren Inhalt die Rettung bereit. Immerhin enthielt sie Spiegel, Lippenstift, ihr Blackberry. Das war allerdings so gut wie leer und es gab kein Ladegerät. Ihr Portemonnaie. Ebenfalls leer mit wenig nützenden abgegrasten Kreditkarten. Ein Buch. „Skinny Dip“. Das Geschenk von Jil. „I am married to an asshole!“ las sie mit zynischem Grinsen. Jil hatte wohl gewusst, warum sie ihr ausgerechnet diese Lektüre an die Hand gab. Sie tippte eine kurze kryptische SMS an Jil. „You are so right! My man is an asshole!“ Sekunden später erklang das Klingen des Blackberrys. Jil. Sie sorgte sich um ihre Nachbarin. Doch kaum hatte die Rose ihren Namen ins Telefon gehaucht, gab der Akku den Geist auf. Sie warf es zu Boden. Dann wiegte sie sich tröstend in einen leichten Schlaf. Bloß nicht zu tief. Dann wäre sie ein wehrloses Opfer...

Die Nacht der schwarzen Seele

Der Woolf saß mittlerweile auf dem Dach des Hauses und adjustierte das Pentagramm. Dabei flüsterte er Mantras in den Himmel. Im Yogasitz meditierte er durch die Nacht im Versuch, die Schatten der Gewalt zu verscheuchen, die ihn durch sein Leben verfolgten. Der sanfte Tropenregen weckte ihn aus seinem Rausch. Er kam wieder zu sich. Die Wand aus Wut bröckelte von ihm ab wie Gips, der sich als falscher Stuck entpuppte. Sein Verstand kehrte zurück. Die Gedanken rasten. Ihm war flau. Nicht etwa aus schlechtem Gewissen. Wohlwissend, dass er auf dem Weg war, alles zu versauen. Gefahr erkannt, Gefahr gebannt? Ach, wenn das Leben doch nur so einfach wäre. Es erwies sich jedoch als ungleich schwerer, Erkenntnisse umzusetzen, als sie zu gewinnen. Er kannte dieses Gefühl genau. Das Wissen darum, dass einem das Glück aus den Fingern glitt. Was man „tun müsste", um das Unglück aufzuhalten. Und gleichzeitig die völlige Unfähigkeit, ja teils sogar der vollkommene Unwille, dieses Wissen in die Tat umzusetzen. Seine Gewaltlust war der Tod jeder Liebe. Doch er konnte sie nicht zähmen. Vielmehr versuchte er genau mit diesem Gift, den Abgrund aufzuhalten, in den sein „Highway to Hell" unvermeidbar führte. Seine ersten beiden Ehen hatten sich ebenso rasend vom Schönen zum Schrecklichen entwickelt. Die unzähligen Affären nicht zu erwähnen.

Er **WUSSTE**: Er **MUSSTE** dafür sorgen, dass sein Leben nicht erneut auf die Überholspur der Gewalt und der Zerstörung abdriftete! Doch er sah sich bereits im Graben. Diesmal tiefer denn je zuvor. Er durfte die Bremse nicht wiederundwiederundwieder mit dem Gaspedal verwechseln! Er suchte im Cockpit seines Gehirns verzweifelt nach dem Reset-Knopf. Und machte denselben Fehler wie stets. Er suchte die Schuld bei den Anderen. Nicht und nimmermehr bei sich selbst! „Konzentriere dich auf die Schwächen der Anderen" war sein cleveres Credo. Seine Stärke war es, die Verfehlungen seiner Mitmenschen instinktiv zu erkennen und gnadenlos auszunutzen. Somit nährte er sich von der Unzulänglichkeit seines Umfelds. Statt zu schöpfen, zerstörte und erpresste er. Kurzfristig ging das gut. Doch dann brach das Kartenhaus zusammen. Der ewige Kreislauf! Sein tiefsitzend mieser Charakter verhinderte sein Glück. Und doch machte er denselben Fehler erneut. Und erneut. Und erneut. Nachschub am unzulänglichen Umfeld gab es endlos. Es war einfacher, Unheil zu säen, als das Glück zu finden! Die steilen Kurven, Höhen und Tiefen, die sein Weg mit sich brachte, meisterte er auf dem Rücken seiner Frauen, Fans und Freunde! So fiel ihm auch in dieser schwarzen Nacht nichts Besseres ein, als dem Ratschlag seiner schwachen Seele nachzugeben.

Er konnte nicht anders, als fiebrig über die Rose und ihre Schwäche nachzusinnen. Die war allzu eindeutig. Er wusste, was ihr Schwachpunkt war. **ES WAR ER!** Ihre Liebe zu ihm machte sie so verletzlich. Die Situation war brenzlig. Doch je mehr er nachdachte, umso ruhiger wurde er. In seinem Kopf entstand ein Erste-Hilfe-Masterplan. Erst einmal musste getan werden, was getan werden musste! Es galt, das Vertrauen der Rose zurückgewinnen! Ihm war wohl bewusst, welchen Todesschrecken er ihr versetzt hatte! Sie mussten fort von hier! Erneut aus Florida fliehen. Der Abzocker von Larry Behilf hatte noch immer nichts erreicht. Er gab ihm und seiner kriminellen Vergangenheit Schuld daran, dass das Konsulat nicht reagierte. Ohne Visum mussten sie spätestens nächste Woche erneut aus dem Land entfliehen. Es bestand das Risiko, dass sie nicht wieder eingelassen wurden! Die Lage war ernst. Die Nerven lagen blank! Es gab nur einen Ausweg. Die Flucht nach vorne. Last Exit: Bahamas... Doch zuvor musste er seine Rose zurückerobern... ***Mitgegangen, mitgefangen, mitgehangen.*** Ohne sie sah er keinen Ausweg aus dem Schlamassel, in den er sich und sie gestürzt hatte. Ohne sein Kräbbchen war er verloren. In einem Ozean, der so tief und trüb war wie seine Seele in dieser Nacht. Auch seine Erinnerung war grau. Er hatte einen Blackout. Das Letzte, an das er sich erinnerte, war ihr zusammengesunkener Körper am Brunnen. Das Blut im Wasser. Die Schnitte in seinem Gesicht. Dann sah er sie davonrennen. Seine Rose. Die Bilder in seinem Kopf wurden schwarz. Er sprang auf und hastete unruhig über das Dach. Was, wenn sie ihn verlassen hatte? Wie lang war er bereits hier oben auf dem Dach? Er blickte in den Himmel. Die Sonne wurde wach. „Oh mein Gott. Mein Kräbbchen kann längst schon wieder in die Sicherheit Deutschlands geflohen sein!", wurde es ihm glasklar bewusst. Er sprang mit einem einzigen Satz gelenkig wie ein Panter vom Flachdach. Rannte durchs Haus, den Bambusgarten, rüttelte an der Badezimmertür. Doch sie war nicht da. Stattdessen stand Jil klingelnd vor der Tür mit ihren verhassten Faltenhunden im Schlepptau. Er konnte ihr unmöglich öffnen, blutverschmiert und ramponiert wie er war. Er ignorierte das Klingeln und eilte in die Küche. Mit einem Corona sank er an den Küchentisch. Langsam, in bildhaften Bruchstücken, kehrte die Erinnerung zurück.

Er sah sich am Pool liegen und bräunen. Ihr gestrenges Gezeter. Seine Verbalattacke. Ihr wutverzerrtes Gesicht. Das Gläsergemetzel. Die Striemen in seinem Gesicht. Scherben, die an ihrem Hinterkopf explodierten. Ihre Flucht. Ihr Entkommen in letzter Sekunde als er sie schon am Schlafittchen ihrer Schleife gepackt hatte. Das Splittern der Tür. Dann ein Hindernis. Unüberwindbar. Natürlich. Eben sah er sie in ihrem Refugium vor sich. Sein Kräbbchen war im Gästecottage. Er heulte triumphierend auf. Doch er unterdrückte den Impuls, zu ihr zu rennen. Sie würde ihn in diesem Zustand im Leben nicht zu sich lassen! Er brauchte einen Plan B. Weitere Erinnerungen an die letzten verfluchten Wochen holten ihn ein. Die Vollkatastrophe mit Eric Clapperman. Der Gesetzesdiener mit der Aufforderung zum Auszug. Seine sexy Vereinigung mit der rothaarigen Hexe ausgerechnet auf ihrem Geburtstagsfest. „Oh mein Gott. Was bin ich bloß für ein Arschloch!“, schwante ihm nun endlich selbst. In der Dumpfheit seiner Depression hatte er sie nicht mehr ans Herz gelassen. Er erinnerte sich an ihre Traurigkeit. An ihrem Geburtstag. Sie schien verunsichert und unglücklich! Ihre Bürde schien zu schwer! Nun setzte sein Sinn für die Schönmalerei der Realität ein...

Was konnte **ER** für das alles? Er strickte sich einen innerlichen Monolog der Rechtfertigung. OK. Gedanklich gab er der Wahrheit die Ehre. Ja. Er hatte sie gegen ihren Willen gezwungen, in Miami zu bleiben. Den Job bei Armada kampflos aufzugeben. Von ihrem Geld gelebt und gefeiert. Auf ihrem Geburtstagsfest Sex mit der Rothaarschlampe gehabt. Na und? Er war ein Rockstar! Ein Rockstar konnte nicht treu sein. Welche Frau war schon so blöd, ausgerechnet **TREUE** von einer Rampensau wieihm zu erwarten? Von dem King of Rock. OK. Er hatte sie gewürgt, geschlagen, ihr mit dem Glas den Hinterkopf zerhauen. Na und? In jeder Beziehung gab es Auseinandersetzungen. Das war doch alles noch komplett harmlos. Er hatte schon ganz Anderes erlebt! Sein innerer Monolog tönte jedoch bereits in seinen eigenen Ohren wie ein Armutszeugnis. Damit könnte er sich nicht einmal selbst überzeugen, zu ihm zurückzukehren. Er brauchte Ratschlag von einem Freund. Den perfekten Plan! Er klaubte die letzten Münzbestände zusammen, die sie in einem giftgrünen Frosch aus Porzellan sammelte. Immerhin noch um die 100 Dollar. Damit ließ sich etwas anstellen... Er verarztete die Striemen in seinem Gesicht mit dem Madame-Lankomm-Concealer, den er im Bad der Rose fand. Kleidete und kämmte sich sorgfältig. Und blickte befriedigt in den Spiegel. Er gab sich – bis auf die kaschierten Schnitte, die kaum zu sehen waren – eine glatte Eins. Jetzt brauchte er nur noch den perfekten Plan, um seine Rose zurückzugewinnen...

Der perfekte Plan

Spielplatz: Bar am Kokosnuss Walk. Zwei trinkende Freunde auf der Suche nach dem rettenden Schlachtplan. Beide bereits reichlich besoffen. „Besser ein guter Plan heute als ein perfekter Plan, wenn es zu spät ist!" Alan blickte weise aus dunstigen Whiskey-Augen. „Ich hab es wirklich versaut Mann!" Woolf kippte niedergeschlagen ein weiteres Glas. Frank, der solvente Geschäftsführer der Bar am Kokosnuss Walk, gab den beiden Lebensbrüchigen heute Kredit. ER hatte eine glückliche Familie und fühlte sich, als habe er die Weisheit mit Löffeln gefressen. Sein Ratschlag:

„1. Du musst sie dazu bringen, dir zu verzeihen. Das dürfte nicht leicht sein, nachdem was du dir geleistet hast!" Er blickte mahnend und gab eine neue Runde aus. „2. Du brauchst Champagner und rote Rosen. So viele und so dunkle wie möglich." „3. Du musst euch aus Amerika retten! Und zwar **PRONTO**. Sonst werdet ihr nicht mehr ins Land gelassen. Und dann hast du **COMPLETELY FUCKED UP!**" Woolf seufzte und jammerte wie ein liebestoller Teenager. „Ich liebeliebeliebe mein Kräbbchen doch. Ich darf sie nicht verlieren!" Alan schlug die Augen zum Himmel. „4. Verhalte dich wie ein Mann, Dude. Erst Arschloch, dann Jammerlappen. Das braucht keine Frau!" Er wusste, wovon er sprach, schlief er doch seit einer Woche im Hotel nach einem feisten Fight mit seiner Frau. Frank dachte weiter. „Haste Moneten?" Woolf stülpte die l eeren Taschen seiner Anzughose nach außen. „No money, no honey!", folgerte Frank. Dann herrschte planlose Stille an der Bar. Mehrere Runden später hatte Alan eine trunkene Idee. „Komm zum Monty's. Ich hab da einen Kumpel, den ich dir vorstellen möchte."

Sie wankten über die Straße an den Hafen und enterten die schmuddelige Kultbar. Ein riesenhafter Typ mit fettigen Haaren, gelbem Gebiss und schmierigem Grinsen stellte sich vor als „Ron der Bär. Nice to meet you!". Er war gigantisch groß, kräftig und trug seinen dicken Bauch besitzergreifend vor sich her. Er streichelte ihn. Stolz, wie ein Känguru auf seinen Nachwuchs. Er hatte gewonnen in der Lotterie des Lebens. Sein Bauch war Zeuge seines Wohlstands. „Mit der Kneipe alleine hat der bestimmt nicht so viel Kohle gemacht!", erkannte Woolf. Alan, sein findiger Buchhalter, wusste sicher, woher das Kleingeld kam? Der nickte Ron dem Bären devot zu und bat um Audienz. „Man, I need to talk to you!"Alan verschwand mit dem Seebärtyp hinter einer Holztür mit Totenkopf. Eine halbe Stunde später kam er mit einem großen, leeren Kissen zurück. Alan strahlte. „Wir haben einen Deal für dich!" „Bring dieses Kissen von den Bahamas zurück. Gut gefüllt. Davon kannst du deiner Süßen eine Luxuskreuzfahrt mit den Karneval Cruises schenken. Da fahren sie alle drauf ab! Als Anzahlung spendiert Ron der Bär dir zwei Tickets und Unterkunft in Nassau. Bedingung: Der Deal muss dieses Wochenende von statten gehen!" Woolf grinste breit. Das klang zu leicht, um wahr zu sein. Mit Drogendealen hatte er bereits in seiner Jugend in Freiburg Kohle ohne Ende gescheffelt. Warum nicht hier, quasi an der Quelle. Die liebliche Rose an seiner Seite war die perfekte Tarnung. Sie würden einfach zweite Flitterwochen ins Feld führen. Jetzt brauchte er nur noch die richtige Verkaufstaktik, um sie herumzukriegen. „Deal!", strahlte er und schlug seine Hand in die des Iren. „Gimme five!" Bei einem weiteren Whiskey verbrüderten sie sich. Jetzt hatte Woolf die richtige Sell-in-Strategie. „Du musst mitkommen! Die Rose mag dich. Sie vertraut dir. Erzähl du ihr von einem tollen Geschäft und winke mit reicher Belohnung. Nichts von Drogen. Vielleicht von Diamanten? Die sind doch , A Girl's Best Friend'. Dann sagt sie bestimmt nicht nein. Mir alleine traut sie nach gestern bestimmt nicht über den Weg...!" Alan fand, dass dies eine brillante Idee war. Schließlich hatte er gemeinsam mit der Rose den Businessplan erstellt und ein Vertrauensverhältnis aufgebaut. Er roch das pekuniäre Potential ihres Trios. „OK Dude! Aber du brauchst ROSEN & CHAMPAGNER!“ Seine 57-jährige Lebenserfahrung wusste: Ohne Fleiß kein Preis. Die Herzen der Frauen wollten bestochen werden. „Woher nehmen wenn nicht stehlen?“ Alan ging hinter die Bar und kam mit einer staubigen Flasche Dom Perlgott zurück. „Ob die noch gut ist?“ „Alter! Champagner wird besser mit den Jahren! Jetzt brauchen wir nur noch Rosen!“ Alan hatte eine weitere Idee. „In Koralle Gate ist gerade die größte Blumenausstellung. Da fahren wir hin und bedienen uns!“

Gesagt. Getan. Sie schwankten zu Alans Station Wagon und fuhren im trunkenen Zick Zack die Straße entlang. Als sie vor dem Park hielten, wurde es dunkel. Sie kauften zwei Tickets von den letzten Münzen und schlichen sich durch den Park. Schließlich standen sie vor einem herrlichen Wald aus roten, rosa und weißen Rosen. Als wäre er für sie bestellt. Woolf blickte sich um. Kein Aufpasser weit und breit. Er stürzte sich todesmutig in das Meer aus Blumen. Doch die Dornen waren lang und spitz. Beim Versuch, die stämmigen Stiele der Rosen zu brechen und das Dickicht zu bewältigen, kassierte Woolf neue blutige Schrammen. „Stop it, man! I will get you what you need!“ Alan war ein wahrer Freund. Er sprang zu seinem Station Wagon und kam mit einem schweren, armeefarbenen Werkzeugkoffer und mehreren dunkelgrauen dicken Plastikmüllsäcken zurück. Mit zwei riesigen Zangen gesellte er sich zu Woolf in das Dickicht der Rosen. Eine mühsame Stunde später hatten sie ein gefräßiges Loch in den Rosenwald geschnitten. Sie stopften ganze Büsche aus roten, rosa und weißen Rosen in die Müllsäcke und entfernten sich unschuldig pfeifend vom Tatort.

„Jetzt brauchen wir nur noch Lichter und ein romantisches Liebesdinner! Ich brate uns meine weltberühmten Lammfilets mit Pfefferminzsoße!“ Alan war aufgeregt vor Vorfreude. „Äh. Alter, die Rose mag lieber Hummer und solche Sachen!“ „Na gut. Dann holen wir eben Hummer!

Ich weiß, wo es den umsonst gibt!“ Woolf grinste. Sie waren ein tolles Räuberduo! „Gimme five, man!“ Zurück am Hafen von Kokosnuss Groove beobachteten sie wie ein Fischerboot ankerte. Die fleißigen Fishermen schleppten riesige Körbe mit Meeresgetier an Land. Alan schlenderte lässig zu ihnen. Woolf versteckte sich bei den Jachten. „Man, that looks awesome! You got some lobsters too there, do you?“ Der kleinere und drahtigere der beiden Fischer holte mit stolzem Grinsen zwei besonders gut gewachsene Luxus-Lobster aus seinen Fängen. Die beiden riesigen Schalentiere wehrten sich vergeblich mit ihren Scheren. Er ließ sie auf die Waage fallen. „We need three!“ Ein dritter Gefährte wurde in die Waagschale geworfen. „300 Bucks!“ Der Fischer hielt die Hand auf. Alan nickte und zeigte gen Parkplatz. „Bring sie zu meinem Auto. Da hab ich mein Geld!“

Der zweite Fischer verabschiedete sich unter Deck, um die restliche Ernte an Früchten des Meeres zu holen. Woolf sprang aus dem Schatten der Jachten und sprintete zu dem allein gelassenen Korb. Wie erhofft befanden sich hier weitere drei Luxus-Lobster sowie. Hmm! Stone Crabs! Das würde ein Festmahl! Er hievte den Korb in die Jacht von Ben und versteckte sich in ihrem Bug. Währenddessen suchte Alan fruchtlos den Station Wagon nach seiner Geldbörse ab. Schließlich zuckte er mit den Schultern. „Ich muss sie zu Hause vergessen haben! Warte hier Mann. Back in ten!“ Er setzte sich ans Steuer und gab Gas. Statt auf die Straße bog er in letzter Sekunde auf den Parkplatz des Monty's ab und fuhr zum Bootbunker. Sprang aus dem Auto und schlich zu Woolf. Triumphierend hievten sie den Korb der Köstlichkeiten aus Bens Jacht in den Station Wagon. „Eine sinnvolle Erfindung, so ein Riesenkofferraum!“, befand Woolf. „Gimme five!“

Ihr erfolgreicher Raubzug musste gefeiert werden. „One for the road! One for the Rose!“ Sie wankten ins Monty's, um an Woolfs Entschuldigungsrede zu arbeiten. Und: die Weihnachtsdekoration auszuborgen! Feierlichkeit war angesagt! „Alter. Du musst die Welt doch nicht neu erfinden! Schauen wir mal was das Internet parat hat!“ Alan öffnete seinen Laptop und gab „Schnulzige Liebesgedichte“ ein. Minuten später war er fündig geworden. „Das ist es! Damit heiratet sie dich garantiert erneut!“

„I didn't fall in love with you.
I walked into love with you,
with my eyes wide open,
choosing to take
every step along the way.
I do believe in fate and destiny,
but I also believe
we are only fated
to do the things
that we'd choose anyway.
And I'd choose you,
in a hundred lifetimes,
in a hundred worlds,
in any version of reality,
I'd find you
And I'd choose you.“

„Alter! Du bist genial! Daraus sollte ich einen Song machen.“ „Cheers! Da könntest du allerdings Probleme mit dem Copyright bekommen!“ Zwinkerte Alan seinem Freund zu. Jetzt schnell noch die Tickets und das Hotel auf den Bahamas buchen und ausdrucken. Und der Umsetzung ihres perfekten Plans standen nichts und niemand mehr im Wege! Schließlich hatten sie sich genug Mut angetrunken, um auf Angriffmodus umzuschalten. „Du lockst sie aus dem Gästecottage!", ordnete Woolf an. „Ich stehe dann am Pool, die Rosen in der Hand, das Gedicht auf den Lippen. Und der Garten ist beleuchtet mit der Weihnachtsdekoration. Der Hummer im Ofen gratiniert. Die Flasche Dom steht kalt. Dann ertönt Dennis de Jungs ‚Desert Moon'. Dieser Schnulze kann sie nicht widerstehen. Ich überreiche ihr eine rote Rose aus dem Strauß. Falle auf die Knie. Bitte sie um Verzeihung. Du servierst das Dinner. Und wenn genug Wein geflossen ist, erzählst du ihr von dem Plan, zückst die Flugtickets zu den Bahamas und den Hotelgutschein. Dann haben wir sie im Sack!"

Last Exit: Bahamas

Es geschah, was geschehen musste. Die liebende Rose war ein wehrloses Opfer. Dem perfekten Plan ging sie auf den Leim, wie eine Motte nun einmal ins Licht flog. Es gab keine Alternative. Keinen Ausweg aus der Hölle, in die sich das Paradies verwandelt hatte. Mitgegangen. Mitgefangen. Mitgehangen. Sie mussten gemeinsam den Weg durch den Schlamassel meistern! Es war der Verstand der Rose, auf dessen Rat sie Einverständnis und Verzeihen vortäuschte. Nicht das Herz! Sie versuchte, die Liebe zurückzufühlen. Doch sie schien verschwunden. Ihr Herz war vor Angst und Schrecken verschlossen. Keine noch so helle Taschenlampe konnte Licht in die Betrübnis ihrer Seele zaubern. „You can't start a fire without a spark!“ Sie taumelte in der Schwärze der Nacht. Wie verzeihen, was sie nicht zu verstehen vermochte? Sie ergab sich ihrer tonnenschweren Müdigkeit und ließ Woolf und Alan alleine im Garten zurück. Der Flieger am morgigen Tag ging früh. Sie brauchte nach der schweißtreibenden Nacht und dem in taubem Entsetzen verbrachten Tag ein dringliches Schönheitsbad, um zumindest äußerlich Gefügigkeit und Funktionsfähigkeit zu signalisieren, während sie in Gedanken nach dem perfekten Plan suchte. Den Exit aus einer Ehe, die zur Lebensgefahr wurde. Duftend und äußerlich renoviert stieg sie nach seelenschonendem Schönheitsprogramm ins Negligee von La Perle und kuschelte sich in die Daunendecke. Den Wecker ihres aufgeladenen Blackberry stellte sie auf 6 Uhr früh. Das frühe Aufstehen war eine der wenigen Angewohnheiten ihres früheren Lebens, die sie definitiv nicht vermisste!

Wenige Stunden später standen sie am Check-in-Schalter des Flughafens von Miami. Die kubanische Schaltersteherin hob die sorgfältig gezupften Augenbrauen in ironische Höhen. „You escape right in time!“ Nikki nickte stumpf. Hoffentlich funktionierte die Ausrede der zweiten Flitterwochen. Sie half etwas nach. Mit souveränem Lächeln, das eine Zuversicht versprühte, die sie nicht empfand, reichte sie ihr den

Umschlag mit der Heiratsurkunde und einem 100-Dollar-Schein. Sie hatte nochmals die Firmenkreditkarte geplündert. „We are going on our second honeymoon!“ Die Ausrede klang in ihren eigenen Ohren falsch und fad. Die Augenbrauen der Beamtin besuchten den Haaransatz. Zynisch starrte sie in den Umschlag. Einen endlosen Augenblick hielt sie ihn mit unbewegtem Gesichtsausdruck in der Hand. Dann lächelte sie lahm. Sie gab der Rose die Urkunde zurück und behielt den Umschlag. Erlösend fuhr der Ausreisestempel gerade noch termingerecht auf ihre Reisepässe. Eine Stunde später landeten sie in Nassau. Es regnete. Der Himmel war grau. Die Straßen auch. Sogar der Strand. Dabei hatten die Bahamas doch solch einen romantischen Ruf von Rum und Ruhm. Die Rose sah die Fernsehwerbung für das berühmte Nationalgetränk vor sich. In knappen Bikinis tanzende Strandschönheiten? Fehlanzeige. Der Garten Eden der Bacardi-Werbung befand sich nie und nimmer auf den Bahamas. Das scheinbare Paradies war dem Ausverkauf anheimgefallen! Nichts als Lug und Trug. Das Hotel war offensichtlich ein Sonderangebot in ohrenbetäubend kurzer Entfernung vom Flughafen. Es war ein kalter Kasten, der aussah wie ein Knast. In kurzen Abständen donnerten die Flieger darüber. Das Zimmer war steril und spartanisch. Ein krasser Klimakerker. Es fehlten lediglich die Gefängnisstäbe vor dem Fenster zu einer Zelle der Trostlosigkeit. Es war nicht zu verleugnen: dies waren eindeutig keine zweiten Flitterwochen! Woolf war seltsam duldsam und dumpf. Hätte SIE das Hotel gebucht und gelöhnt, hätte er bestimmt bereits einen Aufstand gemacht. Sein stures Schweigen war schlimmer als seine berühmt berüchtigten Wutanfälle! Auch sie schwieg zum schlechten Spiel. Sie flüchteten aus dem Zimmer und tranken ein Corona an der menschenverlassenen Poolbar. Doch die kerkerhafte Ausstrahlung des Touristenbunkers und die Brisanz der Situation ließ sie nicht zur Ruhe kommen. Statt im Liebeshimmel waren sie im Tal des Trübsinns gelandet. Und nicht einmal das war umsonst. Woolf und

Alan hatten von einer merkwürdigen Mission gesprochen, die an ihren Aufenthalt gebunden war. „Eine Art Kurierdienst. Kräbbchen. Easy und einträglich!“, hatte Woolf mit Unschuldsmiene versichert. Sein Gesicht, ein Spiegel eines harmlosen Herzens, das nicht das Seine war. Nikki erwartete eine ehrliche Erklärung von Woolf. Zum Teufel. Es konnte doch nicht etwa noch schlimmer werden? Doch wie sie ihren Kerl kannte, führte der nichts Gutes im Sinn. Sein düsterer Blick ließ sie das Schlimmste vermuten. Sie musste die Wahrheit ans Licht bringen. „Woolf. Was machen wir hier? In der Hölle könnte es nicht scheußlicher sein?“

Er schwieg verbissen. Nikki insistierte. Diesmal konnte sie sich das Lästern nicht verkneifen. „In was für einen Bunker hast du uns denn hier verfrachtet? Welches Jahrhundertgeschäft wartet in einem solchen Jammertal?“ Woolf konterte kalt. „Das Ritz können wir uns momentan nicht leisten.“ Der Vorwurf in seiner Stimme war verachtungsvoll. Seine Mundwinkel wanderten gen Boden. „Mehr Coronas!“, orderte er. Dann saß er schweigsam und Kette rauchend neben Nikki und kaute seine Fingernägel kurz. Die Rose seufzte aus tiefster Seele. Sie litt unter seiner Kälte und dem unsäglichen Umfeld. Sie hatte Angst. Selbst das Lächeln fiel ihr schwer. Woolf war ein aschiger Albtraum. Der personifizierte Horror von Ehemann. Ein absolutes Arschloch! Ihre Versöhnungsbereitschaft sank auf den Tiefpunkt. Eine spürbare Eiszeit brach zwischen dem kürzlich noch so frisch verliebten Ehepaar aus. Die kerkerhafte Atmosphäre des Hotelbunkers ernüchterte ihre gegenseitigen Gefühle bis nur noch Unverständnis und Misstrauen zwischen ihnen standen. Die Rose erhob sich und ging aufs Zimmer. In der Nasszelle starrte sie in ihr trostloses Gesicht. Dessen slawische Schönheit hatte etwas Tragisches, das sie zutiefst erschrak. Sie packte, um Ablenkung bemüht, ihre kleinen Kleider aus. Dann der erleichterte Blick auf die MegaO. 17 Uhr. Immerhin endlich Happy Hour! Sie ging erneut an die Bar und trank sich Trost an.

Woolf schien weder ihr Weggehen noch ihre Rückkehr zu bemerken. Die Stimmung blieb so trübe wie ihre Situation vertrackt. „I'm caught in a trap. I can't walk out. Because I love you too much babe!“ Elvis sang aus ihrer Seele. Auf ihrer Flucht in die Freiheit waren sie in einer Falle gelandet! Endlich tauchte die Sonne ab. Sie hatte sich sowieso nur faul hinter den Wolken versteckt. Immerhin hatte es aufgehört zu regnen. Der mildere Mond übernahm die Regie. Die Drinks und das nachsichtige Dämmerlicht stimmten sie allmählich versöhnlicher mit der Aussichtslosigkeit ihrer Situation und dessen Verursacher. Angeheiterte Gelassenheit löste die Angst ab, die ihre Seele gepeinigt hatte. Sie waren noch lange nicht am Ende ihrer Liebe angelangt! Sie würde sich und Woolf aus den allerschlimmsten Schwierigkeiten lotsen. Schweres Schicksal? Daran glaubte sie nicht. Sie war eine Kämpfernatur und würde nicht aufgeben. Niemals! Wo ein Wille, da ein Weg! Ermutigte sie sich in Gedanken und bestellte die Rechnung. Endlich war Dinner Time. Sie fühlte sich gleichzeitig ausgehungert und todsatt. „Lass uns etwas essen gehen!“, schlug sie vor. Woolf nickte genervt. Er dachte an den bevorstehenden Deal, der zwischen Tod und Leben entscheiden würde. Seine Rose war schon wieder im Genussmodus. Hedonistisch wie sie war. „Doofes Ding!“ Er schnippte seine Zigarette auf den Boden und beherrschte seine bitterbösen Gedanken. Schweigsam folgte er der Rose zum Restaurant im 22. Stock. Zumindest war es Zeit, die Betäubung der Seele mit stärkeren Mitteln voranzutreiben. Sie orderten eine Flasche Weißwein für die Rose und eine schwere Rote für ihn. Dann vergruben sie ihre Gesichter in den Speisekarten, die so groß waren wie eine Tageszeitung. Das viel zu reichliche Speisenangebot legte nahe, dass es alles gab. Aber nichts was ihren verwöhnten Gaumen schmecken würde. Nach langem Nachsinnen bestellten sie schließlich. Er Stone Crabs, dann Rinderfilet. „Damit kann man nichts falsch machen?!?“ Nikki Caprese con Mozzarella di Buffalo und Tuna Steak. Bitte nur, sie wedelte zur Verdeutlichung die Hand Sekunden schnell, „dusch dusch", gaaanz kurz angebraten.

Passend zu ihrer gerade in fragiler Rettung befindlichen Weltuntergangsstimmung wurde eine Katastrophe an Essen serviert. Die Stone Crabs bestanden fast ausschließlich aus steiniger Schale. Woolf hämmerte vergeblich darauf herum. Der angebliche Mozzarella di Buffalo zog zähe Streifen. Er stammte offensichtlich von einer uralten Kuh. Der Thunfisch war durchgebraten und trocken wie eine Schuhsohle. Der dazu gereichte Tomatensalat war von fettiger Mayonnaise geschändet. Das Rinderfilet strotzte vor Knorpel wie die Knie einer 90-jährigen. Es schwamm in massiver Soße aus Ketchup, in der sich die fettigen Pommes aufsogen wie Schwämme. Mit dem gestrengen Blick der Gastronomiekritikerin gab Nikki dem Mahl eine glatte ***SECHS***! Angewidert schoben sie die kaum angerührten Teller von sich. Der Kellner kam und zog die Augenbrauen hoch. „War alles zu Ihrer Zufriedenheit?" „Nun. Offensichtlich nicht. Das war das schlechteste Essen, das uns jemals serviert wurde. Fisch und Fleisch ungenießbar und der Rest eine ebensolche Katastrophe!" Der Kellner, jung und unerfahren, blickte erschrocken. Das zerstörte seine Aussicht auf Trinkgeld und einen angenehmen Abend! Er leistete Abbitte. „Sir. Mylady. Ich bin untröstlich! Kann ich Ihnen eine Wiedergutmachung anbieten?" Diese Frage hätte er besser nicht stellen sollen. Woolf schaltete blitzschnell. Wie stets wenn er einen Vorteil für sich witterte. Im barschen Befehlston orderte er. Schnell und scharf wie ein Maschinengewehr. „Eine Flasche St. EineMillion Rotwein. Ich sehe Sie haben da einen genießbaren Jahrgang." Die Flasche war ihm schon vorher ins Auge gestochen. Jetzt war sie dran! Der junge Kellner zuckte zusammen. Der Wein kostete 250 Dollar, mehr als das ganze Mahl. Eklatanter noch. Der Betrag war höher als sein monatlicher Fixlohn. Die soziale Schere war auch auf den Bahamas scharf und ungerecht. Doch

Woolfs unnachgiebiger Gesichtsausdruck und der traurige Blick der Rose ließen ihm keine Wahl. Er kredenzte den Wein. Wie er das später seinem Chef erklären sollte, blieb abzuwarten.... Nikki und Woolf genossen den Wein schweigend. Er war schwer und süß. Er schmeckte nach Blut. Die Atmosphäre war angespannt. Die Zeit schlich wie Zement. Gefühlte Stunden später tranken sie den letzten Schluck. Nikki bestellte die Rechnung. Die Henkersmahlzeit war überstanden. Die Nacht noch nicht...

Der Blick auf die MegaO bestätigte: erst 21 Uhr. „Was stellen wir jetzt an?" Die Frage der Rose war rein rhetorisch. Woolf zog sie unnachgiebig gen Keller. Die Bar rief. Hier hatte er seine ominöse Verabredung. „Jetzt mache ich uns reich!" Nikki flüchtete sich skeptisch in ihr Sicherheitsrefugium: den Powder Room. Dort blieb sie eine geschlagene halbe Stunde. Das miese Nachtmahl und die schlechte Stimmung waren ihr schwer auf den Magen geschlagen. Sie hatte die schreckliche Vorahnung, dass es noch viel schlimmer kommen würde. Tatsächlich. Als sie an die Bar zurückkam befand Woolf sich in inniger Unterhaltung mit einer drallen, äußerst billig aussehenden farbigen Pornobarbie. Donna Summer für Arme. Ihr ordinäres knallrotes Schlauchkleid schien über dem gigantischen Busen zu platzen. Ihre blauschwarzen Afrolocken standen mit Woolfs Gitarrendrahtlocken im Partnerlook zu Berge. Das absurd weiße Pferdegebiss strahlte unter schwärzlichem Zahnfleisch mit seinem Iggy-Pop-Gebiss um die Wette. Sie waren das perfekte Paar. Ein tiefer Stich Eifersucht bohrte sich ungewollt in das taub geglaubte Herz der Rose. Woolf strahlte euphorisch. „Krääääbbchen, da bist du ja endlich. Ich dachte schon, du bist ins Klo gefallen!" Sie wurde so rot wie das Kleid der Afro-Barbie.

Woolf ignorierte die feindlichen Blicke, mit denen sich die Kontrahentinnen musterten. Gestelzt stellte er sie einander vor. „Nikki. Das ist Donna. Eine ***GUTE HEXE***!" „Donna. Das ist Nikki. Die Frau meines Lebens!"

Misstrauischen Blickes schüttelte Nikki die Krallenklaue der African Queen. Deren mindestens zehn Zentimeter langen, schwarz lackierten und mit Glitzersteinen verzierten falschen Fingernägel bohrten sich scharf in ihre zarten Hände. Insbesondere der Nagel des kleinen Fingers war von ellenlangem Ausmaß und spitz wie ein Messer. Ob das eine berufliche Begründung hatte? Der Händedruck hinterließ eine scharfe, blutige Schramme inmitten der Lebenslinie der Rosenhand. Sie ignorierte die Verletzung und lächelte gequält in das grotesk geschminkte, großporige Gesicht. Ihre Stimme klang heiser und heuchlerisch. Das Grinsen entgleiste ihr. „Nice to meet you!?" Woolf rieb sich die Hände. Er sah in Donna, der Überbringerin seiner Kuriersendung, seine Retterin. Er hatte ihr den wellig gewordenen Umschlag mit den Dollarscheinen ausgehändigt. Natürlich erst nachdem er eine gehörige Portion für sich abgezweigt hatte. Im Gegenzug steckte er das nun pulverweich gefüllte Koks-Kissen ein, das er um seinen knackigen Rockstar-Po schnallte. Der Gehrock tarnte die explosive Ladung an seinen Arschbacken. Der Deal war done. Nun stand Betörung auf dem Programm. Das Brownie durfte nicht merken, dass der hintere Anteil der Dollarscheine keine Hunderter sondern Zehner waren. Es galt, sie zu blenden. Und wer, wenn nicht er, war Großmeister darin, blöde Babes zu verblenden? Dank Nikkis endloser Powder-Room-Absenz war sie ahnungsvoll aber unwissend. Woolf war alarmierend euphorisch wie so oft, wenn er Scheiße baute. Er blökte durch die Bar. „Donna hat sofort erkannt welches Potential ich habe! Wir werden noch viele fruchtbare Deals miteinander rocken! Auf die Miami-Nassau-Connection!" Nikki blickte skeptisch auf das vollgemalte Antlitz der Farbfrau. Sie war eindeutig eine Nutte! Was auch immer sie für Deals beschaffte. „Safe & Sound" waren die im Leben nicht! Nun gesellte sich auch noch ein verdächtig aussehender Kubaner mit fetter Goldkette zu Ihnen. Typ fliehende Stirn, fliehendes Kinn, gleich ist der ganze Kerl weg... Er sah aus wie ein Windhund und war Woolf optisch nicht unähnlich. Seine halblangen schwarzen Haare waren mit Brillantine nach hinten geschmiert. Das schwarze, nach Schweiß und „Morphium für den Macho" stinkende Hemd war bis zum Bauchnabel geöffnet. Es offenbarte einen Pelz schwarzer Krusselhaare. Er setzte sich breitbeinig auf den Barhocker und offenbarte eine mächtig männliche Ausbuchtung. Dann räusperte er sich süffisant. „Mimimimi." Sein weibisches Falsett stand im krassen Gegensatz zu seiner Machomann-Ausstattung. Ein Eunuch! dünkte es der Rose, die eine feine Beobachtungsgabe hatte. Sie grinste spöttisch. Ausgerechnet der Supermacho hatte eine Fistelstimme. Das Schicksal trieb oft ein schelmisches Spiel!

„Meine Freunde. Willkommen. Diese Runde geht auf mich!" Der Habitus des Kuba-Männchens war von vertrauenszerstörender Jovialität. Heftig und allzu herzlich umarmte er die beiden Fische, die er in seinem Netz wähnte. Grünschnäbel. Denen würde er es zeigen! Besitzergreifend legte er Donna die mit Totenkopfringen geschmückte Hand mitten in den Schoß. Sie war sein! Besitz. Seine Barbie deren Pflicht es war, ihm Plaisir zu bereiten. Tag und Nacht. Als Hengst oder Stute. Wonach immer sein sechster Sinn stand... Nikki schnallte schnell. Offensichtlich war er der Zuhälter und eigentliche Drahtzieher des ominösen Deals. Er stellte sich passenderweise als „Rocky Rammler" vor. Nikki legte Woolf mehr beschützend als besitzend die noch immer blutende Hand auf die seine. Er wedelte sie wirsch und angewidert weg. „Lass mich los! Du Spaßbremse!" Mit einem abscheulich arroganten Grinsen stieß er sie in die Rippen. „Wer glaubst du, das du bist, du eingebildete Kuh? Ich habe Business zu tun!" Sie fühlte sich so unbedeutend wie eine Ameise und schwankte auf ihrem Barhocker gefährlich hin und her. Der schien sich in einen Schaukelstuhl verwandelt zu haben. Ihre nicht allzu langen Beinchen in den hohen Hacken suchten rudernd Halt. Ihre Finger krallten sich in das Teakholz der Bar. Mit einem Ruck saß sie still. Bleich, mit klopfendem Herzen richtete sie sich auf und bemühte sich stolz um Haltung. Zu spät.

Woolf schenkte ihr keinen Blick mehr. Er hatte sich von ihr weggedreht als sei sie Abfall. Er suchte sein Heil bei seinen neuen Freunden. Der Ausdruck in seinen eisigen Augen erzeugte der Rose Gänsehaut am ganzen Körper. Er war so kalt wie Stein! Sie schlug die netzbestrumpften Beine grazil übereinander und flüchtete sich in ihre Gedanken. Wie nur konnte sie sich aus der Situation retten? In Krisen zeigen sich Charakter. Woolf wurde wahnsinnig. Nikki überkam der Fluchtinstinkt. Sie wollte nur noch weg von diesem Abschaum. Dem Gossentheater entfliehen. Dem durchgeknallten Gatten entkommen! Bevor er sie mit sich zog in seinen Strudel mitten in den Abgrund! Ihr verzweifelter Verstand arbeitete vergeblich daran, einen Ausweg zu finden. Die Gedanken ratterten die Gleise in ihrem Gehirn rauf und runter. Ratterratter... Es donnerte und dröhnte in ihrem Kopf. Doch sie fand keine Lösung. Ermüdet sank sie in tiefster Erschöpfung auf dem Tresen zusammen. Das noch immer wohl frisierte Köpfchen auf die Ellenbogen gebettet.

Für Woolf und seine Realität existierte sie sowieso nicht mehr. Er wollte Sex, Drugs und Rock & Roll mit seinen neuen Gefährten genießen. Endlich hatte ***ER*** einen Klumpen Kohle in der Brieftasche. Und: ein behagliches Kissen voll Koks! Das war erst der Anfang! ***Er war Mister IT! Der King of Rock! König Koks!*** Inmitten von schönen Menschen auf den Bahamas! Endlich angekommen bei seiner Bestimmung! Mann war das ***GEIL!*** „Heyhey I wanna be a rockstar!“ Pennyback sang ihm aus der Seele. „Guys. Champagne!“ Er läutete die nächste Runde ein. Die Welt war ***SEIN***! Sein Kräbbchen vergaß er frohen Mutes für seinen Erfolg. Sie war ja doch nur eine ***SPIESSERIN***! Welches Weib konnte ihm schon das Wasser bzw. den Wein reichen? Abfällig ignorierte er Nikkis leeres Champagnerglas. Sie döste ja sowieso beduselt an der Bar. ***Weiber waren Weicheier!***

Die Rose gehörte allerdings nicht zur Gattung Weichei. Verzweifelt? Das war sie! Verloren? Niemals! Sie blickte in Alarmbereitschaft auf das schlechte Geschehen. Ihr Herz raste und sie fühlte eine Bedrohung, die fast greifbar war. Unter den geschlossenen Wimpern beobachtete sie, von dem trinkenden Trio vergessen, das suspekte Spiel. Der Zuhälter und sein Brownie-Barbie-Babe wurden mit jedem Drink ordinärer. ***„Fuckfuckfuckfuckfuck...“*** Andere Begriffe schien ihr Sprachschatz nicht zu bieten. Sie lachten. Laut und liederlich. Klebten Woolf an den schmalen Lippen und tatschten ihn von beiden Seiten unsittlich an. Zu jedem Drink reichten sie einen Spiegel mit einer langen Linie voll schneeweißem Puder. Die saugte Woolf durch einen schwarzen Strohhalm begierig ein. Verdächtigerweise war er der Einzige, der diesem fraglichen Vergnügen frönte. Auch der RuinHart-Champagner wurde größtenteils von Woolf vernichtet. Das Gangsterpaar kippte den Inhalt seiner Gläser in regelmäßigen Abständen über die Theke der Bar ins Spülbecken. Mit schleimigem Grinsen besiegelten sie das Komplott mit jeder Linie Koks und jedem Schluck Champagner, mit dem Woolf sich mehr in sein Verderben bugsierte. Sein Kopf wurde schummerig. Als habe man ihm das Licht ausgeknipst. Er lachte blöd und gab sich weiter die Kante. Maßhalten war nicht sein Ding.

Die Rose hingegen sah so klar wie nie zuvor. Erkenntnis erhellte ihr Hirn als wäre es mit Sidolin geputzt. Plötzlich wusste sie ganz genau, was hier abging. Sie war Zeugin eines Drogendeals der auf ihre Kosten schief lief. Sie sah Woolf. Frei von ihrer Liebesverblendung, wie durch Röntgenaugen. Er war in einem fatalen Zustand. Die Augen blickten irr und waren blutunterlaufen. Seine Haut war grau. Die Nasenlöcher mit weißem Pulver verklebt. Die Gitarrendrahtlocken standen zu Berge und ein größenwahnsinniges Grinsen umspielte seine dünnen Lippen! Er war ein Wrack! Sein Urteilsvermögen im Schneesturm erfroren. Der Verstand ausgeknipst. Sämtliche Gefühle für ihn erloschen in diesem seltenen Augenblick der Klarheit. Woolf war ein Opfer seiner Süchte. Nie und nimmer würde ***er*** der King of Rock sein! Selbst seinen Status als König ihres Herzens verspielte er in dramatischer Dummheit. Er war ein blinder Mann. Ein naiver Narziss. Verloren in einer Vorstellung seines Selbst, die im krassen Gegensatz zur Wirklichkeit stand. Die Kluft dazwischen war unmöglich zu überbrücken. Ihr Woolf war schizophren. Die Erkenntnis war erschreckend klar. Gleichzeitig nahm sie Nikki die Angst vor dem Monster in ihrem Mann. Sie beobachtete ihn wie einen Patienten. Er wurde vom Täter zum Opfer. Sie sah seine Vergangenheit. Seine Zukunft. Die Straße aus Teer die seinen Lebensweg darstellte. ***„The road to hell!"*** Ihre Erkenntnis machte auch vorm eigenen Ego nicht halt. Welche Rolle spielte SIE in diesem schlechten Spiel? War sie als seine Mitfahrerin nicht auch Teil des Steuerbords? Ohne Lieutenant Spock kein Captain Kirk! Durch ihr Zulassen ließ SIE seinen Wahnsinn gedeihen! Diese Erkenntnis war so erhellend wie erschreckend. Eiseskälte erfasste ihr Herz. Ihr wurde speiübel. Ihr Magen fühlte sich so flau an wie beim Abwärtssturz der Achterbahn. Sie stieß einen kleinen Schrei aus. Dann wurde es taghell. Sie zuckte zusammen und war so wach, wie man es nur sein kann. Sie war immer noch in der Bar. Das Trio neben ihr merklich angeschlagen. Das Rausschmeißerlicht des Barkeepers und die 80er-Jahre-Hymne von Human Lagune „Don't you want me, baby?" verwandelten den Raum in eine Disco der Vergangenheit. Albtraum oder Wirklichkeit? Erschreckenderweise gab es dazwischen kaum einen Unterschied... Das Kino spielte nicht nur in ihrem Kopf einen falschen Film! Sie richtete sich auf und zielte den intensiven Blick ihrer irisierenden grünen Augen auf den gefallenen Gemahl. Der war definitiv hinüber... Das war nun IHR Problem!

„Mitgegangen, mitgefangen, mitgehangen." Woolfs Leben war mit dem ihren verwoben. Sie waren „in it together". Gemeinsam gefangen in der Falle, die ihnen die Liebe gestellt hatte. Ihre Finger brannten. Sie drehte an ihrem Ehering, doch der saß fest wie ein Felsen in der Brandung. Er war wie ihre Liebe zu Woolf, die sekündlich wieder aufflammte wie eine ***ETERNAL FLAME***. Unverwüstlich. Sie blickte in die zerfurchten, ehemals unschuldigen Gesichtszüge ihres Mannes. Er war immer noch attraktiv. Wenngleich deutlich mitgenommen. Genau das machte seinen Reiz aus. Die schönen Züge zerschnitten durch die scharfe Schere seines schweren Schicksals. Man sah: das Leben hatte ihm eine harte Zeit beschert. Ihre Seele seufzte. Ach wenn sie ihm doch helfen könnte! Ungewollt erbrannte ihr Herz vor Leidenschaft. Es war heiß vor Liebe und Mitgefühl. Sie war ihm ausgeliefert. Auf Gedeih und Verderb. Ob sie wollte oder nicht. Er war ihr Schicksal! Wer, wenn nicht sie, konnte Woolf von seiner „Road to Hell" auf den „Stairway to Heaven" führen? Sie konnte ihn nicht in den Abgrund stürzen lassen, den er sich in seinem Wahnsinn selbst erschaffen hatte. Sie war seine Frau. „In guten wie in schlechten Zeiten!" Ihr grundgutes Herz war am Überborden vor großen Gefühlen. Gutgläubigkeit war in ihrer DNA zutiefst verankert und nicht zu unterdrücken. Die Verblendung der Romantik regierte die Regeln. Wahre Liebe stellte keine Bedingungen. Sie forderte Opfer. Sie musste Woolf beistehen. Durch dick und dünn. Es war ihre PFLICHT! Sie war alles, was er besaß. Er war alles, was sie wollte! Wie aber konnte sie ihn vor sich selbst beschützen? Vor seinem Schicksal retten? Auf die Sonnenseite des Lebens ziehen? Ihre Gedanken rasten auf Hochtouren, während sie Dornröschens Erwachen aus dem Tiefschlaf mimte und sich kleidsam räkelte wobei sie süße Seufzer ausstieß.

Woolf war ertrunken in einem See aus Alkohol. Erfroren in einem Sturm aus Schnee. Er hatte alles vergessen. Weiße Wolken waberten durch sein Gehirn. Eisnebel. Undurchdringlich. Er suchte den Lichtschalter darin. Er fand ihn nicht. Wo zum Teufel war er? Und wer waren diese braune Barbie und ihr Begleiter mit dem Gesicht eines Wiesels? Geblendet blickte er ins grelle Rausschmeißerlicht. Da sah er sie neben sich. Nikki Rose. Eine Erscheinung der anderen Art. Sie erinnerte ihn an Amy Weinhaus. War er tot und traf die Soulsängerin im Himmel? Die Queen of Soul und der King of Rock. Waren sie nicht... das perfekte Paar? Ihr bravourös gestylter brauner Haarturm schien in den Himmel zu wachsen. Das strahlende Lächeln ihres breiten roten Mundes konnte Tote zum Leben erwecken. Es drang in sein Herz. Obwohl er sein Leben lang alles Erdenkliche und nicht Auszudenkende unternommen hatte, es taub und tot zu betrinken und betäuben. Hell erleuchtet im Spotlight der Speerstunde sah sie ihm in die Augen. Gab ihm Einblick in ihre Seele, die so tief und klar war wie ein Bergsee. Ihr Blick war Trost pur. Sie schien alles zu verstehen und verzeihen. Dann äußerte sie sich mit einer Stimme so klar wie Kirchenglocken. „Woolf. Du hast genug! Es ist höchste Zeit zu gehen! Nach Hause!“ Sie erschien ihm wie ein Engel, der ihm Geleit gab von der Lasterhölle ins Paradies. Er erwachte kurzfristig aus seinem Rausch und fühlte einen tiefen Stich der Liebe in seinem Herz. In diesem Moment sah sogar er klar. Die Rose war die Liebe seines Lebens! Besitzstolz erfüllte ihn. Dieses liebliche Wesen war SEINE FRAU! Er schüttelte sich wie ein Hund, der aus dem Wasser kommt. Als wollte er den Dreck abstreifen, den er in seinem Leben angesammelt hatte. Das Schicksal hatte ihm seine dritte und beste Chance geschenkt! ***Diesmal würde er es nicht versauen!*** Doch der Cocktail aus Euphorie, Alkohol und Kokain war eine gefährliche Mischung... Er leerte sein Glas und gönnte sich eine mächtige Lebenslinie. „One fort he road!“ Da strahlte die Rose neben ihm nicht mehr lieblich sondern streng. Gewitterwolken zogen in ihrem Gesicht auf. Seine Gattin wurde zu seiner Gouvernante. Seine Euphorie kippte in Aggression. Als würde ein Schalter in seinem Kopf Licht in Dunkel verwandeln. Er spuckte verächtlich. „Trink was. Mach dich locker. Du weißt, mit wem du es zu tun hast!“ Der drohende Unterton war nicht zu überhören. Seine Gaunergefährten fielen grölend ein und bestellten eine neue Bouteille Champagner. Ihr Herz verkrampfte sich. Sie mussten weg!

„Woolf. Komm! Wir gehen! Du hast genug!“ Die Worte der Rose echoten schrill und streng durch die fast menschenleere Bar. Sie meinte sie bitterernst. Nicht nur, dass sie Abstand brauchte von dem menschlichen Abschaum der Nacht. Viel dringlicher war ihr physisches Bedürfnis. Ihre Blase drohte zu explodieren. Sie rutschte auf dem Barhocker hin und her und wurde rot in ihrer Not. Diese Nacht war Folter! Der junge Kellner vom Abendmahl stellte die Stühle auf die Tische und machte die Musik aus. Er schaltete weitere grelle Rausschmeißer-Spot(t)lichter an. Sie beleuchteten hämisch die hässlichen Fratzen des Gaunerpaars. Nun ja. Auch Nikki und Woolf hatten schon mal frischer ausgesehen. Sie warf dem Kellner einen Zwanziger zu. Er zumindest sah äußerst appetitlich aus! Sie schenkte ihm ein strahlendes Lächeln und wandte sich zur Flucht. Keine Sekunde länger konnte sie aushalten, ohne sich endlich zu erleichtern. Kaum wendete sich die Rose ab, da ging die braune Barbie aggressiv auf Attacke. Sie umarmte Woolf und drückte ihn an ihren süßlichen, nach Verwesung stinkenden Busen. Ihr schimmeliger Geruch nach Patschuli erinnerte an die Gruft. In der wollte sie nicht alleine landen. „Ist es nicht viel zu früh, um die Nacht zu beenden? Wir könnten doch einen flotten Vierer veranstalten. Auf meinem Zimmer gibt es Schampus und Koks...“ „Zirpzirpzirpzirpzirp.“ Ihre Stimme klang dunkel und verführerisch wie bitterzarte Schokolade. Barry White personifiziert in einer farbigen Femme Fatale. Die Rose war in ihrer Ahnung bestätigt. Das war der erwartete kriminelle Verführungsversuch. Woolf hingegen schien Feuer und Flamme. Ein Brownie fehlte noch auf seiner Liste der weiblichen Eroberungen. Eine lust- und lasterhafte Abwechslung zum Eheleben konnte nicht schaden. Wer wusste schon, ob und wann sich diese Gelegenheit noch einmal bieten würde? Grinsend entblößte er sein Iggy-Pop-Gebiss. Das Babe war sein... Er malte sich aus, wie er sie aus ihrem roten Schlauchkleid schälte wie eine Wurst aus ihrer Pelle. Ihre Verderblichkeit machte ihn scharf wie ein Sushi-Messer. Er musste sie haben!

Nikki kletterte mit zittrigen Beinen vom Barhocker. Woolf war ein Kipp-Kandidat! Seine Gefühle wechselten so schnell wie das Wetter im April. Die Situation war so brenzlig wie ihre Blase am platzen. Sie ***MUSSTE*** sich erleichtern. Und Woolf sich entscheiden. Umgehend! Sie hielt es keine Sekunde länger aus! Sie sprang von einem Fuß auf den anderen, während sie ihr Ultimatum verkündete. ***„Ich oder Sie! Du musst dich entscheiden! Jetzt oder Nie!“***, schmetterte sie Woolf in die betäubten Ohren. Dann wandte sie sich ab und stolzierte so würdevoll wie möglich Richtung Toilette. Klackklackklackklackklack. Die eisernen Absätze ihrer High Heels hallten mit einem Ton der Endgültigkeit durch die stille Bar. Feuer brannte in ihrem Herzen. Sie hatte gesehen, wie Woolf den Verführungskünsten der farbigen Femme Fatale erlag. Die Situation eskalierte. Sie konnte nicht mehr ertragen! Der unendlich lange feine Faden ihrer Geduld war dabei, endgültig zu zerreißen. Sie ließ ihren abtrünnigen Gemahl in seiner Gaunergesellschaft zurück. „Arschloch kennt Arschloch!“ Er zeigte wieder einmal sein wahres Gesicht. Entschlossenen Schrittes entfloh sie der Lasterhöhle. Doch ihr Herz hoffte noch. Auf Woolf und seine Reste an Vernunft und Verliebtheit. Da rief sie ein schriller Pfiff zurück. Sie fühlte sich wie ein Hund auf der Flucht. Zurückgepfiffen vom Herrchen. Die Leine wurde zu kurz. „Kräbbchen. Zahlst du die Zeche?!“, heulte ihr Woolf hinterher. Seine Stimme war so krächzend, als hätte er Kreide gefressen. Sie klang verzweifelt. Unheimlich. Als käme sie aus dem Kerker seiner Seele. Doch die Botschaft war nicht die erhoffte sondern die erwartete. Die Macht der Moneten war seine Religion. War seine Liebe wahr oder nur Mittel zum Zweck? Diese Frage zermürbte ihr Hirn, seit sie ihn kannte. Tatsächlich war die akute Not der Auslöser von Woolfs Ruf nach Rettung. Aber auch pure Verzweiflung und Verängstigung. Was wenn das Dealerduo mit dem Drogengeld zahlte? Es würde rauskommen, dass die Scheine im Umschlag weniger als die Hälfte der vereinbarten Summe enthielt! Und sie, seine verlogene Tussi, ließ ihn ausgerechnet im Antlitz größter Gefahr sitzen? Seine Verlustangst wandelte sich in Panik. Diese in wilde Wut. Das eiserne Klackern der Stilettos war eine unüberhörbare Warnung. Sie würde ihn verlassen. Wie alle ihn verlassen hatten. Selbst seine Mutter. Er fühlte sich ohnmächtig. Etwas klickte in seinem berauschten Kopf. Gewaltlust glitzerte in seinen Augen. Sie war stets die Reaktion auf vertrackte Situationen mit seinen Weibern. „Caught in a trap. I can't walk out. Because I love you too much babe! Why can't you see what you're doing to me? When you don't believe a word I sayhayay?" Elvis sonore Stimme spiegelte seine Situation der Ohnmacht! Gedanklich verneigte er sich vor seinem Geistesbruder. Auch ihn hatten die Frauen ins Grab geführt! Eine Welle Selbstmitleid und Menschenhass überkam ihn. Er war das Unschuldslamm. Das Opfer. Wieder einmal hatte er seine Liebe verschenkt. Zum Lohn wurde er verlassen. Die Frauen waren sein Fluch! Weiber waren Weicheier! Verlogenes Gesocks! „In guten und in schlechten Zeiten?" Da lief einmal etwas nicht ganz so rund. Schon waren sie weg. Er blickte Nikki nach, die auf hohen Hacken mit zusammengekniffenen Beinen die Bar im Stechschritt verließ, als hätte sie Knoten in den Schenkeln. Die hohe Haartolle winkte wippend „Goodbye". Kein Zweifel! Sie verließ ihn. Wie alle seine Frauen zuvor. Nackte Wut erfüllte sein Herz. Er bebte wie ein Vulkan vor dem Ausbruch. Der Hass in seiner Seele wurde unerträglich. Sie machte ihn geil. Er packte Donna in den Ausschnitt. „Du Stück! Ich werde dir den Fick deines Lebens besorgen!" Während er seine starken Gitarristenhände unter ihr Kleid wandern ließ, wurde er innerlich angespornt von Zorn, Selbstgerechtigkeit und lodernder Lust! Ein fataler Gefühlscocktail... Der Sündenbock seines Schicksals war gefunden. Die Rose hatte Schuld! Er fühlte sich jeglicher Rücksicht erlassen. Hey! Er war der King of Rock! Er würde es allen beweisen... Sein Frauenhass ließ ihn fast durchdrehen vor Erregung. Er öffnete seinen Hosenstall und rieb seinen schwellenden Schwengel an dem Hinterteil Donnas. Rocky Rammler blickte angeturnt. Begehren macht blöd. Sie würden den Rocker abzocken und ihn zu IHREM Drogenkurier machen... Er grinste und zeigte den Mix aus gold-schwarz-rot in seinem Mund. Schwarze Stummel, allerlei Gold, blutrotes Zahnfleisch. Woolf hatte nur noch Augen für Donna und ihren berstenden Busen...

Er summte ihr unschön und unmelodisch ins Ohr: „I am going to slide it in. Slide it in. Right to the top..." Sein Schwanz war heiß. Sein Herz jedoch wurde mit jedem Schritt der sich entfernenden Rose kälter. Klackklackklack. Der Klang nach Krieg. Den sollte sie haben! Den King of Rock verließ man nicht! Sie würde für immer seine Liebesgeisel bleiben. Dafür würde er sorgen! Jetzt musste sie aber erst einmal die Rechnung begleichen! Vor Brownie-Barbie und ihrem suspekten Begleiter durfte er sich die Schwäche seiner Insolvenz nicht anmerken lassen. Insolvenz hieß Impotenz. Dieses menschliche Manko konnte er sich und seiner Welt nicht zugestehen. Angesichts der Gefahr als Zechpreller und Abhängiger seiner Frau entlarvt zu werden, zerfiel seine Erektion zu einem weichen, schrumpeligen Würstchen. Nikki lief nach seinem Pfiff langsam mechanischen Schrittes weiter. Ihre Knie wurden mit jedem Schritt wackeliger. Ihr Herz war zerrissen zwischen ihrer Liebe und der Erkenntnis ihrer Unmöglichkeit. Ihr Anstand siegte. Sie drehte sich um. Lächelte den schönen Kellner an und ignorierte das Gaunertrio. Wieder einmal war sie es, die ihre Zeche zahlte. Ihre Loyalität und pure Angst verboten ihr, Woolf auf dem Trockenen sitzen zu lassen. Er durfte sein Gesicht nicht verlieren! Sonst würde die Furie in ihm ausbrechen. Das könnte tödlich enden. Sie schnappte sich den letzten Tausender Reservegeld und schnippte ihn so lässig wie möglich auf den Bartresen. „Stimmt so." Der Kellner blickte sie bewundernd an. „Cool Girl!" In der Rose jedoch barst der Damm vermeintlicher Souveränität. Statt Seelenruhe tobte ein Wirbelsturm in ihrem Herzen. Sie wendete ihren hochfrisierten Kopf ab, bevor Woolf und seine falschen Freunde die Tränen sehen konnten, die aus ihren Augen stürzten. Sie schritt erneut und endgültig aus der Bar. Kaum schloss sich die Tür hinter ihr, verfiel sie in verzweifelten Sprint! Gerade noch rechtzeitig landete sie im Damenklo. Sie sank auf die Toto-Toilette und lief förmlich aus. Es war als weinte sie nicht nur mit den Augen. Nur langsam beruhigte sie sich. Der Verstand übernahm wieder die Regierung. „You escaped right in time!" Mit diesem Urteil schien das Kapitel „Last Exit: Bahamas" besiegelt. Doch noch schien sie der Lösung ihrer Lebensaufgabe entfernt wie nie zuvor. Wohin gehen? Wovon leben? Wie dem Woolf entfliehen? Er hatte ihr Herz geklaut und ihre Seele gefangen genommen. Sie konnte nicht einfach fliehen! Oder etwa doch? Was war richtig, was war falsch? Verzweifelt starrte sie in den Spiegel. Ihr Antlitz der Verunsicherung spiegelte den Zustand ihrer Seele.

Nikki nahm Zuflucht zu einer kurzen Kaschierung ihres Selbstbildes. Zumindest nach außen hin durfte sie nicht zeigen, wie tief der Riss in ihrem Herzen war! Wie groß und unüberbrückbar die Dissonanz zwischen Gefühl und Verstand. Sie war nicht in der Lage, eine klare Entscheidung zu treffen. „Should I stay or should I go? If I go it will be trouble. If I stay it will be double!" War es mutig, zu gehen? Oder war es ein Zeichen von Angst und Hilflosigkeit? Eingeständnis eigener Unzulänglichkeit? Und was wenn sie blieb? Dem Highway ihres Herzens folgte. Auch wenn er sie in die Hölle katapultierte? Ach! Wo war sie nur, die Bedienungsanleitung, die sie ihr Leben lang so schmerzlich vermisste? Wie stets fand sie ein Quantum Seelenheil und oberflächliche Gelassenheit in der äußerlichen Renovierung. Ein paar zarte Tupfer Puder und himbeerroter Lippenstift. Schon sah ihr Antlitz wieder aus wie das einer Rose. Blühend. Nicht gerupft! Jedoch: durch die Schutzschicht aus Schminke und Spray blickte sie das verunsicherte und verängstigte Mädchen an, das in ihrer Seele wohnte. Sie starrte in ihr Gesicht, das aussah wie das auf Lächeln getrimmte groteske Antlitz eines traurigen Clowns. Keine noch so schöne Maske konnte das Unglück verbergen, das auf ihrer Seele lastete. Eine salzige Träne fuhr die Backe entlang und verwischte die pudrige Schicht. Sie flüsterte flehentlich in ihr gespiegeltes Antlitz. „Ich will nach Hause." Doch wo war das? Ihr Elternhaus hatte sie verlassen. Uwe, stets der Retter in ihrer Not, war gestorben. Sie war mutterseelenallein. An der Seite eines Wahnsinnigen, den sie fatalerweise liebte. Es half alles nichts. Sie musste durch diese schwarze Nacht. Mit oder ohne Woolf... Ihr Herz plädierte für mit. Ihr Verstand ebenso. Wie stets siegten ihre Liebe, Wagemut und Stolz!

Nein! Aufgeben kam nicht in Frage. Nicht einmal sich selbst konnte sie ihren vermeintlichen Liebes- und Lebensirrtum eingestehen. Wie dann der Familie? Den Freunden? Den Bekannten, die insgeheim ihre Hände reiben würden vor Freude über ihr Versagen. Die großartige Nikki mit ihrem Turm von Träumen. Den hohen Haaren... Das hatte sie nun davon, dass sie so weit hinaus wollte. In Miami ihr Erbe verschleudernd und dem falschen Mann vertrauend. Statt sich mit ihrem Leben in München zu begnügen. Ihr Trauernde-Witwe-Schicksal zu akzeptieren. Nikkis Ohren klingelten vor empörter Entrüstung. Sie hörte das Lästern der bestätigten Spießerseelen von Deutschland bis auf die Bahamas. Auf ihrem Sofa vorm Fernseher sitzend zogen die falschen Freunde über ihre Liebe und ihre Verrücktheit her. Doch das konnte jeder. Das

Bleistiftskizzendasein hegen und die Mutigen verachten... Stolz regte sich in der Rose. War es nicht die größte Sünde am Leben, es nicht zu leben? Sie sammelte das letzte Quantum angetrunkenen Selbstbewusstseins zusammen und richtete sich auf. Trotzigen Blickes schaute sie in den Spiegel auf ihr Antlitz. Das durch die breiten Backenknochen rundlich wirkende Gesicht war optisch verschmälert durch die berühmt berüchtigte brünette Hochfrisur. Die grünen Augen blickten klar. Die weiße Haut war lupenrein. Die roten Lippen perfekt konturiert. Ihr Anblick glich einer Maske aus Porzellan. Sie würde als japanische Käthe-Kruse-Puppe durchgehen, die in den Krieg zog. Ihre Uniform: das schwarze Armada-Kleid mit dem schneeweißen Ausschnitt saß straff bis zur mit Schleife und Strassovski-Steinen betonten schmalen Taille. Der weite Rock umschmeichelte ihre netzbestrumpften Beine. Mit trotzig vorgeschobener Unterlippe und kühlem, klaren Blick lächelte sie herausfordernd. Sie würde für ihre Liebe und das Glück kämpfen. Sie musste nur auf ihr Inneres vertrauen! Ihrem Herzen folgen, ohne ihren Verstand zu verleugnen. Sie blickte an sich hinunter. Ihre schwarzen High-Heel-Sandaletten mit schmückenden Steinen um die zarten Fesseln hatten Absätze aus hartem Metall. Sie waren ihre ständigen Wegbereiter und Begleiter. Wohin sie die wohl noch führen würden? Nun. Sie würde es herausfinden... Sie hob den Kopf und schritt aus dem Toilettentrakt. Stolz und selbstsicher, obwohl sie sich fühlte wie vorm Sturz in den Abgrund. Ohne Fallschirm, Sicherungsseil oder doppelten Boden. Ihre Knöchel drohten bei jedem Schritt einzuknicken. Sie hangelte sich haltsuchend an der Wand entlang. So kehrte sie zurück zur tonnenschweren Tür der Bar. Poch Poch Poch. Ihr Herz klopfte lauter als die zaghaften Klopflaute, die sie an die Tür hauchte wie Küsse in die Luft.

Mit Panik im Kopf und Hummeln im Herzen lehnte sie sich an die schwere Pforte. Sie gab sich ein Ultimatum. Sie würde warten. ABER

NUR EINE MINUTE! Nicht mehr. Sechzig Sekunden mussten reichen! Wenn Woolf dann nicht kam, kam er niemals mehr! Sie zählte. „Eiiinundzwanzig. Zweiiiundzwanzig. Dreiiiundzwanzig…" Die Minute ging viel zu schnell ereignislos zu Ende. Sie gab ihm Verlängerung. Eine weitere Minute verstrich. Nichts passierte. Aller guten Dinge waren drei. Auch dieser Meilenstein an Minute ging hämisch und ereignislos zu Ende. „I give him five", entschied die Rose und haute die Handflächen gegeneinander! Während dieser beiden finalen Gnadenminuten blickte sie hypnotisiert vor Schwermut und böser Vorahnung auf die MegaO. Der Blick auf den immer weiterlaufenden Sekundenzeiger zerstörte ihre Hoffnung mit jedem Seitensprung. **Tacktacktacktack.** Sotto Voce, mit trügerisch samtenem Klacken, zählte ihre MegaO ihr Schicksal aus. Allzu schnell waren es vier Minuten und fünfundfünfzig Sekunden. Der Sekundenzeiger wälzte sich träge und qualvoll über das Zifferblatt aus Perlmutt, das in den Farben des Regenbogens leuchtete. Die fünf Minuten fühlten sich an wie Stunden. Nun ging der Zeiger in die Zielgerade. Die Gnadenfrist war vorbei. Mit einem tieftraurigen Seufzen senkte Nikki das Handgelenk. Die Zeit war reif. Sie traf die schmerzvollste Entscheidung ihres Lebens. Sie verließ die Liebe ihres Lebens. Vorsichtigen Schrittes schlich sie den dunklen Gang entlang. Haltsuchend hielt sie sich an der glitschigen Betonwand fest. Ihr Herz fühlte sich an wie ein Luftballon, der zerplatzt war. Jegliche Hoffnung war daraus entwichen. Eine einzige Sekunde konnte ein Leben verändern. In diesen fünf Minuten war ihre Liebe gestorben! Sie stolperte in Dunkelheit. Ihre Hoffnung war ausgelöscht. Ihr Herz brannte nicht mehr. Es war tot. Sie hatte sich endgültig entschieden. Jedoch:

Das Lied, das wir für unser Leben komponieren, stimmt nicht immer mit der Melodie des Schicksals überein…

Ein plötzliches Poltern ließ sie innehalten. Die Tür öffnete sich flinken Fluges. „Krääääbbchen! So warte doch! Ich liebe dich! Du bist doch mein Ein und Alles!“ Ihr tot geglaubtes Herz schlug Purzelbäume. Woolf, mit einem Gesicht trunkener Liebe, torkelte auf sie zu wie ein Verdurstender auf eine Fata Morgana. Er breitete die Arme aus nach seiner Rose. Fast erwartete er, sie würde sich in Luft auflösen, so er sie berührte. Er umklammerte sie wie ein Ertrinkender. Sein Gestank nach Asche und Angstschweiß ließ sie schwindeln. Sie wich zurück. Ihr Fluchtinstinkt erwachte. Sie ergriff seine schweißnasse Hand. „Woolf. Wir müssen weg hier. Sie werden uns folgen!“ Woolfs Verstand tauchte auf aus einem Nebel aus Koks und Champagner. Die Euphorie erwachte in seinem Herzen. Er hatte den Tausender von der Bar dem Kellner weggeschnappt. Dazu hatte er das ergaunerte Vermögen. Und das Kissen Koks. Er war reich! Und sein Kräbbchen war wieder an seiner Seite. Das Gefühl von Macht und Unbesiegbarkeit gab ihm seine Potenz zurück. Er drehte die Rose zur Betonwand und hob ihr den Rock hoch. Dann machte er Anstalten, ihr kleines Höschen vom knackigen Hintern wegzuziehen. Nikki seufzte sinnlich. Sie war ein verführbares Mädchen. Doch statt eines Feuerwerks der Sinne hieß es: Flucht nach vorn! Geschwind stopfte Woolf sein Geschlecht zurück in den Vernaschmich-Gehrock. Er befestigte das Kissen Koks. Seine wilde Rose griff seine Hand und schon galoppierten sie davon. Wie Bonnie & Clyde einer wilden Zukunft entgegen...

Das Gangsterpaar saß währenddessen erstarrt auf der Champagner-Rechnung. Der beklaute Kellner drohte mit den Bullen. Angewidert klaubte Rocky Rammler mit seinen schweißnassen Wichsfingern die Scheine aus dem Umschlag. Er erkannte sekündlich: Woolf hatte sie um mehrere Mille betrogen. Das durften sie nicht auf sich sitzen lassen. Ihr Auftraggeber würde ihnen das Hirn auspusten! „Diese Mistfliegen werden wir schnappen und zerquetschen!“ Er zerquetschte eine Kakerlake, die in unwissender Unschuld über die Bar Theke kroch. Das knackende Geräusch war so ekelerregend wie sein schiefes Grinsen. Er zog Donna vom Barhocker und eilte mit ihr durch die leere Bar. Mit Rocky Rammler legte man sich besser nicht an!

Die Gewissheit großer Gefahr war ein Kick aus Adrenalin. Woolf und Nikki hörten das Gaunerduo hinter ihnen erscheinen! Erotisiert vor Abenteuerlust rannten sie den langen, dunklen Gang entlang. Ein breites Grinsen erstrahlte ihre Gesichter. Sie fühlten sich frei, froh und wild. Vereint entflohen sie dem Bösen. Retteten sich in die Freiheit. Nichts und niemand konnte sie aufhalten. Nur die Stöckelschuhe störten. Nikki zog sie von den netzbestrumpften Füßen. Stopfte sie im Galopp in ihre wie stets tonnenschwere Armada-Tasche. Deren Verschluss ging nicht mehr zu. „Macht nix. Wird schon halten!“, entschied die Rose. Dann rannten sie um ihr Leben. Nicht formvollendet, aber schnell wie der Wind. Woolf sprintete schwankend wie ein Schiff bei Seegang. Nikki hielt tapfer mit. Ihre Kniescheiben knirschten. Ihr Herz raste. Ihre Armada-Handtasche löste sich von der Schulter. Der linke Schuh stürzte hinaus und fiel auf den glatt gewienerten Betonboden. Sie hielt inne im Lauf. Konnte sie ihren getreuen Lieblingsstiletto liegen lassen und mit ihm die gegangenen Wege der Vergangenheit? Sie stoppte und stolperte. Woolfs Hand versuchte, sie eisern festzuhalten und mitzuziehen. Doch die Rose konnte nicht anders. Sie löste seine schweißnassen Finger von ihrem filigranen Handgelenk. Ihre Schuhe waren ihr ein und alles! Sie hatte auf beiden Hochzeiten mit ihnen getanzt. Sie durfte sie nicht verlieren! Nikki drehte sich um und trabte zurück zum einsamen Schuh. Sie bückte sich und versuchte, ihn aufzuklauben. Doch ihre Hände waren rutschig wie in Gleitcreme gebadet. Ihre zitternden Finger griffen nach der Schnalle. ***„Nikki Rose. Du kannst es auch wirklich nicht lassen!“***, ertönten unheimlich dröhnend die letzten

Worte von Uwe und hallten im Gang. Dann wurde die warnende Stimme überlagert von tosendem Lärm. Das Poltern blecherner Schritte schepperte auf dem Beton. Rocky Rammler und Donna spurteten auf sie zu. Die Rose erstarrte.

Stellt uns unsere Vergangenheit stets ein Bein auf dem Weg in die Zukunft?

Der Zuhälter fletschte genüsslich seine eitergelben Zähne. Die kauernde Rose war ein allzu schönes Opfer. Er malte sich schon aus, wie er sie heftig auf den Boden warf und in außergewöhnlicher Intensität ekstatisch nahm. Die Leidenschaft überkam auch den rauesten Macho. Doch die Ernsthaftigkeit der Lage ließ keine Zeit für Erotik. Rocky delegierte die Rose an Donna. „Mach sie fertig! Aber lass sie leben!", instruierte er die korpulente Prostituierte. Donna schnaubte wie ein Gaul. Sie stürmte schneller als es ihr Gewicht vermuten ließ. Der üppige Busen wippte auf und ab. Die Schminke lief ihr in schwarzen Sturzströmen übers Gesicht. Der rote Lippenstift verflüssigte sich an ihren Mundwinkeln wie frisch genossenes Blut. Woolf hielt nur sekundenkurz an. „Renn! Nikki! Renn!", feuerte er sein Röslein an. Dann legte er den fünften Gang ein und sputete weiter. Rücksicht kannte er bekanntlich nicht. Doch seine Rose kauerte noch am Boden im verzweifelten Versuch, ihren Schuh zu retten. Da stürzte Donna mit ihren zwei Zentnern mit einem gewaltigen Hüpfer auf sie und legte sie lahm. Nikki lag platt auf dem Boden und hilflos unter dem Menschenberg. Der betäubende Duft des Patschuli-Parfüms gemischt mit Achselschweiß und das kaum zu ertragende Gewicht auf ihrem streng geschnürten Korsett legte sich auf die zarte Rose wie ein schweres Kissen. Sie verlor das Bewusstsein.

Der verlorene Brautschuh

Die Rose wachte auf. Mutterseelenallein auf dem dreckigen Betonboden. Ihr Hinterkopf schmerzte. Sie lag in einer kleinen, aber beunruhigenden Lache ihres eigenen Blutes. Wo war bloß ihre Handtasche? Da surrte das rettende Sirenengeräusch ihres Blackberrys. Direkt an ihrer Schläfe. Die Rose richtete mühsam das Köpfchen auf. Glück im Unglück: Sie war auf ihre Armada-Tasche gefallen, die gleich eines Kissens den Aufprall gemildert hatte. Das Gaunerpaar war weit und breit nicht zu sehen. Woolf ebenso wenig. Ob sie ihn wohl erwischt hatten? Panik erfüllte ihr Herz. Unheimliche Nebelschwaden waberten im dunklen Betongang. Mühsam richtete sie sich auf. Blickte sich im Dunklen um. Tastete sich durch ihr Leben, das sie wie jede Frau in ihrer Handtasche trug. Erleichtert erfühlte sie ihr Portemonnaie, ihre kleine, feine Schminktasche, Haarlack und Bürste. Das Blackberry. Der Reisepass. Und: Nur einen Schuh! Sie suchte umsonst nach dem zweiten Teil des Paares. Vergeblich! Ihr linker Schuh war weg! Sie kapierte das nicht. Die Gauner hatten ihr die Tasche und Hab und Gut gelassen und ausgerechnet ihren Brautschuh geklaut? Und ihr Bräutigam war ihr ebenfalls abhanden gekommen. Was bloß sollte sie tun?

Sie suchte nach einem Strohhalm. Nach Licht im Dunkeln des menschenleeren Betontunnels. „Woolf?“ Schüchtern und scheu echote ihre zutiefst betrübte, belegte Stimme durch das Gemäuer. Keine Antwort. Mühsam klaubte sie ihre Handtasche vom Boden und schnappte sich ihr Blackberry, mit dem sie den Gang beleuchtete. Sekündlich verabschiedete sich der Akku und sie saß in der nicht zu durchdringenden Schwärze der Nacht allein auf weiter Flur. Suchend fuhren die zersplitternden Fingernägel der Rose in das Seidenfutter der Armada-Tasche. Dort hatte sie doch immer eine Notration an Zündhölzern. Da: die Schachtel aus Pappe war, wo gesucht. Ihre Rettung. Ihre Finger waren mittlerweile taub und zitterig. Sie zündete das erste Streichholz. Es zerbrach, ohne Licht zu spenden. Die Rose tastete panisch nach weiteren Rettungshalmen. Nur zwei waren noch in der Packung. Sie klaubte ihren Rest von Mut zusammen und rieb das zweite Holz an den feucht gewordenen Funkenstreifen. Es zerbrach. Wie das Erste. Sie seufzte und setzte sich auf. Nur noch eine letzte Chance. Ohne Licht würde sie niemals aus dem Dunkeln herausfinden... Sie trocknete ihre Finger am Armada-Kleid. Dann zog sie den Joker. Das letzte Streichholz aus der klebrigen Papp-Packung. Sanft, aber beharrlich, fast streichelnd, rieb sie es an dem Karton der bereits auseinanderbröselte. Zisch! Das Stöckchen aus Holz und Hoffnung zündete und gab ein warmes, flackerndes Licht. Sie zerrte ein paar Blätter aus ihrem Mystar-Notizbuch aus der Tasche und bastelte einen Fidibus. Eine Haarklammer wurde zum Träger der ungewöhnlichen Fackel. Sie richtete sich auf und suchte die Wand entlang nach einem Schalter. Endlich ertasteten ihre Finger das rettende Stück Plastik. Klack! Und es wurde Licht...

Gerade noch rechtzeitig, denn die furios ums Leben kämpfende Flamme ihrer Fackel brannte sich bereits in ihre sowieso schon malträtierte Hand. Die Rose warf die Reste auf den Betonboden. Dann rannte sie so schnell sie konnte zum endlich erkennbaren Aufzug aus der Hölle von Betonbunker. Atemlos erreichte sie den 22. Stock. Da war es. Ihr Zimmer. Dreimal ihre Glückszahl für solch eine Zelle. 222. Sie hielt die Hotelkarte gegen den Schlitz. Rotes Licht. Die Tür blieb verschlossen. Sie probierte es. Erneut und erneut. Und erneut. Das Licht blieb rot. Sie seufzte schwer. Es blieb ihr nichts anderes übrig, als an die Rezeption zurückzukehren. Aber was, wenn dort das Gangsterduo auf sie wartete? Oder war es in Wahrheit ein Gangstertrio und Woolf längst einer von ihnen? In Gedanken versunken schritt sie zum Aufzug zurück und drückte auf 0. Der schwarze Spiegel in der kargen Kabine zeigte einen beängstigenden Schatten um ihr Antlitz. Langsam und quietschend bewegte sich das altmodische Gefährt gen Abgrund. Dabei ruckelte es so ultimativ unheimlich, als führe es zur Hölle. Eine gefühlte Ewigkeit später hielt es endlich im Erdgeschoss. Die Tür öffnete sich. Sie stand in der hell erleuchteten Lobby. Automatisch setzte sie ihr tapferstes Lächeln auf. Das verlieh ihr stets Zuversicht. Auch wenn sie diese in diesem merkwürdigen Moment nicht wirklich empfand.

Sie nahm Haltung an. Machte einen Schmollmund, ließ die Augen funkeln. Dann legte sie ihr Köpfchen schief und näherte sich mit dem letzten Quantum an Charme, den sie aufzubringen vermochte dem ölhaarigen Chef der Rezeption. Der gähnte gelangweilt. Sie ließ ihre glockenklare Stimme erklingen. Die tönte heute gruftig tief. Erschrocken räusperte sie sich. Sie klang wie Amy Weinhaus! „Hmpmpmpmpm!" Sie räusperte sich erneut. „X-cuse me, sir. But the key is not working. I need to enter my room!" Er gönnte ihr keinen Blick seiner müden Ölaugen. Grapschte sich die Schlüsselkarte und feuerte sie in den Müll, in dem sich bereits ein Berg davon befand. Dann nahm er eine neue und steckte sie in einen Schlitz. „Should work now!" Sie griff die Karte und entschwebte gen Aufzug. Ihre Blase war schon wieder am Platzen. Unendlich andauernde Minuten später stand sie erneut vor der Tür zum Zimmer. Ritsch. Ratsch. Wieder nur ein rotes Licht. Sie versuchte es wiederholt. NO GO. Müde und mutlos sank sie vor der Tür zusammen und viel in einen kurzen Schlaf der extremen Erschöpfung. Desorientiert erwachte sie. Auf dem Boden vor ihrem Hotelzimmer! Mühsam schleppte sie sich erneut zur Rezeption. Diesmal war eine fröhliche Farbige am Schalter. „Darling. Did you use it right?" Die Rose nickte nachdrücklich. Wie konnte man denn zu blöd sein, die Schlüsselkarte falsch zu benutzen? Oder war sie so ein Trottel? „Can you come with me?", fragte sie flehentlich. Die Rezeptionistin zeigte ein Herz und begleitete die Rose aufs Zimmer. Routiniert steckte sie die Karte in den Schlitz.

Ritsch. Ratsch. Grünes Licht. Simsalabim und Sesam öffnete sich. So einfach ging das. Die Rose lächelte. Beschämt. Aber auch befreit. Immerhin war sie in der Sicherheit ihres Hotelzimmers gelandet. Um: 4 Uhr morgens. Doch war sie wirklich in Sicherheit? Sie griff nach der Hand der Empfangsangestellten. „Können Sie Licht machen und mit mir das Zimmer checken bevor sie gehen?" Das sonore Lachen der gutmütigen Retterin klang vertrauenswürdig. „Sure. Darling. I will show you around!" Sie steckte die Schlüsselkarte in den Schalter und in dem kargen Zimmer wurde es spärlich heller. Sie sah ihren Koffer. Die Inhalte ihres Necessaires auf der lachhaften Ablage des winzigen Badezimmers. Von Woolf keine Spur. Aber: eine hauchdünne Spur aus weißem Pulver war um die Toilette herum auf dem aschgrauen Betonboden verstreut. Die Empfangsdame ignorierte die Schneespur und entfernte sich mit dezentem Gruß. „Sleep well!" Nikki fiel in kompletter Montur aufs Bett. Zum Glück gab es noch ein Corona in der Minibar. Ihr Herz raste. Sie konnte nicht schlafen. Sie lag auf der kargen Pritsche und starrte in die neonbeleuchtete Nacht. Was zur Hölle war los mit ihrem Leben? Wo war Woolf? Wo ihre Familie und Freunde? Wo die Sicherheit nach der ihre Seele so dürstete? Nie zuvor in ihrem Leben hatte sie sich so alleine gefühlt. Eine verzweifelte Braut in einem Leben, das sich immer mehr zum Highway to Hell verwandelte. Mit einem verloren gegangenen Gatten und Gemahl, der so vertrauenswürdig war wie Dorian Gray!

Woolf währenddessen wachte im Gefängnis auf. Statt dem Gaunerduo hatten ihn die Bullen erwischt. Sie hatten ihn mit Handschellen abgeführt und sein gesamtes Besitztum beschlagnahmt. Sein Koks war weg. Seine Kohle wurde ebenfalls eingesackt. Sowie seine Klamotten! Statt dem schicken Vernaschmich-Gehrock trug er eine Hose, die saß wie ein Sack und ein Streifen-T-Shirt. Auch sein goldenes Feuerzeug und seine Zigaretten waren fort. Am allerschlimmsten: Sein Kräbbchen war weg. Rose. Rose. Rose. Wo sie wohl steckte? Ob er sie nun endgültig verloren hatte? Er fühlte sich vom Schicksal betrogen. Verdammt! Er brauchte einen Whiskey. Oder wenigstens ein Bier. Er musste seinen Kopf auf Trab bringen und die Erinnerung wiederfinden. Er blickte an sich hinunter. Hatte er noch irgendetwas, womit er die Bullen bestechen konnte? Zu seiner Verwunderung trug er noch immer seine schicken italienischen Schuhe. Er warf sie in die Waagschale und rief nach dem Cop, der Nachtdienst hatte. Verlockend schwenkte er die Schuhe vor dem Gitter. „Diese gegen eine Flasche Booze!“ Der Gesetzeshüter grinste gierig. Diese schicken Slipper konnte er für gutes Geld verticken. Und Booze hatte er sowieso massig. Selbstgebrannten Schnaps. Der ging runter wie Salzsäure. Er nahm die Schuhe und schob Woolf die Flasche puren Alkohols durchs Gitter. Gläser gab es keine. Dafür erbarmte er sich und legte noch eine Zigarette obendrauf.

Woolf grinste breit und fühlte sich im Gefängnis wie im Paradies. Gierig setzte er die Flasche an die Kehle und trank sich nüchtern. Mit jedem Schluck kehrte ein Stück Gedächtnis zurück. Er erinnerte sich an die Begegnung mit der braunen Barbie an der Bar. Sein Kräbbchen, wie es am Tresen döste. Das tröstliche Kissen aus Koks und Kohle unter seinem Gehrock. Einen schwarzen Gang. Er und seine Rose auf der Flucht gleich Bonnie und Clyde. Ihr Stoppen und Stolpern, um den verlorenen Schuh zu retten. Das Begräbnis Nikkis unter dem korpulenten Körper der Prostituierten. Sein Sprint ums Leben. Mitten in die Arme der Cops. Die würdelose Prozedur von Verhör und Enteignung. Die ernüchternde Nacht in der Zelle. Schon zum zweiten Mal in diesem Monat. Wie konnte er das Schicksal drehen und sein glückliches Miami-Rockstar-Leben zurückerlangen, an der Seite seiner Rose? Ihr Flug zurück ging bereits morgen.

Er brauchte schnell einen funktionierenden Plan! Woolf lehnte sich auf seiner Pritsche zurück und verschränkte seine nun nackten Füße in Yogapose. Dann dachte er nach...

Sein krimineller Geist war gut darin, lügnerische Geschichten zu erfinden. Kaum hatte er sie ersonnen, rief er nach dem Cop! „Der Fusel schmeckt gut. Aber zu zweit trinkt es sich besser! Alter! Leiste mir Gesellschaft und erzähl mir, was für ein Sternzeichen du bist. Dann sage ich dir die Zukunft voraus!" Das zog zumeist. Zum Glück auch heute. Der abergläubische Gesetzeshüter lauschte wie hypnotisiert auf Woolfs wüste Voraussagungen und trank den tröstenden Fusel. Als er kurz vorm Vollsuff war, legte Woolf los mit seiner Story über das betrügerische Duo, das ihm Koks und Geld untergeschoben hatte, um ihn und seine Frau zu denunzieren. „Ich muss sofort jemanden aus der Botschaft sprechen! Und ich brauche meinen Anzug dazu!" Kleider machten Leute. Im Clochard-Look konnte er dem Botschafter nicht entgegentreten! Der Cop nickte leeren Blicks. Er brauchte Anweisung. „Alter. Du holst mir jetzt meine Sachen. Dann lässt du mich mit dem Botschafter telefonieren!" Gesagt, getan. Eine Katzenwäsche später, mit geputzten Zähnen und gebügeltem Vernaschmich-Anzug sah Woolf wieder so aus, als könne er kein Wasser trüben. Selbst die Schuhe hatte er zurück an den käsigen Füßen. Doch seine Aura und sein Odor waren einwandfrei. Er sah kultiviert und seriös aus und roch auch so. Er räusperte sich und ließ sich mit gestelzter Stimme mit dem deutschen Botschafter auf den Bahamas verbinden. „Sir, ich bin ein ehrenwerter Deutscher auf Hochzeitsreise mit meiner Gattin. Sie glauben gar nicht, was uns hier auf Ihrer Scheißinsel wiederfahren ist..." Er lullte den Staatsbeamten ein mit seiner Story, die nur leicht abgeändert war von den tatsächlichen Begebenheiten. Statt Drogendeal war ihm das Kissen im Suff untergeschoben worden. Das Gaunerduo hatte dazu noch seinen Umschlag mit Bargeld geklaut, von dem er seiner geliebten Gattin einen Diamantring hatte kaufen wollen. Selbst ihren Brautschuh hatten sich die Gauner eingesackt. Diebisches Gesocks! Nun kam er zu seinen Forderungen. Wenn man ihn nicht sofort freiließ und ihm sein Hab und Gut zurückgab, würde seine Frau, ein Media-Genie, einen Presseskandal verursachen! Der Botschafter wurde bleich. Das konnte er sich gerade gar nicht leisten. Der Tourismus auf den Bahamas war bereits stark angeschlagen, Besucher blieben fern. Ein Drogenskandal wäre das letzte was passieren durfte! „Kein Problem, Sir. Beruhigen Sie sich erst einmal! Ich sorge dafür, dass Sie sofort entlassen und zu mir gebracht werden!", versprach er. Woolf dankte und legte mit sardonischem Grinsen den Hörer auf. Ein Barzokka log sich noch aus jeder Misere heraus!

Eine halbe Stunde später saß er in gepflegter Atmosphäre im edlen, mit dunklem Kirschholz und teuren Perserteppichen ausgestatteten Büro dem Botschafter gegenüber. Ein Farbiger mit edlem Antlitz und weißem Anzug. Die Männer verstanden sich auf Anhieb. „Care for a whiskey?" „Why not?" Sie saßen und tauschten sich aus über die politischen Schwierigkeiten auf der Insel und den Verfall der Moral. „Ich bedauere zutiefst, was Ihnen widerfahren ist. Bitte nehmen Sie meine Entschuldigung an!" Dann legte ihm der Staatsdiener eine Verschwiegenheitserklärung vor, die Woolf flüssig unterschrieb. Nun händigte er dem Woolf einen Batzen Dollarscheine aus. „Als Wiedergutmachung-" Und orderte eine Limousine. „Heute Nacht speisen und nächtigen Sie auf Staatskosten im Grande Paradiso. Die haben dort das erste Nobu-Restauraunt auf den Bahamas. Dann werden sie mit der Limousine zum Flughafen gebracht. Wenn Sie irgendetwas brauchen. Hier ist meine Karte! Zögern Sie nicht, mich anzurufen!" Woolf verabschiedete sich mit einer Verbeugung. „That is more like it!", stellte er fest und sank in die Sitze der Limo. Nun musste er nur noch das Herz seiner Rose zurückgewinnen und alles wäre gut und besser als je zuvor! Im Hotel angekommen spurtete er in den Aufzug und fuhr in den 22. Stock. Doch: niemand war im Zimmer. Das glich mehr als in seiner Erinnerung einem trostlosen Kerker. Wie nur hatte er sein Kräbbchen hierhin und in diese Gefahr bringen können? Ein seltenes Gefühl von Reue überfiel Woolf. Er musste unbedingt rote Rosen und Champagner auftreiben und sich standesgemäß bei ihr entschuldigen! Er fuhr ins unterirdische Einkaufszentrum und wurde fündig. Eine Flasche Ruinhart-Champagner, 38 rote Rosen für die Monate ihres Lebens und: eine exklusive Parfümflasche Shalimar. Heute musste es die volle Dröhnung sein! Schließlich hatte er das vom Drogendeal abgezweigte Geld, den Batzen Dollarscheine vom Botschafter und den Tausender von der Bar... Sich selbst kaufte er noch eine gigantische Zigarre. Dann gönnte er sich zwei Mut machende Whiskey on the Rocks. Dann war er so weit, sich auf die Suche nach seiner Rose zu begeben. Er fand sie an der Poolbar.

Nikki genehmigte sich einen Sauvignon Blanc und versank in der tröstlichen Welt der Literatur. Die verstörenden Ereignisse der letzten Nacht und die mirakulöse Absenz ihres Göttergatten verdrängend. Plötzlich stand er vor ihr. Mit einem riesigen roten Rosenstrauß und Champagner in der Hand, eine phallusgroße Zigarre im Mundschlitz. Er zog sie vom Barhocker und an sich. „Sorry seems to be the hardest word!" Im Takt zu Chicagos Schlüpferstürmer-Hitsongs nahm er seine Rose in den Arm und tanzte langsam und zärtlich mit ihr um den glitzernden Pool. Dann führte er sie zurück zu ihrem Barhocker, half ihr hoch und fiel vor ihr auf die Knie. Sogar die Zigarre legte er fort. Von unten blickte er intensiv in ihre geheimnisvollen grünen Augen, die von trüb sekündlich zu klar mutierten. „Meine Nikki Rose. Du bist die Liebe meines Lebens. Ich habe dich nicht verdient. Bleibe bei mir. Die nächsten Millionen Jahre. Ich werde alles wieder gut machen!" Nikki schwieg eine kleine Weile

Ewigkeit. Sie wollte Woolf glauben. Doch die Ereignisse der letzten Nacht lasteten schwer auf ihrem Herzen. Konnte sie ihm jemals wirklich vertrauen? Ihre Beziehung war in einem Stadium der Fragilität gelandet, in dem jedes falsche Wort eine Explosion herbeiführen konnte. Woolf, der nun schon über 15 Minuten auf dem harten Steinboden kniete, zog ihre Hand zu seinen Lippen und küsste sie unendlich sanft. „Kräbbchen. Bitte! Sei mir wieder gut!“ Sie konnte nicht anders. Ein strahlendes Lächeln verzauberte ihre sinnlichen Lippen. Woolf sprang auf und küsste sie im Hollywood-Style. Dann nahm er sie zärtlich in die Arme, bettete ihr ebenso gedankenschweres wie wohlfrisiertes Köpfchen an seine starken Schultern. Er hielt sie fest umklammert. Dann hob er ihr Kinn an und flößte ihr den herrlich eisgekühlten Champagner ein. Diese Medizin wirkte noch immer bei seinem Kräbbchen...

„Meine Rose! Du bist MEIN. Für immer. Lass uns endlich dieses verdammte Nadelöhr sprengen und grenzenlos glücklich und erfolgreich sein!“ Die Intensität seiner wahr gemeinten Worte brachte das butterweiche Herz der Rose zum Schmelzen. Ihre Liebe begann, trotz der katastrophalen Erlebnisse der letzten Zeit erneut zu sprießen. Ihre tiefen Gefühle schienen unzerstörbar. Sie tätschelte ihn zärtlich. Langsam kehrte die Zuversicht auch wieder in ihre Stimme zurück. „Ja, mein Schatz. Wir schaffen das schon!“ Woolf hielt die Hand der Rose wie eine Trophäe. Keine Katastrophe dieser Welt konnte ihn von seiner Liebe entzweien! Nikki lächelte fatalistisch. Was kommen sollte, würde kommen! Wenn sie doch bloß wüsste, wo ihr Brautschuh war?

Sex on the rocks im Sushi-Paradies

Woolf wusste, wie er seine Rose glücklich machte. Die Einladung des Botschafters ins Grande Paradiso und die dortige Niederlassung des weltbekannten Nobu-Restaurants waren der Weg zum Glück. Er wusste allzu genau, wie sehr seine Rose japanisches Essen und schönes Ambiente genoss. „Meine Geliebte. Ich habe eine Überraschung für Dich. Eine Einladung ins Grande Paradiso und ins neu eröffnete Nobu-Restaurant." Nikki hob fragend mit Strahlen im Blick den Kopf. Hatte Woolf etwa gestern noch einen Käufer für das Koks gefunden? Nach einigem Nachdenken war ihr klar geworden, was es mit dem Kissen unter seinem Gehrock auf sich haben musste. Mehr Details zur gestrigen Nacht wollte und musste sie nun wirklich nicht wissen! Dafür lächelte sie nun breit. Pinar hatte ihr von dem wundervollen Grande-Paradiso-Hotel und dem neu eröffneten Nobu in höchsten Tönen vorgeschwärmt. Die Genießerin in ihr erwachte. Woolf lachte laut. „Harharharharhar. Komm her. Meine Rose. Das Sushi-Paradies gönnen wir uns heute! Das Leben ist zu kurz für schlechtes Essen, billige Weine und miese Hotelbunker!"

Da sprach er ihr aus der Seele. Sie frohlockte vor Vorfreude. Das Nobu war die weltbeste japanische Restaurantgruppe. Da mussten sie hin! Aber ohne Reservierung? „Kräbbchen. Ran an den Fisch!" Sie tranken den Champagner aus, griffen die Rosen und eilten aufs Hotelzimmer, wo sie ihr Reisegepäck in die kleinen Koffer schmissen. Dann orderte zur Ausnahme einmal er die Rechnung an der Rezeption und gab großzügiges Trinkgeld. Er simste seinem neuen Freund dem Botschafter. „Sind jetzt bereit und brauchen die Limo!" Nikki staunte nicht schlecht über das festliche schwarze Gefährt. Das Koks musste ganz schön viel eingebracht haben... Der charmante Chauffeur fuhr sie sicher wie auf Gleisen zu dem feudalen, frisch eröffneten Sternehotel. Sie schritten in die opulente Eingangshalle und checkten ein. Die Rosen und das Gepäck solle man nach oben bringen. Sie hatten ein Date mit Mister Sashimi und Meister Sushi. Woolf zog die Rose zum Gaumenparadies. Sie liefen durch ein gigantisches Aquarium, das beide Seiten des Ganges einnahm. Ein riesiger Rochen breitete seine Flügel aus und kam mit riesigen Schwingen wie ein Engel der Finsternis auf sie zugeschwommen. Nikki erschrak fürchterlich. Woolf nahm sie beschützend in den Arm. „Kräbbchen. Solange du mich hast, musst du dich vor nichts und niemandem fürchten!" Nikki grinste. Das freche Mädchen in ihr war wiedererweckt! „Ach. Auch nicht vor dir?" „Na warte!" Er klopfte ihr auf den knackigen Po und stieß seine erregte Leibesmitte dagegen. „Wenn wir im Hotelzimmer sind, rettet dich nichts und niemand mehr vor dem bösen Woolf..."

Schmusend und kichernd wie verliebte Teenager betraten sie die gepflegt mondäne Atmosphäre des Szenerestaurants. „A table for two please!", orderte Nikki. Die sympathische Kellnerin mit der sonoren Stimme blickte mitleidig. „Did you make a reservation?" „No. Sorry. We just came from Miami!" Man sah die zwei Seelen in der Kellnerin kämpfen. Eigentlich war das Restaurant komplett ausgebucht. Doch die Rose mit der strahlenden Aura wegschicken? Deren hellgrüne Augen hatten etwas Magisches. Als hätten sie die Welt und mehr gesehen. „Eine alte Seele in einem jungen Körper!", dachte sie. Und beschloss ihr und dem wild aussehenden Begleiter den VIP-Tisch zu geben. „Take a seat at the bar and wait!" Kaum hatten sie ihren Sake-Prosecco ausgetrunken, strahlte sie das Paar an. „Guys! This is your lucky day! I have a wonderful table for you! Follow me please!" Sie offerierte dem Paar den VIP -Tisch und freute sich am lieblichen Lächeln der Rose. Was für eine imponierende Lady! Ihr Typ allerdings wirkte ein wenig arrogant. Er setzte seine

Sonnenbrille und den weißen Hut nicht ab. Dazu seine übertriebene Bräune. Auch blickte er ohne Plan in die japanische Karte. Dafür orderte die Rose mit Schwärmen in der Stimme wie eine waschechte Japanerin: Edamame mit extra Meersalz. Spinat mit Sesamsoße. Thunfisch-Tartar mit Wachtelei. Ein kleines Tempura. Ein Sashimi Moriawase à la Chef. Dazu viiiiel Wasabi. Gegrillte Engiri-Pilze. Eine kleine Auswahl an Spicy Makis. Zum Abschluss Grün-Tee-Eis. Ach ja. Und eine Flasche Sauvignon Blanc. Und die Empfehlung an kaltem Sake. Die Feinschmeckerseele der Rose schwebte im siebten Himmel. Woolf, dem das japanische Essen eigentlich suspekt war, bekam dazu noch Lachs Terriaki. Und Messer und Gabel. Im Umgang mit den Stäbchen war er definitiv kein Held! Die Augen der Rose gingen in den Himmel. Sie war eine wahre Akrobatin damit. Ihr schien als schlummerte eine Japanerin in ihrer Seele. Dann genossen beide das köstliche Mahl. Nach der Vorspeise zog Woolf sogar seine Sonnenbrille aus und nahm den Hut ab. „Hut ab! Mann. Hier lässt sich's aushalten! Nächstes Mal machen wir hier richtig Ferien!" Nikki lächelte genießerisch aber auch skeptisch. Solch ein Luxusambiente hatte seinen Preis! Nach dem wundervollen Mahl kam die Rechnung. Die war gesalzen. Aber man lebte schließlich nur einmal und das Dinner war jeden Cent wert gewesen. Woolf legte locker einen Batzen knisternder Dollarscheine auf den Tisch. Die Rose enthielt sich eines Kommentars und bedankte sich höflich. Dann liefen sie erneut am beleuchteten Aquarium und dem riesigen Rochen vorbei.

Woolf legte ihr erneut beschützend die Arme um die Schultern und führte sie in die stilechte englische Bar. „One for the road!", bestimmte er. Bevor sie sich schlagen ließ... „Haben Sie einen Basil Crush?", fragte die Rose nach dem neuen Trend-Drink der gerade im wahrsten Sinne des Wortes in aller Munde war. „Selbstverständlich!" Mit professioneller Routine mixte der Bartender den angesagten Drink. Während sie sich den ersten köstlichen Schluck des coolen Cocktails schmecken ließen, blickte die Rose sich neugierig in der Bar um. Die Gäste bestanden aus rotgesichtigen Touristen und Paaren, die dem Gaunerduo von gestern verblüffend ähnlich sahen. Sie machten sich verdächtig an die Touristen heran. Offensichtlich war das Masche auf den Bahamas. Nikki lächelte souverän. Sie wusste jetzt Bescheid! Verführungen waren etwas Schönes, doch manche Verführungen waren Betrug. Und hatten einen hohen Preis... Nach diesem Ausflug auf die Bahamas war sie um wertvolle Lebenserfahrung reicher! Amüsiert beobachteten sie und Woolf die Gaunerattacken auf die naiven Touristen. Die Masche war genial: Eine offensichtliche Prostituierte machte sich an den Mann heran während ein schleimiger Bahama-Boy die Dame bezirzte. Alkohol floss in Strömen. Dann zog man mit dem Touri-Paar aufs Hotelzimmer mit dem falschen Versprechen eines flotten Vierers. Dann raubte das Bahamas-Gaunerduo die besäuselten Touristen aus und ließ sie nackt im Hotelzimmer zurück, nachdem man gemeine Beweisfotos geschossen hatte. Vor Peinlichkeit trauten sich die Touristen nicht, die Polizei zu informieren. Deal Done!

Nikki und Woolf beobachteten das schlechte Spiel. Kaum zu glauben: die schräge Erfahrung der gestrigen Nacht schweißte sie letztlich zusammen. Sie kommentierten kichernd die zum Himmel stinkende Abzocke der Touristenopfer. „Wie konnte ich gestern so blind sein?“, fragte Woolf sich verwundert. „Naja. War vielleicht ein bisschen zu viel Koks und Champagner?“, zog die Rose ihn auf. Woolf rechtfertigte sich lahm. „Hey, ich bin ein Rocker. Ich brauche manchmal die TOTALE DRÖHNUNG!“ Nikki kniff ihn in die fettfreie Hüfte. „Solange nicht immer und immer öfter! Ich will schließlich noch etwas von dir haben! Ich will dich in meinem Bett. Nicht in der Gefängniszelle!“ Sie lächelte keck und ließ die Hand weiter wandern von seiner unbehaarten Brust bis zu seiner Leibesmitte, die sie zart streichelte, bis sie sich spürbar verhärtete.

Woolf zog sie heftig in seine Arme. „Kräbbchen. Du Stück!“ Seine Hand fuhr unter ihren Rock. Seine Finger glitten unter das kleine, heute hellblaue Spitzenhöschen, liebkosten ihre Schamlippen und drangen neugierig ein in ihr feuchtes Paradies. Mit der anderen Hand massierte er ihre zarten Rosenknospen von Brustwarzen. Die Rose öffnete sich vor Lust. Jetzt verlangte ihre Leidenschaft nach ekstatischem Sex. „Kräbbchen! Komm! Ficken!“, befahl Woolf mit vor Erregung rauer Stimme. Er orderte die Rechnung und zog sie bestimmend zum Aufzug. Kaum war dessen Tür geschlossen, fiel er über sie her. Der Aufzug erbebte unter seinen heftigen Stößen. Ihr leises, heißeres Stöhnen hallte durch den Raum. Doch das war erst die Vorspeise. Nach ihrer kurzen, heftigen Vereinigung zog Woolf sie ins Hotelzimmer. Sein Erfolg machte Woolf so geil wie nie. „Na warte Kräbbchen! Jetzt zeigt dir der böse Woolf, was er draufhat!“ Er bediente sich der Eiswürfel im Champagnerkübel. Der Botschafter hatte wirklich an alles gedacht. Er zog der Rose das kleine, heute unschuldig weiße Kleid vom rosa getönten Körper. Er trank einen Schluck Champagner und teilte ihn küssend mit ihr. Dann nahm er die Eiswürfel und fuhr damit langsam und verführerisch über ihren Körper, der sich vor Lust bog. Nach einer heißen Nacht mit Sex on the Rocks klingelte der Wecker in Form von Nikkis Blackberry am nächsten Morgen allzu früh. Jil war am Telefon. Ihre Stimme klang durchgedreht vor Panik! „Nikki! Ihr dürft heute auf keinen Fall fliegen! Wir haben Hurricane-Warnung. Hurricane Edward ist genau auf eurer Route unterwegs gen Miami!“ Die Rose blieb cool. „Danke für die Warnung liebe Jil. Wir dürfen unseren Flieger nicht verpassen! Es wird schon gut gehen! Runter kommt man immer!“ „Na gut, ich habe euch gewarnt!“ Jil legte besorgt den Hörer auf. Woolf schnaubte verächtlich. „Hurricane Edward. Den schnupfe ich vorm Frühstück. Solange ich der Dude von Miami bin, wird dort kein Hurricane walten!“ Die Rose lächelte über die großspurige Vermessenheit ihres Rockers, sprang aus dem Bett und von seiner begehrlich ausgestreckten Hand hinfort. Jetzt war keine Zeit für wilden Sex. Sie mussten sich sputen, um zum Flughafen zu kommen. Schnell packte sie ihr Hab und Gut. Bis auf den geliebten High Heel ihrerseits und dem Kissen voller Koks seinerseits war kein Verlust zu beklagen. Sie hatten ihren Last Exit Bahamas gut überstanden... Oder doch noch nicht?

Retour mit Rückenwind

Die luxuriöse Limousine brachte das wieder wie frisch verliebte Paar zurück zum winzigen Flughafen. Letztlich waren doch noch zweite Flitterwochen aus dem Trip zu den Bahamas geworden. In harmonischer Umarmung schlenderten sie an den Check-in-Schalter. Doch die eisigen Augen der farbigen Zollbeamtin meldeten Gewitter. Das hatte nichts mit Hurricane Edward zu tun. Ein kurzer Blick in die Reisepässe alarmierte die Zollbeamtin. Sie informierte umgehend ihre Vorgesetzte. „Ich habe hier die beiden gesuchten Deutschen, die sich zurückretten wollen nach Amerika!" Ihre Chefin lachte laut und höhnisch, so dass selbst Nikki und Woolf sie hörten. „Dann wollen wir uns die beiden Hübschen doch mal vornehmen! Bring sie ins Vorzimmer!" Die Zollbeamtin stand mit besorgniserregend ernstem Gesichtsausdruck auf. Nicht die Spur eines Lächelns erbarmte sich ihres grobschlächtigen Gesichts. Ihr massiver Körper war in eine tarnfarbene Uniform gesteckt. Um die Leibesmitte in einem schwarzen Gurt befand sich ein gefährlich großer Colt. „Follow me!" Sie führte sie in ein winziges Wartezimmer. „Oh no. Was hat das Schicksal denn jetzt schon wieder mit uns vor?" Nikki Rose konnte ihr Unglück kaum glauben. Da saßen sie. Wie bestellt und nicht abgeholt. In einem erbärmlichen Raum. Vom Fernseher beherrscht auf dem ein Kinderprogramm lief. „Please don't change channels!" Das sagte alles. Big Brother hatte sein Auge auf ihnen. Nun trat ein geschniegelter Farbiger im cremefarbenen Anzug ein. Er schlug geziert die Beine übereinander und begann sofort ein Spinnennetz aus Fragen zu stellen. „How long have you been in the US? Ever taken drugs? What are your future plans?" Es war so klar wie Kloßbrühe. Er wollte die beiden Touristen des Visa-Missbrauchs überführen. Schließlich wurde Nikki abgeordert in ein karges Büro.

Beschämt, aber wie stets um Haltung bemüht, betrat die Rose den eisgekühlten Raum. „Come in!" Die fette farbige Frau kam Nikki erschreckend bekannt vor. Ihr fielen fast die Augen aus dem Kopf. Bei der obersten Zollbeamtin handelte sich um niemand anderen als Donna, die vermeintliche Prostituierte. Heute trug sie kein rotes Pornokleid, sondern eine gestärkte weiße Bluse zu einem schwarzen, gestrengen Anzug. Sie grinste die Rose zynisch an. „So sieht man sich wieder! Vermissen Sie den?" Sie hielt den verlorenen Stiletto hoch. Nikki wurde blutrot und griff gierig nach ihrem Lieblingsschuh. Doch Donna zog ihn zurück. „Nicht so schnell! Wir haben ein Verhör zu führen!" Sie stellte den Schuh wie eine zu gewinnende Trophäe auf den Schreibtisch. Dann forderte sie die Rose barsch auf: „Aufstehen und ausziehen!" Errötend entledigte die Rose sich ihres kleinen Kleidchens und des weißen Spitzenhöschens. Die bullige Gesetzesdienerin kam auf sie zu und tastete sie mechanisch ab. Insbesondere der hohe Haarturm der Rose weckte ihre Aufmerksamkeit. Darin könnten Drogen versteckt sein... Doch sie fand nichts, darin außer Bergen von Haarnadeln und Tonnen von Hairspray. Die Rose war clean. Offensichtlich war ihr Gemahl der Verdächtigere von beiden! Den fingierten Drogendeal hätte der durchgezogen, wenn sie ihn nicht in die Arme des Gesetzes getrieben hätten... Nun schnappte sich Donna die Handtasche der Rose. „Stay where you are!" Die Rose stand nackt und verletzlich vor ihr, während ihre Tasche durchwühlt wurde. Donna grabschte sich Nikkis Portemonnaie und durchsuchte es strukturiert. „Habt ihr etwa vor ein Unternehmen in den USA zu gründen?" Während dieser Frage hielt sie Nikkis Visakarte von Voltage und die blutochsenrote Visitenkarte in der Hand. Das Gesicht der Rose nahm dieselbe Farbe an. „Wo denken Sie hin? Wir sind hier auf zweiter Flitterwochenreise! Ich bin hochdekorierte Marketing-Direktorin des Modelabels Armada! Die USA ist ein wichtiger Markt für uns und ich habe hier ein Fotoshooting mit Steven Meise!" Das sagte Donna nichts. Nikki deutete auf ihr I-Pat. „Darf ich?" Schweißtropfen rannen ihr über die Stirn, während sie die Website von Armada eingab. Sofort ertönte „New York, New York", die Melodie von Woolf, zum Antlitz von Linda Evanista. Donna blickte leer auf die bunten Bilder. Nikki öffnete ein Interview mit sich, der brillanten Marketing-Chefin. „Das ist mein Beruf. Und die Musik ist von meinem Mann, einem begnadeten Komponisten und Musiker! Wir wohnen in München und haben in Miami lediglich unseren Feriensitz!" Nikki wechselte zur Voltage-Seite und demonstrierte Donna Woolfs Antlitz und seine Rocksounds. Damit dokumentierte die Rose das perfekte Alibi. Es war ja auch eigentlich die Wahrheit. Noch war sie offiziell bei Armada angestellt und in München ansässig!

Enttäuschung ergriff das Gesicht der Zollbeamtin. Zu gerne hätte sie die Rose und ihren Macker hinter Gitter gebracht. Doch sie musste die Fakten überprüfen. Sie griff nach dem Telefon und redete eine gefühlte Ewigkeit mit einem fremden Gericht. Schließlich legte sie den Hörer auf. Die Angaben der Rose waren verifiziert. Es gab keine Zweifel an deren Anstand und Aufrichtigkeit! „Du kannst gehen!" Sie schob Nikki Handtasche, Brieftasche und die einzelnen Inhalte zu. „Zieh dich an!", befahl sie. Diesem Befehl kam Nikki nur zu gerne nach. Schnell schlüpfte sie in das kleine Kleid. „May I?" Sie griff nach ihrem geliebten Schuh. Ohne sich von der Domina Donna zu verabschieden, ging sie auf gummiweichen Knien zurück in den Warteraum. Der Farbige hatte sein Verhör des Woolfs für unbefriedigend empfunden und abgebrochen. Der Typ war zu abgezockt, um ihn zu überführen.

Nun wurde Woolf in das karge Büro geführt. Er traute seinen Augen nicht. Das war doch Donna, die Pornobarbie? Offensichtlich war der Koks-Deal eine falsche Farce gewesen, schwante ihm geschwind. Doch er war ja mittlerweile Freund des Botschafters und von einer Rüstung der Untadeligkeit umgeben! Er setzte sich mit überheblichem Lächeln dem Babe gegenüber. „Das ist ja eine Überraschung! Verführen Sie öfter unschuldige Touristen zu kriminellen Akten?", fragte er bösartig grinsend. „Soll ich meinen guten Bekannten, den deutschen Botschafter anrufen?" Woolf zückte dessen Visitenkarte mit triumphierendem Blick. Die gestrenge Beamtin musterte ihn lüstern. Sie hatte ein Herz für böse Buben. Insbesondere wenn es Musiker waren! Die Leidenschaft überfiel sie lodernd. Am liebsten wäre sie über den Schreibtisch geklettert und hätte ihn vergewaltigt. Die Domina in ihr lechzte nach Befriedigung. Nun war sie es, die trotz der Eiseskälte in ihrem Office in Schweiß ausbrach. Woolf zwinkerte ihr verächtlich zu mit seinen eisgrauen Augen. „Verführung von Abhängigen ist eine Straftat!", sagte er drohend. Ohne rotes Pornokleid und in dem gestrengen Hosenanzug ließ ihn Donna kälter als kalt. Sie seufzte und wandte sich der Pflicht zu. Sehr oberflächlich filzte sie seine Brieftasche und übersah die deutlichen Hinweise auf Existenzgründung in den USA. Gerne hätte sie auch ihn nackig gemacht, aber ihre Angst vor Jobverlust zwang sie, auf diesen Genuss zu verzichten. Sie tastete ihn nur vorsichtig ab. Dann gab sie Woolf die Brieftasche und den Reisepass zurück. „Good luck and stay away from drugs! Big brother is watching!"

Damit war auch Woolf in die Freiheit entlassen. Er eilte zu seiner Rose und umarmte sie mit erleichtertem Herzen. Von jetzt an würde er sich bemühen, ein ehrenwerter amerikanischer Staatsbürger zu werden! Und: der Beste Ehemann der Welt. Er war so froh über diese erneute Chance des Schicksals, dass er seine leichtgewichtige Rose hochhob und durch die Luft wirbelte. Die Passanten blickten neidisch. Die beiden hatten offensichtlich das Glück der wahren Liebe gefunden...

Zurück am Check-in waren sämtliche Probleme beseitigt. Wusch. Wusch. Der Stempel der Freigabe war erteilt. Sie hatten drei weitere

Monate Gnadenfrist! „Also die Bahamas sind schon sehr besonders!", summierte Nikki das Wochenende. Woolf stimmte lärmend ein. „Jetzt brauche ich einen Whiskey. Und du einen Wein!" Sie stellten sich an die hölzerne Bar, an der mehrere Touristen ihre trüben Urlaubserfahrungen auf den Bahamas in Alkohol begruben. Es gab sogar, welch Wunder, Sauvignon für die Dame. Und Mister Johnnie Walker für den kernigen Kerl. Nikki und ihr Woolf stießen miteinander auf ihren Erfolg an. Sie hatten es geschafft! Drei weitere Monate in Miami mussten reichen, um ihre Visa zu erhalten! Dann waren sie in Sicherheit! Die Rose hielt ihren Schuh fest umklammert. Das Leben war kein Märchen. Statt von einem Prinzen war ihr der Hochzeitsschuh von einer fingierten Prostituierten und tatsächlichen Zollbeamtin überreicht worden. Welche Scherze sich das Schicksal wohl sonst noch ausdenken würde?

Hüte dich, wenn deine Träume wahr werden

Hurricane Edward begrüßte sie mit mildem Pusten. Der Flieger geriet kaum ins Wanken. Ihr kalkrotes Hexenhaus stand sicher zwischen den Palmen. Vor dem Haus lagen mysteriöse Berge von farbigen Steinen. Woolf blickte alarmiert. „Meine Ex, die Michaela Schwert, vermeint mit diesen bunten Steinen Kranke zu heilen. Wie kommen die falschen Klunker hier hin???“ Nikki wollte nichts mehr wissen von irgendwelchen übersinnlichen Anwandlungen! Sie hatten drei Monate Aufschub und es war höchste Zeit, Gas zu geben! Zum Glück war nicht einmal die Stromversorgung unterbrochen. Die Kabel, die an den im Wind wankenden Palmen äußerst laienhaft angebracht waren, hielten Stand. Nikki eilte in ihr Büro und arbeitete die nächsten Wochen fiebrig und ohne Pause. Es galt, das Private-Placement-Booklet fertigzustellen. 50 feinste Luxusschuber zu drucken. Zu senden an die reichsten Millionäre und Milliardäre der USA. Alan, der nun oftmals nüchterne Ire, half bei den Zahlen und der Businessplanung. Alles klang logisch und wirkte so profund wie professionell! Die blutroten Booklets wurden mit silberner Folie veredelt. In Hochglanz kannte Nikki sich aus! Sie brannte für jedes Booklet DVDs mit den Sound-Animationen, Woolfs instrumentalen Kompositionen und den besten Songs seines musikalischen Werkes. Woolf half dabei, die handsignieren Briefe und Booklets einzutüten und mit blutrotem Voltage-Siegel zu verschließen. Dann gaben sie die fünfzig Sendungen auf der Post auf. Nach dem fiebrigen Schaffen war nach hektischen Arbeitswochen endlich wieder Zeit für Happy Hour. Sie traten an die Bar des Kokosnuss Walks.Alan begrüßte sie begeistert. Den üblichen Whiskey in der Hand. Woolf hielt angeberisch ein Prachtexemplar des Private Placements hoch.

„Mein Werk!" Nikki trat ihm wütend ins Schienbein. „DEIN Werk? Du hast hierzu NICHTS beigetragen!", stellte sie klar. „Außer dem Siegel am Umschlag und den Musikbeispielen natürlich." Nikki war fair. Aber dass Woolf sich so mit ihrem wochenlang in mühsamster Arbeit erstellten Werk brüstete, ging gerade mal gar nicht. Würde er jemals lernen, auch einmal Zweiter zu sein??? Der Ober, ein solventer Jude mit Anstand und Empathie, drückte Nikki tröstend die Hand. „Dafür verdienst du ein Glas Champagner. Dein Rocker bleibt bei Corona!" Woolf blickte sauer. Die Rose nahm ihm das teure Booklet ab. Jedes hatte einen Wert von 500 Dollar. Wollte man Millionäre begeistern, musste man klotzen, nicht kleckern. Er trank sich in Euphorie und sprach jeden Besucher der Bar auf sein grandioses Business an. Endlich hatte er ein potentielles Opfer am Angelhaken. Leo, ein schwergewichtiger Immobilienmakler, und seine blondierte Frau ließen sich gerne zum Essen einladen und das Geschäftskonzept erklären. Nikki zahlte die Zeche. Die alten Gewohnheiten schlichen sich geschwind wieder ein. Woolfs Koksgeld war schnell auf den Kopf gehauen. Sie gingen zum kleinen Franzosen in der Groove. Nikki erklärte das Business-Konzept von Voltage Music mit professionellem Marketing-Slang. Leo, der Immobilienspekulant, blickte skeptisch. Das klang schöngeistig, aber unkalkulierbar. Lieber sollte er in Immobilien auf Kuba investieren! Das würde was! Seine Frau, schon jetzt Fan von Woolf und seiner Rose, war hingegen begeistert. „Cheers!" Man stieß euphorisch mit dem letzten Tropfen Champagner an. Nikki orderte die Rechnung. Sie verabschiedeten sich. Das potentielle Investorenpaar mit dem 500 Dollar schweren Booklet in der Hand. Nikki um zusätzliche 500 Dollar für das französische Gastmahl leichter. „Thanks. We think it over!" war die wenig konkrete Aussage der beiden Hoffnungsträger. Nikki seufzte skeptisch. Woolf haute sich auf die Brust wie ein Gorilla. „Die haben wir an der Angel. Gut, dass ICH sie aufgerissen habe!" „Schauen wir mal!", antwortete Nikki. Die letzten Wochen waren hart gewesen. Das Damoklesschwert hing noch immer über ihnen und tiefer denn je. Das Konto war abgegrast, noch keine Einigung mit Armada erzielt und die Gnadenfrist der drei Monate war schon wieder fast zu Ende. Es war, als liefe sie gegen ein Hindernis an, das nicht zu überwinden war. Sie war müde des Hürdenlaufs und wollte nur noch ins Bett. In der Bayview Road angekommen hechtete Woolf an den Steinweg und fabrizierte haarsträubenden Lärm. Er hatte seine Liebe zum Punk entdeckt. Nikki gönnte sich ein kurzes Bad. Dann schlich sie ins Bett. Sie brauchte ihren Schlaf. Doch Woolf, der den Tag mit seiner Bräunungsmeditation verbracht hatte, drehte erst des Nachts auf. Ihr Rhythmus passte nicht zusammen. Zwischen ihnen klaffte eine immer größere Distanz. Sie stellte sich wie stets den Wecker für sechs Uhr morgens. Morgen würde sie Larry Behilf Dampf machen. Es waren fast neun Monate seit der Visabeantragung und die auf den Bahamas erteilte Gnadenfrist war schon wieder bald zu Ende. Es musste geschehen. Jetzt oder nie!

Um 8 Uhr früh saß die Generalin Rose am Telefon. „Larry. It's now or never! You need to get us this appointment at the American Consulate!“ Der verstand endlich die Dringlichkeit. Und als gewiefter Hund machte er auch noch einen Deal daraus. „Ich habe da einen tollen Trick. Kostet ein bisschen. Bringt aber endlich Gewissheit!“ Sie stöhnte und lauschte. Larry Behilf hatte eine Beschleunigungsklausel gefunden. Für 15.000 Dollar extra würde ihr Case als Priorität behandelt. Nikki knirschte mit den Zähnen und zahlte. Welche andere Chance hatte sie? In einem Drahtseilakt bewegte sie Herrn Bankusch dazu, ihren Disporahmen nochmals zu erhöhen und die 15.000 Euro zu überweisen. Damit war dann aber Ende im Gelände. Die deutschen Kreditkarten würden sicher nur noch wenige Tage akzeptiert werden. Die Rose raste durch das Internet. Und fand einen Artikel, in dem die Leiterin des amerikanischen Konsulats in Deutschland ein Event im Wöhler-Gymnasium veranstaltet.

Ihrem Gymnasium. Nikki schrieb einen rührenden Brief an diese Iron Lady und bat um bevorzugte Behandlung ihres Visa-Antrags. Sie zeigte den Teufelskreis auf, in dem sie sich bewegten. Ohne Visa keine Arbeitserlaubnis. Ohne Arbeitserlaubnis keine Arbeit. Ohne Arbeit kein Geld. Das Risiko: 500.000 Euro in den Sand gesetzt und keinerlei Existenzgrundlage mehr! Der verfluchte Vermieter zahlte seine Mortgage nicht. Sie standen vor der Gefahr, ohne jegliches Einkommen auf der Straße zu landen. Es lebe das soziale Netz im Land der unbegrenzten Möglichkeiten... Offensichtlich waren die Botschafter ihre Freunde.

Nikkis dringlicher Brief erwies sich als Türöffner. Die Extrazahlung an den Anwalt ebenso. Eine Woche später kam der Anruf von Larry Behilf. „Guys. Hütet euch, wenn Eure Träume wahr werden. Ihr habt einen Termin beim amerikanischen Konsulat!“ Nikki machte vor Freude einen Luftsprung. Den warnenden Unterton des Anwalts überhörte sie und knallte mit einem „Thank you, Larry! Finally!“ den Hörer hin. Jetzt war das Licht am Ende des Tunnels absehbar. Endlich. Im letzten Augenblick bevor sie das Schicksal schachmatt setzen konnte! Triumphierend tanzten die Rose und ihr Woolf durch das Anwesen. Die Welt war ihre! Sofort begannen sie Pläne zu schmieden. „Lass uns gleich nach Flugdaten Ausschau halten. Und wir müssen einen Ausflug nach München einplanen. Ich will meine Verrecker von Söhnen sehen!“ Hier zuckte die Rose empfindlich zusammen. Das klang nach Gefahr und falsch. Ihre Intuition sendete warnende Impulse an ihren Ischiasnerv. Der vibrierte wie unter Strom gesetzt. Sie schwieg sinnierend. „Erst einmal müssen wir nach Frankfurt und das Visum entgegennehmen!“, sagte sie an. Es ging jetzt ausnahmsweise nicht um Woolf und schon gar nicht um seine Satansbrut sondern um die Sicherung ihres Überlebens. Doch auf dem Ohr war Woolf taub. Er war bereits in seinem Studio verschwunden und telefonierte mit seinen Jungs. Nikki machte währenddessen mit dem Reiseleiter ihres Vertrauens die Reise nach Frankfurt klar. Und: gezwungenermaßen die Weiterfahrt per Zug nach München und eine einzige Übernachtung dort. Hatte sie einen Hotelvorschlag? „Das Cosmopolitan in Schwabing!" „Kräbbchen. In welchem Hotel bleiben wir in München?", hallte Woolfs Organ im selben Moment durch die hohen Räume. „Cosmopolitan!" Das würde er doch hoffentlich nicht seinen Jungs weitersagen? Eine schlimme Vorahnung befiel die Rose. Doch die Freude mit der Woolf nach seinem Telefonat in ihr Büro eilte, ließ keine Zeit zur Sorge. Sein Herz litt unter der Isolation von seinen Söhnen. Er sehnte sich genau wie die Rose nach Wiedervereinigung mit Familie und Freunden. Auch wenn er es war, der die Isolation initiiert hatte. In Vorfreude auf das Wiedersehen seiner Liebsten jubilierte er. „Schatz. Wir haben es so gut wie geschafft. Komm! Das müssen wir feiern! Champagner im Tu Tu Tango!" Da sagte sie nicht nein. Allerdings mit einem alarmierten Gefühl. Die warnenden Worte Larry Behilfs wollten nicht aus ihrem Gehörgang weichen. „Hüte Dich, wenn Deine Träume wahr werden!"

Die nächsten Tage wurden von den Vorbereitungen ihres Trips bestimmt. Nikki fand einen ordentlichen Anwalt für Copyright. Mit dem würde man sich in Frankfurt treffen und seriös besprechen, was die Rechtezahlung für Woolfs Musik auf der Armada-Website betraf. Sie buchte ein Hotel in Bad Feelwell nahe der elterlichen Wohnung. Das Hotel Cosmopolitan in München. Die Zugfahrt. Ein Meeting mit Jörg, dem giraffenhaften Gestalter der Sound-Animationen. Es gab keine Zeit zur Rast. Woolf hingegen telefonierte stundenlang auf teure Rechnung mit seiner Brut und der Saufgesellschaft Schwabings. Jetzt konnte er endlich allen zeigen, was für ein toller Typ und Künstler er war. Er kehrte nach Schwabing zurück als erfolgreicher Musikmillionär in Miami. Er, über dessen musikalische Ambitionen das ganze Viertel gelacht hatte. Er war nicht mehr der taxifahrende Möchtegern-Rockstar. Sondern der King of

Rock! Sein Kräbbchen blickte sauer auf den endlos schwafelnden Woolf. Sie mochte sich die Telefonrechnung nicht ausrechnen. Seine großkotzigen Angebereien drangen bis in ihr Büro. Nikki fühlte sich isoliert und alleine im Bemühen um ihre Zukunft. Woolf war nur noch im Laber- und Feiermodus. Nachdenklich blickte die Rose aus dem Bürofenster, an dem gerade ein kleiner Waschbär vorbeischlenderte. „Drum hüte dich, wenn deine Träume wahr werden!" Was hatte es mit Larrys Warnung auf sich? Manchmal sind gute Nachrichten schlechte und vice versa. Sie wurde immer unsicherer, ob es wirklich so wünschenswert war, den Freifahrtschein des Visums zum Leben in Florida zu erhalten!

Der Riss zwischen der Rose und Woolf, der nach dem Last-Exit-Bahamas-Abenteuer gekittet schien, wurde wieder spürbar. Die Rose, deren Besorgnis immer greifbarer wurde, lag des Nachts schlaflos vor Gedanken im Bett. Es war durchaus nicht sicher, dass sie das Visum erhielten. Und wenn, dann war das zwar die Freigabe, in den USA fünf Jahre zu leben. Doch von welchen Ressourcen? Woolfs Musik hatte jedenfalls noch keinen Penny eingebracht, aber Hunderttausende verschlungen. Ein Job stand ebenso wenig in Aussicht. Zumal dies eines B-Visum-Sponsorings bedurfte, was den Nachweis forderte, dass niemand außer ihr den entsprechenden Job ausführen konnte. Aber wer war schon unersetzlich???

Auch setzte der Klingelterror ihren Nerven zu! In den letzten Nächten hatte die Türklingel permanent geläutet. Sie öffneten nicht. Aber es war keine Frage: Sheriff Stone versuchte, sie nach wie vor aus dem Haus zu verjagen. Nikki hatte aus der Not eine Tugend gemacht und seit einem Monat die Mietzahlung verweigert. Wenn George Lasstanzen keine Mortgage löhnte und sie deswegen auf die Straße gesetzt werden sollten, wieso dann noch Miete zahlen? Doch sie waren zu viel und zu schwer, die Aufgaben, die mit dem Neubeginn ihres Lebens einhergingen. Sie hätte einen Partner gebraucht, der sie unterstützte. Doch der saß mit diabolischer Fratze an seinem Steinweg und hämmerte hirnlos auf den Konzertflügel ein. Nikki setzte sich seufzend und gab den Gedanken an Schlaf auf. Stattdessen schnappte sie sich ihren Mystar-Füllfederhalter und notierte ihre Sorgen der Reihe nach: Nummer 1: Die Obdachlosigkeit war das spitzeste drohende Damoklesschwert. Nummer 2: Die schiere Unmöglichkeit mit Woolfs Musik und Radikalität Geld zu verdienen! Mit dem Typen schien Business impossible! Nummer 3: Sollten sie Bruchlandung erfahren, die Gefahr seiner gewalttätigen Seele. Nummer 4: Das Ausgestoßen sein von Freunden und Familie und völlige Vereinsamung. Nummer 5: Das Aus ihrer glorreichen Marketing-Karriere. Nummer 6: Der Absturz! Sozial, finanziell, gesellschaftlich, beruflich, seelisch. Nummer 7: Tod & Teufel, brennen in der Hölle, weil sie Uwes Lebenswerk mit dem Woolf so leichtsinnig verbraten hatte....

Manchmal half es, seine Sorgen zu verbalisieren und zu visualisieren. Sich das Worst-Case-Szenario auszumalen. Doch von diesem wurde der Rose schwindelig. Sie schloss die Augen und betete zum Himmel. „Bitte mach dass alles gut wird!“ Sie wickelte sich in Embryohaltung und fiel endlich in unruhigen Schlaf.

Musikmillionäre auf Deutschlandtour

Touchdown Frankfurt. Noch nie war die Rose froher gewesen, an einem Ort zu landen. Die Familie, ihre Freunde, ihre Stadt erwarteten sie. Endlich würde sie einmal aus der Gefangenschaft von Woolfs Gesellschaft entfliehen können. Der hatte den ganzen Flug über an seinen Nikotinfingern gesaugt. Sie konnte gar nicht hinsehen, so sehr ekelte sie diese Eigenschaft. Woolf war im Laufe der letzten Wochen tiefer gesunken auf dem Podest ihrer Anerkennung, auf das sie ihn gestellt hatte. Er offenbarte zuweilen eine innere Hässlichkeit, die sie noch nie zuvor an einem Menschen erlebt hatte. Doch es gab noch immer die Augenblicke des Zaubers, der Wildheit, des Vertrautseins. Des sicheren Gefühls der Zusammengehörigkeit. Ihre Seele war zerrissen. Zwischen ihrer Liebe und dem Wissen um deren zerstörerische Kraft. Zwischen ihrem Glauben, dass alles gut würde und der dunklen Vorahnung auf eine Katastrophe zuzusteuern. Es gab keinen Menschen, mit dem sie diese widerstreitenden Gefühle diskutieren konnte. Riefen ihre Eltern an, lauerte Woolf auf jedes Wort, das sie sagte. Ihre Freunde trauten sich schon nicht mehr, sich zu melden. Woolf checkte ihre E-Mails und Textnachrichten. Er ließ die Rose keine Sekunde aus den Augen. Big brother is watching you! Die amerikanischen Bekannten bekamen das perfekte Paar vorgespielt. Doch die Rose war in Wirklichkeit desolat, einsam und verzweifelt. Es gab keine Schulter zum Anlehnen. Außer der des bösen Woolfs. Die Tour nach Deutschland winkte mit dem Versprechen von Freiheit. Hoffentlich würde es ein paar Momente des ungestörten Gesprächs mit den Eltern geben! Doch ihr schwante, dass Woolf das zu verhindern wissen würde... „Da sind wir ja endlich!" Kaum setzte die Maschine auf dem Rollfeld auf, klopfte Woolf sich ungeduldig eine Mannboro aus der Packung und steckte sich die Zigarette zwischen die blutleeren Lippen. Sofort stellte sich eine gestrenge Stewardess vor ihm auf. „Sir. You have to wait until your outside the airport!" „Jajaja, schon gut du arrogante Schnepfe!" „Was haben Sie gesagt? Ich verstehe Deutsch!" „Fick dich doch ins Knie du blöde Saftschubse!" Die so beschimpfte wurde wütend und rief die Flughafenpolizei. Woolfs Landung in Frankfurt verlief unfein. Man nahm ihm die Zigaretten und er bekam eine saftige Verwarnung wegen Beleidigung. Nikki tat so, als kenne sie den giftspeienden Spinner nicht. Sie stellte sich an die Schlange zum Zoll. „Flotti Flotti! Ganz wie Amy Weinhaus!", lobte sie die Frankfurter Zollbeamtin. Lächelnd schwebte Nikki zum Gepäckband. Sie war zu Hause gelandet! Woolf schlurfte wutschnaubend zu ihr. „Diese Wichser von Bullen haben mir meine Kippen geklaut! Und zweihundert Euro abgezockt wegen Beleidigung der Beamten! Scheiß Nazideutschland! Ich will sofort zurück NACH HAUSE!" Nikki zog die Augenbrauen nach oben. Jetzt wurde Woolf auch noch infantil. Kurz vor dem Ziel drohte er vollends zu kippen. Sie ignorierte ihn und wandte ihre Aufmerksamkeit dem Gepäckband zu.

Da war er schon, ihr treuer, roter Samson-Light-Koffer. Und da kam auch Woolfs Gitarre angerollt. Sowie sein Gepäck. Nikki hievte alles mühsam vom Band. „Toll, wir haben alles!", freute sie sich. Doch Woolf fluchte noch immer vor sich hin. „Verfluchter Polizeistaat. Willkommen in Stasideutschland! Ich hasse es hier!" Langsam platzte der Rose der Faden ihrer Geduld. „Woolf rege dich ab! Wir sind hier, um unsere Visa zu erhalten. Eine Woche. Dann fliegen wir zurück nach Miami. Also reiß dich zusammen und lass uns tun, was getan werden muss!" Sie ließ den Rocker mit dem Gepäck stehen und eilte zum Ausgang. Es war seine Aufgabe, einen Gepäckwagen zu besorgen und zu beladen. Sie stürmte mit Glück im Herzen wenig ladylike durch den Ausgang. Da waren sie. Ihre Mutter und ihr Vater mit den beiden vor Freude hüpfenden Hunden

Haitta und Charles. Die Rose strahlte wie ein Stern. „Wow! Nikki Rose. Du siehst ja aus wie ein Filmstar!", begrüßten sie die Eltern mit vorsichtigen Backenküssen. Die Monate in Miami hatten sie einander etwas entfremdet. Die Hunde leckten ihr die Füße in den zauberhaften Sandalen. Nun kam auch der mürrische Woolf mit dem Gepäckwagen aus dem Tor. „Hallo Schwiegereltern!" Er gab den beiden förmlich die Hand. Ihr Familienverhältnis war von Fragilität, Unverständnis und Misstrauen geprägt. Die Eltern bemühten sich um Harmonie. Nikki und Woolf sahen aus wie Musikmillionäre. Vielleicht ging ihr Plan ja auf und alles wurde gut?! Die Eltern wussten genau, was ihre Rose zu leisten vermochte. „Ihr seid bestimmt müde? Wir fahren euch erst einmal ins Hotel. Da könnt ihr ausruhen. Und heute Abend gehen wir zum Vietnamesen essen!", schlug die Mutter vor. Nikki seufzte. Das klang nicht nach Zeit für eine ungestörte Aussprache mit den Eltern. Sie nickte ergeben.

Der Vater setzte sie nach kurzer Fahrt vorm City Hotel in Bad Feelwell ab. Dort ging Woolf sogleich zur Bar. „Zwei Campari mit Grapefruitsaft und Prosecco!", orderte er. Die einfältige hessische Bedienung staunte. „Des kenne mer hier nett. Campari Orange habe mer da!" „Na gut. Dann eben zwei Campari Orange!" Besser als nichts! Aus einer Runde wurden zwei und schließlich drei. Das war es dann mit dem Ruheprogramm... Woolf lümmelte sich an der Bar. Die Rose saß grazil mit wie stets übereinandergeschlagenen Beinen auf ihrem Hocker. Woolf blickte sie begierig an. Plötzlich hatte er wieder Augen für sie. Der Nikotinentzug war überlebt und er rauchte genüsslich Kringel in die Luft blasend. „Kräbbchen. Deine Fesseln in den Netzstrümpfen. Das sieht so sexy aus. Ich fürchte, ich muss dich umgehend vernaschen!" Nikki lächelte errötend. Der Blick auf die MegaO verriet jedoch. „Keine Zeit. Es ist 19.15 und um 19.30 kommen meine Eltern uns zum Essen abholen." Woolf fasste ihr ungestüm unter den Rock. Die Bedienung verzog sich.

Er kletterte mit seinen Fingern unter den Spitzenslip. Doch sein verführerisches Mädchen blieb heute brav. „Woolf. Das geht jetzt nicht! Meine Eltern kommen gleich!“ Er blickte böse. Kaum waren sie in Deutschland verfiel seine Rose der Prüderie. Er brauchte Ersatzbefriedigung und orderte einen weiteren Drink. Kaum hatte er diesen auf ex in die Kehle gekippt, hupte es vor dem Hotel.

Sie eilten zum perlmuttfarbenen Golf der Eltern Rose. Woolf fläzte sich auf den Beifahrersitz und zündete sich eine Kippe an. Horst Rose, militanter Nichtraucher, sendete ihm einen tödlichen Blick. „In meinem Auto wird nicht geraucht!“ Woolf schnaubte verächtlich. „Was für ein Spießer bist du denn?“ Doch er schnippte die Zigarette aus dem Auto. Der Vater grinste. Ein erster Sieg seiner Autorität gegen den rebellischen Rocker war erzielt. „Jetzt hab ich aber auch Kohldampf!“, verkündete Woolf. Nikki lächelte ihre Mutter an, die neben ihr auf dem Rücksitz saß. Schelmisch gestand sie: „Ein leichtes Dinner kann nicht schaden!“ Der Vater fuhr sie ins Frankfurter Nordend in die Schwarzburgstraße. An der Ecke prangte das Quan Van, der beste Vietnamese Frankfurts. „Darf ich vorstellen, meine Tochter, mein Schwiegersohn, Musikmillionäre aus Miami!“, brüstete der Vater sich stolz gegenüber der Restaurantbesitzerin. Die blickte bewundernd und kredenzte ihren besten Pflaumenwein. Nikki und Woolf studierten die Karte, während die Eltern einen alten, zerknitterten Zettel aus der Tasche holten. Vor Jahren hatte Nikki ihnen darauf ihre Lieblingsgerichte notiert. Geschmacksexperimente waren den Eltern Rose fremd. Ihre Abenteuerlust war der Tochter vererbt. Nikki blickte genießerisch in die exotische Karte und gab Woolf Empfehlungen. „Ich nehme den grünen Papayasalat. Extra scharf mit fünf Chilischoten. Für dich empfehle ich die gemischten Vorspeisen. Dann für mich die Garnelen in gelber Currysoße. Und eine Portion gebratenes Gemüse! Für dich die knusprige Ente?“ Gesagt, geordert.

Nikkis Schlund konnte es nicht scharf genug sein. Sie orderte noch extra Chilis. Sie liebte die leichte, pikante Küche der Vietnamesen. Woolf beobachtete seine Rose bewundernd. „Du bist ja ein Feuerschlucker! Sieh zu, dass du genug dazu trinkst!", sprach es und orderte einen neuen Wein. Die Eltern blickten besorgt. Nicht nur wegen dem Schärfegrad des Essens und des Durstes des Paares. Vielmehr dachten sie an die Rechnung. Die feinsinnige Tochter erkannte die Sorge in dem gestrengen Gesicht des Vaters. „Keine Sorge! Ich lade ein!" Es folgte ein kurzes Gespräch über ihren geplanten Aufenthalt. Dann sah der Vater müde auf die Uhr. Länger als zwei Stunden hielt er es in keinem Restaurant der Welt aus. „Ich schlage vor, wir gehen dann mal!" Nikki blickte enttäuscht. Sie hätte sich mehr Zeit mit den Eltern gewünscht. Ihre Zeit in Deutschland war knapp bemessen. Morgen früh ging es aufs Konsulat. Dann trafen sie den Anwalt am Opernplatz zum Lunch. Dann ging es gen München. Am Tag drauf zurück. Und schon am nächsten Tag frühmorgens zurück gen Miami. „Na gut. Dann sehen wir uns am Abend vor unserem Rückflug. Bitte nehmt unsere Pässe mit den Visa entgegen. So alles gut geht." Nach einem letzten Pflaumenwein brachen sie auf. „Woolf und ich gehen noch in die Weinstube!", erklärte die Rose. Sie verabschiedete sich mit sentimentaler Umarmung von den Eltern. Dann stiegen sie ins Taxi. Der Fahrer schnaubte vor Wut. Die Weinstube war keine 200 Meter entfernt. Doch es regnete und die Stilettos der Dame sahen kriminell hoch aus. Woolf steckte ihm einen Fünfer zu und sie fuhren los. Keine Minute später hielten sie vor einem hübsch beleuchteten Haus. Einem Refugium für Nikkis Seele.

Sie betraten die kleine, gemütliche Weinstube, in der das intellektuelle Klientel des Viertels bei Wein und kulinarischen Kleinigkeiten aß, trank und philosophierte. „So etwas vermisse ich in Miami!", erklärte die Rose. Tatsächlich hatten sie solche Einrichtungen in Miami nicht.

Entweder ging man ins Restaurant. Oder eine Bar. Weingenuss war in den USA noch ein Geheimtipp. Schnell waren sie umrundet von Bewunderern. „Hey. Ihr seht aus wie Rockstars!", redete sie Jack, der Arzt des Viertels an, der ein wenig wie Alan Delon für Arme aussah. „Sind wir auch Mann! Habt ihr einen CD-Player in der verstaubten Bude?" Und schon rockten Woolfs Songs durch die Weinstube. Die Musik klang blechern, aber überzeugend amerikanisch durch die bösen Boxen. Als die Kompilation der drei neuen und ausgewählten alten Songs verklungen war herrschte Ruhe. Nikki klatschte grazil. Die restlichen Besucher der Weinstube nicht. In punkto Begeisterungsfähigkeit standen die Deutschen den Amerikanern gnadenlos nach. In der Regel musste man erst im Ausland ein Star sein, um von den skeptischen Landgenossen akzeptiert zu werden. Nun blickte die Rose gestreng auf die MegaO. Woolf. Wir müssen morgen um 6 Uhr aufbrechen. One for the road. Dann lass uns fahren!" Diesmal schlug Woolf die Augen nach oben. „Diese Frauen. Immer wenn es lustig wird, schicken sie einen nach Hause!" Diesmal stimmten die Männer im Raum überzeugt zu. „So sind sie die Weiber!" „Versteht einfach keinen Spaß, das Weibsvolk!"

Eine weingesegnete Stunde später sanken sie ins Taxi zum Hotel. Zum Glück hatte die Bar noch auf. „Ein Absacker!", bettelte Woolf. „Na schön!" „Und eine Käseplatte! Der vietnamesische Fraß hat nicht satt gemacht!" Woolf hatte sich an die „Bigger than life"- Portionen aus dem Amiland gewöhnt. Er brauchte Nachschub. Und bekam eine üppige Käseplatte vor die Nase gestellt. „So lässt sich es aushalten!" Rauchend, trinkend und Käsehäppchen vertilgend fühlte sich Woolf endlich angekommen in der temporären Heimat. „Auf einen erfolgreichen Termin morgen!" Nikki blickte mahnend erneut auf die Uhr. So langsam machte sich ihr Jetlag bemerkbar. Die Kellnerin stieg von einem auf den anderen Fuß. Sie wollte endlich heim. Doch sie wartete brav, bis der letzte Bissen verspeist und der letzte Schluck getrunken wurde. „Die Rechnung aufs Zimmer bitte!", orderte die Rose. „Und zwei Wein zum Mitnehmen aufs Zimmer!", der Woolf. Er hatte im Zimmer keine Minibar gesehen und auf dem Trockenen sitzen ging gar nicht! Vom Jetlag und dem Tag todmüde sank Nikki aufs Hotelbett und schlief in voller Montur ein. Woolf zog ihr die Sandaletten von den Füßen und deckte sie zu. Er war aufgedreht wie lange nicht mehr. Jetzt eine Lifeline und die Szenebars in Miami rocken. Das wäre es! Doch er war ja hier in Bad Feelwell. Was ein Kaff. Er trank beide Weine aus und fiel endlich in leichten Schlaf. Morgen würde ihre erfolgreiche Zukunft in Miami amtlich!

Recht geschehe!

Das Konsulat der amerikanischen Regierung befand sich auf der Miquelallee. Auf dem ehemaligen PX-Gelände, auf dem die in Frankfurt stationierten amerikanischen Soldaten ihre amerikanischen Spezialitäten besorgten. Nun war die Armee abgezogen und das Konsulat eingezogen. Sie enterten das abweisende Gebäude, das wie ein Gefängnis abgeschirmt war. Beim Pförtner mussten sie Handys, Handtasche und sogar die Zigaretten abgeben. Dann wurden sie, gestrenger als bei jedem Check-in, untersucht. Angesichts Nikkis Haarnadeln piepte das Kontrollgerät wie verrückt. Sie schwitzte Blut und Wasser, während ihr die amerikanische Kontrolleurin durch die sorgfältig gerichtete Frisur ging. „Pay attention, please!", bat sie mehrmals. Ihr Werk der Haarkunst hatte Stunden benötigt. Das würde sie sich nicht von einer miesepetrigen Gefängniswärterin zerstören lassen. Endlich ließ die von Nikkis Kopf ab und wandte sich ihren Füßen zu. Die strassbesetzten Sandaletten sahen ebenfalls höchst verdächtig aus... Endlich war die Tortur abgeschlossen und sie enterten den großen Schalterraum. Sie zogen ihre Nummern und ließen sich auf die Bank fallen. Trotz der frühen Stunde war der Raum proppenvoll. Und, anders kannten sie es nicht aus Amerika, eiskalt klimatisiert. Nikki füllte die Berge an Unterlagen aus, die auch hier notwendig waren. Dann zog sie mit Woolf zum Passfotoautomaten. Es waren gestrenge Fotonormen gefordert. Symmetrische Bilder ohne einen Hauch von Lächeln. Das machte aus jedem Gesicht ein Verbrecherantlitz. Ihr Portrait sah dennoch schön und amazonenhaft entschieden aus. Woolf jedoch sah aus wie ein Krimineller. Die tiefen Furchen in seinem Gesicht kamen auf dem Foto eklatant zur Geltung. „Was ist das für ein gemein gefährlicher Verbrecher auf dem Foto?" Nikki zog ihn spöttisch auf. Sie erntete Wut. In jedem Scherz liegt ein Stückchen Wahrheit begraben. Woolf wusste das und war alles andere als amüsiert. Er strafte sie mit einem bitterbösen Blick und setzte sich schweigsam. Nervös begann er erneut, an seinen Nikotinfingern zu nagen. In diesem Bunker war Rauchen selbstverständlich untersagt! Der Ischiasnerv der Rose vibrierte schmerzhaft. Sie versuchte sich auf ihr Buch zu konzentrieren. Doch heute hatte selbst Bridget Jones keine Chance auf ihre Aufmerksamkeit. Zu wichtig war dieser so lange herbeigesehnte und hart erarbeitete Termin! Es ging um ihre Zukunft. Um Sein oder Nichtsein. Um die Liebe und das Leben. Nikki drehte ihre Haarlocken. Ihr Tick bei Nervosität. Immerhin weniger unangenehm als Fingernägelkauen. Hin und wieder schlichen ihre Blicke zu Woolf. Doch der ignorierte sie konsequent. „Lieber Gott. Lass es gut gehen!“, betete sie heimlich in den Himmel. Endlich, eine Ewigkeit später, erschien ihre Nummer über einem der verglasten Schalter. Ihre Anspannung versteckend, die seriöse Businesstasche wie ein Schutzschild vor sich herhaltend, stolzierte die Rose dem Schalter des Schicksals entgegen. Hier würde sich entscheiden, ob sie Einzug in das Paradies der unbegrenzten Möglichkeiten erhielten. Oder nicht. Woolf folgte der Rose. Mehr oder weniger unauffällig. Mit arrogantem Blick und schlendernden Schritten.

Die wasserstoffblonde, magere Beamtin mit den schmalen Lippen und den strengen, hinter einer schwarzen Brille versteckten Augen wirkte alles andere als freundlich. Sie schien so streng und freudlos, als wäre ihr Leben eine einzige Wüste. Ihren Beruf schien sie zu hassen. Menschen generell nicht zu mögen. Nikki übergab ihr mit schüchternem Lächeln die Unterlagen sowie das Private Placement, in dem genau aufgezeigt war, wie die Zukunft des Unternehmens Voltage gedacht war. Inklusive Investitionen, Businessplan, Anzahl an Angestellten, Return on Investment. Nach einer quälenden halben Stunde und mehreren hirnlosen Fragen, die sich aus dem Werk und den Ausführungen der Rose eigentlich von selbst erklärten, reichte ihr die blonde Wächterin der Himmelspforte die Unterlagen zurück. Die Rose sank erschöpft auf den

Stuhl vor dem Schalter. Sie hatte ihr Bestes gegeben! Recht geschehe! Ihre Arbeit war hochgradig professionell und nicht zu beanstanden. Sie hatte einen lupenreinen Lebenslauf und eine beeindruckende Karriere. Sogar bei Armada war sie gewesen. Doch genau das schürte den Neid der Beamtin. Irgendwo musste doch ein Schandfleck sein in dieser perfekten Fassade? SIE konnte sich die Klamotten des Luxuslabels nicht leisten. Ein Leben in Saus und Braus in Miami schon gar nicht. Die Grandezza der Rose, die wie eine Prinzessin vor dem Schalter saß in aufrechter Haltung mit glasklarem Blick, erweckte die Missgunst der Konsulatsvertreterin. Sie blickte nach rechts. Zumindest dem grauen Gesellen an der Seite der Diva war doch sicher die eine oder andere Lebenssünde zu entlocken...

Sie ließ von der Rose ab. „Schön und gut! Was ist denn Ihre Rolle in dem Business?“, fragte sie zynisch. Sie warf einen allzu tiefen Blick in seine weniger perfekten Akten. Dann erhob sie, mit ebensolchem Zeigefinger, ihre gestrenge Stimme. „Herr Barzokka. Sie haben diverse Vorstrafen! Und in ihrem Leben keinen festen Job gehabt!“ Woolf äußerte sich von oben herab. „Ich bin Künstler. Komponist. Ausnahmemusiker, Sänger und Gitarrist, Philosoph und Astrologe! Ich habe es nicht nötig, mein Geld anderweitig zu erarbeiten!“ „Ach. Offensichtlich haben Sie es auch nicht nötig, den Unterhalt für Ihre drei Söhne zu zahlen?“ Woolf blieb unbeeindruckt und cool. Nikki beherrschte sich, nicht zusammenzuzucken. Offensichtlich hatte das Konsulat Erkundigungen eingeholt. Woolf hatte ein meterlanges Register an Straftaten und Schulden im hohen zweistelligen Bereich. Mehrere Insolvenzen. In den letzten Jahren hatte er sich als Taxifahrer durchs Leben geschleppt. Unterhalt hatte er so gut wie gar nicht gezahlt. Lediglich kurzfristig erfolgten Zahlungen von seiner Lebensgefährtin und jetzigen Frau Nikki Rose. Mit dem Umzug nach Miami wurden die Zahlungen eingestellt. Die Existenzgründung in den USA war kostspielig und hatte Priorität. Die Konsulatsbeamtin war über all das informiert. Heute Morgen hatte sie sogar einen Anruf von der Polizei erhalten, die nach dem Unterhaltssünder fahndete. Offensichtlich war die Mutter seiner jüngeren Söhne über seinen Aufenthalt und seine Absichten in Deutschland informiert und hatte Anzeige erstattet. Unterlassene Unterhaltszahlungen waren gesetzeswidrig und wurden mit Gefängnis geächtet. Sie räusperte sich und strafte Woolf eines verächtlichen Blicks. „Was für ein Aschenbecher von Mann", dachte die überzeugte Feministin und wurde aggressiv wie eine Schlange.

„Herr Barzokka. Noch einmal! Haben Sie sich der Unterhaltsvorenthaltung strafbar gemacht?" Sie wiederholte die Frage in immer intensiverer Stimmlage, genervt durch Woolfs erneutes Schweigen. „Ich frage Sie noch einmal! Zahlen Sie den Unterhalt für ihre Kinder nicht?" Woolf blickte blasiert. Er schaute sie bedrohlich an aus blutunterlaufenen eisigen Augen. Dann flüsterte er kaum hörbar drohend: „Gute Frau. Wir sind hier nicht vor Gericht! Ich liebe meine Kinder! Wollen Sie, dass ich sofort ihren Chef verlange und Sie der Unterstellung anklage?" Woolf rekurrierte auf das Unterbewusstsein und die Angst der Beamtin und ignorierte die Sachebene. Seine schneidende Stimme und der eiskalte, suggestive Blick seiner grauen Augen lähmte die Beamtin. Sie blickte hilfesuchend auf die Rose. Die lächelte zuckersüß. In ihr hatte der Woolf den perfekten Leumund. Die Schalterfrau rollte zögerlich mit den Augen. Faktisch hatte der Woolf Recht. Sie waren nicht vor Gericht. Und die Präsentation der Rose war unangreifbar. Es gab keinerlei Grund ihr das Visum zu verwehren. Ihm als ihrem offiziell anerkannten Gatten musste sie wohl oder übel ebenfalls Geleit erteilen. „Was für ein Fare Dodger!" Er hatte sich ein schönes Schiff ausgesucht, um auf die gelobte Seite des Ufers zu gelangen. Er war ein abgewichster, lucky Bastard!

Trotzdem würde sie die Angelegenheit nochmal mit höchster Stelle besprechen. „Geben Sie mir Ihre Reisepässe!“, forderte sie. Nikki schob sie ihr zu. Die Beamtin nahm ihre beiden Reisepässe und die frisch erstellten Passfotos. „Sie hören von uns!“ Damit verabschiedete sie das Paar abrupt. Doch Nikki ließ sich nicht aufs Abstellgleis stellen. „Wie lange kann es denn dauern? Wir haben berufliche Verpflichtungen!“ „Sie können einen Eilzuschlag zahlen. Ob der hilft bleibt abzuwarten.“ „Wie viel?“ „100 Euro pro Person!“ Die Rose reichte ihre Kreditkarte. Die krächzte so laut wie nie. Hielt aber Stand. „Sie hören innerhalb der nächsten zwölf Stunden von uns. Haben Sie Bevollmächtigte, die Ihre Reisepässe abholen können, so Sie verhindert sind?“ Nikki holte die Vollmacht hervor, die sie in weiser Voraussicht vorbereitet und vom Vater unterschreiben lassen hatte. „Ja. Mein Vater. Horst Rose. Sollten wir verhindert sein, kommt er die Pässe abholen!“ Der Rose wurde plötzlich klar wie eng und ambitioniert das gesamte Unterfangen war. Hatte sie wirklich geglaubt, die Angelegenheit in drei Tagen abzuhaken? Auf was hatte sie sich bloß eingelassen? Sie verabschiedete sich dankend bei der Beamtin. Auf dem Rückweg im Taxi zu ihrem geliebten Opernplatz war sie die Schweigsame. Woolf brüstete sich, wie so oft, mit seiner Großartigkeit. „Hab ich das nicht toll gemacht? Die haben gar keine andere Chance, als mir das Visum zu erteilen.“ „UNS!“, herrschte sie ihn endgültig genervt an. Wie konnte man sich bloß nur dermaßen ungeniert am Verdienst des Anderen laben? Ihr Fazit des brisanten Termins in Prozenten: 50/50! Ihre Performance war professionell und profund. Woolfs Einsatz war Peinlichkeit pur. Seine Bedrohung der Staatsdienerin war grenzwertig im Sinne krimineller Erpressung. Das Ergebnis: fraglich. Wie das gesamte Unterfangen einer privaten und beruflichen Zukunft mit Woolf. Man sollte sich nicht mit dem Teufel einlassen. Er war ein seelensaugender Sophist. Sie blickte ihn kritisch an. Er schien nur aus Fassade und Pathos zu bestehen. Ihre Liebe schwand mit jedem traumatischen Erlebnis ein Stückchen mehr. Er war genau das Gegenteil der vollkommenen Version seiner selbst, in die sie sich verliebt hatte. Er war verkommen, verdorben und verrucht. Doch noch immer hatte sich dieses idealisierte Bild, das sie ursprünglich von ihm gezeichnet hatte, in ihre Seele und ihr Herz gebrannt. Nur langsam, von Grenzüberschreitung zu Grenzüberschreitung, vernichtete er selbst sein Abbild der Perfektion. Ganz genau so wie Dorian Grays Bildnis immer hässlicher wurde. Trotzdem war sie wild entschlossen, um ihr Glück zu kämpfen. Jetzt galt es, den Anwalt zu treffen und Armada unter Druck zu setzen... Es war Zeit, dass das Unternehmen zumindest ihr einen Abstand zahlte wegen ungerechtfertigter fristloser Kündigung. Und natürlich für die Nutzung von Woolfs Musik, die nun schon ein Dreivierteljahr auf der Website war. Die Rose malte sich ihre Agenda für das Anwaltsgespräch aus. Man sah förmlich, wie es in ihrem Kopf arbeitete. Woolf zählte die verbleibenden Zigaretten in der zerknautschten Mannboro-Verpackung. Zeit für Nachschub...

Sie kamen am Opernplatz an. Ein Blick auf die MegaO. 11.30 Uhr. Noch eine halbe Stunde Zeit bis zur Konsultation des Anwalts. Zeit für einen Weißwein in der französischen Brasserie. Den Anwalt hatte Nikki statusgerecht in das danebengelegene Charlott bestellt. Ein Nobelrestaurant, in das der Anwalt seine prosperierenden Musikkunden einladen sollte. Sie musste ihm gleich zeigen, wo der Hammer hing. Es ging schließlich um Musik, Marketing und: Millionen! Nikki brauchte erst einmal Ablenkung und Trost ihrer zerrissenen Seele. Der Termin auf der Botschaft war Groteske pur. Sie brauchte Medizin! Zwei köstlich kühle Sancerre später hatte sie einen erfrischten Geist und war bestens auf das Gespräch vorbereitet. Sie stellte Woolf gegenüber klar, wer jetzt das Sagen hatte! „Lass MICH die Verhandlung führen. Du bist der talentierte, versponnene Künstler, der sich um sein geistiges Gut betrogen fühlt!

Ich bin die professionelle Marketing-Leiterin und Managerin, die dein perfekter Leumund ist!" Woolf nickte gepeinigt! Ihm war klar, wie abhängig er noch immer von ihrer Nabelschnur war. Er musste ihr ausnahmsweise die Bühne überlassen! Aber nur bis er sein Visum hatte und endlich die USA rocken konnte! Er musterte die Rose nicht ohne Respekt. Ihre Entschlossenheit ließ keinen Zweifel daran, dass sie bekam was sie wollte. Mit ihm oder ohne ihn. Er konnte sich in diesem Augenblick durchaus vorstellen, dass sie ihn links liegen ließ und allein gen Miami flog. Es war als ob hier in ihrer Heimat ihr Selbstbewusstsein in ungeahnte Sphären anwuchs. Ihre Persönlichkeit bekam Flügel. In dieser Stimmung schien ihr alles zuzutrauen. Sogar, dass sie ihn einfach in seinem alten Leben in München absetzte. Als ausgedienten Ehemann und Wegbegleiter. Return to Sender. Genau diese Gedanken hatte die Rose gerade. Die Geschenke, die man sich machte konnte, man auch wieder zurückgeben, wenn es die falschen waren... Kein Mensch hat das Recht, den anderen in sein Unglück zu reißen! Zahlando war das Geschäftsmodell der Zukunft selbstbestimmter Frauen. Sie grinste kämpferisch und gönnte sich einen Schluck Wein.

Um Punkt 13 Uhr standen sie vor dem Charlott, dem teuren französischen Restaurant direkt am Opernplatz. Ein gut gekleideter, junger Anzugmann mit schwarz gegeltem Haar und naiven blauen Augen trat ihnen entgegen. Das glamouröse Paar erweckte seinen Respekt. Kleider machten Leute. Zu den festlichen Roben kam noch die sonnengebräunte Haut. Die offensichtlichen Privatiers und Musikmillionäre traten mit nonchalantem Gesichtsausdruck auf ihn zu. Die Rose lächelte charmant. Ihr Typ blickte blasiert. Fast fühlte sich der noch nicht so lebenserfahrene Anwalt dazu veranlasst, einen Hofknicks zu machen. Stattdessen verbeugte er sich tief. „Sie müssen Nikki Rose und Woolf Barzokka sein! Ich bin Doktor Hoffwohl. Es ist mir eine Ehre. Darf ich Sie zum Lunch einladen, wo wir Ihren interessanten Fall in Ruhe besprechen können?“ Nikki bedankte sich grazil. „Sehr gerne!“ Woolf folgte ihnen souverän schweigend die Treppe nach oben. Der Kellner kam mit den gigantischen Speisekarten. „Einen Aperitif?“ Nikki lächelte fein. „Warum nicht, gerne etwas Prickelndes!“ Der Anwalt orderte drei Champagner. Dann entströmte dem Kellner die lange Liste der Extras aus der gut geölten Kehle. „Heute haben wir an speziellem Angebot: frische Steinpilze. Gegrillt mit Tagliatelle oder in Ravioli gefüllt. Gegrillte Baby-Calamari. Auf Rucolasalat oder pur. Gänsestopfleber. Trüffel.“ Er hielt einen verführerisch duftenden Korb der weißen Knollen in die Höhe. „Als Hauptspeise feinstes Entrecote. Oder Kalbsfilet. Wieder mit Steinpilzen. Als Fisch gegrillte Dorade.“ Nikki blickte nachdenklich. „Das hört sich alles wunderbar an! Für mich gerne die Baby-Calamari Und die Dorade. Pikant gegrillt. Mit einem Tomatensalat. Ohne Zwiebeln. Mit viel Basilikum.“ „Also ich nehme Spagetti mit Trüffeln als Vorspeise und dann das Kalbsfilet! Ebenfalls mit Trüffeln. Sparen Sie nicht daran!“ Woolf wählte wieder einmal geschmackssicher das Teuerste auf der Karte. Ihrem Gastgeber wurde flau.

„Für mich einen gemischten Salat und dann Spagetti Arrabiata!“, bescheidete sich der blutjunge Anwalt, dem schon Angst und Bange wurde angesichts der Rechnung. Hoffentlich würde der Chef der Kanzlei diese nicht unerhebliche Investition durchwinken! Normalerweise lud er seine Klienten zu Pizza und Pasta ein. Das Charlott war eigentlich nicht seine Liga. Doch seine neu zu gewinnenden Mandanten sahen solvent, ja geradezu reich aus. Die Musikmillionäre nahm man ihnen sofort ab. Armada anzugehen war eine vielversprechende Herausforderung. Schließlich war das deutsche Modeluxuslabel ein erfolgreiches Schlachtschiff mit internationalem Ruhm. Wenn er diesen Case für sich gewinnen konnte, hatte er eine wichtige Stufe seiner Karriereleiter beschritten!

„Ran an die Kohle!", dachte er und orderte gleich noch die Getränke. Im guten Gewissen, der Fall würde die Kosten für den Lunch voraussichtlich lohnen. „Was möchten Sie trinken?", wandte er sich fragend an die Rose. „Eine Flasche Sauvignon Blanc!", orderte Nikki Rose und deutete zu seinem Glück auf eine bezahlbare Variante des wunderbaren Weißweins. Dann wendeten sie sich dem geschäftlichen zu. Nikki begann mit der Schilderung des Auftraggebers: Armada ist ein hochgradig solventes internationales Modeunternehmen mit mehr als 800 Millionen Umsatz im Jahr. Dass ein solches Unternehmen das geistige Eigentum eines Künstlers und Komponisten nutzt, ohne zu bezahlen, ist ein Unding! Ich habe gute Pressekontakte, die das sehr interessieren würde! „Wie lange ist denn das Werk Ihres Mannes schon auf der Seite?" „Ein geschlagenes Dreivierteljahr!" „Mit wem wurde die Vereinbarung getroffen?" „Mit mir in meiner Verantwortung als Marketing-Direktorin. Der Vorstand war informiert!" „Es gibt einen Vertrag?" Nikki legte ihm den Vertrag vor. Gesamtsumme: zwei Millionen. Der junge Anwalt witterte einen lukrativen Auftrag. Er scannte den Vertrag gedanklich. Der Streitwert war beträchtlich. Die Durchsetzbarkeit der Summe jedoch fraglich. Er war von Seiten Armadas lediglich von der Rose unterschrieben und von dem Komponisten persönlich. „Über wen wurde die Musik denn ins Netz gestellt?" „Über die damalige Agentur BETC Luxe. Die sind momentan aber auch aus dem Rennen!" „Hm. Haben Sie mit denen denn einen Subvertrag abgeschlossen?" „Nein, wir hatten ja den direkten Vertrag mit Armada!" Der Anwalt blickte grüblerisch. „Ein heikler Fall. Ich werde die Sache sorgfältig prüfen und einen Vorschlag zum Vorgehen machen! Auf eine erfolgreiche Zusammenarbeit!" Sie stießen mit dem Champagner an.

Nun wurden die Vorspeisen serviert. Nikkis Baby-Calamari waren köstlich pikant und scharf angebraten. Woolf ließ sich – wie nicht zum ersten Mal – einen riesigen Haufen weißer Trüffelspäne auf seine Spagetti reiben. Der Junganwalt pickte nachdenklich in seinem Salat. Gedanklich setzte er bereits das Angebot auf. Nikki platzierte den Woolf währenddessen im Starlicht. Sie schwärmte von Woolfs musikalischen und kompositorischen Qualitäten. „Er komponiert ganze Symphonien in wenigen Wochen. Ein Ausbund der Kreativität. Er ist kurz vor dem Durchbruch. Sogar in Minsk hat er bereits einen Nummer-Eins-Hit! Die Weißrussen verstehen was von Musik! Umso weniger ist zu akzeptieren, dass Armada seine Musik kostenlos nutzt!“ Sie klotzte und kleckerte nicht. Woolf gab sich gelangweilt. Ganz das verwirrte Genie warf er hin und wieder einmal eine kryptische, kaum zu verstehende Bemerkung ins Gespräch ein. Deren intellektueller Gehalt war fragwürdig. Doch das fiel angesichts der Intensität, mit der er sie vortrug, nicht auf. Achtzig Prozent achtet das Publikum auf die Vortragsweise. Nur zwanzig Prozent, wenn überhaupt, auf den Inhalt. Die Menschen waren faul und blöd. Guter Geschmack war eine Rarität! Das Wissen um dieses Prinzip hatte ihn in seinem Leben erfolgreich begleitet. Noch immer und immer wieder fielen die Menschen auf ihn rein! „Äh Äh! I don't like rap music!“, äußerte er nun einen seiner sinnfreien Klassiker. Dann widmete er sich wieder dem exzessiven Weißweintrinken und frönte dem Trüffelgenuss. Eine Rolle, die ihm sichtlich nicht schwerfiel. Die des gesetzestreuen, vom Multi-Millionen-Unternehmen betrogenen Musikgenies allerdings schon. Ihn langweilten der gelackte Anwalt und das gestelzte Geschäftsgeschwätz bis in die Knochen. Das Spiegelspiel des Lebens konnte man doch nicht durch Anwälte entscheiden lassen! „Sweet dreams are made of this. Some of them like to use you. Some of them like to be misused by you!“ Wer betrog hier eigentlich wen? Und war das nicht stets gegenseitig? Tief in seinem Inneren wusste der Woolf um seine kriminelle Energie. Gleichermaßen war er zutiefst stolz auf sie. Denn ohne sie hätte er sein Leben nicht so lange überlebt, ohne am Rande der Gesellschaft zu stehen... „Alter hol die Kohle rein. Dann mache ich uns reich!" Er redete wennschon, denn schon Klartext. Doch angesichts des warnenden Blicks seiner Rose verkniff er sich diese und weitere Bemerkungen.

In Gedanken war er sowieso schon bei seinen Söhnen in München am heutigen Abend. Er schaltete auf abwesend und blendete die Unterhaltung aus. Stattdessen stellte er sich vor, wie er in wenigen Stunden braungebrannt und als Miami-Millionär ins Fresszimmer einfallen würde und die Bude rockte. Was für eine Genugtuung vor all den falschen Freunden, die sicherlich mehrere Tausender auf sein Versagen gewettet hatten. Sein Auftritt heute Abend war bereits geschickt eingefädelt. Sein Freund Horst Zocker organisierte alles. Inklusive ein bisschen anregendes Nasenpulver. Hierfür war Stefan Schmalspur die beste Quelle. Mit Stoff direkt aus Miami! Davor die zwei Stunden mit den Jungs im Kaisergarten mussten reichen zur Familienzusammenführung. Die kleinen Wichser sollten endlich Respekt zeigen vor ihrem genialen Vater und Rockgott! Danach war Zeit für Rock & Roll! Er gab sich Tagträumen der absoluten Bewunderung seiner selbst hin, während die Rose eloquent darum kämpfte, seinen Arsch zu retten.

In der verklausulierten Sprache der Anwälte lautete dies: „Recht geschehe! Aber es kommt immer auf die Details an... Der Grat zwischen Recht und Unrecht ist schmal!" Nach einem anregenden Strategiegespräch zum effektivsten Vorgehen gegen Armada war die Rose mehr als zufrieden mit dem Anwaltstreffen. Man musste immer die Schwächen des Gegners finden und ihn genau dort attackieren. Die Schwächen hatten sie und der junge Anwalt während des intensiven Gesprächs genauestens identifiziert: 1. Wolfi Bleis Steuerhinterziehung. Er hatte ihr gegenüber geäußert, dass sein Wohnsitz in Salzburg vorgetäuscht war, um die horrenden Steuern in Deutschland zu sparen. Das war Staatsbetrug und konnte gut als Druckmittel herhalten. 2. Die unangemessene fristlose Kündigung der Rose. Deren vorgeschobene Gründe waren unhaltbar. Das war ein weiteres Ass in ihrem Ärmel. 3. Die Nutzung von Woolfs Musik mit einem Vertrag, der definitiv nicht gültig war. Selbst führende Mitarbeiter durften lediglich Beträge bis 250 Euro freigeben! So gesehen hätte Armada die Musik nie und nimmer auf der Website lassen dürfen! Verstoß gegen Urheberrecht war teuer! „Mit dieser Dreifachstrategie schlagen wir sie! Anfechtbare Kündigung, Steuerbetrug des Vorstandsvorsitzenden, unrechte Verträge und damit verbotene Nutzung der Komposition Ihres Gatten. Somit Verstoß gegen das Urheberrecht!“ WOW! Die Rose nickte begeistert. Das klang nach Millionen! Der junge Anwalt klatschte sich in die Hände und empfing freudig seinen dampfenden, süß und sündig duftenden Teller scharfer Spagetti. Auch Woolf setzte man sein Luxusgericht vor die Nase mit einem Extraberg weißer Trüffel. Nikkis Dorade wurde fein filetiert. Nun stießen sie mit einer neuen Flasche Sauvignon Blanc an.

„Auf die Gerechtigkeit! Wir werden den Feind knacken!“ Die Rose strahlte. Der Sieg gegen das Böse schien greifbar. „Sie sind der richtige Mann für uns!“, befand sie. „Recht geschehe!“ „Genau! Greifen wir Armada mal tief in die Tasche!“, konnte sich Woolf nicht verkneifen. Nikki trat ihn mit dem wiedererlangten Lieblings-High-Heel gegen die ausgemergelten Waden. Er grinste genüsslich. „Du Stück. Warte nur. Ich mache dir gleich den Woolf!“, äußerte er lüstern. Dem Anwalt entging die explosive Anziehungskraft nicht, die zwischen dem Paar förmlich spürbar knisterte. Er räusperte sich verschämt. „Hmpm! Noch einen Kaffee?“ „Für mich einen Cognac!“, verlangte der Woolf. „Mir lieber noch ein Glas Sauvignon Blanc!“, bat die Rose. Der Anwalt orderte beides und sich selbst einen doppelten Espresso-Machiatto. Dann ließ er die Rechnung kommen. Der Blick auf seine Jäger-der-Kultur-Uhr verriet: sein nächster

Termin drängte. Er unterschrieb die für ihn astronomische Rechnung und errötete. „Frau Rose. Herr Barzokka. Es war mir eine Ehre, Sie zum Essen einladen zu dürfen. Ich wünsche Ihnen eine gute Rückreise nach Miami und freue mich auf unsere lukrative Zusammenarbeit!“ Sie verabschiedeten sich. Der Anwalt verbeugte sich noch tiefer als zuvor. Die Rose und der Woolf erhoben sich nur halb von ihren Stühlen. Die Geste musste reichen. Es musste klar bleiben, wer Auftraggeber und wer Dienstleister war. Während der Anwalt schnellen Schrittes davon stürmte, blieben sie im Charlott sitzen, um ihre Getränke zu genießen und sich nach den rasanten Erlebnissen des Tages wiederzufinden. Aufgetankt mit Euphorie, Hoffnung und Abenteuerlust fuhren sie schließlich zurück ins Hotel und holten ihre Koffer. Nikki zahlte noch einmal die Zeche. Noch immer funktionierte die schwarze Mastercard, wenngleich sie immer widerspenstiger wurde. Genau wie die Rose. Auch ihre Vakanz war am Anschlag. Die Genehmigung dauerte immer länger. Das Krächzen wurde unüberhörbar. Dann ging es per Taxi zum Hauptbahnhof. Sie nahm einen Apfelwein im Bistro gegenüber dem Bahnsteig. Woolf ein Weißbier. Ihre unterschiedliche Herkunft machte sich in Speis und Trank erkennbar. Nun ertönte die Ankündigung ihres Zuges gen München. Sie eilten am Gleis entlang. Auf der Suche nach dem Speisewagen. Dort sanken sie erschöpft in die roten Kunstlederkissen. Sie schauten in die Karte. Der Weißburgunder war ganz passabel, wusste Nikki. „Zwei Weißburgunder und ein großes Mineralwasser!“, orderte die Rose. Dann fuhren sie schweigsam. Sie vertiefte sich in ihr derzeitiges Lieblingsbuch. Bridget Jones. „Verrückt nach ihm“. Woolf machte den I-Pool an und versank in Musik. Während der vierstündigen Reise war die Rose ruhig und konzentriert. Sie hatte ihren Einsatz geliefert. Jetzt musste das Schicksal entscheiden, wie es weiterging...

Das Zerwürfnis der Barzokkas

Genau ein Dreivierteljahr nach ihrem Abflug gen Miami fuhr das Paar wieder in München ein. Es war ein warmer Herbstabend. Indian Summer und Föhn herrschten in der Stadt. Woolf strahlte. „Endlich wieder eine Laugenbrezen knuspern. Weißwurst mit süßem Senf verschlingen. Danach Schweinshaxe mit extraknackiger Kruste und Rotkraut!“ Er malte sich das deftig bayrische Mahl genüsslich aus. Heute Abend im Kaiserhof würde er es krachen lassen! Ihm lief das Wassewr im Munde zusammen. Als Ersatzbefriedigung musste erst einmal eine Zigarette herhalten. Doch der Taxifahrer blickte bösartig. „Nicht in diesem Auto!“ Wütend Flüche vor sich hinmurmelnd ließ Woolf die kalte Zigarette in seinem Mundwinkel baumeln... Nikki ignorierte ihn und betrachtete die bekannten Straßen, Häuser und fremden Gesichter. Nicht einmal ein Jahr waren sie fort gewesen. Doch es schien eine Ewigkeit! Allzu schnell hielt das Taxi im Herzen von Schwabing inmitten der Herzogstrasse vor dem Hotel Cosmopolitan. Der Fahrer unterbrach ihre Tagträume. Bayrisch barsch. „Macht's 20 Euro!“ Nikki runzelte die Stirn! Die Fahrpreise waren in der kurzen Zeit deutlich angestiegen! Nikki gab dem Taxifahrer sein Geld. Dann checkten sie in das Hotel ein. Sobald sie die Tür enterten wurde die Stimmung düster. Das Gesicht des Hotelangestellten an der Rezeption begrüßte sie feindlich arrogant. „Sie wünschen?“ „Nikki Rose. Ich habe für heute Nacht ein Doppelzimmer bestellt.“ Er blickte lange und umständlich in seinen Computer. Nikki begann, zu schwitzen. Das fühlte sich nicht gut an! Woolf plusterte sich auf. Er hatte lange genug den Bescheidenen spielen müssen. „Jetzt machen Sie mal. Dalli Dalli! Wir sind Musikmillionäre aus Miami und haben heute noch volles Programm!“ Wortlos legte der arrogante Rezeptionist der Rose das Anmeldeformular vor. „Bitte ausfüllen. Und Ihre Kreditkarte!“ Sie zückte die schwarze Mastercard. Er schob sie in den Automaten. Eine pikante Minute lang reagierte sie nicht. Dann kam die Ablehnung. Er schüttelte fast erfreut mit dem Kopf. „Karte abgelehnt.“ Nikki seufzte. Das war dann das Ende ihrer schwarzen Magic Card. Sie lächelte tapfer und nahm die Businesskarte von Voltage. An diesem Restguthaben von 15.000 Euro hatten sie auf Curacao bereits heftig abgehoben. Wenn sie nicht standhielt, half nur noch einer der letzten Reisechecks! Der miesepetrige Hotelangestellte blickte argwöhnisch auf die amerikanische Karte. Er war gehalten, möglichst keine ausländischen, womöglich vertrauensunwürdigen, Karten anzunehmen! Er runzelte seine faltenreiche Stirn. Er war der König der Bedenkenträger.

„Eine amerikanische Karte? Dafür brauche ich ihren Pass und einen Auszug ihres Kontos." Nikki schüttelte den Kopf. „Papperlapp. Wenn die Karte geht, geht sie. Ich trage doch keine Kontoauszüge mit mir herum. Und mein Pass? Der ist auf dem amerikanischen Konsulat, wo wir heute das E-2-Investorenvisum beantragt haben!" Der Hotelangestellte wurde immer streitlustiger. Er verlangte nach Absicherung. „Ich kann ihnen meinen Personalausweis geben!" Das war die letzte Idee die la belle Rose zur Rettung der Situation hatte. Die Stimmung an dem Schlauch von Rezeption wurde immer explosiver. „Alter mach hin! Sonst hau ich die Bude klein!" Woolf wurde immer wütender angesichts der nervigen Verzögerungen des Check-in. „Ich bin ein Rockstar! Die sind bekannt dafür, Verwüstungen anzurichten!", legte er drohend nach. Der Hotelier schaute ihm eiskalt in die Visage. „Ach ja. ‚Rock Stars' sind allerdings auch bekannt dafür, in den Knast zu wandern! Die Polizei war für Sie hier. Man sucht Sie, Herr Barzokka!" Blitzschnell zählte die Rose eins und eins zusammen. Natürlich! Sie hatte es geahnt! Die Söhne hatten der Mutter gesteckt, wo sie heute Nacht blieben. Und die Schlange hatte Anzeige erstattet wegen unterlassener Unterhaltszahlung. Ein Vergehen auf das Gefängnis stand. Nicht weniger. Woolf hüpfte wütend an die Kehle des Hotelangestellten. „Du miese Socke! Das ist NICHTS, was dich im Mindesten etwas angeht! Wenn die noch einmal anrufen oder auftauchen, sagen Sie denen, das Zimmer ist storniert. Wir sind nie hier aufgetaucht!“ Er griff sich Nikkis Handtasche und entnahm ihr einen Hunderter. Manchmal war Bestechung die einzige Lösung. Der mager verdienende Rezeptionist warf seine Bedenken erwartungsgemäß blitzschnell über den Tresen. Er machte einen Diener vor dem Woolf und überreichte ihm die Zimmerkarte. Woolf schnappte sie und setzte sich in Bewegung. „Dalli Dalli. Bring unser Gepäck nach oben. Wir haben eine Verabredung einzuhalten!“ Zum Glück passierte gleichzeitig die Firmen kreditkarte die gestrenge Prüfung. Endlich! Freigabe erteilt. Nikki lächelte erleichtert und fand etwas von ihrer verloren gegangenen Souveränität zurück. Doch der Woolf war in explosiver Stimmung. Sein Gang vibrierte vor Aggression. Seine Ex wollte sein Leben versauen, ihn ins Gefängnis stecken? Seine Kinder mussten ihn verraten haben. Na warte Satansbrut! Euch werde ich es zeigen!!!

Wenige Minuten später schlenderte ein unharmonisch wirkendes Paar durch Schwabing. Der Typ mit braungebrannter Lederhaut, Hut und Sonnenbrille, finsterem Gesicht und noch dunkleren Gedanken. Das Babe auf hohen, strassbesetzten Absätzen vorsichtig tippelnd, das rosige Gesicht unter der kunstvollen Haartolle gerötet. Frierend im kleinen Kleidchen. Es war ein milder Altweibersommerabend. Doch die Temperaturen waren deutlich kälter als in Miami. Ein leichter Ostwind setzte ihr zu. Zum Glück hatte sie ihren feinen Cashmere-Mantel von Armada dabei, den sie seinerzeit bei der Spielbank in Baden Baden ausgelöst hatte. Sie kuschelte sich schutzsuchend in den feinen schwarzen Stoff. Dann trabte sie Woolf hinterher. Er hatte mittlerweile meterlangen Vorsprung und heulte wild Richtung Vollmond. Nikki vernahm Flüche über seine Söhne „verräterische Satansbrut“ und seine Ex-Weiber „alles Huren“, die er in den Himmel spie. Der Rose schwante Schlimmes. Dieser Aufenthalt stand unter keinem guten Stern. Das hatte sie bereits bei der Buchung geahnt! Wir ahnen schließlich immer mehr, als wir eigentlich wissen können... Woolf enterte das schmucke Gasthaus. Er trat die schwere Holztür förmlich ein mit seinen italienischen spitzen Schuhen. Die Rose folgte zögerlich. Inmitten des Raums, am besten runden Tisch zum Sehen und Gesehen werden, saßen die drei ausgewachsenen Zwerge. Woolfs Leibesfrüchtchen. Seine Satansbrut. Allesamt mit Mützen auf den Köpfen und neugierigen Blicken in den unschuldig aussehenden blauen Augen. Der Eintritt des glamourösen Paars erweckte Aufsehen im Gastraum. Die Köpfe wendeten sich ihnen zu. Es war als zöge Hollywood in München ein. „Hallo Papa!" Adrean näherte sich Ihnen als erstes. Er zupfte seinen Vater schüchtern am Ärmel. Nach dem Aufenthalt in Miami war er seinem Vater am Nächsten. Woolf gab ihm Five. „Sei kein Weichei, Junge!" Dann stand Leon auf und klopfte Woolf mit despektierlich mitleidigem Gesichtsausdruck auf die Schulter. Er ahnte, dass sein Vater mittlerweile schon wieder knietief in der Scheiße stand. „Hi Alter!" Marlin saß stumm und stur weiter auf der Bank. Er fühlte sich von seinem Vater betrogen. Woolf ging auf ihn zu und zog ihn von der Bank. „Aufstehen Alter! Ich bin dein Vater! Vor mir musst du buckeln!" Die Verachtung in seinem Blick verursachte eine Gänsehaut auf der zarten Seele des Jungen. Auf der sensiblen Seele der Rose ebenso. Sie wusste, dieser Abend war: „TNT. Dynamite. TNT. Watch me explode!", schmetterte Woolf den Song lautstark und wenig stimmig einfach so in die gut gefüllte Stube. Als hätte er ihre Gedanken gelesen. Nikki schüttelte der Bubenbrut reserviert die Hand. Dann nahmen sie Platz am runden Tisch. Leon hob seinen Bierhumpen. „Auf die Musikmillionäre von Miami!" Seine Stimme klang hämisch und er grinste fies. Nikki orderte einen Weißwein und Mineralwasser. Endlich wieder prickelndes Sprudelwasser. In den USA gab es nur Stilles. Oder sauteures Sodawasser. Die Amerikaner waren Banausen des guten Geschmacks! Woolf bestellte ein Hefeweizen gegen den Durst. Und Whiskey zur Stärkung. „Kein Wasser. Das bringt nur die Kehle zum Rosten!", äußerte er mit einem verächtlichen Seitenblick auf die Rose. Adrean und Marlin begnügten sich mit Kübeln von Spezi. Cola gemixt mit Limo. Leon schloss sich der Rose an mit Weißwein und Wasser. Jetzt schwelgten insbesondere Adrean und Marlin genießerisch in der Speisekarte. Zuhause bei ihrer Mutter gab es nur Veganes. Dinkelbrot und Vollkornspagetti. Hier waren sie im Paradies der fleischlichen Gelüste gelandet. „Zweimal Rinderfilet! Davor die Leberknödelsuppe. Als Zwischengang Nürnberger Rostbratwürstchen. Als Nachspeise Kaiserschmarrn!", orderten die Buben zielsicher die opulentesten Gerichte auf der Speisekarte. Die Rose begnügte sich wie stets mit einem leichten Fischgericht und Salat. „Einmal den Zander. Keine Kartoffeln. Nur Salat und viele Tomaten! Bitte als Vorspeise!", bestellte Nikki. Leon schloss sich an. „Schweinshaxe mit Klößen und Rotkraut und zwei Weißwürste mit Brezen als Vorspeise!", verlangte Woolf. Dann herrschte ungemütliches Schweigen am Tisch. Man hatte sich in dem Dreivierteljahr spürbar entfremdet. Woolfs Bombe im Kopf tickte so laut, als würde sie sekündlich explodieren. Zum Glück wurde das Essen schnell gebracht. Die Jungs verschlangen ihre Fleischberge, als würde es nach diesem Mahl nie wieder etwas zu essen geben. Woolf vernichtete gierig die Weißwürste, sehr gekonnt aus der Pelle befreit, Brezen und die Schweinshaxe. Die Rose pickte vornehm an Zander und Salat. Schlimmste Vorahnung schlug ihr auf den Magen. Sie war todsicher, dass Woolf gleich einer Zeitbombe explodieren würde, sobald er sein fleischiges Mahl vernichtet hatte... Da bahnte sich sein vulkanartiger Ausbruch auch bereits an! Eine blutrote Farbe zog wie ein Unwetter in Woolfs Gesicht ein. Er hatte sich genug Kraft angegessen und Mut angetrunken. Es waren bereits das dritte Hefeweizen („Ohmeingottwievielkalorien!", konnte die Rose nicht umhin zu denken) und der fünfte Whiskey. Die Jungs hatten gerade ihre Nachspeise vernichtet und sanken zufrieden in ihre Sitze zurück. Da holte ihr Vater zum alles vernichtenden Schlag aus!

„Naaaaa! Hat's euch geschmeckt, ihr Bande von Verrätern?“ Woolf stieß seinen leeren Teller vom Tisch als sei er eine Waffe. Er zerbrach in tausend Teile. „Scherben bringen Glück“, konnte sich die verzweifelte Rose nicht verkneifen, zu hoffen. Doch die Stimmung war brisant. Hass und Verderben lagen in der Luft! Die Jungen verstummten sekündlich. „Was meinst du, Papa?“, traute sich Adrian mit glockenheller Jungenstimme zu fragen. „Was ich meine? Ihr wisst doch genau was ich meine, ihr Vatermörder!“ Leon lachte hohl. „Vatermörder? Jetzt mach aber mal halblang. Du siehst doch quicklebendig aus.“ Woolfs Stimme schraubte sich in irre Höhen. „Ihr habt mich verraten. An eure Huren von Müttern! Die haben Anzeige erstattet. Wegen Unterhaltsbetrug! Die Bullen standen in MEINEM HOTEL!!!“ Nun rutschten die Barzokka-Bengel unwohl auf der Bank herum. „Papa. Wir haben dich nicht verraten. Die Mutti hat meinen Laptop überprüft und da waren deine Hotelbestätigung und der Flugplan zu sehen!“ Adrean blickte seinen Vater aus seinen hellblauen Augen in aufrichtiger Verzweiflung an. Nikki sagte nichts und schluckte schwer. Sie wusste im Vorhinein: es war ein Fehler, nach München zu kommen! Doch es war zu spät. Sie mussten die Situation irgendwie überstehen. An dem runden Tisch beobachtete sie in Schweigen erstarrt das Zerwürfnis der Barzokkas. Die Beschimpfungen des Woolfs wurden immer wüster und waren alles andere als jugendfrei. Seine Söhne zogen sich die Mützen immer tiefer ins Gesicht. Schließlich sprach Leon, der Älteste, das Machtwort. „Papa. Es ist genug! Wir müssen nach Hause!“ Hastig verabschiedeten sie sich. Adrean blickte traurig zu Boden. Es war als würde er seinen Vater ein weiteres Mal verlieren. „Die Mutti wartet!“, flüsterte er entschuldigend. Mit gebrochener Stimme. Marlin, die Rockerseele, unter den Barzokka-Söhnen hingegen schaute seinem Vater bitterböse ins Antlitz. Woolf spuckte ihnen giftig hinterher. „Haut doch ab ihr Verräter. Zu euren Huren von Müttern. Da gehört ihr hin. Und glaubt ja nicht, dass irgendeiner von euch jemals nochmal nach

Miami eingeladen wird. Und euren Unterhalt... den könnt Ihr euch in den ARSCH stecken. Während wir im Geld schwimmen in meinem Pool, der größer ist als eure Wohnung, werdet ihr Dreck fressen. Das habt ihr nicht anders verdient!" Die Jungen verließen wortlos das Restaurant. ***„Zurückentwickeln und abtreiben!"***, urteilte Woolf bitterböse über die Früchte seiner Lenden. Doch seine fast ausgewachsenen Zwerge... waren bereits hinter den sieben Bergen! Woolf stürzte seinen sechsten Whiskey auf ex. In dem vormals lebendig lauten, hitzigen Raum kehrte klirrend kalte Stille ein. Die Gäste waren geschockt über das Gehörte und Gesehene. Sie starteten eine Revolte und riefen den kraftstrotzenden Ober. „Dieses Gesocks gehört ins Gefängnis!" Sie zeigten auf das außergewöhnliche Paar. Nikki hörte das und zuckte zusammen. Sie hatte doch gar nichts getan? „Mitgegangen. Mitgefangen. Mitgehangen!", echote es höhnisch in ihren Ohren. Woolf merkte nichts von dem Aufstand der Aggression, den er erzeugt hatte. Er rieb sich gierig den Schritt. Gewalt machte ihn geil! Seine Sicht der richtigen Welt war wieder hergestellt. Seine Söhne und deren Mütter waren die Arschlöcher. Er, der gottgleiche Vater, behielt stets Recht!

„Denen habe ich es gegeben! Die sind wir los! Für immer! Diese Zecken von Söhnen!", bemerkte er ätzend. Nikki wagte einen Zweifel anzumerken. „Woolf. War das wirklich notwendig? Es sind deine Söhne!" Nun erntete SIE Woolfs Zorn. „Nimmst du die Wichser etwa noch in Schutz? Sie haben mich verraten! Die lassen zu, dass ich in den Knast gesperrt werde wegen ihren Almosen von Unterhalt. Und du? Miese Schlampe! Mistschlitz! Verbrüderst dich mit Ihnen und fällst mir in den Rücken! Du bist doch auch bloß eine Trittbrettfahrerin auf meinem Rockstarruhm." Nikki gefroren innerlich sämtliche Gefühle. Ihre Gedanken schlichen in Zeitlupe. Woolf verdrehte die Tatsachen stets gnadenlos nach seiner Sichtweise. Doch diesmal überspannte er den Bogen ultimativ.

Er überschritt eine unsichtbare Grenze, indem er seine eigenen Söhne „zurückentwickeln und abtreiben“ wollte. Und: wer war denn wessen Trittbrettfahrer? Die Wut ballte sich in ihrem Magen zusammen wie eine Faust, die sich in seine Fresse hauen wollte. „Romica-Fresse. Reintreten und wohlfühlen!“ Plötzlich verstand sie seinen blöden Witz. Der Gedanke daran, ihm mit den spitzen Absätzen ihrer High Heels seine zerfurchte Visage noch weiter zu zerstören, fühlte sich beängstigend gut an! In Gedanken trat sie zu. Und zu. Und zu. Die Grenze ihrer Geduld war endlich überschritten! Ihre Wut kochte über. Sie hatte endgültig genug von diesem elendigen Arschloch, dass sich sein Dasein als ihr Ehemann erschlichen und erpresst hatte! Es galt ein und für alle Mal, die Wahrheit zu verkünden. Zumindest an diesem Albtraumabend vor dem Publikum im Kaisergarten wollte sie Rehabilitation, indem sie die Wahrheit verkündete. Sie richtete sich kerzengerade auf und stellte mit stechender Stimme klar.

„Woolf. DU bist hier das Arschloch. Und niemand Anderer! Ein Trittbrettfahrer, der vom Hab und Gut seiner Mitmenschen lebt und sie dafür auch noch demütigt. Deine eigenen Söhne vertreibst du! Bei mir hast du das auch bald geschafft. Wenn hier jemand zurückentwickelt und abgetrieben werden muss, dann bist das DU!“

Der gesamte Gastraum fiel in frenetischen Beifall. Nikki verbeugte sich mit Genugtuung im Blick. „Herr Ober. Die Rechnung!“ Der kam und legte der Rose mit Respekt im Antlitz die wieder einmal unverhältnismäßig hohe Rechnung vor. Insbesondere der Whiskey schlug zu Buche! Sie schleuderte den Betrag mit großzügigem Trinkgeld auf den Tisch. Dann schob sie lauthals den Stuhl zurück und stolzierte von dannen. Das Klatschen der Gäste begleitete sie. Draußen in der kühleren Luft angekommen, fühlte sie sich wie eine Siegerin. Doch nur allzu kurz! Dem Teufel ist schwer zu entkommen. Wo sollte sie hin? Wer konnte ihr helfen?

Sie eilte orientierungslos und gleichermaßen instinktiv in Richtung Klemensstraße 8. Ihrem alten Refugium. „Bauernfeind“ stand da dreist an IHREM Türschild. Sie drückte daneben. Bei Horst Dreher. Der hasste den Woolf und konnte ihr vielleicht Zuflucht und Hilfe bieten. Doch kaum bewegte sich ihr Finger auf die Klingel zu, zog sie Woolfs nach Asche und Verderbnis stinkende Hand zurück von dem rettenden Gemäuer mit den unzähligen Engeln im Gebälk. Unnachgiebig umklammerte er sein Besitztum. Schließlich war sie seine Frau. Für immer und ewig! Nie würde er sie gehen lassen! Er säuselte verführerisch. „Kräbbchen. Komm schon! Sei doch nicht so eine Spießerin! So war das doch nicht gemeint! Ähm. Ich meine den Part mit dir. Den mit den Jungs allerdings schon! ZU RECHT! Hast du eine Ahnung, in welche Gefahr mich die Jungs bringen?“ Die Rose schnaubte und spie Feuer vor Zorn. „Du meinst wohl, in welche Gefahr ***DU UNS*** gebracht hast? Damit jahrzehntelang keinen Unterhalt zu zahlen und noch so blöd zu sein, deinen Aufenthaltsort zu verraten!“ Die sonst so kontrollierte Rose war kurz davor, ein Stilverbrechen zu begehen und Woolf in seine arrogante Visage zu treten. Es zuckte ihr förmlich in den vom Flug noch angeschwollenen Füßen. Sie holte aus mit ihrem linken Bein. Da johlte es laut von der anderen Straßenseite vor dem Eingang des Fresszimmers. Horst Zocker. In Eintracht und Umarmung mit Stefan Schmalspur. Beide hatten sich gerade eine großzügige Lebenslinie genehmigt und protzten vor Potenz. „Eh da sind ja unsere Musik- und Marketing-Millionäre aus Miami!!! Kommt feiern ns Fresszimmer!“

Rock & Roll im Fresszimmer

Woolf ließ die Rose fallen wie eine heiße Kartoffel. Sie stolperte mit dem bereits angezogenen linken Beinchen, schwankte bedrohlich auf einem Bein und fiel fast aufs Gesicht. Wenn da nicht... Ihr schien als ob eine unsichtbare helfende Hand sie stützte und ihren Fall verhinderte. Sie blickte sich vor Schreck hektisch um. Niemand weit und breit. Sie glaubte nicht an Gespenster. Und doch war ihr, als vernähme sie eine bekannte Stimme, die ihr eine makabre Botschaft ins Ohr flüsterte: „Nikki. Meine Nikki. Frau meines Lebens, auf die ich immer gewartet habe. Wo warst Du? War da ein anderer Mann? Weißt du, dass ich hier gefangen bin im Keller? Du musstest zurückkommen, um mich zu befreien. Sei mein Licht bis in die Unendlichkeit! Komm zurück zu mir. Sei mein. Für immer!“ Dann verhallte die Stimme. Die Rose lehnte sich zitternd und mit heftigem Herzklopfen an die Hausfassade mit den Engelsgestalten. Entweder sie hatte Wahnvorstellungen oder jemand hatte ihr einen perfiden Streich gespielt. Oder das war wirklich der Geist von Uwe gewesen? Verräterischerweise stand Woolf plötzlich direkt hinter ihr. Sie wusste, wie gerne er Schabernack auf die seelischen Kosten seiner Mitmenschen trieb! Er fasste ihr ans Kinn und hob es hoch. Dann starrte er sie mit seinen eisgrauen Augen prüfend an. „Wo bleibst du denn? Und was ist das für ein Gesichtsausdruck? Du siehst ja aus, als hättest du einen Geist gesehen!“ Die Rose schluckte schwer. „Äh. Ich habe nur etwas Probleme mit den High Heels über das Pflaster zu gelangen!“ Woolf lachte zynisch. „Wir feiern hier meinen Eintritt in den Olymp der Rockgötter und meine Managerin kommt nicht mal auf ihren High Heels übers Pflaster?“ Er hob sie unvermittelt hoch, als sei sie so leicht wie eine Feder und trug die leise protestierende Rose über die Straße. Der Schock saß ihr noch in der Seele! Insgeheim atmete sie auf, als sie im schummerigen Licht im gastlichen Fresszimmer saß. Hier war sie zumindest unter Menschen. Nicht Geistern! Nach dem soeben Erlebten brauchte sie dringend einen Weißwein! „Stefan. Ein Sauvignon Blanc bitte!“ Sie sank erschöpft auf den Barhocker am Kopfende des Stammtischs und freute sich über die bewundernden Begrüßungen der Schwabinger Gesellschaft. Sie ließ sich fangen in das Auffangbecken vermeintlicher Freundschaft. Lächelnd vernahm sie zahlreiche Komplimente! Ernst gemeint oder nicht? Sie taten ihrem gefallsüchtigen Gemüt ausgiebig gut! Rosi Rassig. „Endlich hast du die richtige Frisur mit hohem Hinterkopf!“ Gertrude Gans. „Ich kann ja gar nicht glauben, wie dünn du bist!“ Horst Zocker. Mit verführerisch flüsternden Womanizer-Organ. „Du bist schöner denn je zuvor. Eine blühende Rose! Dich würde ich nicht von der Bettkante stoßen...!“

Nikki errötete mit beschwipstem Kopf. Sie trank den Weißwein und orderte einen neuen. Mit belustigter Verwunderung nahm sie die Annäherungen am Stammtisch zur Kenntnis. Der Sauvignon Blanc stimmte ihr Gemüt milde und müde. Sie beobachtete das Geschehen ohne wirklich Teil davon zu sein! Wie eine hübsche Puppe saß sie auf dem besten Platz des Stammtisches und lächelte bezaubernd. Ihre Haltung war wie stets aufrecht, ihr Geist entspannte. In dieser Stimmung konnte sie sich nichts Böses vorstellen. Apropos Böses: Woolf währenddessen protzte in seinem Vernaschmisch-Anzug mit Mafiastreifen angeberisch an der Bar und unterhielt den Mob! „Na ihr Versager!“ Er lümmelte sich auf den Barhocker und bestellte bei seinem Kunden Stefan: „Eine Runde Rosé-Champagner. Für alle!“ Doch er stieß auf unerwarteten Widerspruch. „Woolf. Den haben wir nicht mehr. So was läuft hier nicht mehr! Wir bewegen uns auf eine Wirtschaftskrise zu! Die Leute trinken Bier und Wein! Und Wasser! Sonst nix!“, steckte ihm Stefan Schmalspur. Doch Woolf wollte nicht hören. „WASSER? Das macht doch bloß die Kehle rostig! Ihr Deutschen mit eurer selbst eingeredeten Krise! Geht nicht, gibt's nicht! Hol sofort den Champagner, Koks, Zigarren! Auf DEINE Kosten! Schließlich habe ich meine Wette gewonnen!“ Woolf zielte mit seinem fliehenden Kinn Richtung Rose, die wie eine Statue auf ihrem Barhocker thronte. „Ich habe sie verführt, geheiratet und bereits über ein halbes Jahr an meiner Seite gehalten! Sogar der geplante Umzug nach Miami ist geglückt. Und unser Visum haben wir nun auch so gut wie in der Tasche! Ihr schuldet mir die vereinbarte Kiste Champagner und die kubanischen Zigarren! Und ein Kilo Koks on top!" Stefan Schmalspur seufzte schwer. In der Tat sah es so aus, als wäre Woolf vom ewigen Verlierer zum endgültigen Gewinner mutiert. Er befahl seinem Kumpel den Champagner zu holen. Ein Deal war ein Deal!

Woolf grinste breit mit seinem Iggy-Pop-Gebiss. Er sonnte sich im Scheinwerferlicht. Jetzt war es an der Zeit, seine große Kunst vorzuführen. „Alter. Schmeiß mal meine Bestseller-CD an! Die läuft sogar in Weißrussland als Nummer Eins!" Er schnippte Stefan Schmalspur die Voltage-CD zu. Dann drehte er sich zu seiner Rechten an der ein trunkener und augenscheinlich erfolgsloser Schürzenjäger einen weiteren Abend in Hoffnungslosigkeit und Alkohol ertränkte. Es war Ronnie, sein ehemaliger ärgster Konkurrent und Buhler um die Gunst der Rose. Ach, wie erbärmlich sah er mittlerweile aus! Woolf grinste mitleidig und klopfte ihm von oben herab auf die Schulter. „Alter. Trag es mit Würde! Kann nun mal nicht jeder auf der Gewinnerseite stehen!" Ronnie fletschte die Zähne und ballte die Fäuste. Dem Angeber würde er zeigen, wer hier der Gewinner und wer der Loser war. Doch Woolf sonnte sich zu sehr im eigenen Ruhm, um den Nebenbuhler überhaupt noch zu bemerken. Jetzt tönte der Sound seiner CD blechern, aber beeindruckend professionell aus den bösen Boxen. „Dumm Dumm Di Dumm Dumm Welcome Home." Die Weiber am Stammtisch schnatterten allerdings ungestört weiter ihre Belanglosigkeiten. Woolf verlangte Aufmerksamkeit. ***„STOP IT!"***, schnitt seine Stimme durch das hirnlose Gelaber der Gaststube. Als es endlich still wurde, schmetterte er mit Pathos seinen Song in die Runde. Dann drückte er auf Pause. Zeit für eine Ansprache! „Jungs! Mädels! Freunde und Feinde! Ihr kennt mich alle noch aus schlechten Zeiten. Als Taxiknecht und Verlierer in der Lotterie des Lebens. Jedes Leben ist einmal verdreht. Alle Menschen erleben gute wie schlechte Zeiten! ***DOCH EIN AUGENBLICK IM LEBEN KANN ALLES VERÄNDERN!*** Heute lebe ich an der Seite der schönsten Frau der Welt in Miami! Ich habe einen Pool, der größer ist als alle eure Wohnungen. Ich bin der King of Rock! Das Glück ist mir hold! Ich bin ein Lucky Bastard und kann euch sagen, wie das geht! Kommt! Macht es mir nach! Werdet meine Follower und Fans. Ich zeige euch den Weg!" Die Saufgesellschaft blickte nicht unbeeindruckt. Sie war von dem Gehörten und Gesehenen fasziniert. Offensichtlich geschahen wirklich Wunder auf dieser Welt. Die Wandelung des Woolfs war unzweifelhaft ein solches! Wer hätte jemals gedacht, dass der selten taxifahrende, zumeist alkoholisierte und stets gewalttätige Möchtegern-Rockrüpel und Womanizer es einmal soweit brachte? Dass dies alles nicht alleine ihm, sondern seiner schönen Rose zu verdanken, war wussten sie alle. Nikki thronte glamourös, mit lieblichem Lächeln auf dem Barhocker. Sie wirkte leicht abwesend. Hatte das hochfrisierte Köpfchen zur Seite geneigt und lauschte den Worten Woolfs. In ihrem schwarzen Spitzenkleid sah sie aus wie eine Prinzessin. Woolf strahlte sie stolz an. Er hatte es tatsächlich vollbracht diese ganz besondere Rose zu bezirzen und zu besitzen. Obwohl sie ihn vor gut einem Jahr samt und sonders lautstark ausgelacht hatten. ***„Die Modetussi mit der hohen Tolle, dem Hollywood-Hündchen, dem verreckten Alten. Was willst Du denn von DER? Und was soll die bitteschön von DIR wollen?"*** Doch Woolf mit seinem Gespür für Außergewöhnliches hatte den Zauber in der Begegnung mit der Rose erkannt. In dem Moment, in dem sie ihn anschaute mit diesem breiten Lächeln voller Strahlkraft, war er ihr verfallen. Er erkannte ihr wahres Wesen hinter dem äußeren Anschein der oberflächlichen Modepuppe und Millionärswitwe. Er wusste sofort: Sie waren füreinander bestimmt! Sie war sein Lottoschein in die Zukunft! Nachdem sein vorheriges Liebes- und sonstiges Lotterleben ein Schlachtfeld war. „Ehre, wem Ehre gebührt!", lobpreiste Horst Zocker seinen Kumpel und ehemaligen besten Kunden. Er zog ihm den Hut vom Kopf. Und lud ihn auf eine weitere Lebenslinie ein! Nun wollten sie alle die ultimative Bedienungsanleitung für den Erfolg! Die Männer strömten zur Bar und torpedierten ihren neuen Held mit Fragen.

Während die Jungs den Woolf umschwärmten, um die ultimativen Lebenstricks und -tipps zu erfahren, versuchten es die Mädchen bei der Rose. Wie hatte sie hatte es geschafft, den wilden Woolf, das Enfant terrible, zu einem sanften Lamm zu zähmen? „Welches Rezept hast du, ihn an dich zu binden?" Rosie und Gertrude, beide nicht unbedingt Gewinnerinnen auf der Spielwiese der Herzen, starrten die Rose begehrlich und beneidend an. Auch sie hatten Woolf seinerzeit nicht von der Bettkante gestoßen. Aber am Morgen danach blieb lediglich ein schales Sex-Abenteuer und Woolfs Interesse an ihnen war Vergangenheit. Nikki, eigentlich schon im Dämmerzustand angelangt nach den unglaublichen Strapazen der letzten Tage und Nächte, lächelte geschmeichelt. „Ich habe... gar kein Rezept! Einzig die Erkenntnis: Liebe verlangt nach Freiheit und Freude! Besitzgier ist ihr Tod!", summierte sie aus ihrer nicht unerheblichen Lebenserfahrung. Schließlich war sie eine alte Seele in einem jungen Körper! Die verblühten Schwabingschönheiten blickten unbefriedigt. „Hast du keine konkretere Bedienungsanleitung?" Nikki hob bedauernd die Schultern. ***„Sorry! Das Leben funktioniert nicht nach Anleitung. Sonst hätte man sie uns mit auf den Weg gegeben. Der Sinn des Lebens ist, unseren eigenen Weg zu finden! Das ist die größte Freiheit. Die schwierigste Herausforderung. Der ultimative Weg zum eigenen Glück!"*** Sie lächelte weise. Und gab dann doch eine minimale Anweisung. „Folgt eurem Instinkt und eurer Intelligenz. Fühlt in euer Inneres! Wenn

Herz und Verstand vereint sind, dann seid ihr auf dem richtigen Weg!" „Harharhar. Mein Kräbbchen gibt wieder einmal Lebensanweisungen..." Woolf stand vor ihr und lachte sie spöttisch an. „Wenn hier einer die Welt versteht, bin ich das!", rückte er sich vor seinen ehemaligen Eroberungen ins rechte Licht. Die Rose schwieg ernüchtert. Er konnte nun mal nicht Zweiter sein! Zum Glück winkte Stefan mit einer dicken kubanischen Zigarre. Schwubsdiwubs war Woolf wieder weg. Die beiden Koks-Kumpanen zogen ihre Lebenslinie auf der Toilette. Nun war der Platz neben der Rose gefährlich frei. Sekündlich stand Ronnie vor ihr. Sein leidenschaftlicher Blick versengte sie fast. Er griff nach ihrer Hand. „Beantworte mir nur eines. Dann bin ich wieder weg!" Er blickte sie flehentlich an. Dann stellte er die Frage, die ihm seit der Begegnung mit der Rose nicht aus dem Kopf ging. „Nikki Rose. Wir waren an besagtem Abend verabredet! Wärest du heute mit mir zusammen, hätte ich nicht den Tag verwechselt?" Nikki blickte ihn ernsthaft aus glasklaren grünen Augen an. „Ronnie. Ich weiß es nicht. Das Schicksal spielt seine eigene Melodie. Ich war an besagtem Mittwoch hier. Wer nicht kam, warst du. Dafür kam er. ‚Was wäre wenn' ist eine Frage, die ich nicht beantworten kann!" Sie beobachtete Woolf der in inniger Umarmung mit Stefan zurück an die Theke torkelte. „Am nächsten Tag kamst du. Doch da war es zu spät. Es gibt Zeitfenster im Leben. Die triffst du. Oder verpasst sie. Dann schließen sie sich!" Damit wandte sie den Blick von Ronnie ab, der in sich zusammensank. „Alles Gute für dich!" Die Rose verabschiedete den verzweifelten Verehrer und beendete die Unterhaltung. Ronnie torkelte betäubt vor Pein zurück an die Bar. ER hatte es versaut. Wäre er pünktlich erschienen, könnte er nun dieses Leben auf der Sonnenseite führen. Einen Abend war er zu spät gekommen. Und seine Chance für La Dolce Vita war versäumt. An Woolf, den räudigen Rocker, verloren. Er sank entmutigt an die Bar. Und gönnte sich einen letzten Johnnie Walker als Schlafkumpanen.

Doch nicht nur Ronnies Zeitfenster war geschlossen... Auch das Fresszimmer wurde Opfer der Sperrstunde. Mit rabiatem Getrampel ihrer schweren Schuhe erschienen zwei uniformierte Polizisten in der Bar. Frau Bauernfeind hatte angerufen und das Fresszimmer angeprangert. Der Lärmpegel war unerträglich. „Sie schließen bitte sofort das Restaurant. Sonst führen wir eine Razzia durch!", bedeuteten die Gesetzeshüter Stefan Schmalspur. Der machte schnell das Rausschmeißerlicht an und rief die letzte Runde aus. Kaum hatte Woolf die Bullen gesichtet, hatte er sich den Hut tief in die Stirn gezogen und war zu seiner Rose geschlichen. Er durfte nicht erkannt werden! „Kräbbchen! Wir müssen hier weg! Das sind die Bullen!" Doch die Flucht nach vorne war abgeschnitten. Die Polizisten saßen an der Bar direkt am Ausgang. Die Rose wurde in Augenblicken der Bedrohung besonders erfinderisch. „Komm. Küss mich!" Sie zog ihn in ihre nach Shalimar duftenden Arme und küsste ihn sinnlich. Sie zog ihn zu sich auf den Barhocker. So sah man sein Gesicht nicht. Die Bullen blickten suchend durch die Gaststube. Kein Anzeichen des gesuchten randalierenden Rockers. Sie übersahen das küssende Paar und beendeten ihre Kontrolle, nachdem sie am Tresen zwei Bier gekippt hatten. „Kennt ihr einen Typen namens Woolf Barzokka? Oder seine Frau, eine Nikki Rose?", fragten sie dabei Stefan, den smarten Bartender. Er zeigte ein Handyfoto, das Adrean in Miami geschossen hatte. Ein indianerbraungebrannter Typ der stolz eine rosenfarbene, attraktive Brünette umarmte. Sie sahen so glamourös aus wie Elizabeth Taylor und Richard Burton, deren rosafarbenes Anwesen auf Star Island sich zufällig auf dem Hintergrund des Fotos abzeichnete. Stefan blickte das Bild gelangweilt an und schüttelte bestimmt den Kopf. „Die habe ich seit einem Dreivierteljahr nicht mehr gesehen! Sind nach Miami ausgewandert!" Nebenbei versteckte er das Cover der Voltage-CD geschwind hinter der Anlage. Die Polizisten bedankten sich für die Auskunft. „Na gut. Dann haben wir jetzt Feierabend! Coole Kneipe!

Wir kommen sicher mal wieder!" Sie polterten die Treppe hinunter auf die Herzogstrasse. Im Cosmopolitan Hotel waren sie bereits gewesen. Fehlanzeige. „Die sind hier nicht aufgetaucht!", hatte der arrogante Hotelangestellte versichert. „Wo können wir jetzt noch suchen?", rätselten die beiden ermüdeten Polizeibeamten. „Alter. Komm. Lassen wir es. Die finden wir nimmermehr. Lass uns einen Absacker in der Vanilla Lounge nehmen und die Suche beenden!"

Kaum waren sie weg, schaltete Stefan das Licht wieder auf Dämmerzustand und ging zu Woolf und der Rose, die er mit einem heftigen Schlag auf Woolfs Schulter aus der Umarmung riss. „Entwarnung. Die sind weg! Kannst aufhören Dein Kräbbchen aufzuessen!" Die Rose errötete, sie war in Sinnlichkeit versunken. Am liebsten hätte sie nicht aufgehört... Doch Stefan winkte mit einer neuen Lebenslinie. Woolf stand folgsam wie selten auf, um ihm auf Toilette zu folgen. „Nur noch eine Runde! Dann gehen wir", versprach er seiner Rose. Sie schüttelte entschieden den Kopf. Keine Sekunde mehr hielt sie es hier aus, ohne einzuschlafen! Die Ereignisse der letzten Tage, der Jetlag und der reichlich genossene Sauvignon Blanc verschafften ihr eine bleierne Müdigkeit. Zumal die Rose sich vom Wake-Up-Mittel Koks bewusst fern hielt. Sie rebellierte. „Woolf. Ich brauche meinen Schlaf. Du kannst gerne noch bleiben. Ich gehe ins Hotel!" Sie wünschte sich nur noch Schlaf. Sollte ihr Rocker doch weiter feiern im Fresszimmer. Doch den Frieden wollte Woolf ihr nicht vergönnen. „Na schön du Spießerin! Ich komme mit! Leute! Die Rechnung. Auf MICH!" Er klaubte der Rose die letzten Scheine Bargeld aus der Brieftasche und verabschiedete sich großartig, indem er mit tiefer Verbeugung seinen Hut vom Kopf und großzügig bis auf den Boden schwenkte. „Ladies & Gentlemen! Danke für eure Gesellschaft. See you soon. In der Allianz Arena!" Er schnappte sein Kräbbchen und seine Promotion-CD und schwankte aus dem Fresszimmer.

Im Hotelzimmer angekommen verflog seine Fröhlichkeit verstörend plötzlich. Sein Hass auf die Welt, insbesondere seine Söhne und die Ex-Frauen überkam ihn wie eine Welle. Verächtlich blickte er auf sein Kräbbchen, das in voller Montur sekündlich in Tiefschlag gesunken war. Er plünderte die Minibar und lief wie ein Panter durch das winzige Zimmer. Er steigerte sich unterstützt von dem reichlich genossenen Kokain in Paranoia. Er musste weg hier. Sofort! Was wenn die Bullen ihn fanden und einsperrten? Dann war es ein für alle Mal vorbei mit seinem Millionärsleben in Miami. Er schüttelte und rüttelte die schlafende Rose. Schrie ihr ins empfindsame Ohr. „Kräbbchen. Wach auf! Wir müssen hier weg. Sofort!" Doch Nikki schlief weiter wie eine Tote. Woolf gab das vergebliche Unterfangen auf, die Rose zu wecken. Kein Kuss von welchem Prinzen auch immer vermochte dieses Dornröschen heute zu wecken... Er sank wütend auf das Sofa und trank den Bestand der großzügig bestückten Minibar leer. Es gab Gin, Wodka, Whiskey, Bier, Prosecco, Weißwein und Rotwein. Er gab sich die Kante. Dann sank er in sich zusammen vor der Batterie leerer Flaschen und fiel in einen unruhigen Schlaf, der in einen unangenehmen Albtraum mündete. Es polterte ohrenbetäubend an die Tür. Dann stürmten die beiden Polizisten ins Hotelzimmer. Sie überwältigten ihn, den wehrlos Betrunkenen im Schlaf und führten ihn mit Handschellen ab. Aus dem Hotelgebäude auf die Straße gezerrt sah er sich einem gruseligen Abschiedskomitee gegenübergestellt. Sämtliche seiner früheren Frauen und Ficks, ehemaligen Freunde und heutigen Feinde, seine Kinder und alle, die er jemals betrogen, beleidigt, gedemütigt und geschlagen hatte, waren auf der Straße versammelt. Es war ein angsterregender Menschenauflauf. Dieser steigerte sich in regelrechte Hasstiraden. „Hängt den Woolf! Er hat es verdient! Hängt den bösen Woolf! Er verdient seine Strafe!" Dieses Mantra wiederholten sie mit immer schrillerem Tonfall. Er hörte die einzelnen Stimmen heraus. Sogar... Die seiner Rose, die ihn auf einmal mit todtraurigem Blick ansah, auf ihn zukam und ihm einen zarten Abschiedskuss auf die kargen Wangen hauchte. Der hinterließ einen himbeerfarbigen Abdruck. Dann führten die Polizisten den torkelnden, wehrlosen Woolf ab. Die Meute beklatschte das begeistert. Sie liefen gleich einer Eskorte zur Hölle hinter ihm her und warfen Steine hinter ihm her. Dann erreichten sie den kargen Knast. WUMMS. Mit einem endgültigen Geräusch schlossen sich die Gefängnispforten. Woolf war in Sicherheitsverwahrung. Nun schlief er tief und fest seinen beachtlichen Rausch aus...

Business-angel in der Osteria Bavaria

Der nächste Morgen weckte die Rose mit strahlendem Sonnenschein und dem lauten Gesang der Vögel. Sie blickte sich desorientiert im Zimmer um. „Wo bin ich? Wer seid ihr?“ Die Umgebung, ein karg eingerichtetes Hotelzimmer, sagte ihr erst einmal gar nichts. Dann erblickte sie Woolf, der auf dem Sofa zusammengesunken war inmitten einer Batterie an leeren Flaschen und gefüllten Aschenbechern. Sein Anblick war ihr leider nicht ganz so fremd wie das Hotelzimmer. Mit Woolfs grauemAntlitz, das förmlich in die leeren Flaschen gestürzt war,kamen auch die weniger angenehmen Erinnerungen an den letzten Abend zurück. Bevor sie in tieferes Grübeln versinken konnte, klingelte Nikkis Blackberry. Erinnerung ihres Terminkalenders. Sie hatte noch zwei Stunden, um sich in eine erfolgsverströmende Business-Diva zu verwandeln und ihre Agenturpartner zum Lunch zu treffen! Die Rose sprang noch immer in der vollen Montur des Vortages aus dem Bett und flüchtete ins Bad. Exakt zwei Stunden später erschien sie, mit ihrem Ebenbild mehr als zufrieden, im zarten schwarzen Spitzenkleid von Armada. Es war ärmellos so dass man ihre gebräunten, gut trainierten Oberarme bewundern konnte. Sie hatte sich bewusst rassig gestylt mit dramatisch hochgesteckten Haaren. Die Lippen heute in sinnlichem Rot. Die grünen Augen unter den perfekt gebogenen Augenbrauen dezent mit schwarzer Mascara betont. Nicht allein Kleider machten Leute. Auf das Gesamtkunstwerk kam es an. Heute entsprach sie genau der Vorstellung ihrer selbst. Die personifizierte Luxusmarketing-Koryphäe. Souverän lächelte sie ihrem Antlitz im Spiegel zu. Heute würde sie die Basis für eine erfolgreiche Ära manifestieren. Ohne die Besten der besten Partner ging das nicht. Jörg mit seiner Agentur Morphium war der perfekte Partner. Gemeinsam konnten sie Glanz und Gloria und allerlei Geld generieren!

Sie blickte zu Woolf, der auf dem Sofa in schnarchenden Schlaf gefallen war. Er hatte ihrem Business-Meeting fernzubleiben. Er würde sonst wieder nur beschimpfen, beleidigen und sich selbst ins Rampenlicht setzen. Für das zarte Anbandeln einer erfolgreichen Geschäftsbeziehung ein NO GO! Erleichtert vernahm sie seinen röchelnden Atem. So schnell würde Woolf wohl nicht wach werden nach der Armee aus Flaschen zu urteilen, die er gestern noch vernichtet hatte. Sie rümpfte das kleine Näschen. Der Gestank von Whiskey und Zigaretten war atemraubend. Schnell schlüpfte sie durch die Tür in die Freiheit! Kaum zu glauben und umso aufregender! Erstmals seit einem Dreivierteljahr als Partnerin an der Seite von Woolf in Miami unternahm sie etwas allein. Sie warf das unbefriedigende Schicksal seiner Leibeigenen ab. Endlich war sie wieder die selbstbestimmte Business-Granate, die ihren Weg stets stolz und erfolgreich gegangen war und weitergehen würde! Sie fühlte sich abenteuerlustig. Und unbesiegbar. Den schwarzen Schatten an ihrer Seite los habend fühlte sie sich leicht und unbeschwert. Umso eklatanter spürte sie nun die Bremsgewalt von Woolfs negativer Energie. Sie ließ ihn hinter sich. Auf in den Business-Battle...

Die Rose rief ein Taxi und. Dann trat sie in die frische Münchner Mittagsluft und stieg in den bestellten Wagen. Ein strahlendes pausbackiges Mondgesicht begrüßte sie begeistert. Es war Imry, der altbekannte Taxifahrer aus Münchner Zeiten. „Nikki Rose. Was für ein schöner Zufall!" Zuletzt hatte er sie mit dem Taxi zum Flughafen gefahren. Auf dem Weg zu ihrer neuen Heimat Miami. „Imry. Zufälle gibt es nicht!" Sie tätschelte dem Herzmenschen die Wange. Er lächelte geschmeichelt und chauffierte Nikki Rose gemütlich in die Schellingstraße 62 zur Osteria Bavaria. Als Nikki zahlen wollte, winkte er ab und schaute ihr intensiv in die Augen. „Geht es euch wirklich gut da drüben?" Sie errötete und eine Sekunde lang erschien tiefer Schmerz und finstere Sorge in ihren hellgrünen

Augen. Dann lächelte sie tapfer und nickte um Begeisterung bemüht. „Alles bestens. Es braucht halt seine Zeit, sich dort zu etablieren. Und Woolf ist nicht immer einfach..." Imry nickte mitfühlend. „Ruf mich an, wenn du hier fertig bist, ich hole dich ab!" Sie stieg aus dem Taxi und knickte um. Im Bruchteil einer Sekunde lag sie auf dem Boden. Ebenso schnell richtete sie sich wieder auf. Das unebene Pflaster war nichts für High Heels. Ihre feinen Fesseln waren die Achillesferse der Rose, die sie allzu oft daran erinnerten, wie verletzlich sie war. Imry kam für seine Leibesfülle erstaunlich schnell aus dem Taxi und hielt sie fest. „Alles gut, nichts passiert?" Sie lächelte tapfer. „Alles gut. Bloß ein kleiner Knickser. Das Pflaster verträgt sich nicht mit meinen Absätzen!" Bloß keinen Schmerz zeigen! Doch ihr linkes Knie war blutig, die Netzstrümpfe direkt über den Knien waren zerrissen. An den Handballen klafften Wunden. „Nichts, was sich nicht richten lässt!" Sie blickte entschlossen, richtete sich auf und stolzierte stolz wie eine Königin in ihr Lieblingsrestaurant. Sie durfte und würde keine Schwäche zeigen...

Mit vorsichtigem Lächeln enterte sie das traditionelle Lokal. Bloß nicht nochmal stolpern... Ein Gefühl der Besonderheit überkam sie, sobald sie das Restaurant betrat. Déjà-vu! Jedes Mal wenn sie auf das knirschende Parkett des traditionellen Gastraumes schritt, fühlte sie sich, als verbände sie ein besonderer Zauber mit diesem Ort. Der Oberkellner erkannte sie breit grinsend. „Principessa! Wo waren Sie so lange? Wir wollten schon eine Vermisstenanzeige aufgeben!" Er führte sie zu dem besten Tisch, gleich rechts in der Nische vom Eingang. Die Rose blickte sich um und entspannte in der vertrauten, wohlriechenden und edlen Atmosphäre. Zum Glück war noch niemand da. Nikki favorisierte es, eine Viertelstunde vorher zu kommen und ihre besorgte Seele schon mal durch einen Prosecco zu beruhigen. Auf dem WC verarztete sie ihre Wunden und schlüpfte in ein neues Paar Netzstrümpfe. Wie gut, dass sie in perfekter Vorbereitung ein Ersatzpaar eingesteckt hatte. Sie zog sich noch einmal die blutroten Lippen nach. Dann lächelte sie ihrem Spiegelbild selbstbewusst zu. „Auf deinen Erfolg Nikki Rose!“, machte sie sich Mut. Zum Glück: Sie sah wieder picobello aus. Als wäre sie nie gestürzt! „Erfolg manifestiert sich nicht darin, wie tief man stürzt, sondern wie schnell man wieder nach oben kommt“, versicherte sie sich. Trotzdem hatte sie der unerwartete Sturz verunsichert. „Vielleicht sollte ich nur noch Schuhe von Birkensocke tragen?“ Sie grinste innerlich. Die Vorstellung war so unpassend wie unattraktiv. Nikki war auf High Heels geboren und würde lieber auf ihnen untergehen, als auf Schlurfschlappen durch das Leben zu gehen!

Vorsichtig, mit kleinen, eleganten Schritten trat sie zurück zum Tisch. Dort wartete Signore Prosecco. Mit frischen Himbeeren und Minze. Hmmm. Herrlich! Sie dekorierte sich auf der Bank und nahm einen zierlichen Schluck. Dann bereitete sie sich durch mentale Notizen auf ihren Business-Termin vor. Zielsetzung war, Morphium langfristig als Partner für die Sound-Animationen zu gewinnen. Zum einen für neue Voltage-Kunden. Zum anderen aber auch um für deren Kunden, wie RTShow zu agieren. Eine Win-Win-Situation, die erst einmal keine Investition, aber viele aussichtsreiche Perspektiven mit sich brachte! Eine Viertelstunde später erschien Jörg, der giraffengroße Werber. Ihm fielen fast die Augen aus dem Kopf! WOW! Die Rose sah wahrlich glamourös aus! Miami bekam ihr bestens! Ihre Haut war rosafarben getönt und von niedlichen Sommersprossen übersät. Sie war rank und schlank wie eh und je. Und in ihrem Styling erinnerte sie ihn ultimativ an die göttliche Elizabeth Taylor! Er musste an sich halten, nicht vor ihr auf die Knie zu fallen. Schließlich war er vom anderen Ufer und sein Geschäftspartner und Lebensgefährte konnte jede Sekunde auftauchen! „Nikki Rose. So schön, dich wiederzusehen. Du siehst überwältigend aus!“ Sie grinste geschmeichelt. Sie erhob sich und küsste den gut einen Meter größeren Werberfreund. „Jörg. So lange her. Du hast dich gar nicht verändert!" Er lächelte erfreut. Seinem Outfit sah man sein Gespür für Stil an. Schwarzes Hemd, schwarze Hose und ein mit glitzernden Strassovski-Steinen besetzter Gürtel. Ebensolche Conversion-Turnschuhe. Sie setzten sich und orderten: Wasser und Sauvignon Blanc. Jörg hielt sich an Wasser. Er hatte eine merkwürdige Krankheit, die es ihm verbot, Alkohol zu trinken. Tapfer nippte er am Wasser. „Ich habe noch meinen Geschäftspartner und Lover eingeladen! Du erinnerst dich doch an Roland?", eröffnete er. Die Rose nickte überrascht und deutete das als ein Zeichen der Wertschätzung für das gemeinsame Business-Potential. Zumal Roland der Chief Financial Officer von RTShow war und somit quasi auf den Projektgeldern saß.

„Wie schön! Wir haben uns so lange nicht gesehen und so viel Potential! Lasst uns Miami rocken! Ihr seid ja sowieso weltweit am Agieren!" Jörg grinste gierig. Seine Agentur hatte einen Exklusivvertrag mit RTShow. Dass sein Lebensgefährte dort Finanzdirektor war, erleichterte das Leben. Sein bester Freund als Marketing-Direktor war eine weitere Lebensversicherung. Morphium hatte mittlerweile eine Dependance in New York und Brasilien. Er reiste um die Welt, filmte und sammelte das Beste vom Besten an internationalen Sendeformaten, um sie im deutschen Fernsehen zu vermarkten. Nun öffnete sich die Tür und Roland trat an den Tisch. Sein sympathisches Vollmondgesicht erblühte als er seinen geliebten Giraffenmann sah. Und die eindeutig nach Erfolg und Kosmopolitin aussehende Rose. Er gab ihr links, rechts, links, die üblichen drei Backenküsse in die Luft. Dann bestellte auch er sich ein Glas Prosecco. Nikki zückte triumphierend ein hochwertiges dunkelrotes Buch und reichte es in die Runde. „Unser Firmenpamphlet!", verkündete sie stolz. Jörg und Roland, als Ästheten durchaus anfällig für die

Perfektion des Druckwerks, blickten beeindruckt. Die Aufmachung und der Inhalt waren bemerkenswert: originell, stilgerecht, überzeugend. Hier war Potential! „Ober, bringen Sie uns bitte gleich eine Flasche Ihres besten Sauvignon Blanc und was sind Ihre Empfehlungen des Hauses?" Jörg sah die Dollarscheine in dem Firmenpamphlet und gab es der Rose so vorsichtig wie ein rohes Ei zurück. „Jetzt lade ich uns erst einmal zu einem wundervollen Lunch ein!" Gab er den charmanten Gastgeber. „Nikki Rose, dein zarter Körper bekommt in Miami bestimmt nicht die feinste italienische Küche der Osteria?! Du bist ja schlanker denn je!" Der Kellner verbeugte sich und nickte zustimmend als er die Litanei der Speisen des Tages zum Besten gab. Hmmm. Die Rose lauschte konzentriert. Das klang alles paradiesisch! Jörg blickte sie fragend an. Sie entschied mit genussvollem Augenaufschlag. „Gerne die weißen Trüffel auf Spagetti. Und danach die gegrillte Dorade mit gegrilltem Gemüse, keine Kartoffeln. Dazu einen Salat mit extra vielen Tomaten und Basilikum!" Jörg und Roland schlossen sich der Bestellung an. Dann schwärmten sie über die neu erstandene Wohnung der Extraklasse, während Nikki von dem romantischen Haus in Kokosnuss Groove berichtete. „Ihr müsst uns unbedingt bald einmal besuchen kommen!" Die beiden nickten begeistert. Ein Trip nach Miami jetzt, wo der Winter nahte, war nicht exakt unangenehm. Sie stießen auf den geplanten Trip und die erfolgreiche Zusammenarbeit mit lautem Gläserklirren an. Dann erschien der Ober mit drei köstlich duftenden Tellern voller Spagetti, auf die er den aromatischen weißen Trüffel aus Alba hobelte.

Während die beiden Männer die Teller bis auf die letzte Nudel leerten, pickte Nikki genussvoll die Trüffel aus den etwas geschmacksneutralen Spagetti. „Bloß nicht zu viele Kohlenhydrate!", lächelte sie errötend und entschuldigend, als der Ober mit vorwurfsvollem Blick den nur halb geleerten Teller abräumte. Die Pause vorm Hauptgericht nutze sie geschickt zur Neugeschäftsanbahnung. „Also es wäre toll, wenn wir möglichst bald ein gegenseitig erfolgsversprechendes profitables Projekt realisieren können. Habt ihr denn bei RTShow Passendes in Planung?“ Jörg erzählte sogleich von der geplanten CI-Überarbeitung mit neuem Sound und TV-Spots. „Na also“, dachte die Rose und rieb sich gedanklich die Hände. Roland war etwas zurückhaltender. „Also das müssen wir natürlich offiziell als Projekt ausschreiben! Bei mindestens drei potentiellen Lieferanten!“ Sie nickte verständlich. „Natürlich! Um es dann dem Partner mit dem am besten passenden Profil zu vermitteln. Ich bin sicher, wir können hier überzeugen!“ Jörg stimmte zu. „Das wird was!“ Es war auch in seinem Interesse, mit dem Paar in Miami durchzustarten. Die Winter in München waren allzu lang und kalt und er bewunderte die Rose um ihre Ausstrahlung von Luxus & Lifestyle. Eine perfekt abgestimmte halbe Stunde später erschien der Kellner und kredenzte eine Platte mit drei wundervoll duftenden gegrillten Doraden. Diese wurden angemessen bewundert. Dann machte er sich feierlich daran, sie am bereitgestellten Beistelltisch sorgfältig zu filetieren. Im Anschluss gab er eine Mischung aus Olivenöl, Zitrone und Kräutern darüber. Dann noch ein wenig gegrilltes Gemüse als Beilage. „Voila!“ Er stellte den Gästen das wundervolle Gericht vor die schwelgenden Nasen. Dann brachte er drei Schälchen mit aromatischen sizilianischen Tomaten und duftendem Basilikum über das er einen Hauch Olivenöl und Jahrzehnte alten Balsamico-Essig träufelte. „Encore di Peppe?“ Zum Abschluss erschien er mit einer geradezu gigantischen Pfeffermühle. Die Rose ließ sich reichlich davon über ihr Gericht geben. Jörg und Roland winkten nach der zweiten Umdrehung ab. Nicht jeder hatte so einen pfeffrigen Geschmack wie die Rose...

Nun verebbte der Business-Talk und machte dem Genuss Platz. Sie goutierten den zart gegrillten Fisch und den nach Sommer schmeckenden

Salat mit den sonnenverwöhnten Tomaten. Nikki schwebte auf Wolke sieben. Endlich war sie wieder in ihrem Element. Im feinsten Restaurant Münchens. Am Schmieden von zukünftigem Erfolg. Sie lauschte den Ausführungen möglicher zukünftiger Geschäftsprojekte von Jörg und Roland. Und gab den einen oder anderen Kommentar zur richtigen Strategie. Die beiden hörten ihr respektvoll und aufmerksam zu. Nikki wusste, wovon sie sprach. Sie war Koryphäe im Bereich des Luxus- und Modemarketings und wusste, wo die Chancen und Gefahren lauerten. Schließlich hatte sie lange genug als Marketing-Direktorin in den weltweiten Luxus-, Mode- und Lifestyle-Labels erfolgreich gewirkt. Wer, wenn nicht sie, wusste, wie die tickten?! Als das köstliche italienische Festmahl genossen war, war man sich einig! Jörg zählte all die Labels auf, für die er schon immer gerne gearbeitet hätte. Durch Nikki würden sie dort ins Rennen kommen. Dessen war er gewiss! Ihre Vision war klar. Sie würden gemeinsam die Luxuslabels akquirieren und Ruhm und Reichtum ernten. „Cheers!“ Sie stießen an. Roland und Nikki mit Champagner. Jörg mit stillem Mineralwasser. „Auf den gemeinsamen Erfolg!“ Mit dem sicheren Gefühl, gemeinsam Geld und Grandezza zu ernten, beschlossen sie das zauberhafte Mittagessen. Roland und Jörg orderten noch Nachtisch, Tiramisu und Pannacotta und Cappuccino. Nikki begnügte sich mit einem letzten Glas Sauvignon Blanc. Eine entspannte Atmosphäre entstand in der Nische. Sie sahen schon die gebratenen Tauben, die ihnen in den Hals fliegen würden... Doch statt einer Taube kam... der wilde Woolf.

Kaum hatten sie das Besteck zur Seite gelegt, betrat er das ehrwürdige Lokal. Seine Gitarrendrahtlocken waren wild gelockt wie selten. Er war gebräunt wie ein Indianer. Im Nadelstreifenanzug von Achmanni verströmte er eine nicht zu ignorierende Bugwelle des Wichtigseins. Nikki tat, als wäre sie über diesen Überfall nicht verwundert. Innerlich jedoch biss sie sich auf die Zähne. „Woolf! Wie schön, dass du noch kommen konntest! Du kennst ja Jörg und Roland!“ Ihre Stimme klang gequetscht. Wehe Woolf würde wieder einmal ihre Bemühungen zerstören! Doch Woolf gab sich edelmännisch. „Meine Rose. Ich komme, dich abzuholen. Und Jörg und seinen Partner zumindest zu begrüßen. Gute Arbeit, die Animationen für Watch Group und Reichmund. Da geht was!“ „Woolf. Du siehst ja aus wie Winnetou!“ Jörg schüttelte Woolf die rotbraune Hand. Roland tat es ihm nach. „Setz dich doch einen Augenblick zu uns!“, bat die Rose gezwungenermaßen. Woolf nahm die Einladung gnädig an und grinste mit seinem Iggy-Pop-Gebiss in die Runde. Dann blickte er wichtig auf die MegaO von Nikki. „Aber nur ganz kurz! Der nächste Termin ruft. Ober, einen Sauvignon Blanc bitte. Pronto. Wir haben es eilig!“ „Prego.“ Der Kellner brachte dem wichtigtuenden Gast geschwind das georderte Glas. Woolf stieß damit in die Luft. „Auf den Erfolg!“ Er nahm drei großzügige Schlucke. Dann hob er das Private-Placement-Booklet vom Tisch und wedelte angeberisch damit. „Geiles Konzept, gell? Doch nun müsst ihr uns entschuldigen. Das Business ruft! Die Millionen kommen nicht von selbst ins Haus geflattert!“

Er trank den Rest seines Weißweinglases in einem Schluck hinunter. Was für ein Angeberauftritt! Nikki schlug die Augen zum Himmel. Doch Jörg und Roland waren durchaus beeindruckt. Den großen Showstar nahm man Woolf heute eindeutig ab. Die Rose erhob sich und küsste Jörg und seinen Finanzdirektor und Lebensgefährten. „Ganz herzlichen Dank für die wundervolle Einladung! Wir revanchieren uns alsbald in Miami!“ Dann ließ sie sich eilig zur Tür geleiten. „Grazie Tanti! Auf den gemeinsamen Erfolg!“, rief sie winkend. Dann sank sie in Imrys Taxi. Warum nur überraschte sie das so gar nicht? „Soso, ihr zwei habt euch auch schon gefunden?“ Die beiden ehemaligen Taxikumpel grinsten verschwörerisch. Die Rose seufzte. Gegen Männerfreundschaften war wenig auszumachen! „Wohin jetzt, was ist der Plan?“, wollte sie Genaues wissen. Woolf setzte sie mit glücksstrahlendem Gesichtsausdruck in Kenntnis. „Wir fahren in die Brezen. Aussprache mit den Jungs. Und Ewald!“ Nikki staunte schweigend. Imry hatte offensichtlich einen guten Einfluss auf Woolf.

Tatsächlich war Imry ein guter Geist. Nach dem besorgniserregenden Sturz der Rose fragte er sich, wo wohl sein ehemaliger Kumpan abgeblieben war. Er fand ihn wie vermutet im Hotel Cosmopolitan, wo er in einem See aus Alkohol und Asche in Selbstmitleid ertrank. Imry weckte den Woolf mit mehreren erst sanften, dann heftigeren Ohrpfeifen aus seinem Alkoholkoma. Dann schleppte er ihn mit vollen Klamotten unter die heiße Dusche. Der alkoholisierte Körper war so schwer wie der einer Leiche. Doch der so breite wie hohe Imry mobilisierte seine ganzen Kräfte. Während Woolf unter der Dusche stand, vollendete sein Kumpel den Wiederbelebungsprozess. Er legte den schicken Nadelstreifenanzug, ein frisches rosafarbenes Hemd und Wäsche zurecht. Dann schenkte er ihm einen ganzen Kübel von den Orangensaftflaschen aus der Minibar ein! Nun stellte er den Wasserkocher an und gab sämtliche Nescafé-Verpackungen in die beiden bereitstehenden Tassen. Eine Stunde später stand ein gewaschener und halbwegs nüchterner Woolf noch etwas schwankend vor ihm und grinste dankbar. „That's what friends are for! Mensch. Alter. Danke! Ich weiß gar nicht, was ich ohne dich gemacht hätte!“ „Dafür nicht. Mann. Jetzt verschaffen wir dir erst einmal eine Stärkung und dabei erzählst du, mir was los ist!“ Imry hakte seinen Kumpel unter, führte ihn aus dem Hotel hinaus und verstaute ihn in sein Taxi. Er fuhr in den wenige Minuten entfernten Englischen Garten. Der milde Altweibersommer und die frische Luft belebten den Woolf. Ebenso wie der Duft nach bayrischem Frühstück! Und die Aussicht auf ein ordentliches Bier!

Im traditionellen Osterwaldgarten setzten sie sich in den Garten und bestellten: Brezen, Hefeweizen und Weißwurst mit dem typischen weißen Senf. „Hmmmm! Ich hatte ganz vergessen, wie gut das schmeckt!" Woolfs Lebensgeister kehrten zurück. Das bayrische Frühstück war paradiesisch. Er hatte glatt zwei Portionen davon verdrückt. Nun zündete er sich genüsslich eine Zigarette an. Imry betrachtete ihn wohlwollend und mitfühlend. „Nun erzähl mal. Wie ist es in Miami? Und warum hast du dich so zugerichtet, während deine Rose aufgebrezelt im Nobelitaliener residiert?" Imry lockte Woolf die Geschehnisse der letzten Monate von den Lippen. „Also um der Wahrheit die Ehre zu geben, habe ich die Nikki erpresst, mit mir nach Miami auszuwandern. Auf ihre Kosten. Gegen ihren Willen. Ich habe sie gezwungen, ihren Job bei Armada zu schmeißen. Mann! Ich dachte die hat Millionen. Bei dem Lebensstandard, den sie hier führte! Aber Pustekuchen! Ihr mickriges Erbe neigt sich jetzt schon dem Ende entgegen. Bis jetzt keine Spur von Einkommen! Stattdessen mussten wir dauernd außer Land, weil wir noch immer kein Visum haben... Und die Kosten sind haarsträubend! Alle halten die Hände auf. Miami ist ein Wegelagererland. Nun endlich hatten wir den Termin auf dem Konsulat. Da platzt die Bombe. Meine Alte hat Anzeige erstattet wegen unterlassener Unterhaltszahlung... Jetzt suchen mich die Bullen. Das Geld von meinem Kräbbchen ist dahin. Unsere Ehe in der Krise. Bei all dem Stress ist mir halt auch ein paarmal die Hand ausgerutscht. Ist doch verständlich! Das Verhältnis mit meinen Söhnen ist zerrüttet. Und ich, ich bin total am Arsch und für alle das größte Arschloch überhaupt!", endete er, endlich einmal ehrlich, seine Schilderungen. Er schluckte bitter sein Bier.

„Da sitzt du ja ganz schön in der Scheiße!", kommentierte Imry ernsthaft erschüttert. Woolf zündete sich eine neue Zigarette an. „Alter.

Erzähl das keinem weiter! Du weißt ja: solange ich atme, bin ich gefährlich! Ich muss nur an Kohle rankommen. Armada muss bluten. Für die Nutzung meiner Musik. Und für das, was sie meinem Kräbbchen angetan haben!" Imry nickte zweifelnd. „Jetzt denk mal nicht an die Kohle! Dafür gibt es Rechtsanwälte!" Woolf rollte mit den Augen und brauste auf. „RECHTS-Anwälte? Das sind die größten Vollpfosten dieser Gesellschaft!" Imry griff nach seiner Hand und schnitt ihm mit seinem warmen Blick das Wort ab. „Woolf. Beruhige dich! Erst einmal musst du die familiäre Katastrophe in den Griff bekommen! Du musst dich mit deinen Söhnen versöhnen. Sie sind dein Fleisch und Blut! Und du darfst nie wieder Hand ergreifen gegen die Rose. Sie ist eine wundervolle Frau. Wenn sie sich von dir trennt, bist du nichts und niemand mehr. Nur noch das Wrack, als dass ich dich kennenlernte!" Woolf orderte ein neues Bier und trank es in wenigen Zügen aus. Jedem anderen als Imry wäre er an die Kehle gegangen bei dieser Botschaft. Doch hier und heute brauchte er ihn. Der einzige Freund, der ihm noch geblieben war auf dieser Welt. Imry, der ein inniges Verhältnis zu seiner geliebten Ehefrau hatte und mit ihr alle Schwierigkeiten dieses Lebens meisterte, wurde noch nachdrücklicher. „Du musst auf deine Rose aufpassen, sie auf Händen tragen. Dann bist du der reichste Mann der Welt. Millionen hin oder her!"
„Na schön. Was soll ich tun? Das Kind ist ja schon in den Brunnen gefallen!" Woolf blickte duster auf den Grund seines leeren Bierglases und orderte ein weiteres. Imry gab ihm schließlich genaueste Anweisung, wie die Befriedung der Familie Barzokka zu gestalten sei. Das Ergebnis war die anberaumte Aussprache in der Brezen. Mit seinen Söhnen. Der Rose. Und Ewald. Woolf nahm die schöne schlanke rote Baccararose vom Beifahrersitz und reichte sie seiner Rose auf den Rücksitz. „Rose. Meine geliebte Frau. Verzeih mir. Bitte. Ich mache alles wieder gut!" Nikki lächelte skeptisch. „Die Hoffnung stirbt zuletzt!", flüsterte sie für niemanden hörbar. Die Zweifel blieben im Reisegepäck ihres Herzens.

Und waren sie nicht die Totengräber der Träume? Doch zum Glück gab es auch rettende Engel. Und vielleicht konnte ja doch noch alles gut werden? Sie streichelte Imry zart den runden Rücken. Er zuckte zusammen vor dieser ungewohnt zärtlichen Berührung der glamourösen Rose.

„Imry! Wie schön, wenn einem das Leben einen Engel schickt. Wollen wir hoffen, dass diese Familienzusammenführung etwas bringt. Was gestern gesagt wurde, war schlimm. Es ist eigentlich nicht wiedergutzumachen!“ „Die Kraft der Liebe kann alles richten!“, versprach Imry. Nikki seufzte. „Hoffentlich hast du Recht!“ Sie wollte doch nichts als glücklich sein. Und das, so unmöglich er war, an der Seite ihres geliebten Gatten. Manchmal dem besten Mann der Welt. Meistens dem bösesten des Universums...

Befriedung der Brezen?

Imry ließ sie an der Leopoldstraße aus dem Taxi. Erneut sträubte er sich, Geld für seinen Fahrdienst zu nehmen. „Sieh lieber zu, dass DU es beisammen hältst!", murmelte er Woolf beschwörend zu. Er kannte dessen Geld-Vernichtungs-Wahnsinn. Nikki tätschelte er aufmunternd die rosige Wange. „Alles Gute. Ich hole euch in zwei Stunden ab und fahre euch zum Hauptbahnhof!" Der Woolf und die Rose betraten schweigend die Brezen. Der vorläufige Friede zwischen ihnen war so fragil wie der zarte Druck, mit dem Woolf es wagte, ihre Hand zu halten. Nikki fühlte sich wie so oft zur Henkersmahlzeit geleitet. Dieses Gasthaus war ein schicksalsträchtiger Ort für sie. Hier hatte sie zuletzt Michaela Hass, die Personalleiterin von Armada, aufgespürt. An ihrem letzten Tag in München. Heute war es ruhig und fast menschenleer. Sie betraten das obere Geschoss. An dem Tisch im Zentrum hatten sich bereits Ewald und die drei Buben des Woolfs versammelt. Sie tranken Apfelschorle. Das brachte Woolf sofort auf die Barrikade. „Apfelschorle. Was ist denn das für ein Weichei-Gesöff!" Er konnte einfach nicht anders, als alle Welt mit seinem Rocker-Lifestyle zu bekehren. Er setzte sich polternd auf die Bank. Die Blicke der Buben rollten sich gen Dachbalken. Zum Glück erschien der Kellner und beendete den peinlichen Augenblick. „Guten Tag der Herr! Was wünschen Sie zu trinken?" „Na Hefeweizen natürlich. Was soll man in diesem Laden sonst saufen? Etwa Apfelschorle?" Nikki orderte mit rotem Kopf einen Weißwein. Bei aller Liebe und dem besten Willen der Welt! Woolf wurde ihr immer peinlicher. Konnte er nicht einfach mal NORMAL sein? Sich für sein Verhalten entschuldigen? Nikki nahm seine Hand und schaute ihm mit ihren intensiven grünen Augen ins Gewissen. „Chéri. Meinst du nicht, es ist Zeit für eine Entschuldigung?", raunte sie ihm leise zu. ***„ENTSCHULDIGEN? ICH SOLL MICH BEI DEN ARSCHLÖCHERN ENTSCHULDIGEN? DIE VERRÄTER BRINGEN MICH NOCH IN DEN KNAST!"*** Bei aller Einsicht während des Gesprächs mit Imry. Nun, da er den kleinen Drecksäcken von Verrätern gegenübersaß, hätte Woolf sie am liebsten grün und blau geprügelt. Er beherrschte sich mühsam und begrüßte Ewald. „Na alter Aids-Putzsklave. Wie ist das Leben ohne die Großaufträge in unserem Haushalt?“ Ewald errötete und ignorierte die garstige Ansprache. „Herr Barzokka. Schön Ihre Frau Rose zu sehen. Ganz bestimmt nicht SIE!“ Woolf spuckte ihm in Richtung Gesicht. Der Speichel landete mit einem lauten „Plopp“ inmitten der Apfelschorle. Zum Glück brachte der Kellner gerade den Weißwein und Woolfs Bier. „Gerne noch eine neue Apfelsaftschorle“, nickte die errötete Rose peinlich berührt Richtung ihres wertgeschätzten ehemaligen Haushälters. Sie waren durch dick und dünn gegangen und hatten Uwes Tod gemeinsam gemeistert. Sie hing an ihm und hätte so gerne wieder die heile Welt von früher zurück.

Ewald fühlte mit der Rose. Das wirkte alles gar nicht gut. Woolf machte schlimmer denn je einen auf Arschloch und Angeber. Und der Rose, bei all ihrer rosigen Schönheit, sah man ihre tiefe Sorge an. Schmal war sie geworden. Ihre grünen Augen blickten traurig. Das Lächeln ihrer roten Lippen erreichte sie nicht. Ewald sprang auf und umarmte sie herzlich in fester Umklammerung. „Frau Rose, alles gut mit Ihnen? Sie sehen zauberhaft aus! Aber auch unglücklich.“ Sie lächelte tapfer. „Ach, Ewald. Zu klagen, wäre geprahlt. Es könnte alles gut sein. Aber das Leben mit Woolf ist schwierig bis unerträglich...“ Er schaute ihr wissend in die Augen. „Habe ich es Ihnen nicht von Anfang an gesagt? Der Typ saugt sie aus. Er verbrennt Sie! Warum haben Sie sich nicht den schönen Conny genommen? Oder den Kalle Bolte. Der reist sich doch beide Beine für Sie aus! Notfalls hätten Sie sich einen Stricher kommen lassen in Momenten des Notbedarfs...“ Nun kicherte Nikki wie ein kleines Mädchen. „Notbedarf? Ich bin doch kein Mann...“ Für Ewald war Notbedarf eine Alltäglichkeit. Er flüsterte ihr warnende Worte ins zarte Ohr. „Was immer Sie tun. Lassen Sie sich nicht von diesem Drecksack ruinieren!

Sie können immer zurückkommen. Meine Hilfe ist Ihnen gewiss!" Er tätschelte ihr die Wange und setzte sich. Woolf, der die intime Umarmung der beiden kritisch beobachtet hatte, kippte sein Bier und bestellte ein Neues. Dann war seine Seele soweit betäubt, dass er einen auf Vaterfigur machen konnte.

„Und Jungs, wie ist das Leben? Wann kommt ihr mal wieder nach Miami? Die Weihnachtsferien nahen doch bald!", lockte er die blonden Bengel, die auf ihrer Bank unbehaglich hin und her rutschten. „Och, mal so, mal so!", äußerte sich Adrean mirakulös. „Die Lehrer sind blöd." „Aber ich bin jetzt Sänger in einer Rockband!", brüstete sich Marlin. Tatsächlich. Er hatte sich verändert. Aus dem kindlichen Bengel war ein Teenager geworden. Die Haare hatte er stylisch nach oben gegelt. Den irokesenhaften Hahnenkamm blau gefärbt. Auch trug er Ohrringe. Strassovski in Tropfenform. Ebenso blau wie der Hahnenkamm. Woolf glaubte seinen Augen und Ohren nicht zu trauen. „Und warum produziere ***ICH DICH NICHT***?" Marlin wurde kleinlaut. „Weil du ***WEG BIST***. Und: weil ich einen **COOLEREN** Produzenten kenne! Da müssen Profis ans Werk!" Das weckte Woolfs Wut. ***„COOLER ALS ICH? DU HAST SIE WOHL NICHT MEHR ALLE! ICH HABE ABI OPFERIHN PRODUZIERT! DU VATERVERRÄTER!"*** Marlin, der das Herz eines Helden hatte, blickte trotzig in die eisgrauen Augen seines Vaters. „Ach ja, und was ist das Ergebnis davon? Das Geld ist versoffen, es gab niemals eine CD und Abi schaut dich mit dem Hintern nicht mehr an. Ebenso wenig wie sein Sohn Gill, dem du angeblich das Gitarrenspielen beigebracht hast. Und was ist mit dir? Du bist doch niemals aus deiner Versenkung herausgekommen! Wie viele CDs hast du bis zu deinem 50. Geburtstag verkauft? Keine! Wie viele Songs in den Charts? Keine! ***DU BIST EIN VERSAGER UND WIR LASSEN UNS NICHT MEHR FÜR DEIN VERSAUTES LEBEN VERANTWORTLICH MACHEN!"*** Am Tisch wurde es schlagartig still.

WOW! Nikki blickte Marlin anerkennend aber auch alarmiert an. Da wagte sich der Sohnemann aber was, seinem Vater sein verkorkstes Leben vorzuhalten. Der Teenager hatte Format! Der gesamte Tisch blickte auf Woolf, der aussah wie eine Atombombe kurz vor ihrer tödlichen Explosion. Nikki orderte ein weiteres Hefeweizen für ihn. Eine Weizenwampe machte bekanntlich bequem... Dieser Moment war schicksalsschwer, soviel war klar. Woolf erntete den Hohn und die Rechnung für sein verlottertes Leben als Rabenvater. Die Rose legte dem vibrierenden Woolf tröstend und warnend zugleich die Hand auf die Schulter. Doch dessen Wut ‚ergoss sich wie die brennende Lava beim Ausbruch des Ätna aus seiner ausgemergelten Kehle. Ein bitterböses Fauchen entfuhr ihm. Dann brach die Bosheit und Bitterkeit aus ihm heraus, die er sein Leben lang mit sich herumtrug. ***„IHR WICHSER! ICH HABE EUCH DIE WINDELN GEWECHSELT!!! IHR SEID GENAUSO VERDORBENE VERRÄTER WIE EURE HUREN VON MÜTTERN!“*** Seine Gewalt brach durch. Worte waren zu wenig. Er stand auf und packte Marlin an der Gurgel. Dann schleuderte er ihn zu Boden wie ein Stück Dreck und trat ihm in die Magengrube. Jetzt wandte er sich Adrean zu. ***„DU ARSCHLOCH! DICH HABE ICH NOCH FÜR TEURES GELD GEMÄSTET IN MIAMI!“*** Er spuckte ihm ins Gesicht. Schließlich kam sein ältester Sohn Leon an die Reihe. ***„UND DU BIST GLEICH DIE GRÖSSTE LUSCHE VON ALLEN! ICH SCHENKE DIR MEIN ERSTE-KLASSE-APPARTEMENT INMITTEN SCHWABINGS! UND DU ZIEHST DEN SCHWANZ EIN, UM IN AUGSBURG(!) MEDIENDESIGN ZU STUDIEREN. DU GEHÖRST IN DIE PUPPENKISTE!“*** Bevor er weiter wüten konnte, stand Ewald hinter ihm und drehte ihm mit erstaunlicher Kraft den Arm nach hinten. Zischend wie eine Schlange wisperte er für die Anderen unhörbar in Woolfs Ohr: „Du entschuldigst dich jetzt bei deinen Söhnen! Und deiner schönen Frau! Oder ich rufe umgehend die Bullen! Dann vegetierst du im Knast, statt in Miami zu residieren!“ Diese Drohung war harter Tobak. Woolf zuckte zurück, als hätte ihm eine

Schlange ihr Gift ins Ohr gespritzt. Er war drauf und dran, Ewald zu zerquetschen wie eine Kakerlake. Doch der Preis seiner Wut wäre zu hoch. Wenn er dieses Land als freier Mensch verlassen wollte, konnte er nur eines: oberflächlich Buse tun und die Klappe halten! Stolz war ein starkes Gefühl. Doch die Existenzangst war größer. Woolf wurde kalt wie ein Eisblock. Gleichzeitig brach ihm innerlich der Schweiß aus. „Schon gut, Alter. Lass mich los!" Nikki blickte gebannt auf das Schauspiel. Was immer Ewald dem Woolf geflüstert hatte, es hatte offensichtlich Wunder gewirkt. Kleinlaut klopfte der ihm auf die Schulter. „Nix für Ungut, Alter!" Woolf setzte sich. Ein mühsames Lächeln entwich seinen dünnen Lippen. Er blickte schleimig in die Runde und schien noch eine Spur indianerröter als gewöhnlich zu sein. „Äh Jungs. Sorry. Nix für Ungut. Ich muss mich entschuldigen! Vergesst was ich gesagt habe. War nicht so gemeint!" Die Rose hob den Daumen und grinste ihrer Putzperle zu. Sie hatte an Ewalds Mund geklebt und erkannt, dass der ihm mit den Bullen und Freiheitsberaubung drohte. Offensichtlich das einzige Mittel, den tobenden Woolf in einen kultivierten Menschen zu verwandeln... Diese Bedienungsanleitung sollte sie sich besser merken, wenn ihr Göttergatte wieder einmal vollkommen ausrastete.

Doch wie schaffte er es, seine Söhne zu befrieden, nachdem er ihnen derartige Wortgewalt angetan hatte? Woolf tat das Einzige was er konnte: protzen. Er orderte das Teuerste auf der Karte! „Ober! Champagner für mich und meine liebliche Rose! Spezi für die Teens und Apfelschorle für die beiden äh...", er blickte sinnierend auf Ewald und Leon. Er schluckte die Beleidigung „Weicheier" gerade noch herunter und ersetzte sie durch „Helden der Vernunft". „Rinderfilets für die Männer! Und Garnelen für die Dame!" Nikki schüttelte den Kopf. „Für mich nichts mehr zu essen!" Woolf wiegelte ihren Einwand ab. „Unsinn! Du bist sowieso viel zu dünn. Mit deinem nervigen im Salat stochern wird doch nie was Rechtes aus dir! Was du nicht schaffst, essen wir mit! Ober! Supido! Machen Sie schon hin!“ Kaum war der Kellner mit der Bestellung abgezogen, zog er über ihn her. „Ein OSSI. In einem Bayrischen Brauhaus! Das geht ja gar nicht! Die Ossis sind die Geisel Deutschlands!“ Der Kellner von drüben, der das deutlich gehört hatte, zog sich gedemütigt zurück. Die Jungs blickten plötzlich wieder bewundernd auf ihren rüpelhaften Vater. Der traute sich was! Auch freuten sie sich auf die warme Mahlzeit. Die Barzokkas waren bestechlich, wie die meisten Menschen. Sogar Ewald setzte sich zurück an den Tisch, an dem nun die sprichwörtliche Friedenspfeife geraucht wurde. Wenn auch nur aus Loyalität zur Rose, die so zart und zerbrechlich wirkte, dass ihr eine extragroße Portion Garnelen wahrlich nicht schaden würde. „Und wie läuft es so mit deiner Musik in Miami?“, bemühte er sich sogar um ein ernsthaftes Gespräch. Woolf brüstete sich stolzgeschwellt. Endlich konnte er von seinen Erfolgen berichten und beweisen was für ein Star er war. „Stellt Euch vor. Mein Song ‚Over the Pain‘ läuft weltweit im Radio! Sogar in Minsk!“ WOW! In Minsk! Wo war das denn? „In Weißrussland. Eine strategisch wichtige Ausgangsposition für weltweiten Erfolg!“, eilte die Rose ihrem Woolf zur Hilfe. Sie wollte nur noch Harmonie und das dieser Tag und die Familienzusammenführung der Barzokkas friedlich endete. Tatsächlich. Die Jungs staunten Bauklötze. Und sahen den Vater endlich in dem Starlicht in dem er sich selbst seit Lebzeiten betrachtete. „Dann bist du ja bald im Fernsehen und wirklich ein Star?“, fragte Adrean vorsichtig. „Ein Star bin ich schon immer. Ab sofort bin ich der KING OF ROCK. Ihr dürft mich trotzdem noch duzen!“ Der Kellner erschien mit schweren Tellern voller blutiger Rinderfilets. Dann öffnete er mit lautem „Plopp“ die Champagnerflasche. Nun warf Woolf sich wieder in die Pose des Lebensratgebers. „Jungs! Ihr werdet nie was erreichen, wenn ihr nicht über eure Grenzen geht! Bildet euren Geist. Verschwendet ruer Leben nicht! Auf den Rock & Roll!“ Er erhob sein Glas und sie stießen an in der oberflächlichen Eintracht der Euphorie. Nach dem üppigen Gelage inklusive bayrischer Desserts für die Männer blickte Nikki alarmiert auf vom kaum angegessenen Garnelenteller. Ihre MegaO tickte warnend. Ebenso wie Ewalds launige Litanei, die er ihr ins Ohr säuselte während die Barzokkas sich vollfraßen.

„Frau Rose. Sie müssen dieses Wrack von einem Mann verlassen! Sofort! Er ist ein Aschenbecher von Mensch! Rennen Sie um Ihr Leben! So schnell wie möglich! Der bringt Sie sonst ins Grab!“ „Ach Ewald, ich kann mich schon verteidigen!“ „Na das sehe ich!“ Er blickte auf ihre blutigen Handballen. „Der Kerl schlägt Sie doch. Das sieht ein Blinder mit Krückstock!“ Sie zuckte zusammen. Leugnete, was nicht wahr sein durfte. „Ewald, sehe ich so aus als, ob ich mich schlagen lassen würde?“ Er blickte ihr in die glasklaren grünen Augen. Seine Augen verdunkelten sich, denn er wusste, dass er es mit einem Opfer der Liebe zu tun hatte. „Victim of Love! You are a Victim of Love!“, tönten die Eagles passenderweise zeitgleich aus den Böse-Boxen. „Sie sehen so aus wie eine Frau, die zu sehr liebt und bereit ist, für ihre Leidenschaft über Grenzen hinauszugehen, die niemand überschreiten sollte! Passen Sie gut auf sich auf!“ Er bezahlte sein Essen und seine Apfelsaftschorle selbst. Dann gab er der Rose drei zärtliche Küsse auf die rosigen Wangen. Die glühten fiebrig vor Schmerz über das Gehörte und Gesagte. Sie verabschiedete sich wehmütig von ihrem Haushälter. Ach wie gerne hätte sie den Lauf der Zeit zurückgedreht und wäre wieder in ihre prachtvolle Residenz in der Klemensstraße 8 eingezogen. Doch in der hauste nun die Bauernfeindin. Ewald erkannte die Verzweiflung in den nun feuchten Augen der Rose. Tröstlich zog er sie an seinen ausgemergelten Oberkörper. „Sie sind nicht alleine. Sie haben Freunde. Grüße von Kalle und Utz! Wir sind mit Ihnen!“, sprach er und ging davon. Ohne sich bei den Buben oder Woolf zu verabschieden, die damit beschäftigt waren, die opulenten Reste ihres

Nachtischs von den Tellern zu lecken. Die Rose saß nun schweigsam neben der Familie. Ausgestoßen, isoliert und ignoriert, obgleich sie wieder einmal für alle aufkam. Allmählich wurde ihr bewusst, wie undankbar diese Rolle war. Sie traf eine Entscheidung. Die Dinge mussten sich ändern. Sie war nicht das Opferlamm der Barzokkas. Mit resolutem Blick auf die MegaO klopfte sie mit der Gabel ans Glas. „Männer! Aufgepasst! Ich bin NICHT euer Geldesel! Beim nächsten Mal erwarte ich eure Zugabe! Zumindest 10 Euro von jedem von euch! Heute seid ihr noch ein letztes Mal eingeladen. Woolf. Wir müssen dringend los. Der Zug wartet. Ruf Imry. Ober! Die Rechnung!“ Mit hocherhobenem Kopf verließ sie die Schlemmertafel und eilte nach unten zur Kasse. Hier wurde die Voltage-Karte problemlos akzeptiert. Die Jungs und Woolf kamen belämmert die Treppe hinunter und steckten ihr peinlich berührt ein paar Groschen zu. Sie lächelte bestätigt. Besser als nichts. Die Jungs mussten ihre Lektion lernen. Sie war nicht die Heilsarmee. Das Leben kein Schlaraffenland, in dem ihnen die gebratenen Tauben in den Mund flogen. Sie trat an die frische Luft. Im selben Augenblick fuhr der getreue Imry sein Taxi vor. Nikki schlüpfte auf den Rücksitz. „Bis demnächst!“, winkte sie den Jungen zu. Woolf verabschiedete sich von seinen Söhnen mit einer peinlichen „Give me five“-Aktion und einem Kloß in der Kehle. Auch ihm fiel es schwer, sich von seinen Liebsten zu trennen. Arschlöcher hin oder her. Blut war dicker als Wasser. Er umarmte seine Bengel. „Wir sehen uns an Weihnachten! Ihr kommt uns besuchen!“, versprach er. Dann stieg er auf den Beifahrersitz zu Imry und zündete sich eine Zigarette an. Imry gab Gas. Die Buben standen verloren aussehend vor der Brezen. Da fuhren sie dahin, der Woolf und seine Rose. Sie blickten mit gemischten Gefühlen dem sich entfernenden Taxi nach. Nach diesem Auftritt fühlten sie sich allein gelassen wie nie zuvor. Würden sie die beiden jemals wiedersehen? An den Weihnachtsmann und die versprochene Einladung glaubten sie nach dieser explosiven Wiederbegegnung jedenfalls eindeutig NICHT!

Gute oder schlechte Nachrichten?

„Auf nach Frankfurt!“ Woolf klopfte Imry auf den Rücken. „Du meinst wohl zum Hauptbahnhof!“, korrigierte ihn Nikki. „Unser Zug nach Frankfurt geht in 15 Minuten!“ Woolf wedelte ihre Bedenken mit einer großzügigen Geste weg. In einem früheren Leben musste er wohl wirklich einmal Millionär gewesen sein? „Iwo! Ich habe einen Special Deal mit Imry ausgemacht. Für 200 Euro fährt er uns zurück! Direkt nach Frankfurt. In deine Scheißheimat. Wo immer du da hinwillst! Ich kann nicht erwarten, morgen wieder nach Miami zu fliegen!“ Nikki stöhnte! Dieser Typ war wahrlich eine Geldvernichtungsmaschine. Andererseits: Im Taxi konnte sie keiner aufspüren! Vielleicht war dieser Plan gar nicht so dumm? Und Imrys tröstliche Gesellschaft garantierte eine stressfreie Heimreise. Sie stimmte seufzend zu. Woolf gab weitere Anweisung. „Ruf deine Eltern an und ändere das Hotel!“, orderte er. Sie durften keineswegs in das der Polizei bekannte Hotel zurück. Nikki wählte sich die Finger wund. Sie zog das Simsen dem Telefonieren vor. Präziser und weniger störend! Kurze Zeit später war das City Hotel in Bad Feelwell storniert und eine neue Unterkunft gefunden. Sie buchte das Fleming's. Es war um die Ecke der Marketing-Akademie, an der sie studiert hatte. Ein gutes Zeichen? Tatsächlich erreichte sie nach der Umbuchungsaktion und der Info an ihren Vater dessen erfreuliche Antwort. Ihr Blackberry blinkte grün. Nicht rot wie sonst. „Liebe Nikki! Grüße von deinem Vater! Es ist alles erledigt! Beste Neuigkeiten! Eure Reisepässe inklusive der Visa sind da! Ihr habt fünf Jahre Zeit, euer Geschäft in den USA aufzubauen! Wir sehen uns im Isoletta. Kommt mit dem Taxi direkt dorthin! Big old Daddy!“ „WOW! WOOLF! WIR HABEN UNSER FÜNFJAHRES-E2-VISUM GENEHMIGT BEKOMMEN!“ Nikki kamen Tränen vor Rührung. Woolf sprang auf dem Beifahrersitz hoch und nieder und umarmte seine Rose von vorne. „Baby. Ich hab's dir immer gesagt! Wir schaffen ALLES, was wir wollen!“ Sie lächelte erlöst. Er hatte zwar keinen kleinen Finger gekrümmt für diesen Meilenstein ihres gemeinsamen Lebens. Aber auf ihre Familie und Freunde war Verlass! Mit diesen Schutzengeln konnte sie die schlimmsten Seelenstürme überleben! Apropos Seelenstürme... Genau jetzt, wo die größte Hürde genommen schien, holten sie die geballten Zweifel ein. Wie eine massive Welle aus Angst und unguter Vorahnung. Gute Neuigkeiten? Oder schlechte? Nikki Rose spürte, dass die eigentlich positive Nachricht heftige Implikationen hatte. Es war endgültig. Ihr Leben mit Woolf in Miami war offiziell beglaubigt. Sie fühlte sich unsicherer als je zuvor! Manchmal, wenn man fast zu sehr um etwas kämpft, kann man sich kaum freuen, wenn man es erreicht hat...

„Hütet euch, wenn eure Träume wahr werden!" Die Worte von Larry Behilf echoten in ihren Gedanken. Sie hatte sie erlangt, die teure und fast nicht mehr erwartete Freifahrtkarte ins Land der unbegrenzten Möglichkeiten. Warum nur nagte das Gefühl der Gefahr immer gefräßiger an ihrer Seele? Die Rose blickte sinnierend auf ihr Umfeld. Sie beobachtete den immerfort rauchenden Woolf der mit Imry Geschichten seiner Taxifahrzeit zum Besten gab. Es waren traurige Anekdoten vom Abschleppen besoffener Touristen in die Bordelle Münchens. „Jeder Stich ein Fünfziger. Nach dem Oktoberfest war ich stets saniert!", brüstete sich Woolf. Diese Langspielplatte bekam langsam Kratzer. Sie konnte diese traurigen Geschichten nicht länger ertragen und kramte ihren I-Pool nebst Kopfhörern aus der Tasche. Imry blickte konzentriert auf die Straße. Seine Stimme wurde schärfer. „Von dem Geld hast du sicherlich NICHT den Unterhalt für deine Söhne gezahlt...?!" Er sagte das in nüchterner Neutralität. Feststellend. Ohne Vorwurf. Doch Woolf war schon wieder wütend. Kaum ließ er sich auf Freundschaft ein, wurden die sogenannten Freunde zum Richter seines Lebens! Er grinste sarkastisch. „Natürlich nicht! Ich bin doch nicht deren Heilsarmee!" Imry tat so, als hätte er das nicht gehört. Er kannte den aufbrausenden Geisteszustand des Woolfs und wechselte diplomatisch das Thema. „Also ich fahre lieber tagsüber. Dann habe ich abends Zeit zum Essen mit meiner Familie!" „Alter. Da verdienst du doch einen Dreck!" „Es geht. Wenn man glücklich ist, braucht man nicht viel zum Leben!" Imry lächelte. Mit einer inneren Weisheit, die der großspurige Woolf nicht verstehen konnte. Auch er kam aus kleinem Haus, doch er wollte nur eines: GANZ GROSS RAUSKOMMEN! Er würde es allen zeigen! In seinem tiefsten Inneren verachtete er die Menschen. Sein Antrieb war, sie zu seinen Fans, Followern und Sklaven zu machen! Jetzt mit dem Visum in der Tasche war sein Triumph greifbar. „Alter halt da an der Tankstelle. Ich brauche einen Whiskey!", befahl er und der gutmütige Imry hielt an, damit Woolf sich auf der Rückfahrt so richtig die Kante geben konnte. Die Rose döste schweigend auf der Rückbank. Sie wollte einzig Frieden und die Sicherheit eines gewissen Wohlstands. Woolfs Motivation der Macht war ihr unverständlich. Seltsam, dass der Mensch, dieser Mann, der ihr am nächsten stehen sollte, ihr immer ferner, fremder und unheimlicher wurde. Was wohl die Melodie ihres gemeinsamen Schicksals noch für Eskapaden vorsah? Ihre Visa waren erteilt. Die Flucht nach vorne ins Land der unbegrenzten Möglichkeiten war freigegeben. Warum nur hatte sie so ein stechendes Gefühl, als bohre sich ein scharfes Sushi-Messer in ihr weiches Herz?

Woolf war aufgeputscht. Er kam zurück ins Taxi. Statt Whiskey hatte er, ausnahmsweise einmal aus Rücksicht auf seine Rose, eine Flasche Rosé-Champagner erstanden. Das passte auch besser in ihre rosarote Zukunft! „Kräbbchen! Wir haben es geschafft! Auf unsere glückliche Zukunft!" Er öffnete die Pulle und goss den Inhalt in die zwei kristallenen Gläsern mit antiquiertem Schliff, die er aus der Brezen mitgehen hatte lassen. „Prost Kräbbchen! Ich hab doch immer gesagt, dass alles gut wird!" Doch in seinem tiefsten Inneren empfand auch er einen unverständlichen Anfall von Angst. Er war so nah an seinem Lebensziel wie nie zuvor. Was, wenn es trotzdem schief ging? War ihm, dem ewigen

Versager, das Glück wirklich gegönnt? Die Straße von Pech und Schwefel, die ihn sein Leben lang begleitete, konnte er sie wirklich hinter sich lassen? Was, wenn ihn die Bullen doch noch einsackten? Wenn sie ihm am Flughafen in Frankfurt auflauerten? Im verzweifelten Versuch seine Paranoia zu ertränken, schüttete er den Champagner in sich hinein, während Imry sie sicher und jetzt schweigend gen Frankfurt kutschiere. Die sensible Seele des Woolfs drehte sich im Kreis und haderte mit allem, was ihn zutiefst unglücklich machte. Das war viel und schwerwiegend. Er dachte an seine Söhne. Sie hatten ihn verraten. Sie waren nie eine Familie gewesen und würden es nimmermehr sein. Ihre Versöhnung war der Erpressung durch Ewald, diesem aidsverseuchten Putzlappen. Fazit war: er konnte seinen Söhnen nicht trauen. Seinen Ex-Frauen noch weniger. Seinen falschen Freunden im Fresszimmer erst recht nicht. Und seiner Frau? Die Rose war so wenig zu fangen wie ein Schmetterling. Ihr Geist war schnell und hell. Mit ihrer sinnlichen Ausstrahlung war sie die Versuchung pur. Sie war abenteuerlustig, neugierig auf das Leben und nicht gewillt, sich von ihm gefangen halten zu lassen. Wie lange würde sie an seiner Seite ausharren? Er war doch letztlich ein müder, vom Leben betrogener Mann. Ein Wrack! Was, wenn sie das erkannte und ihn von dem Podest stieß, auf das sie ihn gestellt hatte?

An diesem Punkt setzte er sich auf und drehte AC/DC laut. „I am on a highway to hell!“ Er befreite sich aus dem tiefen Tal des Selbstmitleids. „Wird schon alles Alter!“, versprach er sich selbst und Imry, seinem einzigen Kumpel, dem er noch vertrauen konnte. Hey! Er hatte gar keine andere Wahl. Er musste Ruhm und Reichtum ernten, um zu beweisen, dass ER es war, der Recht hatte. Alle anderen waren die Arschlöcher! Er blickte auf die süß schlafende Rose. Er würde ihr zeigen, dass er doch der beste Mann von Welt war. Er würde ihr das Universum wie versprochen zu Füßen zu legen! Nikki wiederum tröstete sich mit guten

Gedanken. Sie schlummerte im Halbschlaf in der Sicherheit des Taxis, das von Imry umsichtig gen Frankfurt gesteuert wurde. Que será, será. What ever will be will be. Die Zukunft war ungewiss. Doch das war sie sowieso immer... Was sein sollte, sollte sein und würde werden...

Isoletta tutto bene

Die Rose erwachte als Imry in ihre Stadt einfuhr. Frankfurt am Main! Mainhatten. Heimat von Goethe. Eine freie Stadt, in der das internationale Bankwesen florierte. Die Skyscraper ragten in den Himmel wie in keiner anderen Stadt Deutschlands. Sofort fühlte sie sich getröstet und in der Heimat aufgenommen. Und sei es auch nur noch für eine weitere Nacht! Imry chauffierte sie ins Fleming's und hievte die Koffer ins Zimmer, während Nikki Rose eincheckte und Woolf seine Lungen mit frischem Mannboro-Rauch verwöhnte. Dann fuhren sie weiter. Ins Ristorante Isoletta in der Feldbergstraße, dem führenden Westend-Italiener. Nikki hatte lange Jahre in dieser noblen Gegend gewohnt. Das italienische Restaurant war ihre Luxusschenke, in der sie sich in besonderen Momenten labte. Der charmante sizilianische Ober begrüßte sie strahlend mit Neugier im Blick. „Signorina Bella Rose. Tutto bene? Wo haben Sie sich versteckt?" In den vielen Jahren ihrer Lebensgemeinschaft mit Uwe war sie häufig Gast in seinem Ristorante gewesen. Doch das war lange her. Er hatte sie seit Jahren nicht gesehen. Ihren Gatten ebenso wenig. Heute blickte sie ernst. Sie sah schmal aus und war glamourös gekleidet und frisiert. „Wie geht es Ihnen? Wo ist ihr Mann?" Sie lächelte schmerzlich. „Mir geht es gut. Mein damaliger Mann ist leider verstorben!" Er blickte geschockt. „Signora, das tut mir so leid!" Sie nickte ernsthaft und blickte ihn mit ihren hellgrünen Augen intensiv an. Da drängte sich ein indianerbraungebrannter Begleiter mit gewalttätiger Ausstrahlung in den Mittelpunkt. Er trampelte ungeduldig von einem Bein aufs Andere und beobachte die innige Begrüßung eifersüchtig. „Hatte sie mit dem etwa auch gefickt?" Woolf explodierte fast vor Mistrauen. Giorgio umarmte die Rose und flüsterte ihr zu. „Passen Sie auf sich auf. Und vergessen Sie niemals: Sie sind wunderschön!" Woolf knurrte wie ein Hund. Dann kratzte es an der Tür und zwei kleine, aufgeregte Hündchen stürmten das eichene Parkett des Restaurants. Hollywood-Haitta rollte an wie eine schwarz-weiße Bombe. Die riesigen Augen fielen ihr fast aus dem Gesicht. Das drollige Gesicht mit der kindlich kurzen Schnauze und den Fledermausohren schien permanent zu lächeln. An ihrer Leine: die zierliche Ursi Rose. Charles, der ernsthafte Jack Russell, bewegte sich wie ein Steiftier. Horst Rose warnte ihn. „Pssst. Wir sind hier in einem feinen Restaurant. Hier wird nicht gebellt!“ Er wirkte etwas ermüdet von den Anstrengungen der letzten Zeit. Doch der Funken Abenteuerlust blühte in seinen Augen wie in denen seiner Tochter. Die Mutter erblickte begeistert die Tochter im zarten Spitzenkleid. Auch erfüllte sie eine vorsichtige Freude, den Woolf zu sehen. Letztlich hatten die beiden doch ihren Traum wahr gemacht. Ihre Visa waren genehmigt. Fünf Jahre sollten reichen, um im Land der unbegrenzten Möglichkeiten erfolgreich zu sein! Nikki strahlte glücklich und getröstet angesichts ihrer Eltern. Gott sei Dank wussten sie nichts von der Polizeianzeige und dem Zerwürfnis der Barzokkas. Sie würden Stillschweigen darüber bewahren!

Nikki strahlte auf einmal wieder wie das freche Mädchen mit Zöpfen. Sie umarmte die Mutter und den Vater. Dann liebkoste sie die Hunde und fühlte sich endlich aufgehoben in der Gesellschaft ihrer Familie. Lediglich ihr Zwillingsbruder fehlte. Giorgio, der Restaurantinhaber, führte sie an den besten Platz. Die Eltern und Hündchen begrüßte er charmant. Den machohaften Begleiter ignorierte er beflissentlich. Sie nahmen in der Nische Platz und Woolf bestellte: Champagner. „Rosé bitte!“, fügte die Rose hinzu. In dieser dunklen Nische mit den vertrauten Geräuschen aus Gemurmel, Gelächter und Gläserklirren fühlte sie sich Zuhause. Sie scannte die Karte und lauschte den Specials di Giorno. „Steinpilze. Vongole. Seezunge. Seeteufel. Rinderfilet mit schwarzen Trüffeln. Loup de Mer, gegrillt oder in der Salzkruste.“ Die Eltern blickten fragend. Sie fühlten sich vom Füllhorn der Ansage und der gigantischen Speisekarte überfordert. „Nikki. Wir haben unsere Brillen vergessen! Kannst du für uns bestellen?“ „Kräbbchen. Genau. Du weißt schon was gut für mich ist!“, fiel Woolf ein. Er war sowieso noch satt von der Völlerei in der Brezen. Nikki lächelte großzügig. „Avec plaisir!“ Dann orderte sie für alle. Für die Männer: Carpaccio di Manzo con Parmigiano. Dann Rinderfilet mit Trüffeln und Kartoffelgratin. Für die Ladies: Carpaccio vom Thunfisch und der gegrillte Loup de Mer mit viel Kräutern und extra Tomatensalat. Dazu eine Flasche Rotwein: einen ausgezeichneten Tignanello und eine Flasche Weißwein: einen Sauvignon Blanc! Sie stießen mit dem Champagner an und der Vater übergab ihnen das größte Geschenk: ihre beiden Reisepässe mit dem Stempel fürs E-2-Investorenvisum. Es galt ganze fünf Jahre. „Kräbbchen. Bis dann haben wir es geschafft!“ Woolf nahm die Hand der Rose. Die Hündchen leckten ihre Füße. Mutti Rose und auch der Vater blickten hoffnungsvoll. „Auf die Zukunft!“ Der Raum leuchtete so warm wie die Gesichter und das Lächeln darin. Die Vorspeisen wurden aufgetragen. Das Carpaccio war perfekt mariniert und schmeckte den Männern wie den Ladies. „Mehr Wein!“, orderte Woolf. Ausnahmsweise gönnte sich auch der Vater einen satten Schluck. Er hatte sich von Nikki überreden lassen, ein Taxi zu nehmen. „Parkplätze gibt's hier nimmermehr. Imry holt euch ab und fährt uns alle zurück!“ Diese Familienzusammenführung verlief perfekt. Woolf zeigte die Fotos von Miami. Ihr Haus mit den meterhohen Palmen, die Hochzeit, Bootstour mit Jil und Ben... Die Mutter geriet ins Schwärmen. Selbst der Vater äußerte sich mit vorsichtiger Bewunderung. „Da habt ihr euch ja ein perfektes Fleckchen Paradies ausgesucht. Jetzt müsst ihr in den teuersten Golfclub. Und Woolf muss seinen Bootsführerschein machen! Ihr müsst Entrée finden in der High Society. Dann läuft auch das Business!“ Nikki zwinkerte ihrem Vater verständnisvoll zu. „So ist es. Wer Geld verdienen will, muss investieren!“ Woolf klopfte ihm auf den Rücken. „Horscht. So isses! An dieser Stelle mein Dank an euch und eure Unterstützung. Und: an meine Rose. Die beste Frau der Welt! Ohne dich würde ich noch Taxi fahren in München!“ Die außergewöhnliche Ehrlichkeit, die Woolf nur sehr selten an den Tag legte, machte ihn um vielfaches sympathischer als seine übliche Großspurigkeit. Die Eltern der Rose begannen ein zartes Band des Vertrauens zu ihrem Schwiegersohn aufzubauen. Sie stießen an „auf eine glückliche Zukunft". Nach einer erfrischenden Flasche Sauvignon Blanc lösten sich die Geister. Die Familie fand zusammen. Der Vater erzählte Anekdoten aus seiner Zeit in China, nicht ohne seine mongolische Geliebte zu erwähnen. Die Mutter rollte mit den Augen. Doch sie hatte verziehen und der gelösten Stimmung des Abends tat nichts ein Abbruch. Nun wurden die köstlich duftenden Hauptspeisen serviert. Das Filet der Männer war genau im richtigen Zustand zwischen medium und rare. Der knusprig gegrillte Fisch war sorgfältig filetiert und zerging auf der Zunge. „Hmmm. Köstlich!" Sie genossen die Gaumengenüsse schweigend. Die Welt war so rund, wie sie sein sollte.

Wie immer wenn etwas besonders schön ist, vergeht es zu schnell... Der Abend raste und die Zeiger der MegaO flitzten förmlich. Sie zeigten bereits 23 Uhr. Das Restaurant leerte sich. Auf den Hauptgang folgte eine Runde Zitronensorbet mit Wodka. Dann der Digestif. Grappi für die Männer und Sambucci für die Grazien. Dann bestellte Nikki die Rechnung. Die amerikanische Kreditkarte wurde bewundert und ohne Skepsis akzeptiert. Schon stand Imry vor der Tür. Die Rose verabschiedete sich vom Chef des Restaurants. „Passen Sie auf sich auf!", forderte er sie noch einmal auf. Dann verließen sie das gastliche Gebäude und sanken in das Taxi. Imry fuhr zuerst die Rose und den Woolf ins nahegelegene Fleming's Hotel. Dann die Eltern und die Hunde nach Bad Feelwell. Vor dem Fleming's war Zeit zum Abschied nehmen. „Wann geht euer Flieger? Ich bringe euch selbstverständlich zum Flughafen!", bot der Vater an. Imry musste heute Nacht noch zurück nach München fahren. Nikki lächelte glücklich. Auf die Familie Rose war Verlass! „8 Uhr. Wenn du uns um 5.30 Uhr abholst, passt es!" Die Sicherheitsvorkehrungen machten eine lange Anwesenheit am Flughafen unabdinglich. „Danke lieber Vater. Liebe Mutter. Wer wäre ich ohne euch?“ „Tja. Einfach nicht da!“, urteilte der Vater mit dem Pragmatismus des Ingenieurs. Sie lachten mit einem Unterton von Traurigkeit. Kaum hatten sie einander wieder, stand die Trennung bevor. Und Miami war nun nicht gerade auf der anderen Straßenseite. „Vater, die paar Stunden mit dem Flieger sind doch EASY! Kommt doch über Weihnachten!“ Woolf klopfte Horst Rose auf die Schulter. An diesem Abend hatte er ihn richtig gerne gewonnen! „Ja, Horst. Wir müssen die beiden unbedingt bald besuchen kommen. Es ist so paradiesisch in Miami!“, schwärmte die Rosenmutter. Doch der Vater blickte mit Skepsis auf seine beiden Hunde. Sie alleine zu lassen, konnte er sich nicht vorstellen. „Wir werden sehen! Jetzt erst einmal gute Nacht und bis Morgen!“ Nikki umarmte ihre Eltern und liebkoste die Vierbeiner. Sie wurde sentimental beim Gedanken daran, dass sie bereits morgen wieder Ozeane entfernt waren voneinander. War es nicht immer am besten zu gehen, wenn es am Schönsten war? Selbst Woolf umarmte seine Schwiegereltern. Die Hunde schliefen. Die Nacht zog ein. Imry brachte die Familie Rose sicher wie auf einer Sänfte nach Bad Feelwell. Sie winkten. Dann verschwand das Taxi in der Nacht.

Gelöst betraten die Rose und Woolf das Fleming's Hotel. Die Bar war noch geöffnet. Was für ein großes Glück! Es gab Momente, die waren so außergewöhnlich wie angenehm. Heute Abend war ein perfekter Abschluss ihrer steinigen Deutschlandtour. „Gott sei Dank!“ Woolf orderte Whiskey. Nikki Weißwein. Dann bändelte er mit der attraktiven Kellnerin an. „Ever been to Miami? You have to go there! It is paradise!“ Er machte einen auf Musikmillionär und wirkte durchaus glaubwürdig. Nikki lächelte an seiner Seite und gönnte ihm den Spaß. Morgen war ein neuer Tag. Miami rief. Im Reisekoffer: ein Fünfjahres-Investorenvisum. Die Herausforderungen waren mannigfaltig. Kein Cash. Dafür gute Geschäftsideen.

Kunden und Einkommen mussten dringend generiert werden! Wettervorhersage: stürmische Zeiten! Woolf schien ihre schläfrigen Gedanken zu lesen. „Hey. Wir brauchen jetzt Kohle. Lass uns jetzt noch zu Armada fahren und Beate Bier entführen." Sie gähnte. Es war ihr einfach nicht möglich, seine kreativ kriminellen Gedanken zu teilen. „Die ist doch längst nicht mehr im Büro. Das hättest du dir früher überlegen müssen!" „Hmmm." Woolf nahm einen tiefen Schluck Whiskey. „Nächstes Mal ist sie dran. Dann schneide ich ihr ein Ohr ab!" Er beugte sich über das kleine Öhrchen der Rose und machte eine Schneidbewegung. Sie zuckte zusammen. „Hahaha!" Nikki fand das gar nicht lustig.

Konnte Woolfs krimineller Geist nicht endlich RUHE geben? Sie ermahnte ihn gestreng. „Chéri! Auf diese Weise wirst du nie und nimmermehr zum Millionär! Vergiss nicht, die Bullen suchen dich bereits!" Sie verschränkte Arme und Beine und setzte sich grazil auf dem Barhocker auf und lächelte der Kellnerin zu. „Gehen Sie niemals nach Miami. Schon gar nicht an der Seite eines Irren!" Sie prostete der Bedienung zu und ignorierte Woolf. Dann genoss sie einen letzten Schluck Sauvignon Blanc und verabschiedete sich für den Abend. „Wir müssen morgen früh raus!", flüsterte sie ihm zu, in der Hoffnung auch Woolf zur Vernunft und ins Bett zu locken. Doch ihr euphorisierter Gemahl orderte einen weiteren Whiskey. „Hör nicht auf sie. Miami ist mega! Immer Sonnenschein. Lachende Menschen. Corona von morgens bis abends. Ganz großes Kino. Du würdest da bestimmt umgehend Karriere als Model oder Schauspielerin machen...!" Die Rose grinste ironisch. „Als ob es in Miami eine Filmindustrie gäbe! Night Night!" Das Bett rief. Sie machte, klackklackklack, den Abgang. Sie brauchte ihren Schönheitsschlaf! Merkwürdigerweise war sie nicht eifersüchtig. Sie ließ ihren Schmalspur-Casanova um die Kellnerin buhlen. Sie sank in die Kissen und schlief tief und süß.

Freigabe erteilt

„Pieppieppiep!" Es weckte sie das nachhaltig sirenenartige Klingeln ihres Blackberrys. 5.30 Uhr. Oh weh. Der Vater war bereits an der Rezeption. Woolf offensichtlich auch noch. Er hatte die Nacht einfach zum Tag gemacht und trank mit dem Vater mörderisch starken Espresso. Nikki wirbelte. In der Rekordzeit von 15 Minuten stylte sie sich reisefein und packte die Koffer. Dann trat sie an die Rezeption und checkte aus. Sie fand ihren Vater neben Woolf am Bartresen beim Kaffeetrinken. „Vater. So schnell sieht man sich wieder!", begrüßte sie ihn. Woolf mit seinem deutlich versoffenen, aufgedunsenen Whiskeygesicht ignorierte sie. Der Vater verstaute die Koffer im Fond des elfenbeinfarbenen VW Golds. Nikki sank auf den Beifahrersitz, um Anweisungen zur Fahrtrichtung zu geben. Woolf schmiss sich auf den Rücksitz und zog sich den Strohhut in die Stirn. ***„Einmal Miami und niemals zurück!"*** Horst Rose gab Gas, dass das Gummi der Reifen quietschte. Innerhalb weniger Minuten waren sie am Flughafen angekommen. Der Vater hievte die Koffer aus dem Gold-Wagen. Dann zog er sein Töchterlein mit linkischer Zärtlichkeit an sich. „Pass auf dich auf! Vergiss nicht. Du hast bei uns immer ein Zuhause, in das du zurückkommen kannst!" Die Rose lächelte sentimental. Sie hatte einen Kloß im Hals. In den Augen brannten die Tränen. „Danke liebster Vater! Es wird schon alles gut gehen!" Woolf haute seinem Schwiegervater rockig auf den Rücken. „Tschö Alter. Bleib sauber!" Damit zog er die Rose fort vom Vater, der mit Sorge im Gesicht in seinen Wagen stieg und seiner Tochter und ihrem Gemahl nachsah, wie sie durch die Tür gingen und aus seinem Leben traten. Nikki und Woolf eilten zum Check-in-Schalter. Dort holte Woolf die Angst ein. Was wenn ihn hier noch die Bullen aufspürten? Schweiß ran durch sein violett-weiß gestreiftes Hemd. Eine modische Empfehlung der Rose. Die lächelte lediglich souverän und legte ihre Pässe vor. „Zweimal Miami und nicht mehr zurück!" „Flotti Flotti!", lobte die Beamtin vom letzten Mal das außergewöhnliche Outfit der Lady mit ihrer Amy-Weinhaus-Frisur und dem glamourösen

Spitzenkleid. Sie war ihr in Erinnerung geblieben! Den indianerbraunen Gefährten mit dem grell gestreiften Hemd und dem ins Gesicht gezogenen Hut beachtete sie kaum. Sie gab der Rose die Reisepässe zurück, in denen ein brandneues E2-Visum leuchtete. „Picobello! So etwas sieht man gerne. Bon Voyage!“ Nun mussten sie nur noch durch die Security. Nach der üblichen genauen Begutachtung insbesondere ihrer Haarkunst und der strassbesetzten Stilettos wurde Nikki durchgewunken. Woolf musste seinen Hut absetzen und die Schuhe ausziehen. Dann war auch bei ihm Freigabe erteilt. Er seufzte hörbar auf. „Kräbbchen. Wir haben es geschafft!“ Nikki lächelte. Schelmisch und süß. „Das verlangt nach Champagner!“ Nach dieser gewonnenen Schlacht hatten sie sich Dom Perlgott verdient! Woolf nickte begeistert. Sie fielen sich an der Bar im Terminal in die Arme und umklammerten sich wie Ertrinkende. Sie hatten geschafft, was sie selbst nicht für möglich gehalten hätten. Sie hatten das Nadelöhr bewältigt und waren dem engen Europa endgültig entkommen! Das Lied, das sie für ihr Leben komponierten, schien stimmig mit der Melodie des Schicksals zu sein.

Eine Stunde später saßen sie nebeneinander im Flieger. Die Sonne schien durch ihr Fenster wie ein brennender orangefarbener Ball. Die Wolken unter ihnen leuchteten rosa. Verheißungsvoll. Hoffnung erfüllte das Herz der Rose. Doch die Frage nach der Zukunft war noch immer nicht beantwortet. Würde ihre Liebe fliegen oder crashen?

„Es ist, was es ist“, sagt die Liebe.
„Es ist zum Scheitern verurteilt“, souffliert der Verstand.